主 编 ◎ 闫德亮　副主编 ◎ 李 娟

编辑　李玲玲　姬亚楠　张冬宁

中华文明探源论丛

中原文明之脉

ON THE ORIGIN OF
CHINESE CIVILIZATION

社会科学文献出版社
SOCIAL SCIENCES ACADEMIC PRESS (CHINA)

目　录

中原地区是中华文明起源与发展演变的重要区域之一。早在新石器时代中期（距今8000～7000年），河南裴李岗文化、河北磁山文化已经有了定居农业，出现了龟灵崇拜、敬天法祖等早期信仰，文明开始萌芽。到新石器时代晚期（距今6000～5000年），中原地区的仰韶文化大放异彩，对周边区域的文明进程产生了广泛影响。城址、殿堂类建筑遗址，先进的农业生产工具，铜器残片，遍布广泛区域的彩陶纹饰、器型等，不仅彰显着中原地区文明起源与发展的独特性，而且展示着不同区域文明的交流和互动。到新石器时代末期（距今4500～4000年），中原地区的文明发展进入新的阶段，陶寺、石峁等超大型都邑性聚落遗址的出现标志着文明在这些地区的初步形成。而夏商周早期国家在中原地区的建立，使中原地区的核心和主导地位凸显，成为探讨国家起源与发展演变、中华文明多元一体演进格局的关键区域。

本册聚焦上古中原观念、中原与中土概念、河洛文化的定位等，辨明了"中原"概念时代性、阶段性的发展变化特点，以及中原在文明起源中的重要地位和影响，对研究中原文明的特点和本质内涵具有重要意义。本册是对中原地区文明起源模式、特点、内生机制的研究，侧重于中原地区文化优势形成的深层原因、史前中原文明的特质等问题，是文明探源研究长期以来关注的核心和焦点，有助于完善和丰富中华文明起源特点、动力、演变机制及中华文明的特质等重大理论问题。本册对国家起源相关理论进行了深入辨析。国家是文明社会的概括，是文明发展到一定阶段的产物，国家与文明既有区别又有联系。当前学术界对国家的概念及形成标志、国家形成的内驱力、国家产生的不同模式等问题仍存在较大争议。这部分研究，将视野聚焦于考古学中二里头文化和文献记载中的夏代，将二者紧密结合，探寻二里头遗址的国家性质、二里头与夏的关系、夏代国家产生的路径、夏文化研究的重点等问题，对夏的实证研究极大地推动了国家起源相关理论的丰富和完善。本册从具体历史事件出发对夏商周三代文明进行具体考证。这类研究从夏商时期的重要史实入手，如益启之争、后羿代夏、夷夏商三族的交流与互动等，以小见大，从中探讨当时最高权力的过渡方式、王权与集权的发展、族群融合等重大问题，对探讨中国国家模式、国家发展演进道路、夏商周三代的制度文明等，有着重要的价值和贡献。

本册紧紧围绕文明探源研究的前沿和热点，致力于解决中原地区文明起源研究中的重大理论和实际问题，视角独特，观点新颖，方法灵活，全面客观地研究中原地区文明起源与发展演变的独特性以及其在中华文明起源中的重要地位和影响，是中华文明探源研究成果的重要展示，有力地推动了文明探源的持续深入。

河洛文化定位与功能的探索

刘庆柱

摘　要： 作为 "国家文化" 和 "社会主导文化" 的 "华夏文化" 与 "中华民族历史文化" 之核心理念是体现 "国家至上" 和 "国家认同"。古代都城是古代 "社会主导文化" 与 "国家文化" 物化载体的集中体现，河洛地区夏商王朝都城开创的 "中" 与 "方" 之理念，与华夏文化、中华民族历史文化相始终。河洛文化在多民族统一国家与中华民族多元一体发展中做出的历史性贡献集中体现在三个方面：北魏洛阳城标志着中国古代多民族统一国家发展到新阶段；隋唐大运河以河洛地区为中心贯通东西南北，促进了古代各族人民的 "国家认同" 及 "中华民族认同"；中国历史上各地的先进文化以河洛地区古代都城为政治平台，融会、凝聚为 "国家文化"。

关键词： 河洛文化；古代都城文化；国家认同；多元一体

一　古代都城是古代 "社会主导文化" 与 "国家文化" 物化载体的集中体现

我们现在一般所说的古代文化涵盖内容比较广泛，有属于地域的 "文化"，如 "楚文化" "齐鲁文化" "燕文化" 等；有属于时代的 "文化"，如 "古代文化" "春秋战国时代文化" "中古时代文化" 等；有属于宗教的 "文化"，如 "佛教文化" "道教文化" "祆教文化" "景教文化" 等；

有属于族群的"文化",如"羌文化""巴文化""百越文化""夜郎文化""滇文化"等;有属于思想的"文化",如"儒家文化""道家文化""法家文化""墨家文化""魏晋玄学""程朱理学"等;有属于政治范畴的"王朝文化",如"夏文化""商文化""周文化""秦文化""汉文化""唐文化"等。先秦时代的不同"王朝文化",就是我们通常所说的"华夏文化";秦汉至明清时代的不同"王朝文化",就是我们现在通常所说的"中华民族历史文化"①。"华夏文化""中华民族历史文化"不属于哪个地域、哪个时代、哪个宗教、哪个族群、哪个思想、哪个王朝的特定文化。"华夏文化""中华民族历史文化"共同构成古代中国的历史文化,也就是古代中国的"国家文化"或国家的"社会主导文化",其与"地域文化""时代文化""宗教文化""族群文化""思想文化""王朝文化"的最大区别是,作为"国家文化""社会主导文化"的"华夏文化""中华民族历史文化"之核心理念是体现"国家至上""国家认同",并且它不是一代一朝的国家文化,二者共同构成了完整的中国历史文化。

古代都城是古代"社会主导文化"与"国家文化"物化载体的集中体现。中国古代历史发展说明,都城从选址到建设是历代王朝之大事,所谓"卜都定鼎,计及万世"。历代都城建设均属于国家的"一号工程",从传说的"三皇五帝"时代到夏、商、周王朝,从秦、汉、魏、晋、南北朝至唐、宋、元、明、清,其各自都城均为王朝的政治统治中心、经济管理中心、军事指挥中心、文化礼仪活动中心。杨鸿勋先生曾经指出:古代都城的"宫殿建筑是王(皇)权的象征。不论对哪个国家来说,宫殿都是一种特殊的建筑。……在中国它集中体现了古代宗法观念、礼制秩序及文化传统的集大成,没有任何一种建筑可以比它更能说明当时社会的主导思想、历史传统"[1]3。古代都城是王朝历史的缩影,因此可以说中国古代都城是中国历史的缩影。从中国古代都城发展史中可以看出,从夏商王朝到明清,中国历史上不同王朝都城的"最大公约数"是都城所体现的"国家至上"的政治理念、"礼仪之邦"的法治规范、"有容乃大"的开放传统与"和合文化"的精神信仰,它们是中华民族历史文化的不变遗传基因,也是中国历史上的"国家文化"与"社会主导文化"的核心。

二　古代都城文化与河洛文化

豫西、晋南与陕西东部是中国古代文明起源与形成（即国家形成）最重要的区域，河洛地区是这一区域的核心地区。这一地区产生了中国历史上夏商王朝的都城：偃师二里头遗址、偃师商城遗址，还有其后的西周洛邑、东周王城、汉魏洛阳城、隋唐洛阳城，以及产生于广义河洛地区的郑州商城、安阳殷墟、开封城等。它们所缔造的"都城文化"影响并主导着中国古代都城的基本历史进程。因此说，以古代都城为核心的河洛文化成为"华夏文化"与"中华民族历史文化"的"核心文化"，河洛文化在时空两个方面均具备了"国家文化"的内涵与特质。

历史文献记载，夏、商、周、汉、魏、晋、北魏、隋、唐和宋均曾在河洛地区及其广义上的河洛地区建立都城，这些古代都城遗址20世纪以来陆续被考古学者发现：如20世纪20－30年代以来中央研究院历史语言研究所、中国科学院考古研究所（1977年更名中国社会科学院考古研究所）在河南安阳考古发现的商代晚期都城遗址——殷墟遗址[2]，20世纪50年代以来河南省文物考古研究所在郑州考古发现的商代早期都城遗址——郑州商城遗址[3]，20世纪50－60年代以来中国社会科学院考古研究所考古发现的夏代都城遗址——偃师二里头遗址[4]，此后河南省文物考古研究所在登封考古发现的夏代早期的"王城岗城址"[5]、新密考古发现的夏代中期的"新砦城址"学术界一般也认为有可能是夏代都城遗址[6]。此外，20世纪50年代至今考古发现河洛地区及其广义上的河洛地区古代都城遗址还有西周洛邑（周初年洛阳之东都，历史上就存在"王城"与"成周"两城之说）和东周王城遗址[7]、东汉及魏晋北朝隋唐洛阳城和宋开封城遗址等[8]。

古代都城作为"国家文化"和"社会主导文化"的物化载体，可以从其空间位置与布局形态等方面反映出来。

近一个世纪的考古发现揭示，中国古代都城遗址最早出现、形成于河洛地区的二里头遗址、偃师商城遗址及其广义河洛地区的郑州商城遗址、安阳殷墟遗址等。河洛地区或广义河洛地区也被称为"中原""中州"，周公就根据夏商王朝以河洛地区为都城，提出洛阳是"天下之中"的政治理念[2]170，"择中立国"也就成为中国古代王朝建都的传统。

如果说都城是国家缩影的话，那么宫城就是国家的"政治中枢"。河洛地区自夏商时期的都城已经开始形成以"宫城"为中心的格局。二里头遗址的宫城遗址基本位于都城遗址中部，其北为祭祀（墓葬）区，其南为王室的绿松石器作坊与铸铜作坊遗址区，其西为一般墓葬区，其东为居住区。偃师商城遗址是目前考古发现较为完整的夏商都邑遗址，宫城在早期小城东西居中位置。二里头遗址、偃师商城遗址是中国古代都城的宫城中最早的"择中而立"典型，它们所确立的范式一直为中国古代历代王朝都城之宫城所延续。

在王国时代，宫城的核心建筑是宫殿与宗庙，这时的宫城是"二元轴线"布局，即以宫殿、宗庙各自为系统的"轴线"。如二里头遗址的宫城遗址，其中以第一号宫庙建筑遗址与第二号宫庙建筑遗址为基点，形成宫城之内东西并列的两条南北向轴线；偃师商城的宫城遗址中，东西两部分宫庙建筑遗址，也是形成两条南北向轴线。[3]上述宫城的"二元轴线"形制基本与王国时代宫城相始终。进入帝国时代，从目前考古发现来看，西汉长安城的皇宫——未央宫中，已经是大朝正殿——前殿居宫城中央，但是我们注意到未央宫在汉长安城西南部，因此未央宫前殿并不是位于都城中央。后来，这一情况的转变发生在汉魏洛阳城。近年来北魏洛阳城遗址考古发现说明，中国古代都城大朝正殿基本居全城中央，至少始于北魏洛阳城的太极殿遗址。[4]北魏太极殿遗址向南依次为"三号宫城正门"（可能为文献记载之"端门"）、"二号宫城正门"（可能为文献记载的"止车门"或为"南止车门"）、"一号宫城正门"（即历史文献记载的"阊阖门"）、内城正门（宣阳门）、过洛河"永桥"、穿"四夷馆"与"四夷里"东西之间，南至"圜丘"，这也就是北魏洛阳城的中轴线，它开启了中国古代都城中轴线的定型新时代，此后为历代王朝都城所继承。如东魏、北齐都城——邺南城的中轴线由位于都城东西居中与宫城中央的太极殿向南依次为端门、止车门、阊阖门、朱明门；隋唐长安城的中轴线由位于都城东西居中与宫城中央的太极殿向南依次为太极门、嘉德门、承天门、朱雀门、明德门；北宋东京城的中轴线由位于都城与大内中央的大庆殿（大朝正殿）向南依次为大庆门、宣德门、朱雀门、南熏门；金中都的中轴线由位于都城与宫城中央的大安殿（大朝正殿）向南依次为大安门、应天门、宣阳门、丰宜门；元大都的中轴线由位于都城东西居中与宫城中央的大明殿

（大朝正殿）向南依次为大明门、崇天门（皇城正门）、周桥、椋星门、丽正门；明代南京城的中轴线由位于宫城与皇城东西居中的奉天殿（大朝正殿）向南依次为奉天门、内五龙桥、午门、端门、承天门、外五龙桥、洪武门、正阳门；明北京城的中轴线由位于都城中央的皇极殿（大朝正殿）向南依次为皇极门、内五龙桥、午门、端门、承天门、外五龙桥、大明门、正阳门、永定门；清代北京城的中轴线由位于都城中央的太和殿（大朝正殿）向南依次为太和门、午门、端门、天安门、正阳门、永定门。自北魏洛阳城开启了都城以大朝正殿为基点形成都城中轴线的时代，大朝正殿之前只有宫城、皇城（或曰内城）、外郭城之正门，没有其他建筑，使大朝正殿处于都城"居中""居高""居前"之地位，从而使大朝正殿及其以此为基点形成的都城中轴线，体现出"国家至上"和"国家至尊"理念。当人们现在提出"北京中轴线"申报世界文化遗产时，应该知道这样一个关乎中华民族核心文化之源就在河洛地区的北魏洛阳城，就在河洛文化之中。

由大朝正殿"居中"及都城中轴线所反映的"中"文化思想，在河洛地区都城文化中还有很多，比如都城的"一门三道"与"一路三涂"。从目前考古发现来看，"一门三道"制度仅限于都城，二里头遗址宫城之中的第一号宫殿建筑的庭院南门（正门）的"一门三道"是目前考古发现所知时代最早的。考古发现证实，这一制度在汉代全面实施，并成为此后历代王朝都城严格遵守的国家礼仪制度。"一门三道"突出的是"门"的"中道"至尊。汉魏洛阳城是中国古代都城中最早实行"一门三道"制度的都城之一。⑨当然到了中古时代的唐长安城的外郭城正门——明德门遗址[5]、宫城——大明宫正门——丹凤门遗址均为"一门五道"[6]，从本质上看"一门五道"比"一门三道"更突出了"城门"的"中道"至尊地位。

古代都城与"一门三道"对应的"一路三涂"，同样是突出"中涂"的至尊地位。《元河南志》卷二引陆机《洛阳记》记载："洛阳十二门，门有阁，闭中，开左右出入。城内大道三，中央御道，两边筑土墙，高四尺，公卿尚书章服从中道，凡人行左右道。左入右出，不得相逢。夹道种槐柳树。"在汉魏洛阳城遗址考古发现中，城内道路的"一路三涂"也得到证实。[7]

与河洛地区的古代都城的"中"观念对应的还有"方"之理念。偃师商城宫城的方形平面，开启了中国古代都城"崇方"理念，奠定了其后中国古代都城皇城（或内城）、宫城乃至皇室宗庙、社稷、明堂、辟雍、灵台、陵园、地宫等建筑为方形平面的基础，这些方形建筑的周围又设置了方形平面的院落。如商代中期的都城——洹北商城遗址平面基本为方形，边长约 2200 米。[8]如汉魏洛阳城的礼制建筑遗址中的灵台院落遗址东西232 米、南北残长 220 米，灵台建筑基址东西 57～58 米、南北 49～50 米，灵台院落与主体建筑基址平面均近方形；明堂建筑遗址院落平面近方形，南北约 400 米、东西约 415 米，明堂中心主体建筑平面为方形，东西 63米、南北 64 米。[9]

河洛地区古代都城的"中"与"方"的空间平面形态，在建筑学上显得缺乏"美感"，也不是建筑物主人的生活必需，中国古代都城之"中"的空间理念与"方"的布局形态是其"国家文化"和"社会主导文化"所体现的"国家至尊"的物化表现形式。

古代先民关于"中"的这种思想，实际上是后来"中国""中华"之"中"的源头。"中"的理念不只反映在都城选址方面，它是一个系列的思想，比如都城的"择中立宫"、宫城之中的大朝正殿"居中"、都城城门的"一门三道"与"中门道"、都城道路的"一路三涂"与"中涂"、都城的"中轴线"等，均通过"天子"与"国王"反映了国家的中心地位。⑩河洛地区这些都城遗址中所体现的以"中"为核心的文化，实际上属于一种"国家至上""国家至尊"的政治文化，它们对其后的中国古代历史及其历代都城产生了极为广泛而深远的影响。由都城在国家"择中而立"，到都城"择中立宫"，大朝正殿在都城与宫城的"居中""居前""居高"，最后形成都城"中轴线"，使"中"以最为重要的国家象征层面的文化基因再现出来，构成中华民族历史文化的不变基因，形成中国的"根文化"，这是河洛文化之都城文化对中华民族的历史贡献。

古代都城的"方"是与"中"相对应的中华民族历史上的政治文化的重要组成部分。"方"体现了东、西、南、北"四方"，"方"之核心为"中"。作为中国古代"四方"的"东夷""西戎""北狄""南蛮"，"四方"之中为"河洛"（或曰"中原"）。河洛与"四方"融合为"方"，"方"为"地"，地为"国"，"国"由东、西、南、北、中组成。正是"中"体现出对四方的"公允"与"四方"均等的哲理，是和合文化的凝练。"方形"平面还是"中"的至高无上基础,是都城"中轴线"、大朝正殿"居中"的空间保证。"中"又成为"四方"的"中心","中"是华夏文化、中华民族历史文化的凝练与升华,是多元一体的中华民族之"一体",是"国家"的同义语。河洛地区夏商王朝都城开创的"中"与"方"之理念,与华夏文化和中华民族历史文化的发展相始终。

从以上所述河洛地区的古代都城文化可以看出,河洛文化就其本质而言是中国古代历史文化中的政治文化。从空间上说,河洛文化不同于古代各种"区域文化"或"族群文化"(如巴文化、夜郎文化、滇文化等),也不同于中国古代的"特定时期的地方性政治文化"(如楚文化、燕文化等);从时间上看,河洛文化不同于中国历史上的不同王朝的政治文化,它不只是中国历史上某个特定王朝的政治文化。河洛文化应该是"国家"整体"文化",是历代王朝政治文化中的"最大公约数",是中国历史上不同王朝的共同存在的"国家文化"和"社会主导文化"。因此,可以说河洛文化是中国古代历史的"核心文化"或曰"根文化"。

三 河洛文化开启中国历史上多民族统一国家发展的新时代

中国是多民族统一国家,中华民族是多元一体的民族,河洛文化在多民族统一国家与多元一体中华民族历史发展中做出了历史性贡献。它们集中体现在以下三个方面。

第一,鲜卑人的北魏孝文帝从平城(今山西大同)迁都洛阳,在继承传统中华民族历史文化基因之上,营建了北魏洛阳城。北魏洛阳城对其后历代王朝都城产生了极为深远的影响,在中国古代历史的政治层面,它标志着多民族统一国家发展到一个新的历史阶段[4][10],即多民族管理"自己"国家的阶段,使中华民族历史文化基因得以强化、深化。这为中古时代以后辽、金、元、清王朝开创了少数民族作为国家统治者,对"国家"的政治文化始终如一的"认同"树立了"榜样"。

第二,河洛文化为中华民族发展做出了历史性贡献,它们主要反映在以洛阳为国家中心,隋炀帝开凿的"人"字形大运河,是一条"政治之河",是一条国家与中华民族发展之河。隋唐大运河的开凿,使以河洛地区为中心的东南与西北、南方与北方连为一体，使中国古代北方与东北地区各族作为中华民族一部分进一步融合与发展。隋唐大运河对中古时代以后的国家管理者、河洛文化传承者的辽、金、元、明、清王朝的发展做出了极为重要的历史贡献，隋唐大运河成为中古时代以后契丹人的辽王朝、黑龙江女真人的大金王朝、蒙古人的元王朝和辽宁女真人的清王朝保证国家统一的"高速公路"，极大地促进了多民族的"国家认同""中华民族认同"。

第三，河洛文化使中国各地的先进文化成为"国家文化"。春秋战国时代的诸子百家正是从四面八方会集到"天下之中"的河洛地区，不论是儒家，还是道家等，他们都力图在河洛地区使自己的政治理念影响"四方"。洛阳的东汉太学熹平石经印证了鲁国的儒家学说如何通过河洛之地成为国家文化经典、社会主导文化。另外，由河洛地区扩及中国南方地区的"客家文化"，使中国北方与南方融为一体。近代以来，随着以客家人为主的海外四千万华侨在世界各地的发展，河洛文化越来越成为炎黄子孙的精神家园。

河洛文化的有容乃大，在佛教文化的"汉化"与汉式佛教的形成方面，有着世界性历史意义。作为异域宗教，佛教在中国的第一座寺院——白马寺，就建在东汉洛阳城。永宁寺作为国家大寺，营建于北魏洛阳城宫城正门之外、都城中轴线——铜驼街。而北魏和唐代的国家石窟，也都位于都城洛阳。由此可见，以古都洛阳为核心的河洛文化之有容乃大可见一斑，这种兼容并包的文化观念促进了中华民族辉煌历史文化的形成。

注释

①"中华民族"一词是近代学者梁启超先生1902年在其《论中国学术思想变迁之大事》一文中最早提出来的，1905年他又在《历史上中国民族之观察》中明确指出中华民族"自始本非一族，实由多数民族混合而成"。笔者认为从本质上说，"中华民族"就是中国各个民族的统称，也可以说"中华民族"相对"人"而言，就是"中国人"或"中国"的国民。

②参见石璋如：《小屯·殷墟建筑遗存》，台湾"中研院"历史语言研究所1959年版，台北；《小屯·北组墓葬》，台湾"中研院"历史语言研究所1970年版，台北；《小屯·中组墓葬》，台湾"中研院"历史语言研究所1972年版，台北；《小屯·南组墓

葬附北组墓补遗》，台湾"中研院"历史语言研究所 1973 年版，台北；《小屯·乙区基址上下的墓葬》，台湾"中研院"历史语言研究所 1976 年版，台北；《小屯·丙区墓葬上》，台湾"中研院"历史语言研究所 1980 年版，台北。中国社会科学院考古研究所：《殷墟的发现与研究》，科学出版社 1994 年版。

③参见河南省文物考古研究所编著：《郑州商城：1953～1985 年考古发掘报告》，文物出版社 2001 年版；河南省文物研究所编：《郑州商城考古新发现与研究（1985～1992）》，中州古籍出版社 1993 年版。

④参见中国社会科学院考古研究所编著：《偃师二里头：1959 年～1978 年考古发掘报告》，中国大百科全书出版社 1999 年版；中国社会科学院考古研究所编著：《二里头：1999～2006》，文物出版社 2014 年版。

⑤参见河南省文物研究所、中国历史博物馆考古部：《登封王城岗与阳城》，文物出版社 1992 年版；北京大学考古文博学院、河南省文物考古研究所：《登封王城岗考古发现与研究（2002～2005）》，大象出版社 2007 年版。

⑥参见中国社会科学院考古研究所河南二队：《河南密县新砦遗址的试掘》，《考古》1981 年第 5 期；北京大学震旦古代文明研究中心、郑州市文物考古研究院编著：《新密新砦：1999～2000 年田野考古发掘报告》，文物出版社 2008 年版；中国社会科学院考古研究所河南新砦队、郑州市文物考古研究院：《河南新密市新砦遗址浅穴式大型建筑基址的发掘》《河南新密市新砦遗址东城墙发掘简报》，《考古》2009 年第 2 期；赵春青等：《河南新密新砦遗址发现城墙和大型建筑》，《中国文物报》2004 年 3 月 5 日；赵春青：《新密新砦城址与夏启之居》，《中原文物》2004 年第 3 期。

⑦参见洛阳市文物工作队：《洛阳北窑西周墓》，文物出版社 1997 年版；中国社会科学院考古研究所洛阳汉魏城队：《汉魏洛阳故城城垣试掘》，《考古学报》1998 年第 3 期。

⑧参见阎文儒：《洛阳汉魏隋唐城址勘查记》，《考古学报》第九册，1955 年；中国科学院考古研究所洛阳工作队：《汉魏洛阳城初步勘查》，《考古》1973 年第 4 期；中国社会科学院考古研究所编著：《北魏洛阳永宁寺：1979～1994 年考古发掘报告》，中国大百科全书出版社 1996 年版；中国社会科学院考古研究所编著：《汉魏洛阳故城南郊东汉刑徒墓地》，文物出版社 2007 年版；中国社会科学院考古研究所编著：《汉魏洛阳故城南郊礼制建筑遗址：1962～1992 年考古发掘报告》，文物出版社 2010 年版；钱国祥、刘涛、郭晓涛：《汉魏故都·丝路起点》，《洛阳考古》2014 年第 2 期；中国科学院考古研究所洛阳发掘队：《隋唐东都城址的勘查和发掘》，《考古》1961 年第 3 期；中国社会科学院考古研究所洛阳发掘队：《"隋唐东都城址的勘查和发掘"续记》，《考古》1978 年第 6 期；中国社会科学院考古研究所洛阳唐城队：《洛阳隋唐东

都城 1982～1986 年考古工作纪要》，《考古》1989 年第 3 期；中国社会科学院考古研究所洛阳唐城队：《洛阳唐东都履道坊白居易故居发掘简报》，《考古》1994 年第 8 期；丘刚主编：《开封考古发现与研究》，中州古籍出版社 1988 年版；刘迎春：《北宋东京城研究》，科学出版社 2004 年版。

⑨参见中国科学院考古研究所洛阳工作队：《汉魏洛阳城初步勘查》，《考古》1973 年第 4 期，及杨衒之：《洛阳伽蓝记·序》。

⑩参见《管子·度地篇》："天子中而处。"《荀子·大略篇》："王者必居天下之中，礼也。"

参考文献

[1] 杨鸿勋. 宫殿考古通论 [M]. 北京：紫禁城出版社，2001.

[2] (汉) 司马迁. 史记 [M]. 北京：中华书局，2013.

[3] 刘庆柱. 中国古代都城宫庙遗址的考古发现与研究 [M]//中国社会科学院考古研究所. 二十一世纪的中国考古学：庆祝佟柱臣先生八十五华诞学术文集. 北京：文物出版社，2006.

[4] 刘庆柱. 北魏洛阳城的考古发现与研究：兼谈北魏洛阳城在中国古代都城发展史的地位 [C]//中国史研究 (第 40 辑). 中国史学会，2006.

[5] 中国科学院考古研究所西安工作队. 唐代长安城明德门遗址发掘简报 [J]. 考古，1974 (1).

[6] 中国社会科学院考古研究所西安唐城队. 西安市唐长安城大明宫丹凤门遗址的发掘 [J]. 考古，2006 (7).

[7] 中国科学院考古研究所洛阳工作队. 汉魏洛阳城初步勘查 [J]. 考古，1973 (4).

[8] 中国社会科学院考古研究所安阳工作队. 河南安阳市洹北商城的勘察与试掘 [J]. 考古，2003 (5)；中国社会科学院考古研究所安阳工作队，中加洹河流域区域考古调查课题组. 河南安阳洹北商城遗址 2005～2007 年勘察简报 [J]. 考古，2010 (1).

[9] 中国社会科学院考古研究所. 汉魏洛阳故城南郊礼制建筑遗址：1962～1992 年考古发掘报告 [M]. 北京：文物出版社，2010.

[10] 刘庆柱. 中国古代都城遗址布局形制的考古发现所反映的社会形态变化研究 [J]. 考古学报，2006 (3).

作者简介：刘庆柱，男，中国社会科学院学部委员、考古研究所研究员、博士生导师

原文刊于：《中原文化研究》(郑州)，2015.2：19～24

上古地理意识中的"中原"与"四海"

王子今

摘　要：上古社会意识中，中国、中土、中原被视作天下的中心、世界的中心。人们标记中原文化辐射渐弱或未及的远方的地理符号，有所谓"四海"。"海"之字义，起初与"晦"有某种关联，体现了中原人对未知世界的特殊心理。对于"中原"与"四海"、"天下"与"四海"，以及"海内"与"海外"诸意识的学术考察，有益于深化对中国早期海洋观和海洋探索理念，以及海洋开发实践的认识和理解。

关键词：先秦；秦汉；中原；四海；海；晦

以"中原"为重心的华夏文明圈，起初是面对海洋而形成的地理观念，因"中原"、"四海"，"天下"、"四海"及"海内"、"海外"等词语的使用有所表现。考察相关现象，有利于认识和理解中国早期海洋观和海洋探索理念，以及海洋开发的实践。

一　"中原"　"中土"　"中国"

自文明初期逐步完成社会建构，开始形成有区域文化影响的古国，以中原地方遗存最为集中。①对于中原比较密集的历史悠久的政治中心和文化中心，可以借用蔡邕《述行赋》的说法，称之为"群都"。近年考古学的新收获使我们对这种历史真实的认识越来越清晰。上古时期"群都"这一历史存在所体现出的中原地区作为文化重心的地位，自有交通地理方面的优势条件。中原"群都"作为文化地理现象,也可以通过生态环境史视角的自然地理的考察说明其背景。[1]《易·系辞上》所谓"河出图,洛出书,圣人则之",体现出以河洛地区为主要基地的中原文化优势对于华夏文明奠基的特殊意义。中原文明先进的形势以及因交通开发有限所导致的对远方知识的匮乏,致使自我中心意识的初步形成。

我们所谓早期的"中原""中土""中国"均突出标识"中"的地理概念的产生,也正是以此为背景的。

"中原"有指黄河中下游地区或更具体指今河南中部地区之义。《诗·豳风·吉日》:"瞻彼中原,其祁孔有。儦儦俟俟,或群或友。"郑玄笺:"祁当作麎。麎,麋牝也,中原之野甚有之。"《诗》及郑说对"中原"的理解皆不明朗。②而《国语·晋语三》:"耻大国之士于中原,又杀其君以重之",其中"中原"被确认为"地区名","广义指整个黄河流域,狭义指今河南一带"[2]600。《左传·僖公二十三年》"若以君之灵,得反晋国,晋、楚治兵,遇于中原,其辟君三舍"与《史记》卷一一二《平津侯主父列传》"不能西攘尺寸之地而身为禽于中原"的"中原",有的辞书解释为"黄河下游之地,即河南山东之西部,河北与山西之南部,陕西东部等地之称,对于边地及蛮夷而言"[3]424。《三国志》卷三五《蜀书·诸葛亮传》载《出师表》所谓"北定中原","中原"亦指义明确。《宋书》卷二七《符瑞志上》亦言"北定中原"。《文选》卷一九谢灵运《述祖德》:"中原昔丧乱,丧乱岂解已。"李善注:"《晋中兴书》曰:'中原乱,中宗初镇江东。''中原'谓洛阳也。晋怀愍帝时,有石勒、刘聪等贼,破洛阳。"于是又有语义相近的"中洛""中夏"之说。③

"中土"和"中原"有近似含义。如《新语·怀虑》:"鲁庄公据中土之地,承圣人之后。"罪臣以"不宜在中土""徙合浦"案例,见于《汉书》卷四五《息夫躬传》、卷七七《毌将隆传》、卷九三《佞幸传·董贤》等。《后汉书》卷七六《循吏列传·任延》:"时天下新定,道路未通,避乱江南者皆未还中土,会稽颇称多士。"《后汉书》卷八五《东夷列传》:"武乙衰敝,东夷浸盛,遂分迁淮、岱,渐居中土。"以上所谓"中土"都与"中原"在意义上相近。

"中国"的早期含义亦与"中原""中土"相近。《庄子·田子方》有"中国之君子明乎礼义"的说法。《韩非子·孤愤》:"夫越虽国富兵强,中国之主皆知无益于己也，曰：'非吾所得制也'。"《吕氏春秋·简选》："令行中国。"高诱注："中国，诸华。"《史记》卷七〇《张仪列传》："中国无事。"司马贞《史记索隐》："按：谓山东诸侯齐、魏之大国等。"张守节《正义》："'中国'谓关东六国。无事，不共攻秦。"《盐铁论·申韩》说：大河之决，"泛滥为中国害"。《后汉书》卷八五《东夷列传》："东夷率皆土著，憙饮酒歌舞，或冠弁衣锦，器用俎豆。所谓中国失礼，求之四夷者也。"《后汉书》卷八八《西域传》："王莽篡位，贬易侯王，由是西域怨叛，与中国遂绝，并复役属匈奴。""中国"都有排除越地、秦地，以及东夷之地和西域之地的区域限定。《汉书》所见"不宜在中土"者"徙合浦"情形，《后汉书》卷八六《南蛮传》言交址文化，称"颇徙中国罪人"。

二 "四极" "四荒" "四海"

"中原""中土""中国"居中，与其对应的地理概念是"四方"。《诗·大雅·民劳》："惠此中国，以绥四方。"而边远方向的文明程度与"中原""中土""中国"存在距离。两者之间的文化冲突有时也是激烈的，如《诗·小雅·六月》毛序所说："《小雅》尽废，则四夷交侵，中国微矣。"

《尔雅·释地》"野"条说到"四极"："东至于泰远，西至于邠国，南至于濮铅，北至于祝栗，谓之四极。"④又有所谓"四荒"："觚竹、北户、西王母、日下，谓之四荒。"⑤而不同族类居住的远方世界称为"四海"：九夷、八狄、七戎、六蛮谓之"四海"。

郭璞注："九夷在东，八狄在北，七戎在西，六蛮在南，次四荒者。"《尔雅·释地》"野"条又说："岠齐州以南，戴日为丹穴。北戴斗极为空桐。东至日所出为太平。西至日所入为太蒙。"⑥中原人对于遥远地方的人文状况也有所关注："太平之人仁，丹穴之人智，太蒙之人信，空桐之人武。"这种人文风格的差异，据说与地理条件有关。郭璞注："地气使之然也。"

这种以"四极""四荒""四海"表抒的空间意识，应当看作上古天下观或说世界观的反映。《文选》卷一班固《东都赋》："目中夏而布德，眺四裔而抗棱。西荡河源，东澹海漘，北动幽崖，南耀朱垠。"吕向注：

"'中夏'，中国。""'海漘'，海畔也。'崖''垠'，皆畔岸也。"有可能"东澹海漘，北动幽崖，南耀朱垠"都是指抵达海"岸"。《后汉书》卷四〇下《班固传下》李贤注的解释是："'四裔'，四夷也。""'漘'，水涯。"⑦

《毛诗序》："《蓼萧》，泽及四海也。"郑玄笺："九夷、八狄、七戎、六蛮谓之'四海'。国在九州之外，虽有大者，爵不过子。《虞书》曰：州十有二师，外薄四海，咸建五长。"《初学记》卷六引《博物志》云："天地四方皆海水相通，地在其中盖无几也。七戎、六蛮、九夷、八狄，形类不同，总而言之，谓之四海，言皆近于海也。四海之外，皆复有海云。"人文地理观、政治地理观或民族地理观的"四海"，又与实际存在的自然地理意义的"四海"有一定的关系。

《荀子·议兵》写道："仁人之用十里之国，则将有百里之听；用百里之国，则将有千里之听；用千里之国，则将有四海之听，必将聪明警戒，和传而一。"《荀子·君道》又说到理想政治形势："四海之民不待令而一，夫是之谓至平。《诗》曰：'王猷允塞，徐方既来。'此之谓也。"⑧"四海"遥远，中原"仁人"期待其文化影响敷布"四海"，实现所谓"四海之听"。而"四海之民不待令而一"，被视为"至平"之治。"四海""而一"，是相当完美的政治理想。《逸周书·大子晋》所谓"善至于四海，曰天子"，《逸周书·武寤》所谓"王克配天，合于四海，惟乃永宁"，发表了大致同样的意见。蔡邕《明堂月令论》引《月令记》："王者动作法天地，德广及四海。"也是相类同的政治文化理念宣传。

顾颉刚、童书业指出："最古的人实在是把海看做世界的边际的，所以有'四海'和'海内'的名称。（在《山海经》里四面都有海，这种观念实在是承受上古人的理想）《尚书·君奭篇》说：'海隅出日罔不率俾。'（从郑读）《立政篇》也说：'方行天下，至于海表，罔有不服。'这证明了西方的周国人把海边看做天边。《诗·商颂》说：'相土烈烈，海外有截。'（《长发》）这证明了东方的商国（宋国）人也把'海外有截'看做不世的盛业。《左传》记齐桓公去伐楚国，楚王派人对他说：'君处北海，寡人处南海，唯是风马牛不相及也；不虞君之涉吾地也。'（僖四年）齐国在山东，楚国在湖北和河南，已经是'风马牛不相及'的了。齐桓公所到的楚国境界还是在河南的中部，从山东北部到河南中部，已经有'南海''北海'之别了，那时的天下是何等的小？"[4]对于"最古的人"的

"天下"观的分析，应当注意到他们有关"四海"和"海内"的认识。

三 "天下"与"四海"

《逸周书·允文》有"天下一旦而定，奄有四海"的说法。《逸周书·明堂》又写道："大维商纣暴虐，脯鬼侯以享诸侯，天下患之，四海兆民，欣戴文武。""天下"和"四海"成为对应的概念。

又如《荀子·儒效》："其为人上也，广大矣！志意定乎内，礼节修乎朝，法则度量正乎官，忠信爱利形乎下。行一不义，杀一无罪，而得天下，不为也。此君义信乎人矣，通于四海，则天下应之如欢。是何也？则贵名白而天下治也。故近者歌讴而乐之，远者竭蹶而趋之，四海之内若一家，通达之属莫不从服。夫是之谓人师。《诗》曰：'自西自东，自南自北，无思不服。'此之谓也。"这段文字三言"天下"，两言"四海"。《荀子·尧问》："尧问于舜曰：'我欲致天下，为之奈何？'对曰：'执一无失，行微无怠，忠信无倦，而天下自来。执一如天地，行微如日月，忠诚盛于内，贲于外，形于四海，天下其在一隅邪！夫有何足致也！'"则三言"天下"，一言"四海"。所谓"天下"和"四海"，其实指示着大致对等的地理区域。《荀子·王霸》所谓"县天下，一四海"可以看作同样意识的简略表述。

大致在战国时期，"天下""四海"的意识见于不同文化派别思想家的论述中。《韩非子·有度》："夫为人主而身察百官，则日不足，力不给。且上用目则下饰观，上用耳则下饰声，上用虑则下繁辞。先王以三者为不足，故舍己能，而因法数，审赏罚。先王之所守要，故法省而不侵。独制四海之内，聪智不得用其诈，险躁不得关其佞，奸邪无所依。远在千里外，不敢易其辞；势在郎中，不敢蔽善饰非。朝廷群下，直凑单微，不敢相逾越。故治不足而日有余，上之任势使然也。"说到"四海之内"[⑨]。又《韩非子·奸劫弑臣》："明主者，使天下不得不为己视，天下不得不为己听。故身在深宫之中而明照四海之内，而天下弗能蔽、弗能欺者何也？暗乱之道废，而聪明之势兴也。"言"四海之内"的同时三次说到"天下"。可知"天下"与"四海之内"也是彼此相近的概念。

西汉政论亦多见"天下""四海"并说的情形。晁错上书，有"德泽满天下，灵光施四海"语⑩。《盐铁论·能言》也以"言满天下，德覆四海"并说。又《世务》也写道："诚信著乎天下，醇德流乎四海。"《淮南子·览冥》："逮至当今之时，天子在上位，持以道德，辅以仁义，近者献其智，远者怀其德，拱揖指麾而四海宾服，春秋冬夏皆献其贡职，天下混而为一，子孙相代，此五帝之所以迎天德也。"可知有关道德文化的讨论，也以"天下""四海"地理概念作为宣传方式。⑪《淮南子·兵略》："上视下如子，则必王四海；下视上如父，则必正天下。"则可以看作指导行政方式和调整社会秩序的理念中相关认识的使用。

《淮南子·缪称》可见"有声之声，不过百里；无声之声，施于四海"的说法。"四海"是扩张文化影响的宏大空间。而据《淮南子·原道》："夫道者，覆天载地，廓四方，柝八极，高不可际，深不可测，包裹天地，禀授无形。原流泉浡，冲而徐盈；混混滑滑，浊而徐清。故植之而塞于天地，横之而弥于四海，施之无穷而无所朝夕。舒之幎于六合，卷之不盈于一握。约而能张，幽而能明，弱而能强，柔而能刚。横四维而含阴阳，纮宇宙而章三光。"注意其中"四海"一语的内涵，似乎可以理解为与"四方"、"八极"以及"天地"、"六合"、"四维"、"宇宙"构成可以比照和对应的概念。其意义，又超越了"天下""四海"仅限于平面的情形，而具有了与立体空间照应的意义。⑫

《淮南子·主术》说："今使乌获、藉蕃从后牵牛尾，尾绝而不从者，逆也；若指之桑条以贯其鼻，则五尺童子牵而周四海者，顺也。"以"周四海"言说极辽阔的空间范围。由此理解汉代人对于"海"的意识，是有积极意义的。而《淮南子·修务》又说到"明照四海，名施后世，达略天地，察分秋豪，称誉叶语，至今不休"。"四海"作为空间符号，与所谓"名施后世""至今不休"体现的时间理念在这里也彼此对应。

四 "天下"与"海内"

《韩非子·难四》有"桀索岷山之女，纣求比干之心，而天下离；汤身易名，武身受罚，而海内服"语。"海内"与"天下"作地理称谓同时通行，也可以说明当时中原居民海洋意识的初步觉醒。

贾谊《过秦论》写道:"及至始皇,奋六世之余烈,振长策而御宇内,吞二周而亡诸侯,履至尊而制六合,执搞朴以鞭笞天下,威振四海。""秦并海内,兼诸侯,南面称帝,以养四海,天下之士斐然乡风。"可以看到,与"天下"和"四海"对应同时出现的,还有"天下"与"海内"的对应。在贾谊笔下,又有《新书·数宁》:"大数既得,则天下顺治,海内之气,清和咸理,则万生遂茂。"又如同书《时变》篇:"大贤起之,威振海内,德从天下,曩之为秦者,今转而为汉矣。"可以体现一种行文习惯已经形成。

韩安国上书说道:"今以陛下之威,海内为一,天下同任……"⑬主父偃谏伐匈奴,言"昔秦皇帝任战胜之威,蚕食天下,并吞战国,海内为一"⑭同样的语言范式亦见于《淮南子》书。《淮南子·主术》说:"义者,非能遍利天下之民也,利一人而天下从风;暴者,非尽害海内之众也,害一人而天下离叛。"又同书《修务》:"奉一爵酒不知于色,挈一石之尊则白汗交流,又况赢天下之忧,而海内之事者乎?"同书《要略》:"天下未定,海内未辑……"同书《泰族》:"高宗谅暗,三年不言,四海之内寂然无声;一言声然,大动天下。"

这些文字,都反映了以大一统理念为基点的政治理想的表达,已经普遍取用涉及海洋的地理概念。

《盐铁论·轻重》可见"天下之富,海内之财"语,说明经济命题的论说,也存在"天下"与"海内"相对应的观念。

五 "海内"与"海外"

《山海经》有《海内经》与《海外经》。《史记》卷一二三《大宛列传》:"太史公曰:……至《禹本纪》《山海经》所有怪物,余不敢言之也。"《汉书》卷三〇《艺文志》"形法"家有"《山海经》十三篇"。《山海经》明确以"海内""海外"名篇,然而因成书年代尚不明了,则"海内""海外"观念的形成背景尚未可确知。现在看来,很可能中原人很早已经对"海外"有了初步关注,前引顾颉刚、童书业所提示的"海外有截"诗句应是较早的例证。《管子》书中也有相关迹象显示。《管子·宙合》:"宙合之意,上通于天之上,下泉于地之下,外出于四海之外,合络天地，以为一裹。"

"四海"与"四海之外"的关系，可以通过对汉代相关文献的理解得以说明。《淮南子·道应》写道："景曰：'扶桑受谢，日照宇宙，昭昭之光，辉烛四海。阖户塞牖，则无由入矣。若神明，四通并流，无所不极，上际于天，下蟠于地，化育万物而不可为象，俯仰之间而抚四海之外。昭昭何足以明之！'故老子曰：'天下之至柔，驰骋天下之至坚。'"这段文字，既体现了"四海"与"天""地"的对应，亦言及"四海之外"与相对更为宏阔的"天下"的关系。《史记》卷二七《天官书》："甲、乙，四海之外，日月不占。"裴骃《集解》："晋灼曰：'海外远，甲乙日时不以占候。'"

《史记》卷一二六《滑稽列传》褚少孙补述："圣帝在上，德流天下，诸侯宾服，威振四夷，连四海之外以为席，安于覆盂，天下平均，合为一家。"《汉书》卷六五《东方朔传》："圣帝流德，天下震慑，诸侯宾服，连四海之外以为带⑮，安于覆盂。"都说到"圣帝"的"德"的传播，影响至于"四海之外"。

《淮南子·精神》又说："事有求之于四海之外而不能遇，或守之于形骸之内而不见也。"所谓"四海之外"与"形骸之内"对照，用以形容极远之地。又《淮南子·主术》："君人者不下庙堂之上，而知四海之外者，因物以识物，因人以知人也。"与"四海之外"对应的，是"庙堂之上"。"海外"被作为政治影响力扩张之理想幅度的标志性象征。《淮南子·原道》："昔者夏鲧作三仞之城，诸侯背之，海外有狡心。禹知天下之叛也，乃坏城平池，散财物，焚甲兵，施之以德，海外宾伏，四夷纳职，合诸侯于涂山，执玉帛者万国。"⑯"海外"成为中原文化扩张和征服的对象。

有学者指出，与"海外"对应的概念，又有"海中"。《汉书》卷三〇《艺文志》"天文"家有："《海中星占验》十二卷；《海中五星经杂事》二十二卷；《海中五星顺逆》二十八卷；《海中二十八宿国分》二十八卷；《海中二十八宿臣分》二十八卷；《海中日月彗虹杂占》十八卷。"顾炎武说："'海中'者，中国也。故《天文志》曰：'甲、乙，海外日月不占。'盖天象所临者广，而二十八宿专主中国，故曰'海中二十八宿'。"⑰《汉书》卷三〇《艺文志》"天文"家论著所谓"海中"是否应当这样理解，还可以讨论。

六 "海"与"晦","四海"与"四晦"

"海"的字义，起初与"晦"有关。《释名·释水》："海，晦也。主承秽浊，其水黑如晦也。"⑱《说文·日部》："晦，月尽也。"段玉裁注："引伸为凡光尽之称。"又《说文·雨部》："天气下，地不应曰霿。霿，晦也。"段玉裁注："《释天》曰：天气下，地不应曰霿。今本作曰雾，或作曰雾。皆非也。霿，《释名》作蒙，《开元占经》作蒙。释名曰：蒙，日光不明蒙蒙然也。《开元占经》引郄萌曰：在天为蒙，在人为雾。日月不见为蒙，前后人不相见为雾。按霚与霿之别，以郄所言为确。许以霿系天气，以霚系地气，亦分别井然。大氐霚下霿上，霚湿霿干。霚读如务，霿读如蒙。霚之或体作雾，霿之或体作蒙。不可乱也。而《尔雅》自陆氏不能谊正，讹舛不可读。如《玉篇》云霚，天气下地不应也；霿，地气发天不应也。盖本《尔雅》而与《说文》互易，则又在陆氏前矣。其他经史雾、霿、雾三字往往淆讹。要当以许书为正。""晦本训月尽。引申为日月不见之称。"中原人对于"海"的知识的"不见"，即未知，使得"海"的原始字义来自"晦"。

楚辞《九歌·山鬼》："云容容兮而在下，杳冥冥兮羌昼晦。"王逸注："晦，暗也。"对于茫茫海域昏暗不明的视觉感受，其实也容易生成类同的文化认识。

清华大学藏战国简《赤鹄之集汤之屋》篇记述了一个神异的故事：古有赤鹄集于汤之屋，汤射获，命小臣"脂羹之"。汤妻纴巟强迫小臣让其尝羹。小臣又尝其余羹。汤返回后追究小臣，小臣出逃夏，为汤诅咒，病卧道中。后得"巫乌"相救治，又由"众鸟"与"巫乌"对言得知夏后有疾及解除之法。夏后按照小臣所言除却致病之祟。关于纴巟强迫小臣尝羹情节，有这样的记述："小臣自堂下受（授）纴巟羹。纴巟受小臣而〔三〕尝之，乃邵（昭）然四亢（荒）之外，亡（无）不见也。小臣受亓（其）余（馀）而尝之，亦邵（昭）然四晦（海）之外，亡（无）不见也。"[5]小臣能够听懂"巫乌"与"众鸟"的对话，应与"尝""羹"之后能力得以提升，"邵（昭）然四晦（海）之外，亡（无）不见也"有关。

这是古代文献中"海"写作"晦"的明确例证。[19] 而对于"四冘（荒）之外"及"四晦（海）之外"由"不见"到"亡（无）不见"的神奇变化，是古人探索未知世界的理想。《史记》卷七四《孟子荀卿列传》言邹衍学说："其语闳大不经，必先验小物，推而大之，至于无垠。""先列中国名山大川，通谷禽兽，水土所殖，物类所珍，因而推之，及海外人之所不能睹。称引天地剖判以来，五德转移，治各有宜，而符应若兹。以为儒者所谓中国者，于天下乃八十一分居其一分耳。中国名曰赤县神州。赤县神州内自有九州，禹之序九州是也，不得为州数。中国外如赤县神州者九，乃所谓九州也。于是有裨海环之，人民禽兽莫能相通者，如一区中者，乃为一州。如此者九，乃有大瀛海环其外，天地之际焉。"对于"海外人之所不能睹"的"闳大""无垠"世界的想象，应当是以一定的海洋知识为基础。所谓"九州""有裨海环之"，"有大瀛海环其外"者，是符合地理形势的实际的。

当然，对于海洋溟溟蒙蒙未知世界的进一步的探索，在秦汉时期进入了有较明确历史记录的新时代。[6] 对海洋的认识，中原人逐渐走出了以"晦"为文字表现的蒙昧境地。

注释

① 苏秉琦曾经划分考古学文化的六大区系，"同以往在中华大一统观念指导下形成的黄河流域是中华民族的摇篮，中国民族文化先从这里发展起来，然后向四周扩展，其他地区的文化比较落后，只是在中原地区影响下才得以发展的观点有所不同，从而对于在历史考古界根深蒂固的中原中心、汉族中心、王朝中心的传统观念提出了挑战。"但是仍然肯定"中原是六大区系之一，中原影响各地，各地也影响中原"（苏秉琦：《中国文明起源新探》，辽宁人民出版社2009年版，第28~32页）。各"区系"之间文化进程的未必同步和文明积累的未必平衡，则可以通过考古资料和历史资料的具体分析有所认识。我们这里所说的"中原"，定义与苏秉琦所谓"以关中（陕西）、晋南、豫西为中心的中原"有所不同，区域界定主要以现今河南省内的黄淮流域地方为主。《国语·晋语三》："公孙枝曰：'不可。耻大国之士于中原，又杀其君以重之，子思报父之仇，臣思报君之雠。虽微秦国，天下孰弗患？'"《史记》一一二《平津侯主父列传》载主父偃语："七国谋为大逆，号皆称万乘之君，带甲数十万，威足以严其境内，财足以劝其士民，然不能西攘尺寸之地而身为禽于中原者，此其故何也？"

可知传统"中原"定义并不包括秦国重心地方即"关中（陕西）"。

② 唐文编著《郑玄辞典》（语文出版社 2004 年版）不收"中原"条。此"中原"有可能只是指原野之中。

③《后汉书》卷七〇《文苑列传上·杜笃》："成周之隆，乃即中洛。"李贤注："周成王就土中都洛阳也。"《文选》卷一班固《东都赋》："目中夏而布德，瞰四裔而抗棱。"吕向注："'中夏'，中国。"《后汉书》卷四〇下《班固传》同一文句，李贤注："中夏，中国也。"《史记》卷一《五帝本纪》："而后之中国，践天子位焉。"裴骃《集解》引刘熙曰："帝王所都为中，故曰中国。"《文选》卷一九谢灵运《述祖德》："中原昔丧乱，丧乱岂解已。"张铣注："言中夏丧乱，未解散也。"

④ 郭璞注："皆四方极远之国。"

⑤ 郭璞注："舥竹在北，北户在南，西王母在西，日下在东，皆四方昏荒之国，次四极者。"

⑥ 郭璞注："岠，去也。齐，中也。""戴，值。"大蒙，"即蒙汜也"。

⑦《后汉书》卷六〇上《马融传上》载其《广成颂》"明德曜乎中夏，威灵畅乎四荒"，"中夏"与"四荒"也形成类同的对应关系。

⑧《荀子·王制》"四海之内若一家"也可以理解为同样认识的表达。

⑨ 与"独制四海之内"的说法意思相近的，又有《韩非子·功名》与《韩非子·人主》所谓"制天下"。

⑩《汉书》卷四九《晁错传》。

⑪《淮南子·齐俗》所谓"德施四海"，也是内容相近的文献遗存。

⑫《淮南子·原道》又说："道者，一立而万物生矣。是故一之理，施四海；一之解，际天地。"又《淮南子·俶真》："夫化生者不死，而化物者不化，神经于骊山、太行而不能难，入于四海九江而不能濡，处小隘而不塞，横扃天地之间而不窕。"又如《淮南子·道应》："尹佚曰：'天地之间，四海之内，善之则吾畜也，不善则吾仇也。'"《淮南子·氾论》以所谓"威动天地，声憾四海"颂扬周公功德。"四海"与"天地"的对应关系，也可以在讨论时参考。

⑬《汉书》卷五二《韩安国传》。

⑭《史记》卷一一二《平津侯主父列传》。

⑮ 颜师古注："言如带之相连也。"

⑯《淮南子·墬形》："凡海外三十六国：自西北至西南方，有修股民、天民、肃慎民、白民、沃民、女子民、丈夫民、奇股民、一臂民、三身民。自西南至东南方，结胸民、羽民、讙头国民、裸国民、三苗民、交股民、不死民、穿胸民、反舌民、豕喙民、凿齿民、三头民、修臂民。自东南至东北方，有大人国、君子国、黑齿民、玄股

民、毛民、劳民。自东北至西北方，有跂踵民、句婴民、深目民、无肠民、柔利民、一目民、无继民。雒棠、武人在西北陬，蜮鱼在其南。"所言"海外"诸国，种族构成和文明程度均与"中原""中土""中国"大异。"海外"之民名义的怪异，也体现了当时中原居民对"海外"世界的无知。

⑰《日知录》卷三〇"海中五星二十八宿"条。

⑱《初学记》卷六引《释名》："海，晦也。主引秽浊，其水黑而晦。"《太平御览》卷六〇引《释名》曰："海，晦也。主承秽浊，其水黑而晦也。"文字略异，而内容是一致的。

⑲"海"写作"晦"及"晦"写作"海"者，又有：《易·明夷·上六》："不明晦，初登于天，后入于地。"汉帛书本"晦"作"海"。《老子》："澹兮其若海。"《释文》："严遵作'忽兮若晦'。"《吕氏春秋·求人》："北至人正之国，夏海之穷。"《淮南子·时则》"海"作"晦"（高亨纂著，董治安整理：《古字通假会典》，齐鲁书社1989年版，第443页）。秦封泥有"晦陵丞印"（1458）、"晦□丞□"（1574），见傅嘉仪编著：《秦封泥汇考》，上海书店出版社2007年版，第235、258页。编著者写道："王辉先生考：晦疑应读为海。《易·蒙夷》上六：'不明晦，初登于天，后入于地。''晦'马王堆帛书本作'海'，长沙子弹库战国楚帛书乙篇：'乃命山川四□（李零以为即晦）……''四晦'即四海（王辉：《古文字通假释例》，台湾艺文印书馆一九九三年版，一〇、一一页）。《汉书·地理志》临淮郡有海陵县。王先谦《汉书补注》：'战国楚地海陵，见《楚策》吴注……《一统志》：故城今泰州治。'依其说，海陵初名海阳，汉始改为海陵。由此封泥看，则秦时已置县，名晦陵或海陵。"（第235页）

参考文献

[1] 王子今. 中原"群都"现象：上古文明史和国家史的考察 [J]. 中州学刊，2012（4）.

[2] 汉语大词典编辑委员会，汉语大词典编纂处. 汉语大词典 [K]. 上海：汉语大词典出版社，1990.

[3] 中文大词典编纂委员会. 中文大辞典 [K]. 台北：中国文化研究所，1968.

[4] 顾颉刚，童书业. 汉代以前中国人的世界观与域外交通的故事 [J]. 禹贡半月刊（第五卷第三、四合期），1936.

[5] 李学勤. 清华大学藏战国竹简（叁）[M]. 上海：中西书局，2012；黄德宽. 清华简《赤鹄之集汤之屋》与先秦"小说"：略说清华简对先秦文学研究的价值 [J]. 复旦学报，2013（4）.

[6] 王子今. 秦汉时期的海洋开发与早期海洋学 [J]. 社会科学战线，2013 (7).

作者简介：王子今，男，中国人民大学国学院教授、博士生导师，中国秦汉史研究会会长

原文刊于：《中原文化研究》（郑州），2014.1：5～11

从精神文化考古的维度看中原
观念的出现与形成

何　驽

摘　要：中原的概念取决于以政治地理五方为表象的天下观，而天下观取决于地中概念。通过对现有考古资料的分析，对比陶寺文化与王湾三期文化的地中理论概念标准与政治地理五方的观念，提出地中和天下观同时出现于陶寺文化，确立于王湾三期文化，普及于二里头文化。于是中原概念在陶寺文化开始出现，只是在邦国林立的当时，这一概念并不一定能得到周边文化和族群的承认。中原概念被王湾三期文化通过文化扩张和政治作为所推出，至少被江淮地区或海岱地区的文化和族群所接受，既可自称，也可他称。作为王湾三期文化直接后裔的二里头文化，则通过王朝的各种手段，普及中原概念。而黄河中游地区的地中的理论标准，是依据政治中心的夏至晷影通过政治话语霸权确定的。

关键词：精神文化考古；地中；天下观；中原观念

一　中原概念理论标志简论

中国史学界和考古学界惯常使用"中原"一词，学术界基本认为黄河中游地区包括今豫东、豫北冀南、豫西晋南、关中地区。中原地区在中国文明起源多元一体化过程中，占据了一体化的核心地位。这个中原在史前文化的格局中，处于严文明先生所说的"重瓣花朵"中的花心。[1]赵辉先生进一步分析这样的"重瓣花朵"格局何时形成，提出中原文化区在公元前3000年至公元前2500年之间形成，中国史前文化呈现出以中原为中心的三重结构[2]，而以中原为中心的历史趋势在公元前2500年之后的龙山时代才真正形成[3]。

段宏振先生对"中原"概念做了比较系统的梳理。他认为，中国即指中原，自然地理意义上指黄河中下游地区，人文地理意义上包含相对于周边蛮夷戎狄而言的中央地区，综合起来而言，系指华夏族群集中居住的黄河中下游地区。狭义的中原指今河南一带的黄河两岸地区，广义的中原指以河南为中心的周临地区。从考古学角度说，中原即指中原考古学文化区。[4]458~459段先生提出，公元前6000年至公元前2000年，中原都处在孕育期，自公元前2000年至公元前1600年的夏代，中原才初步形成。[4]463~472

笔者基本认同段宏振先生关于"中原"概念的判定，应当是黄河中游地区包括今豫东、豫北冀南、豫西晋南、关中地区的人们逐步形成了统一的文化区及其相对统一的大族群"华夏"，并形成了早期的"中国"之后，"中国人"对于自己居住地域从人文地理和自然地理两方面提出的自我认同的概念。

从考古学角度判断的中原，是从考古学文化格局黄河中游地区与周边地区文化对比的突出中心的反差来判断的。中国史前考古学文化格局中原中心态势是一个漫长的发展过程，在何时形成中原概念，难以给出非常明确的界标，以致赵辉先生认为中原形成于公元前2500年之后的龙山时代，而段宏振先生则认为是在公元前2000年之后的夏代。

从理论上说，中原是一个概念，中原概念形成的明确界标不能依赖考古学文化来建立，而应当由观念文化来建立。

观念文化就是精神文化，是指个体、群体和社会所有精神活动及其成果的总称，[5]234是人类在实践中创造的各种思想观念和精神产品的总和。[5]240"中原"概念的形成可以用精神文化考古的方法，[6]18~34通过对"中原"观念物化表现的探索，建立其概念形成的明确标志。

从概念上说，中原以"中"位置定性，以"原"界定地域范围，所以中原观念的确定，从根本上取决于"中"这一概念。但是，从单纯的黄河中游地区的自然地理位置，是无法建立中原概念的，否则地处长江中游地区的江汉平原和洞庭湖平原也可以被视为"中原"。足见"中原"概念主要基于人文地理概念，具体说是占政治话语霸权地位的宇宙观中政治地理五方概念，成为"中原"观念形成的思想理论基础。所谓政治地理五方，就是分别由东、西、南、北四个方块及其拱卫的中央方块①。政治地理五方也可被称为"五土"：东、西、南、北、中土。分析到这个观念层面上，考古学文化面貌就很难用于界定政治地理五方或五土，必须由其他的标准来判断。

从原理上说，中土取决于"地中"观念的出现，[7]251~263地中的确定决定了中土的确立。地中的概念完全不是考古学文化意义上和自然地理意义上的"中心"概念，而是一个偏重于为政治社会思想观念具体说是为"中正"正统思想服务的唯心的宇宙观。

然而，仅有地中的观念，是无法建立中原概念的。因为地中的本质是与天极相通的、与居于天极的上帝沟通的唯一通道，属于偏重于宗教思想的宇宙观范畴。只有在社会发展进入到国家阶段，统治者出于国家政治统治的需要，产生出"天下观"时，才会立足于"地中"，提出对于天下的认识，通俗说就是对本国所在的地理大陆，从自然、人文、政治、疆域角度的务实认识。天下观的认识，必须通过以地中都城为中心基点的大地测量，才能够实际得到，最终建立政治地理五方的观念，由此中土或中原观念才真正诞生。

以上是中原概念诞生的理论逻辑轨迹。而从精神文化考古的维度进行中原概念产生标志的追溯，从根上说，应当是用考古物证来证明"地中"的概念在何时何地出现。中国古代"地中"一直有物化的标准，那就是以圭表测夏至和冬至的影长。《周礼·大司徒》："以土圭之法测土深、正日景，以求地中。……日至之景，尺有五寸，谓之地中……乃建王国焉。"那么，考古发现的实用测量仪器圭表，就成为判定地中观念出现的首要证据。

实用圭表判定之后，下一步就是探索天下观的实施大地测量行为。《尚书·尧典》："曰若稽古帝尧，曰放勋，钦、明、文、思、安安，允恭克让，光被四表，格于上下。""四表"，孔安国《注》理解为"四外"，孔颖达《疏》解释为："表里内外相对之言，故以表为外向，不向上，至有所限。旁行四方，无复限极，故四表言被，上下言至。四外者，以其无限；自内言之，言其至于远处。正谓四方之外畔者，当如《尔雅》所谓四海、四荒之地也。"笔者以为，"四表"当是东、西、南、北四方边界"畔"上的四个标志点，也就是大陆四至上的标志点，此所谓"至有所限"。标志点以内是大陆，标志点以外为"四外"海洋，继而向东、西、南、北四个方向"旁行"，则"无复限极"。这些标志点用圭表测影的方式确定，同样用该点的夏至影长标定，以立表的方式表现，因此有"表里"之说，立表以里标志着大陆，表外标志着海洋。

而四表的测量，是以地中都城中表为测量中心基点的。《周礼·大司徒》说："以土圭之法测土深、正日景，以求地中。日南则景短，多暑；日北则景长，多寒；日东则景夕，多风；日西则景朝，多阴。日至之景，尺有五寸，谓之地中。"贾公彦疏："周公度日景之时，置五表。五表者，于颍川阳城置一表为中表，中表南千里又置一表，中表北千里又置一表，中表东千里又置一表，中表西千里又置一表。"颍川阳城就是今河南登封告成，王城岗遗址以东战国阳城遗址内的观星台[8]，建有周公测影台，实际是一座石质的兼立表测影和象征意义的纪念碑，唐朝仪凤年间姚玄至阳城实测得到夏至影长 1.5 尺②，开元十一年（723）南宫说立此碑③。唐代僧一行组织实施的天文大地测量工作，13 个测点均以阳城为中心。[9]367~368 足见汉唐以来，人们一直认为阳城是地中，是天下之中，是大地测量理所当然的中心基点。

在完成了为确立天下观的大地测量之后，才能在统治者的头脑中建立起政治地理五方的概念，中土居中，中原的概念才能得以确立。

根据这样一条逻辑证据技术路线，笔者将中原概念确定的考古物证突破口放在圭表实证的确定上。迄今考古发现最早的圭表实物是山西襄汾陶寺遗址出土的。

二　陶寺文化地中概念的考古实证

陶寺遗址是晋南地区龙山时代晚期至末期的一处超大型聚落，面积 300 万平方米。经过 37 年的考古发掘与研究，大致可以确定陶寺遗址为功能区划齐备的都城遗址，中期城址面积 280 万平方米；陶寺文化已经进入到早期国家社会。因此，陶寺遗址被许多学者认为就是尧都平阳或尧舜

之都。[10]141~155

陶寺遗址的圭尺出土于陶寺中期王族墓地中的元首墓ⅡM22内，是木胎漆杆，在黑绿间隔的彩漆段之间，由红彩标出标准刻度。残长171.8厘米，研究复原长187.5厘米。ⅡM22圭尺的北侧壁龛内放置一件漆盒，内盛玉琮改制的游标1件、玉戚转做景符1件、玉戚转做游标1件[11]，这些是圭表仪器使用的附件。

陶寺立表出土于早期王族墓地，是一根红色木杆，现存长214厘米，复原长225厘米。[12]笔者认为木杆尖头插入地下25厘米，露出地表200厘米，恰好8尺。通身涂红彩（朱砂颜料？），在认知方面与日火有关。

笔者曾经就陶寺圭尺做过比较全面的分析，最关键的一个刻度是第11号，总长39.9厘米，按照笔者的研究结果，陶寺一尺折合今天25厘米[13]，合1.596陶寺尺，误差仅0.1厘米、0.004尺，如果精度限于分，即为1.6尺，就是《周髀算经》的夏至影长。而陶寺本地实际夏至影长为1.693538~1.694476尺，折合42.25厘米，而不是《周髀算经》记载的"夏至一尺六寸"，陶寺圭尺第12号刻度用于本地夏至影长测量。可见陶寺圭尺第11号刻度是一个1.6尺的理论标准刻度。《隋书·天文志上》引《周髀算经》作"成周土中，夏至景一尺六寸"。成周相对于宗周而言就是"周公卜洛"的洛阳。虽然《隋书·天文志》将《周髀算经》的夏至影长1.6尺误解为洛阳的实测数据，但是从一个侧面反映出，中国古代曾经将《周髀算经》记载的夏至影长1.6尺数据，同样作为地中的判别标准，数据虽异于《周礼·地官司徒》1.5尺夏至影长，但是性质是一样的，都是判定地中的理论标准。根据陶寺圭尺实证，笔者认为，夏至暑影1.6尺是陶寺文化的地中标准，是从陶寺文化的直接主系祖源晋南垣曲盆地的庙底沟二期文化区继承来的。[14]95~96地中的概念也许萌发于庙底沟二期文化的垣曲盆地，但确立于陶寺文化。

三　陶寺文化的"天下观"分析

陶寺遗址被多数学者认为是尧都平阳。笔者用《尚书·尧典》引出陶寺文化的天下观。《尧典》曰："分命羲仲，宅嵎夷，曰旸谷。寅宾出日，平秩东作。日中，星鸟，以殷仲春。厥民析，鸟兽孳尾。申命羲叔，宅南交。平秩南为，敬致。日永，星火，以正仲夏。厥民因，鸟兽希革。分命和仲，宅西，曰昧谷。寅饯纳日，平秩西成。宵中，星虚，以殷仲秋。厥民夷，鸟兽毛毨。申命和叔，宅朔方，曰幽都。平在朔易。日短，星昴，以正仲冬。厥民隩，鸟兽鹬毛。"

笔者曾经分析，上述《尧典》所云南交和幽都分别是今北回归线一带和北极圈一带，陶寺圭尺头端刻度 0，可以通过夏至测量暑影为 0 即"日中无影"以确定北回归线；一满杆夏至影长 187.5 厘米，以确定北极圈。[14]109~113 表明陶寺文化的天下观至少达到了北回归线和北极圈一带。

而羲仲、羲叔、和仲、和叔四支科考队，分别向东、南、西、北四个方向一站一站逐步开展天文大地测量，就是为了实际构建尧舜的天下观。这样的大地测量，按照技术规范，必须以陶寺都城地中为中表即中心基点，沿着陶寺都城的东、西、南、北正方向即今天我们称之为经纬线 E111°29′54.9″（约 E111°30′）和 N35°52′55.9″（约 N35°53′），分别测到陶寺城址所在欧亚大陆的东、西、南、北四至端点。这种测量技术规程，在《周礼·地官司徒》贾公彦疏中表述为"周公度日景之时东西南北中"五表法。

根据这样的技术规范，笔者经过推测和实地考察，推定陶寺文化的南表点位于今广东阳西县碗岗村附近沙扒月亮湾海岸一条入海山脊形成的海角，其经纬度为 N21°30′21.77″，E111°29′20.28″。该海岸以南是无垠的南中国海，正谓"无复限极"。此南表点纬度比北回归线低了约两度，但理论上处于"交趾"地带，仍符合文献所谓交趾之南方"畔"上之"表"④。

陶寺东表点位于今山东胶南市老卧龙湾北岸朝阳山嘴第一个矶头，GPS 定位 N35°53′17.34″，E120°05′14.95″，纬度与陶寺城址几乎完全一致。⑤胶南市位于青岛西南，上古时期这一带曾称为青州，也就是《禹贡》所谓的青州。《尚书·尧典》称为嵎夷。《正义》云："《禹贡》青州云'嵎夷既略'。青州在东界外之畔，为表故云东表之地称嵎夷也。"

沿着陶寺城址的纬度向西直至欧亚大陆的西端即地中海东岸，笔者推测陶寺文化西表点应当位于此，大约位于今叙利亚拉塔基亚省 Ras al Basit 之 Badrusiye Shore（海岸），经纬度为 N35°53′13.05″，E35°53′10.68″。中国古代文献中关于西表之地的记载，《尚书·尧典》语焉不详，只说"宅西（方）"。《史记·五帝本纪》说到这段时称"居西土"，仍较笼统。但

是《五帝本纪》谈到帝颛顼一段，说"治气以教化，絜诚以祭祀。北至于
幽陵，南至于交址，西至于流沙，东至于蟠木"。这套政治地理空间四至
的表述话语体系与《尧典》四表颇类，于是笔者推测《尧典》西表之地处
于流沙附近，今叙利亚拉塔基亚省的 Badrusiye Shore，地处叙利亚沙漠的
北部，可以满足"西至于流沙"的特征条件。

同理，笔者推测陶寺文化北表点位于今俄罗斯萨哈共和国诺尔德维克
（Nordvik）以东的拉普捷夫海南岸上，经纬度为 N76°40′26.77″，E111°30′
29.08″。这里北临北冰洋，正谓"无复限极"。该点深入北极圈，冬半年
极夜日数多至 97 天。[15]20 陶寺圭尺最长夏至可测到北极圈，表明陶寺人确
实已经有北极圈的认知。如果将"日行至是，则沦于地中，万象幽暗，故
曰幽都"作为幽都最典型的标准，则北极圈以内能够出现极夜的地区才符
合狭义"幽都"的概念，而北极圈以南至雁门关以北广袤的地域为广义的
"幽都"。显然，陶寺北表点位于狭义的幽都区域内。

陶寺文化四表是否真实存在过？不妨通过先秦文献有关四海之内的数
据来验证一下。

徐凤先博士研究指出，中国古代先秦文献中记述大地尺寸的数据有两
套体系，一套是四极之内的 23 万余里，一套是指四海之内的东西 28000
里、南北 26000 里。记载四海之内地广数据的文献有《淮南子·地形训》
《管子·地数》《吕氏春秋·有始览》《山海经·中山经》《尸子》等。徐
凤先依据笔者前期的研究成果陶寺长度基元 1 尺 = 25 厘米，结合《淮南
子》和《山海经》中有关太章、竖亥步四极的记载，分析得出 1000 尺 = 1
里 = 250 米，四海之内东西地广 28000 里折合 7000 千米、南北地广 26000
里合 6500 千米。[16]

据此笔者根据陶寺城址的经纬度，套用徐凤先博士的公式重新计算，按
地球平均半径 6371 千米计算，N35°53′纬圈上总长为 $2\pi \times 6371 \times \cos 35°53′ =$
32417 千米。陶寺文化东表经度为 E120°05′14.95″，约为 120°，西表经度
E35°53′10.68″，约为 36°，跨越经度约 84°，则陶寺文化东西两表间距为
$32417 \times 84° \div 360° = 7563$ 千米，比 28000 里合 7000 千米多 563 千米，误差
率达 7.4%。

在 E111°30′经线圈上，陶寺文化南表的纬度为 N21°30′21.77″，北表纬
度为 N76°40′26.77″，跨纬度约 55°，则陶寺文化南北两表间距为 $2\pi \times$

$6371 \times 55° \div 360° = 6113$ 千米，比 26000 里合 6500 千米少 387 千米，误差率达 6%。

数据的对比已经很能说明问题，陶寺文化四表确实曾存在过，与陶寺文化地中夏至影长数据 1.6 尺一样，四表之内（即四海之内）的大地测量长度数据也被先秦典籍保留下来。

准此，我们可以清晰地看到陶寺文化的天下观囊括了陶寺所在欧亚大陆东起东海、西迄地中海、南到南海、北至北冰洋四海之内的"表里河山"。陶寺圭表是构建天下观实施天文大地测量的核心仪器。而《尧典》则扼要记载了羲和氏天文官世家组成的四支科考队进行伟大的天文大地测量的历史事件。

四 陶寺文化的政治地理五方概念

毋庸讳言，陶寺文化东西两表之间约 7563 千米，南北两表之间约 6113 千米，四千年前如何依靠圭表测量得出如此大的距离数据，具体操作技术层面上存在很多的难题。

笔者按照《周礼·大司徒》贾公彦五表测量法，推测陶寺人圭表大地测量，并非从数千公里之外的两点之间完全靠测影计算得到距离数据，而是以陶寺城址中表为中心基点，分别向南、北、东、西四个方向进行线性方格网一方一方地向外放射状实施测量。每个方向是一个测量队，也就是《尧典》中所谓的羲仲、羲叔、和叔、和仲分别带领的测量队。正是由于一站接一站地测量，耗时漫长，所以《尧典》中说羲仲宅嵎夷曰旸谷，羲叔宅南交，和仲宅西曰昧谷，和叔宅朔方曰幽都。孔安国注曰："宅，居也。东表之地称嵎夷。"又曰："北称朔，亦称方，言一方则三方见矣。"这说明四支测量队分别居住在各自任务的方格网里进行一方一方的步测和圭表测量，直至有所限——南、北、东、西四表所在之地。

如果前方遇到大山或大泽不可直接步测，便可向两侧平行方进行替代性测量，得到所需的距离数据，直至四表其所（图 1）。四海之内的地广总体数据便可以累计得到。

正是由于陶寺文化五表大地测量采取的是以陶寺城址为测量中央基点的线性方格网式放射测量模式（图 1），在此基础上得到的四海之内地广数

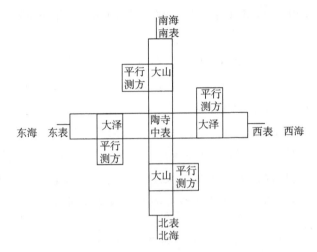

图 1　陶寺文化五表大地测量线性方格网模式

据与地理信息一定是相同的模式，也就是亚字形，与艾兰提出的商代亚形宇宙观相同[17]96~129。而在此测量与考察得到的认识基础上，抽象出来对于陶寺文化邦国所处欧亚大陆的政治地理空间认识模式也必然是亚字形的（图 2）。

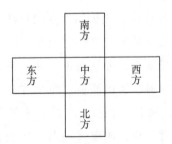

图 2　陶寺文化政治地理五方亚形模式

《尧典》中说羲仲宅嵎夷曰旸谷，羲叔宅南交，和仲宅西曰昧谷，和叔宅朔方曰幽都。孔安国注曰："宅，居也。东表之地称嵎夷。"又曰："北称朔，亦称方，言一方则三方见矣。"据此，陶寺文化的亚字形政治地理空间模式是南北东西四方围绕着陶寺地中所确定的中方，而四方的边界分别由四表所标定。

陶寺文化的圭表、圭尺 1.6 尺地中标准刻度、天下观和政治地理五方概念的确立，完整地表达了"中原"观念在龙山晚期至末期于黄河中游地区最终形成。

五　地中观念在豫西的传播

龙山时代晚期，黄河中游地区不仅在晋南的陶寺文化拥有地中观念，而且地处豫西伊洛地区的王湾三期文化同样也有地中观念。在河南王湾三期文化中，我们虽然尚未发现圭表实物，但是赵永恒先生认为《周礼·地官司徒》所记 1.5 尺夏至晷影数据是禹都阳城的实测结果[18]，计算的公元前 2100 年至公元前 1900 年，河南登封王城岗夏至日下沿晷影长度为 1.516~1.59 尺，比《周礼·地官司徒》所记地中夏至晷影标准长了 2 分，在允许的误差范围内[14]114~115。可以肯定，《周礼》所记 1.5 尺夏至晷影地中标准，不是西周初年由周公原创的，而是龙山时代末期王城岗城址实测的结果。

更有趣的是，赵永恒先生认为《易纬·通卦验》记载的"夏至晷长一尺四寸八分"的数据是在河南禹州阳翟实测的。[18]其后他计算禹州瓦店遗址公元前 2100 年、前 2050 年、前 2000 年、前 1950 年和前 1900 年夏至日下沿晷影长度在 1.485~1.487 尺。而瓦店遗址是王湾三期文化除王城岗之外另一座重要的中心性环壕大聚落。[19]

文献传说中认为禹都阳城，启都阳翟。目前考古发现告成王城岗城址和禹州瓦店环壕遗址，有着较大的聚落规模和较高的等级，似乎在印证传说很可能是历史的记忆。周公卜洛所用 1.5 尺夏至晷影地中标准，无非是要附会他所知道的 1.5 尺标准数据。或许周公更青睐地势更为开阔的伊洛平原，而有意回避相对狭蹙的临汾盆地或垣曲盆地，有选择地忘却晋南的 1.6 尺夏至晷影地中标准。《周髀算经》所记 1.6 尺地中标准表明，当时晋南的地中标准数据并未亡佚。

晋南陶寺文化 1.6 尺夏至晷影地中标准，应当与豫西王湾三期文化 1.5 尺夏至晷影地中标准同时并存。《尚书·大禹谟》舜嘱咐禹说："予懋乃德，嘉乃丕绩，天之历数在汝躬，汝终陟元后。人心惟危，道心惟微，惟精惟一，允执厥中。""允执厥中"之"中"就是圭尺，代指圭表，象征王权权柄[14]。但笔者怀疑大禹从舜的手中继承了圭尺及其地中 1.6 尺标准。实际史实很可能是以王湾三期为代表的早期夏文化一直认同自己本地的夏至晷影地中标准。甚至像王城岗和瓦店这样不同的都邑聚落还有着各自的夏至晷影地中标准，或许与其内部权位或王统的正统地位之争有关。可见在龙山时代末期，地中观念在黄河中游地区即中原核心区普遍流行，却尚未形成统一的或唯一的地中标准。其根本原因在于，当时中原地区尚未形成像后来二里头文化这样的王朝国家，尚处于邦国林立时代。[20]

六 王湾三期文化的天下观

王湾三期文化的天下观与陶寺文化有很大差别。王湾三期文化并非像陶寺文化那样，放眼整个欧亚大陆的四海之内表里山河，而是从政治和经济实用性的角度，重新看待天下。《尚书·禹贡》记述了夏禹对黄河流域和长江流域地理区位、物资、交通孔道等重要信息的重新勘察与认识，将天下划分为冀、豫、兖、青、徐、荆、扬、梁、雍九州，其视角以黄河中游的豫州为中心。虽也号称"东渐于海，西被于流沙，朔南暨声教讫于四海"，但实际上目光紧盯在黄河、长江两大流域。邵望平先生在《〈禹贡〉"九州"的考古学研究》中，基本肯定了《禹贡》九州部分至少以夏商周三代史实为依据，单纯的"九州篇"是公元前2000年前后的作品[21]11~30。《淮南子·墬形训》："使竖亥步自北极，至于南极，二亿三万三千五百里七十五步。"高诱注："太章、竖亥，善行人，皆禹臣也。"《山海经·海外东经》："帝令竖亥步，自东极至于西极，五亿十万九千八百步。竖亥右手把算，左手指青丘北。一曰：禹令竖亥。一曰：五亿十万九千八百步。"暗示夏禹对天下九州的勘察主要采取步测的方法，对自己关注的黄河和长江流域"天下"进行了大地勘察与测量。

事实上，王湾三期文化更加注重对长江中游地区（包括江淮地区）的文化与政治经营。笔者曾认为："石家河文化在距今4200年崩溃后，残留下来的文化由于受到来自中原的王湾三期文化的干扰而发生了质变，成为肖家屋脊文化，龟缩在原石家河文化核心区残喘了约300年，终于在距今3900年前后最终被斩断。在此期间，中原王湾三期文化乘虚而入，该文化的地方类型也随着中原政治势力为保障荆州贡道而介入，占尽鄂北、鄂西南地区交通孔道的枢纽地带甚或澧阳平原，对石家河酋邦的后续肖家屋脊文化形成钳形之势。肖家屋脊文化区主要占据江汉平原腹地，其北为王湾三期文化杨庄二期类型，西部为王湾三期文化石板巷子类型，峡区内有王湾三期文化白庙类型，……使人们深切感到王湾三期文化对江汉地区的渗透似乎有别于新石器时代常见的文化扩张与渗透，在明显弹压肖家屋脊文化的同时，有明显的维护资源输送渠道的行政目的。"[22]141~142

王湾三期文化对江汉平原主要采取文化钳制谋略，对江淮地区则带领当地政权治水，以获取更多的政治资本，整合长江中游和江淮地区的政治势力为己所用，以达到同陶寺文化邦国在中原政治舞台上的至高地位分庭抗礼或取而代之的目的。安徽蚌埠禹会村遗址大型祭祀礼仪建筑遗存以及祭祀遗存的考古发掘[23]，将《史记·夏本纪》"或言禹会诸侯江南，计功而崩，因葬焉，命曰会稽。会稽者，会计也"，《尚书·大禹谟》"帝曰：'咨，禹！惟时有苗弗率，汝徂征。'禹乃会群后"，《左传·哀公七年》"禹合诸侯于涂山，执玉帛者万国"等诸多文献记载甚至传说，逐渐用考古物证的形式展现在世人面前。笔者分析禹会村大型甲字形祭祀场，为大禹带领江淮地方势力随山浚川，具体说是劈荆山与涂山导淮河治水工程的动员、庆功告成、封赏祭祀场所，同时也是大禹带领江淮地方势力发动征伐不听号令的三苗——石家河文化战争期间的誓师、班师振旅、记功封赏的场所。[24]在禹会村遗址汇聚的来自东、西、北方向以及本地的文化因素中，王湾三期文化王油坊类型的文化因素格外引人注意。[23]195~196

正是大禹在怀远（今蚌埠）涂山成就了治淮和征三苗两大历史功绩，才奠定了他在中国早期国家历史舞台上的领袖地位，实际上真正摆脱了帝舜的政治控制与影响，谋求独立发展，才有了后续的新砦文化和辉煌的二里头王朝文化，因而《史记·外戚世家》称"夏之兴也以涂山"，恰谓此也！

七 王湾三期文化的政治地理五方

《尚书·禹贡》九州的划分模式，同地理区位相套合，显然构成一个以豫州为中心的放射模式，反映出所谓禹命竖亥步测大地的实际操作模式是放射状模式，而不是陶寺文化采用的十字方格网模式（图2）。于是，《禹贡》最后附上了"五服""回字形"政治地理五方模式（图3）。《尚书·禹贡》曰："五百里甸服：百里赋纳总，二百里纳铚，三百里纳秸服，四百里粟，五百里米。五百里侯服：百里采，二百里男邦，三百里诸侯。

五百里绥服：三百里揆文教，二百里奋武卫。五百里要服：三百里夷，二百里蔡。五百里荒服：三百里蛮，二百里流。"《国语·周语》则称甸服为邦内，侯服为邦外，绥服又称宾服则系侯卫，要服为夷蛮，荒服为戎狄。

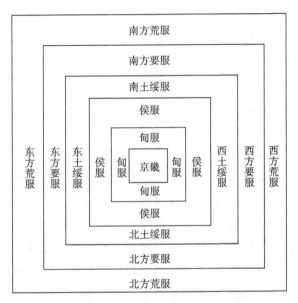

图3 王湾三期文化政治地理五方回字形模式

笔者曾指出："夏王朝是通过五服制度中的甸服、侯服、绥服由内逐外地逐级控制政治疆域，甸、侯是以二里头各文化类型从面上控制，绥服是以驿路、驿站、据点实行点线控制。要服和荒服实际是夏王朝政治版图之外的外交政治手段，没有实际的政治疆域统治意义。"[25]496当时认为五服制度是夏王朝内政外交运作的制度模式，现在看来就是夏文化的放射型政治地理五方模式（图3）。

在这个回字形五方模式中，京畿地中、邦内甸服、邦外侯服，占据着中原区位，是二里头文化核心分布区，即伊洛地区的二里头类型、晋南的东下冯类型、豫东鲁西的牛角岗类型、豫东南杨庄类型和豫西南的下王岗类型。

赵春青先生将《禹贡》的五服模式推向更早的龙山时代。他认为内圈的王湾三期文化大致相当于王畿即甸服，环绕王湾三期文化的中圈王湾三期文化诸中原类型相当于侯服和绥服，分布在外圈的、中原龙山文化以外的周边龙山时代各文化则为要服和荒服。[26]58~84

相比之下，王湾三期文化政治地理五方模式中的中原概念，比陶寺文化亚形政治地理五方中的中土即中原概念更加明确落实在具体的地域上，不追求空泛的欧亚大陆四至的认知与标识，而更加注重自己实际控制和政治、思想、文化影响的有效范围，这表明王湾三期文化和二里头文化在统治理念上更加具体、务实和进步。

结　论

通过对现有考古资料的分析，我们认为地中和天下观同时出现于陶寺文化，确立于王湾三期文化，普及于二里头文化。那么中原概念在陶寺文化开始出现，只是在邦国林立的当时，这一概念并不一定能得到周边文化和族群的承认。中原概念被王湾三期文化通过文化扩张和政治作为所推出，至少被江淮地区或海岱地区的文化和族群所接受，既可自称，也可他称。作为王湾三期文化直接后裔的二里头文化，则通过王朝的各种手段，普及了中原概念。再返回头来看赵辉先生认为中原形成于公元前 2500 年之后的龙山时代，段宏振先生则认为是在公元前 2000 年之后的夏代，都没有大的错误，只是没有区分中原概念的形成阶段性而已。

中原概念与"中国"概念存在着必然联系。陶寺文化已经进入到国家社会，陶寺文化的地中观念和天下观已经形成，由于当时的中原概念只是自称，并未推出，所以"中国"最初的概念基于地中之都、中土之国的概念。王湾三期文化也进入到早期国家社会，随着中原概念的推出，"中国"的概念很可能转变为"中原之国"的概念。

随着二里头文化王朝国家的强盛、中原概念的普及，地中被政治话语霸权标定在伊洛一带（含登封告成）。自此之后，这一地区在中国历史上被视为地中或天下之中，中原的概念从此固定，中国的概念则以中原概念为核心，像滚雪球一样越滚越大，至少到秦汉帝国时期，中国的概念不再局限于"中原之国"了。

而所有上述关键观点出现的物化标志是圭表实物及其地中标准刻度的辨认。有了陶寺文化圭表及其地中标准刻度 No.11 一尺六寸（40 厘米）夏至影长的辨认，进一步涉及"中原"观念的考古申论便有了基础。

注释

①艾兰受到郭沫若和胡厚宣先生观点的启发认为，中国商代的宇宙观是中央与四方模式，
她具体表述为"亚"形，像一个中央小方块四面黏合四个小方块。参见英国学者艾兰：
《谈殷墟宇宙观和占卜》，刊于《殷墟博物苑苑刊》（1989 年创刊号），第 189～198 页。
Sarah Allan 1991（萨拉·艾兰），*The Shape of the Turtle：Myth，Art，and Cosmos in Early
China*. State University of New York Press。艾兰：《龟之谜：商代神话、祭祀、艺术和宇
宙观研究》（增订版），中译本汪涛译，商务印书馆 2010 年版，第 96～129 页。笔者
受艾兰的启发，认为政治地理五方观念形成于龙山晚期的中原地区。
②参看唐代杜佑：《通典》卷第二十六《职官八》。
③参看宋代欧阳修《新唐书·地理二》有关开元十一年太史监南宫说刻阳城测影台石
表的说法。
④⑤参看何驽：《陶寺文化南表、东表推测点考察分析》，载"中国考古网·研究专
题"，2014 年 9 月 22 日。

参考文献

［1］严文明. 中国史前文化的统一性与多样性［J］. 文物，1987（3）.

［2］赵辉. 以中原为中心的历史趋势的形成［J］. 文物，2000（1）.

［3］赵辉. 中国的史前基础：再论以中原为中心的历史趋势［J］. 文物，2006（8）.

［4］段宏振. 中原的形成：以先秦考古学文化格局演进为中心［M］∥考古学研究：九·
下册. 北京：文物出版社，2012.

［5］马克思主义哲学编写组. 马克思主义哲学［M］. 北京：高等教育出版社，人民出
版社，2009.

［6］何驽. 精神文化考古理论框架［J］. 古代文明研究通讯，2012（54）.

［7］关增建. 中国天文学史上的地中概念［J］. 自然科学史研究，2000（3）.

［8］河南省文物研究所，中国历史博物馆考古部. 登封王城岗与阳城［M］. 北京：文
物出版社，1992.

［9］陈美东. 中国科学技术史·天文学卷［M］. 北京：科学出版社，2003.

［10］何驽. 从陶寺遗址考古收获看中国早期国家特征［M］∥中国古代文明与国家起
源学术研讨会论文集. 北京：科学出版社，2011.

［11］何驽，严志斌，宋建忠. 陶寺城址发现陶寺文化中期墓葬［J］. 考古，2003（9）；
何驽. 山西襄汾陶寺城址中期王级大墓ⅡM22 出土漆杆"圭尺"功能试探［J］. 自
然科学史研究，2009（3）；何驽. 陶寺圭尺补正［J］. 自然科学史研究，2011（3）.

[12] 中国社会科学院考古研究所. 陶寺遗址 [M]. 北京：文物出版社，待刊；何驽.
陶寺圭尺补正 [J]. 自然科学史研究，2011 (3).

[13] 何驽. 从陶寺观象台 IIFJT1 相关尺寸管窥陶寺文化长度单位 [J]. 中国社会科学
院古代文明研究中心通讯，2005 (10).

[14] 何驽. 陶寺圭尺 "中" 与 "中国" 概念由来新探 [M] //三代考古 (四). 北京：
科学出版社，2011.

[15] 林先盛等. 简明地理手册 [M]. 南宁：广西人民出版社，1984.

[16] 徐凤先，何驽. "日影千里差一寸" 观念起源新解 [J]. 自然科学史研究，2011
(2).

[17] [美] 艾兰. 龟之谜：商代神话、祭祀、艺术和宇宙观研究：增订版 [M]. 北京：
商务印书馆，2010.

[18] 赵永恒.《周髀算经》与阳城 [J]. 中国科技史杂志，2009 (1).

[19] 河南省文物考古研究所. 禹州瓦店 [M]. 北京：世界图书出版公司，2004.

[20] 王震中. 从邦国到王国再到帝国：先秦国家形态的演进 [J]. 中国社会科学院古
代文明研究中心通讯，2004 (7).

[21] 邵望平.《禹贡》 "九州" 的考古学研究 [M] //考古学文化论集 (2). 北京：文
物出版社，1989.

[22] 何驽. 试论肖家屋脊文化及其相关问题 [M] //三代考古 (二). 北京：科学出版
社，2006.

[23] 中国社会科学院考古研究所，安徽省蚌埠市博物馆. 蚌埠禹会村 [M]. 北京：科
学出版社，2013.

[24] 何驽. 禹会遗址祭祀礼仪遗存分析与研究 [J]. 蚌埠学院学报，2014 (2).

[25] 何驽. 夏王朝 "五服" 内政外交运作制度模式发微 [M] //二里头遗址与二里头
文化研究. 北京：科学出版社，2006.

[26] 赵春青.《禹贡》 "五服" 的考古学观察 [M] //早期中国研究 (第1辑). 北京：
文物出版社，2013.

作者简介：何驽，男，中国社会科学院考古研究所研究员

原文刊于：《中原文化研究》（郑州），2015. 5：41～50

大仰韶与龙山化

——管窥史前中国文化格局的关键性演变

曹兵武

摘　要：仰韶文化是中国史前经过北谷南稻两种农作文化融汇后率先实现以农业为主要经济基础的多元一体格局中的一支区域性文化。它借助全新世大暖期的良好时机和黄河中游的区位优势，向在当时技术条件下易于开垦的黄土高原地带大规模扩张，从而奠定了早期华夏族群的人口、语言与文化等基础。仰韶文化盛极而衰之后的解体及其引发的龙山化转型，不仅在仰韶故地形成诸多源流复杂的后仰韶文化，而且因为小麦、牛羊等新经济因素的引入，在其腹心中原地区较早开启了人口、经济、社会和文化的相互碰撞重组以及交叠融合。正是在后仰韶时期的龙山时代的区域竞逐过程中，各地普遍启动了自己的文明化进程。作为仰韶故地核心的中原地区经过对四面八方各种文化因素的兼容并包和融合创新，加之黄河中下游地区冲积作用加剧，为史前中国相互作用圈中各区域性文化传统提供了新的逐鹿之地，使二里头文化在区域文化传统间日益强化的竞争过程中脱颖而出，确立了早期中国文化相互作用圈中的华夏正统地位。因此，仰韶文化的形成与解体，都是早期华夏文化形成过程中的重大事件。

关键词：仰韶文化；龙山化；中原地区；区域文化传统；相互作用圈；华夏传统形成

仰韶文化发现之早、遗址之多、空间之广、持续时间之长、影响之大，可以说是中国新石器时代文化之最，因此其形成是史前中国的一件大事。而仰韶文化的解体与转型同样是一件大事，尤其是仰韶文化解体过程中引发的龙山化现象，更是早期中国范围内族群互动与文明形成机制值得深入研究的重要课题。

一　仰韶文化的形成与扩张

考古学家王仁湘先生新出一本大作，名字就叫《大仰韶：黄土高原的文化根脉》[1]1-728。反思百年中国考古学，仰韶文化在各个方面都确实当得起大之名实。仰韶文化的发掘、发现，被公认为现代科学的中国考古学诞生的标志，其探索与研究贯穿了中国考古学始终。魏兴涛先生从十个方面总结过仰韶文化在史前中国考古学文化格局中的重要性，包括中国考古学诞生的标志、分布地域最广、内涵丰富、延续时间最长、影响最深远、最早文明化、掀起以彩陶为标志的波澜壮阔的史前艺术浪潮、学术研究史最长、调查发掘工作最多、与黄帝和华夏民族关系最密切等[2]。尽管其中一些说法值得进一步探讨，但整体概括仍是十分精到的。一言以蔽之，仰韶文化可以说得上是现代中国考古学的一个缩影，也是解开中国早期文化与文明密码的关键性钥匙之一。

仰韶文化的发现，首次以科学手段将中国早期历史从不完全的文献记载与神话传说中追溯到史前遗存的实证，也唤起了中国学者以考古学探索早期中国民族与文明缘起的热情和实践。新中国成立前，学界已经确立了包括梁思永先生后冈三叠层等一系列发掘研究逐步建立的小屯（商王朝的殷墟文化）—龙山（黑陶文化）—仰韶（红陶和彩陶文化）的上溯序列①。其中，史前时期仰韶文化的属性给了早期学者们无限的想象空间：有人认为它是古史传说中的夏文化②，有人认为是黄帝文化[3]9或者炎帝文化[4]；有人认为它是通过甘青地区从中亚传来的③，有人认为是中国本土起源的[5]等，不一而足。新中国成立后，经过数十年的成果积累，学界在仰韶文化的时间空间格局、文化要素构成、经济社会特征、源流谱系等方面取得了较为精细的认识，其中尤以苏秉琦先生的《关于仰韶文化的若干问题》[6]和严文明先生的《仰韶文化研究》[7]1-328为代表。20世纪80年代时，两位先生先后将以仰韶文化为中心的认识扩展到具有全国性意义的对中国早期文化的区系类型学说[8]和"重瓣花朵模式"[9]的理论概括，对仰韶和全国的早期考古学文化序列、谱系及时空框架进行了集大成式的总结。

在区系类型和重瓣花朵格局中，仰韶文化只是全国各地史前时期在农业兴起与发展、区域性文化传统孕育与奠基过程中的一支以黄河中上游和黄土高原为主要分布区的地方性文化。但是，无论从距今7000—4700年的存在时间、大约130万平方公里的分布空间，还是从关系错综复杂的地方类型及源流、众多的遗址数量而言，仰韶文化都当得起是一个巨无霸。其以彩陶为核心特征的成千上万个遗址，分布于以黄河中上游地区为中心的黄土地带，远远超过其他地区同时期包括略晚的诸同一发展阶段的兄弟文化。

仰韶文化甫一登场，就有很多亮眼的文化特征：除了独具风格的彩陶和罐盆瓶钵等陶器组合外，仰韶文化的遗址规模普遍较大。围绕大型公共建筑的分组房屋、中心广场、规范的墓地规划、人数众多的合葬墓、大量的儿童瓮棺葬等颇能体现群体团结的遗迹。这在仰韶文化遗址中非常普遍，充分展现了聚落向心力和高度的社会组织能力。比如发掘与研究比较充分的姜寨遗址，在仰韶文化早期即已形成五组各自围绕自己的大房子安排的建筑群，共同环绕遗址中心的大型广场，并各自在聚落环壕外有对应的公共墓地。[10]354在属于仰韶文化中晚期的河南灵宝西坡遗址，四座超大型房子环绕中心广场，门道相对，中心广场与大房子的公共活动核心地位与作用空前突出。[11]这类建筑精致、以正对门道的后壁为上位、门道所在部位凸起、整体呈近五边形的超大型房子，在仰韶文化多个遗址的中心部位均有发现。这毫无疑问是仰韶聚落中早期已经普遍存在的大房子传统的进一步发展。其迎门的大火塘、特别处理的地面和墙面（个别保存较好的房址中发现有类似石灰面的硬化处理和墙壁彩绘，面积达数百平方米）、密集的立柱以及常有饮酒遗痕等内部独特的结构安排，与弗兰纳里等在《人类不平等的起源：通往奴隶制、君主制和帝国之路》一书中梳理的现代民族志和世界各地考古普遍存在的早期社会的男人会所等初期的公共建筑颇有共通之处[12]121-152，也是后来中国国家社会中宗庙、祠堂、宫殿等特别类型公共建筑的重要源头。可以设想，正是在这样的公共性建筑中，村落成员或青壮年男性常常集会，受到社群历史、宗教、仪式、军事等方面的教育，并酝酿了村落发展的重大事件与对外扩张计划。

正因为上述这些特征，严文明先生认为仰韶文化是早期中国文化相互作用的重瓣花朵结构的花心，王仁湘先生将其称为生命力最强的史前文化，并冠以"大仰韶"之名。

仰韶之大之重要，究其主要原因是仰韶文化乃早期中国第一支以农业为主要经济基础的地域性考古学文化。黄土地带在当时农耕条件下的易开垦性、农业经济的率先发展，使仰韶文化占得了时间与空间上的先机，在半坡与庙底沟阶段接连进行过两波大的扩张。

距今7000年左右仰韶文化已经形成。幅员如此辽阔的仰韶文化的形成机制、内部的复杂性，以及对外的扩张与联系，是同时期其他文化无法相比的。仰韶文化分布范围内在前仰韶时期大体上共存着裴李岗（含贾湖）文化、磁山文化、北福地文化、白家文化、老官台文化和大地湾文化等前仰韶文化。仰韶文化能够取代这些不同文化，是经历过区域性的文化整合或融合才得以完成的，这个过程其实从裴李岗文化时即已启动。借助于末次冰期结束、海平面大幅度上升，以及全新世大暖期的到来，在人群与生存资源、生活方式的重新布局中，南稻北谷两种分别起源于东南与北方的农业文化沿着黄河冲出中游奔向东部低地的喇叭口两侧，交汇于中国地理地貌的二、三级阶地和秦岭—淮河的南北气候分界线一带的贾湖等遗址，引致裴李岗文化的崛起与扩张，这是仰韶文化的主源。早期阶段的仰韶文化充分利用全新世大暖期的水热耦合条件和黄土的易开垦性，继承贾湖和裴李岗文化向北向西的扩张势头，融汇黄土高原及其东南缘的诸多本土文化，沿太行山麓和黄河中游支流诸河谷将复合型的农耕文化与彩陶扩张到更远的河北北部、内蒙古、山西、陕西、甘肃及青海等地，直达童恩正先生概括的半月形地带[13]17-44或者罗森先生所说的中国弧[14]这一纵深、巨型的文化地理喇叭口的西北远端。其间经过农业主体地位的确立、黍—粟—稻被粟—黍—稻—豆作物组合的取代导致农业比重的进一步上升[15]，以及内部其他文化要素与格局的嬗变等，终于在庙底沟阶段进一步统合仰韶文化诸地方类型，形成了规模空前的一次早期文化统一与扩张运动，基本上完成了仰韶文化分布范围内的文化整合与一体化，以及对中国黄土分布区的全覆盖，其彩陶等文化观念和因素还对周邻其他区域性考古学文化造成了强烈影响。

因此，仰韶文化可以说是通过文化的融合创新形成的、早期中国第一支以农业为主要经济基础的史前文化,是第一次农业革命成果的集中体现,率先实现了黄土地带的从多元到一体,农业为其人口增长与扩张奠定了基础。仰韶文化融合、扩张的过程大致经历了三个阶段:第一个阶段是借裴李岗文化南北融合的东风和复合式农业经济基础不断向黄土地带扩张;第二个阶段是粟和豆对黍大幅替代,进一步优化农作物结构,深化农业经济的重要作用,支撑人口持续增长,在晋豫陕三角的河谷与黄土台塬地带完成半坡与后冈等早期地方类型的进一步融合,实现以庙底沟类型为代表的文化统一,并启动了第二轮更具深度的整合与扩张;第三个阶段是其后期经历大扩张之后的再次地方化离析乃至于解体。

仰韶文化的扩张,得益于其农业经济与黄土地带的环境耦合所支撑的人口增长和文化间空白缓冲地带的大量存在。到仰韶文化晚期,因为扩张势头太猛、分布范围过大,当其他地区也随着农业等生产力的发展与人口的逐步增长而陆续步入区域性文化传统形成和整合阶段时,仰韶文化却逐步走向解体。据许永杰先生的研究和划分,在仰韶文化兴盛阶段分布区内,分别形成了泉护文化、大地湾文化(中晚期)、马家窑文化、秦王寨文化、大司空文化、义井文化、海生不浪文化、庙子沟文化等多个可称为仰韶文化地方性变体的考古学文化。[16]227-234 近年的语言学与人类古基因谱系研究发现,仰韶文化及其后裔文化已经为汉藏语系的形成起了奠基性作用。[17]比如,民族语言学家孙宏开先生认为甘青河湟地区的马家窑及其之后文化的人群沿青藏高原东缘南下甚至登上青藏高原,是包括东南亚地区的藏缅语族形成的主要动因。[18]而汉藏语系中派生的汉语,又成为华夏族群与文明的主要语言文化基础。

因此,正如仰韶文化的形成是史前中国的一件大事,其解体与转型也同样是一件大事。尤其是仰韶文化解体过程中引发的龙山化现象,更是早期中国范围内族群互动与文明形成机制值得深入研究的重要课题。

二　仰韶文化的解体与龙山化进程

仰韶文化的解体,大致上是循着这样一条路径:过度扩张和高度定居之后的再次地方化,庙底沟阶段之后的仰韶文化已扩张至极限,其文化分布范围大致稳定,呈现出空前繁荣的文化态势;环境变迁引发经济社会转型，包括距今 5000 年左右其西北边缘地带一些新经济因素的逐渐引入和环境深度开发引发的人口激增与部分人口南下；仰韶文化分布范围内及被影响地区文化和人群的分化重组与重新整合。在这个过程中，陶器、生业、聚落与社会组织等文化面貌均发生了很大变化，包括引进了麦类作物和牛、羊、冶金等新的文化因素造就的新经济增长点，在罐与尖底瓶等基础上组合出现的影响深远的空三足器斝、甗、鬲等。[19]晚期的仰韶文化不仅地方性逐渐增强，甚至离析解体为不同的考古学文化。仰韶文化的故地中原地区的庙底沟类型文化经西王村类型逐步发展为庙底沟二期文化，进入了广义的龙山时代。大致同时或稍晚，其他地区也普遍启动了类似的龙山化转型历程。

仰韶与龙山一直是中国考古学中紧密相连的两个概念。早在 20 世纪 30 年代，梁思永先生发现后岗三叠层时已经确定仰韶早于龙山，黑陶晚于彩陶，并有了龙山文化的命名。[20]150-163之后，严文明先生在《龙山文化与龙山时代》一文中鉴于在全国除山东地区以外的很多地方都发现了与龙山文化时代相近、文化面貌相似或有联系的文化遗存，并大多都曾经被命名为以省称开头的"某省龙山文化"，如河南龙山文化、河北龙山文化、湖北龙山文化和陕西龙山文化等，提出存在着一个普遍的龙山时代。[21]

龙山时代概念的提出，实际上是否定了各地的此类文化就是龙山文化，龙山文化只是山东地区的一支地方性考古学文化，其他地区的类似文化则是上述的新发展阶段龙山化的结果，而且龙山化也不仅限于仰韶文化及其分布区。龙山文化得以命名的龙山镇城子崖遗址就位于海岱地区，这里是和仰韶文化及其分布区并驾齐驱的又一个重要的史前文化区系，但是，彩陶逐渐退出历史舞台、红陶向黑陶和灰陶的转变——当然还不仅仅是这些，④在这里因为龙山文化与大汶口文化在时空上的紧密衔接而表现得更为清晰。此后，长江中下游、辽河流域等史前文化发达地区也发现类似的现象。因此，严文明先生提出龙山时代的概念，并认为这是一个后仰韶时期的具有普遍性和某种相似性的史前文化发展阶段。这种观察是敏锐而中肯的。

这样一来，龙山化其实是一个比大仰韶波及面还要大的时代概念。即便是仰韶中期以大扩张为特色的庙底沟化，也无法与龙山化这一现象的影响范围相比。龙山化不仅是早期中国一个具有普遍性的史前文化事件，而且是随着仰韶文化的解体首先出现的，某种程度上说，它是各地在完成自己的区域性整合之后，开始走向复杂与分化乃至冲突的文明化进程的标志。因此，各地的起始时间、具体表现及背后机理也不是完全一样的。尤其是由于各区系之间真正竞逐的展开，使整个早期中国的文化格局发生了巨大变化。

在仰韶文化解体和龙山化的过程中，除了自身发展阶段性、北方地区的环境敏感性、人口压力、外来因素的影响等原因之外，周边地区比如海岱地区的大汶口中晚期文化和长江中游的屈家岭文化等在完成自身的区域一体化之后的强势扩张某种程度上也起到了推波助澜的作用。杜金鹏等先生都注意到大汶口文化中晚期的南下与西进现象。[22]到大汶口文化晚期，郑洛地区所谓的"龙山文化早期"遗存中大量出现大汶口文化器物，一些墓葬中出土了成组的大汶口文化器物，甚至豫西晋南庙底沟二期文化和陶寺文化的遗存中也可以见到大汶口文化晚期遗存。魏兴涛先生指出，庙底沟二期文化的形成，就是在仰韶文化晚期的基础上大量吸收大汶口文化和屈家岭文化的因素才得以实现的，中原地区再次显示出其作为文化熔炉的历史特性。[23]

海岱地区作为一个区域性文化传统的情况是复杂并具有典范意义的。它是个岛状高地，是全新世之初海平面上升时期大陆架人群内迁的理想之地——其中一些人滞留于此继续发展，比如黄河以东的后李文化那种种植水稻并使用圜底器的人群；还有中原在南北交汇之后文化爆发而东扩的人群，比如贾湖—裴李岗之后形成的广布于江淮一带的青莲岗文化部分人群。它们后来基本上为大汶口文化所统一。但是这里的以大汶口文化为代表的区域一体化慢了半拍，明显晚于仰韶文化的形成与扩张，其龙山化也相对发生较晚，尽管因为龙山城子崖遗址的率先发现而获得了龙山的冠名权。相对而言，由于环境适宜，海岱地区一体化与各文化间的过渡相对平稳、连续，很多遗址或遗址群长期盘踞一地积累性发展，但它们的高峰时期相当璀璨并成为逐鹿中原的有力参与者。张弛先生指出，大汶口文化中晚期的南下也是引发长江中下游地区文化转变的动因之一，他甚至说与其说有一种龙山化现象，不如直接称为大汶口化更为妥当一些。[24]总之，仰韶文化故地尤其是中原地区一体化和龙山化都开始得相对较早，其转型阶段恰恰给了后发的大汶口文化和屈家岭文化等以某种可乘之机。而大汶口文化的扩张，则加快了引发其他地区向龙山化转型的多米诺骨牌效应。

那么，如何表述和认识这一史前中国具有普遍意义的仰韶文化离析解体和龙山化转型现象？

我们大致上可以这样来概括：所谓龙山化转型，是在农业比重不断增加、人口与财富积累膨胀到一定程度的发展模式下，由仰韶文化所在区域率先开启并得到整个早期中国相互作用圈次第响应的各地域性文化传统达到内外饱和或者接近饱和之后的一种文化调适性转向。其对内的表现是人口继续增长，空间更加拥挤甚至压缩；对外是因为空白缓冲地带减少甚至消失，文化间或者是区域间不同族群竞争趋于激烈，普遍发生碰撞甚至是冲突。其实质就是农业发展之后的人口与经济文化的重置，为龙山时代之后超越区域性传统的华夏正统的孕育提供了一种新的社会文化背景。

龙山化首先起于仰韶文化的整体性离析解体。过了对外拓殖的扩张阶段之后的仰韶文化分布区内的地方性逐渐明显起来，原有的相互系连逐步松散，甚至由于人口爆炸、环境变化、生存压力而展开竞逐，分化为一系列不同的考古学文化，进入龙山时代之后进一步发展为更为零碎也更具竞争性的地方性文化，比如占据晋豫陕仰韶文化腹地的中原地区在北方同源人群包括东方的大汶口和南方的屈家岭异源人群等的强烈影响下发展为庙底沟二期文化。庙底沟二期文化长期被视为仰韶与龙山之间的过渡阶段，其实就是仰韶故地率先龙山化的结果。其他地区或长或短或隐或显也存在类似的文化发展阶段。

当然，这种龙山化趋势并非仅仅是红陶转变为黑陶、灰陶等，而是一场非常深刻的经济、社会与文化变化。在《从仰韶到龙山：史前中国文化演变的社会生态学考察》一文中笔者曾经从陶器、房址、墓葬、聚落等方面进行过考察，其背后的原因和考古遗存的外在表现体现了区域发展的饱和态，又遇到环境波动以及区域间相互竞争加强、外来文化因素的引入等刺激，在文化内部加快了社会分化转型，在文化之间——包括区域类型之间则转入持续的冲突性竞争。[25]22-30尤其是黄河中下游之交一带由于环境变迁和河流冲积、淤积、堆积作用加强，不断形成新的宜居之地，加上仰韶文化在早中期的大扩张和中晚期的离析解体，引发周边文化纷纷涌入——这可能就是最初的逐鹿中原的考古学表现。

如果我们把各地由仰韶文化率先开启的区域传统形成也称为仰韶时代

的话，那么，仰韶时代和龙山时代是早期中国范围内走向华夏传统的具有普遍意义的两个大的文化发展阶段——以农业为主要经济基础而引致的区域开发、整合和一体化阶段，和大暖期最佳气候期结束之后由环境和资源压力而导致的区域间互相冲突与碰撞、重组阶段。仰韶时代是地方性的区域化文化传统的形成与扩张期，而龙山时代则是一个重大的转型期和互动强化期，也是早期复杂社会和中国文明时代的孕育阶段。各地龙山化转型的时间、内涵各不相同，但早期中国相互作用圈内相对发达的地区基本上都无法绕过这个文明化演进的必经阶段。

对龙山化的这种新理解，也从另一方面突出了仰韶文化的价值——其形成很重要，仰韶文化的形成与大规模向外拓殖、扩张，具有早期华夏传统的人口与文化的奠基性意义；其解体也同样重要，因为经过解体和龙山化，经过龙山时代不同谱系的人群与文化包括源自北方的牛羊、小麦、冶金等新文化因素在晋南豫西和陕东的中原核心区相互竞争、交叠融合，最终在嵩山周边地区育化出了华夏正统在诸区域性文化传统中的集大成式，即二里头文化的崛起。此后经过夏商周三代接续定鼎中原，中原的华夏文化传统成为整个东亚的文明高地。

在上述过程中，位于黄河中下游之交和黄土高原东南缘的中原嵩山周边因为地理与气候等环境原因，形成了一个特殊的文化地理区间。前仰韶时代南稻北谷两种农业文化已经在此遭遇，为仰韶文化的形成与扩张提供了一个与大暖期和黄土地带非常耦合的复合式农业经济基础和出发点。在后仰韶时代的区域传统竞争中，这里又成为四面八方文化因素和力量逐鹿的焦点地区，经过不同族群和文化的交叠融合，最终成为集大成的二里头文化登场的理想之地，因此堪称整个东亚历史与文化关键性的地理枢纽，也被传统文化认为是人类世界的天地之中。

注释

①张瑞雪：《梁思永先生对中国现代考古学的贡献》，《魅力中国》2018年第19期，第
101~114页。
②徐中舒在其早期论文《再论小屯与仰韶》中提出仰韶文化为夏文化的观点，后在
1979年写成的《夏史初曙》中放弃该观点，同意龙山文化和二里头文化为夏文化。

③参见安特生著：《中华远古之文化》，袁复礼，节译，文物出版社2011年版。

④参见曹兵武：《从仰韶到龙山：史前中国文化演变的社会生态学考察》，周昆叔，宋豫秦主编：《环境考古研究：第二辑》，科学出版社2000年版，第22~30页。

参考文献

[1] 王仁湘. 大仰韶：黄土高原的文化根脉 [M]. 成都：巴蜀书社，2021.

[2] 魏兴涛. 从文化到文明化：仰韶文化百年历程及其文明化成就 [J]. 华夏考古，2021 (4)：3 - 10.

[3] 范文澜. 中国通史简编：上册 [M]. 北京：商务印书馆，2017.

[4] 郭大顺. 仰韶文化与红山文化关系再观察 [J]. 郑州大学学报（哲学社会科学版），2017 (4)：103 - 107.

[5] 李济. 华北新石器时代文化的类别、分布与编年 [M] // 李济文集卷二. 上海：上海人民出版社，2006. 137 - 154；夏鼐. 齐家期墓葬的新发现及其年代的改订 [J]. 中国考古学报，1948 (3)：101 - 117.

[6] 苏秉琦. 关于仰韶文化的若干问题 [J]. 考古学报，1965 (1)：51 - 82.

[7] 严文明. 仰韶文化研究 [M]. 北京：文物出版社，1989.

[8] 苏秉琦，殷玮璋. 关于考古学文化的区系类型问题 [J]. 文物，1981 (5)：10 - 17.

[9] 严文明. 中国史前文化的统一性与多样性 [J]. 文物，1987 (3)：38 - 50.

[10] 半坡博物馆，陕西省考古研究所，临潼县博物馆. 姜寨：新石器时代遗址发掘报告 [M]. 北京：文物出版社，1988.

[11] 中国社会科学院考古研究所河南一队，河南省文物考古研究所，三门峡市文物考古研究所，等. 河南灵宝市西坡遗址发现一座仰韶文化中期特大房址 [J]. 考古，2005 (3)：3 - 6；中国社会科学院考古研究所河南一队，河南省文物考古研究院，三门峡市文物考古研究所. 河南灵宝市西坡遗址庙底沟类型两座大型房址的发掘 [J]. 考古，2015 (5)：3 - 16 + 2.

[12] 肯特·弗兰纳里，乔伊斯·马库斯. 人类不平等的起源：通往奴隶制、君主制和帝国之路 [M]. 张政伟，译. 上海：上海世纪出版股份有限公司译文出版社，2016.

[13] 童恩正. 试论我国从东北至西南的边地半月形文化传播带 [M] // 文物出版社编辑部. 文物与考古论集. 北京：文物出版社，1986.

[14] 刘歆益. 沟通中西方的"中国弧" [N]. 人民日报，2017 - 06 - 13 (24).

[15] 张海. 仰韶文化与华夏文明：从农业起源到城市革命 [N]. 中国文物报，2021 - 10 - 01 (6).

［16］许永杰. 黄土高原仰韶晚期遗存的谱系［M］. 北京：科学出版社，2007.

［17］Zhang Menghan，Yan Shi，Pan Wuyun，Jin Li. Phylogenetic Evidence for Sino-Tibetan Origin in Northern China in the Late Neolithic［J］. Nature，2019（569 – 7754）：112 – 115.

［18］孙宏开. 跨喜马拉雅的藏缅语族语言研究［J］. 民族学刊，2015（2）：69 – 76 + 122 – 125.

［19］张忠培. 黄河流域空三足器的兴起［J］. 华夏考古，1997（1）：30 – 48 + 113.

［20］梁思永. 小屯、龙山与仰韶［M］. 北京：商务印书馆，2015.

［21］严文明. 龙山文化和龙山时代［J］. 文物，1981（6）：41 – 48.

［22］杜金鹏. 试论大汶口文化颍水类型［J］. 考古，1992（2）：157 – 169 + 181.

［23］魏兴涛. 庙底沟二期文化再研究：以豫西晋西南地区为中心［J］. 考古与文物，2016（5）：83 – 99.

［24］张弛. 龙山化、龙山时期与龙山时代：重读《龙山文化和龙山时代》［J］. 南方文物，2021（1）：62 – 69.

［25］曹兵武. 从仰韶到龙山：史前中国文化演变的社会生态学考察［M］∥周昆叔，宋豫秦. 环境考古研究：第二辑. 北京：科学出版社，2000.

作者简介：曹兵武，男，中国文化遗产研究院研究员

原文刊于：《中原文化研究》（郑州），2022.1：5 ～ 11

龙山时代的中原和北方

——文明化进程比较

韩建业

摘　要：龙山时代的中原文化和北方文化都源于仰韶文化，同属广义的中原龙山文化范畴，都在公元前3千纪后半叶先后迈入初级文明社会。但它们同源而异化，分别形成社会发展和文明起源的"中原模式"和"北方模式"；同根而相煎，终至龙山后期北方文化南下，对中原造成很大影响。中原和北方的南北互动与起伏盛衰，深层原因当在于自然环境及其演变背景。

关键词：龙山时代；中原；北方；文明

　　本文所谓"中原"，指豫中豫西、豫北冀南、晋南、关中东部地区，而"北方"，就是中原以北的内蒙古中南部、陕北、晋中北和冀西北地区。[1]22-30北方更高亢干冷而中原稍低平暖湿，自然环境略有差异，但是南北渐变，并无显著分界。龙山时代大约在公元前2500年至公元前1800年[2]，当时黄河、长江两大流域文化碰撞，格局重组，万国林立，文明形成[3]。中原和北方在这样一个风起云涌的时代，互相激发，带动变革，是早期中国文明形成的关键所在。本文拟从文化发展、文明模式、背景动因三个方面，对龙山时代中原和北方地区的文明化进程进行简要比较。

一　文化发展

这里所说龙山时代的中原文化,包括豫中西的王湾三期文化、豫北冀南的后岗二期文化、晋西南的陶寺文化和陶寺晚期文化,以及关中的客省庄二期文化等。而龙山时代的北方文化只有一个,即老虎山文化。其实这些文化都属于广义的中原龙山文化范畴。[4]122-165[5]127

龙山时代的中原文化,是在仰韶文化基础上,受到海岱龙山文化的影响发展而来。海岱龙山文化对中原龙山诸文化的影响,按强烈程度,由近及远,依次为后岗二期文化、王湾三期文化、陶寺文化、客省庄二期文化。此外,江汉石家河文化对王湾三期文化的最初发展也有贡献。特别值得关注的是陶寺文化的形成:陶寺大城、大墓以及玉器、鼍鼓等的出现,当有大汶口文化和良渚文化的特殊贡献[6],甚至不排除东方人群西迁的可能性[7]。

老虎山文化的前身也是仰韶文化,其典型器陶鬲源自晋南的斝,又几乎不见来自海岱龙山文化等的影响,某种程度上或可看作是更加"纯洁"的仰韶后裔。依区域差异可区分为岱海地区老虎山类型、鄂尔多斯地区永兴店—白草塔类型、陕北地区石峁类型、晋中北游邀类型、冀西北筛子绫罗类型等。但以双鋬鬲为代表的陶器群、以石城为代表的诸聚落,终究和狭义的中原龙山文化泾渭分明。据此推测,不但文化存在差异,而且人群常有冲突。备受关注的石峁石城聚落[8]当属于老虎山文化,但其大量玉器绝非北方传统,而可能与来自陶寺文化等的影响有关①,归根结底则源自东方。没有中原和东方文化的介入,很难想象北方地区会土生土长出石峁这样的大型高级聚落。

上述中原和北方诸龙山时代文化,均可以公元前2200年左右为界划分为前后两大期[9],前后期的变化以临汾盆地最剧[10]:龙山后期,原本有斝无鬲的临汾盆地出现大量双鋬陶鬲,陶寺文化也就因此而变为陶寺晚期文化,笔者曾经认为这与老虎山文化的强力南下有关,说明北方和晋西南之间发生了冲突战争②。后来发现的大城被毁、暴力屠杀、疯狂毁墓等现象[11],证明我们先前基于陶器的观察符合实际。石峁古城与陶寺古城都是三四百万平方米的特大聚落,两者或有短期共存,但基本态势是石峁兴而陶寺废，这一北一南、一兴一废之间，理当存在一定的逻辑关系。石峁有人头坑，清凉寺有殉人墓，虽不能确定他们确曾互相伤害，但显示的人群间的紧张关系并无二致。

老虎山文化的南下不止于晋西南，类似的陶鬲、细石器镞和卜骨还进一步渗透进后岗二期文化、王湾三期文化等当中[12]，理当给这些地区带来一定压力。稍后王湾三期文化向豫南和江汉地区的剧烈扩张，或可视为是来自北方压力的余波。可见，北方文化虽然源于中原，但同源而异化，同根而相煎，终至"战胜"中原，一度居于主导地位。

二 文化模式

北方地区从约公元前3500年进入铜石并用时代，尤其自龙山时代的老虎山文化以来，石城猛增，战争频繁，父系家族凸显，显示和东方地区一样开始了社会变革，但并没有显著的贫富分化和社会分工现象，墓葬多无随葬品，绝大多数石城不过是御敌之普通石围聚落③，笔者曾将这种长期延续的社会发展和文明化方式简单概括为"北方模式"，以与"东方模式"和"中原模式"相对[13]203[14]。但近年石峁等大型石城聚落的新发现，让我们看到了一个更加复杂的北方。

石峁石城400多万平方米的庞大体量，雄伟的皇城台、宏大的城门、讲究的城墙垒砌技术、精美的玉器以及铜器等，都显示出该地区存在强大的组织能力和一定的社会分工，社会复杂程度较高，已经迈入初级文明社会，石峁聚落至少应该是陕北石峁类型的中心④，甚至不排除对老虎山文化其他类型有一定统摄力。这似乎与"北方模式"不是很吻合。仔细分析，这当中也就大量玉器的存在最为特殊，前文已经说过，其实当为东方文化影响的产物。另外，石峁古城的巨大规模也不排除受到东方城建思想的影响。至于宏大建筑所体现的强大组织能力，或者只是北方人集体主义的体现，多处青年女性人头坑的发现，不过是对待战俘残暴本性的流露，本身并不见得能成为社会内部等级分化的证据。现已发现的房屋、墓葬等，尚未见显著等级差别。凡此说明，石峁仍保有北方模式的底蕴，只是受到中原和东方影响。

中原地区的社会复杂化和文明化进程，开端于更早的庙底沟时代⑤，而于铜石并用时代明显加快了步伐[15]24-37。从仰韶晚期西坡大墓"生死有度、重贵轻富、井然有礼、朴实执中"的特点，已可体会到"中原模式"介于东方模式和北方模式之间的特点。[16][17]153-164龙山时代墓地基本都是墓葬数量不多的家族墓地，墓葬本身仍基本延续此前中原风格；聚落大小分层，出现陶寺、王城岗、瓦店、新砦等大型中心聚落或城址，形成若干地区中心；建筑则有大型高级宫殿式房屋和一般房屋的差别。看得出来当时的中原已经出现一定程度的贫富分化和阶级分化。玉石器、高级陶器、铜器等的制作当已有一定程度的专业化。专门武器除钺外还增加了矛、石镞等，精整、量大、形态多样，反映战争频仍，战争专门化程度、惨烈程度空前提升。总体来看，龙山时代的中原虽已进入初级文明时代，但仍基本是中原模式的延续发展。

稍例外的是晋南的陶寺古城和清凉寺墓葬。和石峁一样，陶寺古城近300万平方米的规模，陶寺和清凉寺等墓地大小墓严重分化、大墓随葬大量玉器等现象，都可理解为是与东方模式交融的结果。至于清凉寺墓葬大量的人殉，可能更多与此地处于交通要道而战争频繁的背景有关，与石峁的人头坑，后岗二期文化、王湾三期文化等以人头盖骨做杯、以人奠基等现象也有可比拟之处。

三　背景动因

北方文化作为中原文化的亚文化，在公元前5千纪至公元前3千纪的漫长时间里，基本都处于从属地位，主要在中原的带动和影响之下发展。但约公元前2200年以后，北方文化迅速强大并对中原产生强烈影响，其深层原因当在自然环境及其演变过程当中寻找。

北方较中原冬季更为干冷，发展农业的条件有限，狩猎采集和畜牧业程度显著高于中原；北方气候变化敏感，气候变化对动植物资源及其经济形态的影响程度也远甚于中原。这就决定了北方地区不容易出现贫富分化、社会分工和社会地位的显著差异，而且锤炼了北方人相对习于流动、坚忍不拔、勇敢强悍的集体性格。而中原处于早期中国的核心位置，年均温度、降水量和对气候变化的敏感程度都大致适中，使得中原"存在一定的社会地位差异但不强调贫富分化；社会秩序井然但不靠严刑峻法；生产力逐步提高但不尚奢华；关注现实而不是沉溺于宗教；依靠血缘关系，重视集体利益，不疾不徐，稳中求进，终于发展到二里头文化所代表的成熟的文明社会——晚期夏王朝阶段"[14]。

中原文化历经磨难，博采众长，自有其坚韧的一面，但和极端气候期面临极大生存压力的北方文化比较，又要从容得多。因此，龙山前后期之交北方文化的南下，竟能一举对中原文化产生强烈影响，自在情理之中。同时期整个欧亚草原文化也都有南下严重侵扰农业文化之势。至于对临汾盆地的影响最剧烈，也可能与临汾盆地本来更接近东方模式有关。笔者论述龙山前后期之交中原对江汉的"胜利"时，曾经归因于"生于忧患而死于安乐"，用其来说明北方对中原的短暂"胜利"，也还自有一定道理。[18]

北方地区尽管可以短期得势，但地处边缘，积淀有限，最终也只是将其文化要素融入中原，并未能长期引领中国文化的发展。而中原地区居"天下之中"，只有这里才具备兴盛时影响全局、低谷时博采众长的特殊条件。这是中原地区在早期中国形成和发展过程中具有中心地位的缘由。[19]

注释

①不但襄汾陶寺、临汾下靳，就连黄河沿岸的芮城清凉寺墓地（属于庙底沟二期类型末期——三里桥类型）也有较多玉器，可见在东方影响下，已于晋南形成独具特色的玉石制作中心。参见山西省考古研究所等：《清凉寺史前墓地》，文物出版社 2016 年版。

②临汾盆地龙山前后期文化，先前笔者分别称其为"陶寺类型""陶寺晚期类型"，后改为陶寺文化和陶寺晚期文化。参见韩建业：《唐伐西夏与稷放丹朱》，《北京大学学报》（哲学社会科学版）2001 年第 3 期，第 119～123 页。

③笔者曾认为北方地区龙山时代前后的带状分布的石城，可能与对抗更北方游猎采集人群的侵扰有关。最近石峁遗址发现的石人、铜刀（范）等又显示其与北方欧亚草原可能存在联系，石城的出现就更不能排除对抗更北方人群的可能性。参见韩建业：《试论作为长城"原型"的北方早期石城带》，《华夏考古》2008 年第 1 期，第 48～53 页；郭物：《从石峁遗址的石人看龙山时代中国北方同欧亚草原的交流》，《中国文物报》2013 年 8 月 2 日，第 6 版。

④石峁聚落的中心地位是早就知道的，但没有想到遗址会如此庞大。笔者以前这样说过："石峁聚落面积达 90 万平方米，防卫设施完备并发现珍贵玉器，极可能就是陕北超级聚落群的中心。"参见韩建业：《中国北方地区新石器时代文化研究》，文物出版

社 2003 年版，第 254 页。

⑤ 苏秉琦曾指出，距今 6000 年是"从氏族向国家发展的转折点"。参见苏秉琦：《迎接
中国考古学的新世纪》，载于《华人·龙的传人·中国人——考古寻根记》，辽宁大
学出版社 1994 年版，第 238 页。另见韩建业：《庙底沟时代与"早期中国"》，《考
古》2012 年第 3 期，第 59 ~ 69 页。

参考文献

[1] 苏秉琦. 谈"晋文化"考古 [M] //华人·龙的传人·中国人——考古寻根记. 沈
阳：辽宁大学出版社，1994.

[2] 严文明. 龙山文化和龙山时代 [J]. 文物，1981 (6)：41 – 48.

[3] 韩建业. 早期中国：中国文化圈的形成和发展 [M]. 上海：上海古籍出版
社，2015.

[4] 严文明. 略论仰韶文化的起源和发展阶段 [M] //仰韶文化研究. 北京：文物出版
社，1989.

[5] 韩建业. 中国北方地区新石器时代文化研究 [M]. 北京：文物出版社，2003.

[6] 韩建业. 唐伐西夏与稷放丹朱 [J]. 北京大学学报（哲学社会科学版），2001
(3)：119 – 123.

[7] 韩建业. 良渚、陶寺与二里头：早期中国文明的演进之路 [J]. 考古，2010 (11)：
71 – 78.

[8] 陕西省考古研究院等. 陕西神木县石峁遗址 [J]. 考古，2013 (7)：15 – 24.

[9] 韩建业，杨新改. 王湾三期文化研究 [J]. 考古学报，1997 (1)：1 – 22.

[10] 韩建业. 晋西南豫西西部庙底沟二期：龙山时代文化的分期与谱系 [J]. 考古学
报，2006 (2)：179 – 204.

[11] 中国社会科学院考古研究所山西队，山西省考古研究所等. 山西襄汾陶寺城址
2002 年发掘报告 [J]. 考古学报，2005 (3)：307 – 346.

[12] 韩建业. 老虎山文化的扩张与对外影响 [J]. 中原文物，2007 (1)：17 – 23.

[13] 韩建业. 中国北方地区新石器时代文化研究 [M]. 北京：文物出版社，2003.

[14] 韩建业. 略论中国铜石并用时代社会发展的一般趋势和不同模式 [J]. 古代文明，
2003（辑刊）：84 – 96.

[15] 严文明. 中国新石器时代聚落形态的考察 [M] //庆祝苏秉琦考古五十五年论文
集. 北京：文物出版社，1989.

[16] 中国社会科学院考古研究所，河南省文物考古研究所. 灵宝西坡墓地 [M]. 北
京：文物出版社，2010.

[17] 韩建业 . 西坡墓葬与"中原模式"[M]∥仰韶和她的时代：纪念仰韶文化发现 90 周年国际学术研讨会论文集 . 北京：文物出版社，2014.

[18] 韩建业 . 中原和江汉地区文明化进程比较 [J]. 江汉考古，2016（6）：39 - 44.

[19] 韩建业 . 论新石器时代中原文化的历史地位 [J]. 江汉考古，2004（1）：59 - 64.

作者简介：韩建业，男，中国人民大学历史学院教授、博士生导师

原文刊于：《中原文化研究》（郑州），2017.4：81 ~ 84

伊川盆地仰韶至龙山时代
聚落变化原因探索

袁广阔

摘　要： 伊川位于洛阳市南部，伊河从伊川县中部穿过，河道较为宽阔，自古以来为该地区的农业生产提供了丰富的水利资源。考古调查和发掘发现，伊河下游沿岸仰韶至龙山时代聚落所处的位置与海拔高度并不一致。仰韶时期，伊川盆地的部分台地上才开始有人类居住，选址都在一级台地内侧；到了龙山晚期开始向更高的地方移动，聚落位置普遍距离伊河主河道较远。这一现象应当与龙山晚期降水量增加、伊河水流突然增大有关。

关键词： 伊川；仰韶；龙山；聚落

伊川属豫西浅山丘陵区，县境四周环山，中间地势较低，因此素有"伊川盆地"之称。伊河发源于栾川县陶湾乡三合村闷顿岭，沿途流经嵩县、伊川二县，穿伊阙，东北流至偃师，与洛水汇合成伊洛河。《山海经》载："蔓渠之山伊水出焉。"蔓渠山即今闷顿岭的别名。伊川是伊河流经的主要地区，伊河从其中部穿过，且下游河道较为宽阔，自古就为伊川提供了丰富、便利的水资源。可以说，伊川独特、优良的自然地理环境为古代文明、文化的孕育和发展提供了坚实的基础。伊川县境内发现的古代文化遗址十分丰富，其中新石器至夏商时期的遗址共有 40 余处，它们主要分布在伊河及其支流两侧的台地上。[1]141-143

　　1986 年至 1990 年，河南省文物考古研究所为配合焦枝铁路复线工程的基本建设，对伊川境内铁路沿线的遗址进行了详细调查，并对伊川南

寨、北寨遗址进行了考古发掘。[2]6－234,252－259发掘期间，笔者同伊川文管会
的杨海钦先生等多次对盆地内伊河沿岸的遗址进行调查，发现伊河下游沿
岸仰韶至龙山时代聚落所处的位置与海拔高度并不一致，这一现象应当与
该地区环境的变化有关。因此，本文试对这一问题进行深入探讨，不妥之
处，请方家指正。

一　伊川盆地的自然地理环境

伊川由山地、丘陵和平原组成，总体地势是西南高东北低，伊河在龙
门山受阻变窄，使之形成盆地状。伊川盆地东西两侧是黄土堆积形成的浅
山丘陵，海拔250—300米。伊河两岸因这些丘陵的存在，河道从古至今摆
动幅度不大，形成的河谷台地一般不是很宽，这从仰韶、龙山文化遗址所
处位置可以看出（图1），下文将详细介绍。

伊河从伊川盆地中部穿过，发源于两侧山脉的众多河流呈羽状汇入伊
河，形成其支流，主要有白降河、顺阳河、杜康河、银河、曲河、穆河、
李圪垯河、干河、阎沙河、沙河、永定河、丁惠河、江子河、张绵河、府
店河、小黄河、马营河等十几条。[3]46－59伊河及其支流两岸台地较发达，可
分为两级台地。

伊河河漫滩宽度1.5—2公里，主河道一年四季都有水流，但水流量因
季节变化而变化。河漫滩地势低洼，海拔高度西南约180米，西北近龙门
山处约150米。一级台地主要分布于伊河的河滩两岸，地表土壤主要为褐
土类的褐土亚类和第四纪黄土。两岸一级台地宽度0.5—3公里，伊河两岸
的乡村公路多沿此台地修建，海拔高度自南向北由高变低，例如东岸白元
乡的高度为210米，中部水寨村高度为189米，至彭婆时已经是177米。

二级台地主要分布于一级阶地之外，即伊河各支流所分割的黄土丘陵
和河流下切形成的台地。二级台地东部较宽，宽度可达3—8公里，西部较
窄，宽度为2—4公里，是盆地的主体。伊河两岸的一级台地与二级台地相
交处多有高1—2米的陡坎。二级台地早在更新世末期即已形成，其地表土
壤主要为第四纪黄土堆积。

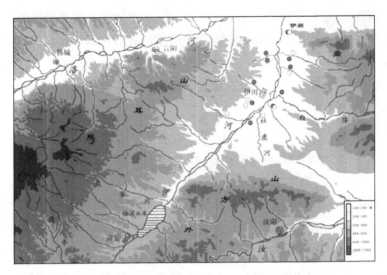

**图1　伊河仰韶至龙山时代遗址的分布（深色为
仰韶遗址，浅色为龙山遗址）**

二　伊川盆地仰韶至龙山时代遗址的分布

（一）伊河东岸仰韶至龙山时代遗址的分布

伊河东岸发现的仰韶文化遗址自北向南有槐庄[4]、南寨[2]6-177,252-253、申圪垱[1]142、水寨、土门[5]、瑶头、杨楼、路庙遗址[1]142，其中，槐庄、南寨、申圪垱、水寨、土门、瑶头、路庙遗址仰韶文化遗存上叠压有龙山文化遗存。单纯的龙山文化遗址有申铺、北寨、白元三处。

这些遗址中经过考古发掘的有北寨、南寨和白元。北寨遗址位于伊川县城东北部，西距伊河约0.5公里，南部有伊河支流曲河自东向西流过，与南寨遗址隔河相望。遗址南部、北部均为断崖，东部与南寨村连为一体。整个遗址坐落在伊河东岸与曲河交汇的二级台地之上，平面呈椭圆形，西高东低，呈斜坡状，南北长约500米、东西宽约150米，总面积约7.5万平方米。1992年河南省文物考古研究所对遗址中部焦枝复线穿过的重点区进行了发掘，发现其文化堆积主要有龙山文化、二里头文化和二里岗文化层。[2]6-177,252-253

南寨遗址位于伊川县城东北部，距县城约 10 公里，遗址西距伊河约 0.5 公里，北部有伊河支流曲河自东向西流过，与北寨遗址隔河相望。遗址西部、北部均为断崖，东部与南寨村连为一体。整个遗址坐落在伊河东岸的二级台地之上，海拔约 203 米，平面呈圆形，东高西低略呈斜坡状，南北长约 500 米、东西宽约 480 米，总面积约 24 万平方米。南寨遗址的文化层堆积主要有仰韶文化、龙山文化、二里头文化和二里岗文化层。[2]178－234,252－253

白元遗址位于伊川县城西南约 7 公里、白元村南伊河东岸的二级台地上，海拔约 210 米。遗址南北约 500 米、东西约 400 米，大部分被现在的白元村所压。1979 年 4 月至 8 月，洛阳地区文物保护管理处先后两次对该遗址进行发掘，发掘面积 200 余平方米。该遗址文化层堆积厚约 4 米，以龙山、二里头时期遗存为主。[6]

（二）伊河西岸仰韶至龙山时代遗址的分布

伊河西岸发现的仰韶文化遗址自北向南有窑底北、窑底西[1]141、伊阙城，龙山文化遗址有杜康祠①、白土圪垯。经过考古发掘的遗址有伊阙城[7]、白土圪垯[2]235－259。

伊阙城遗址位于伊川县城南 4 公里左右、古城村东北部向阳一面的坡地上，海拔约 200 米。遗址西部为低缓的丘陵和山地，东部为伊河。发掘者依据遗址出土的鸭嘴形鼎足、附加堆纹缸、折沿罐等代表性器物推断遗址的年代属于仰韶文化秦王寨类型时期。

白土圪垯遗址位于伊川县城南部古城村南，北距县城约 5 公里，东距伊河约 0.3 公里。整个遗址坐落在伊河西岸的二级台地之上，北部为断崖，西部与丘陵连为一体。遗址北有伊河一无名小支流自西向东流过，河北分布着古城遗址。遗址平面呈圆形，西南高东北低，略呈斜坡状；南北长约 300 米、东西宽约 200 米，总面积约 6 万平方米；文化层厚约 3 米。1992 年 12 月，因遗址被当地农民取土时破坏，古代文化遗物暴露于地表，于是，河南省文物考古研究所会同伊川县文化馆，对遗址被毁部分进行了抢救性发掘，发掘面积为 150 平方米。

（三）伊河支流遗址的分布状况

伊河东部支流以白降河及其支流分布遗址最多，有13处，除叶村、下磨为单纯的仰韶文化遗址外，其他都是仰韶和龙山遗存共存一处的遗址。[1]141-143曲河两岸分布遗址有4处，其中2处为仰韶文化遗址，2处为龙山文化遗址。[1]141-143

伊河西部支流以银河两岸分布遗址最多，有3处，其中坡头遗址为单纯的龙山文化遗址，马回营东和马回营北都是仰韶和龙山遗存共存一处的遗址。马回营遗址位于平等乡马回营村东北的台地上，东距伊河约4公里，南距银河400米左右。1979年6月洛阳地区文物保护管理处对遗址进行小规模发掘，发现灰坑5个。[8]

三 伊川盆地仰韶至龙山时代聚落分析

调查发现伊川盆地仰韶、龙山时期的聚落遗址均沿伊河及其支河流两岸分布，但在这些遗址中，不同时期的聚落分布情况实际上有很大的差别（图2）。

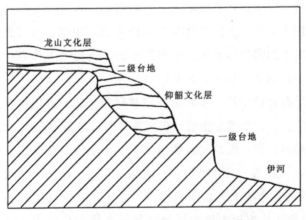

图2 伊河仰韶至龙山时代遗址位置

（一）仰韶文化聚落的初期选址

仰韶文化聚落的初期选址都在一级台地内侧，靠近二级台地的陡坡处，海拔一般在 190 米左右。以土门遗址[5]为例，该遗址位于伊川县城东南 2.5 公里的土门村，西距伊河 0.5 公里，南侧有永定河流过。遗址东高西低，总面积约 30 万平方米，西部是一级台地，海拔约 194 米。文化层堆积自西向东逐渐升高，最东部厚约 3 米，地表上布满陶片、残石片、石器、烧土块等文化遗物，发现有房基、墓葬和灰坑等遗迹。采集到的遗物主要是陶器，也有石器、骨器等。陶器多夹砂和泥质红陶，器形有缸、釜、釜形鼎、球形鼎、器盖、尖底瓶口沿及彩陶盆、碗、罐等。遗址东部也发现一些龙山文化的篮纹、方格纹陶片，但龙山文化时期遗址的海拔至少达197 米。

（二）龙山文化聚落的初期选址

龙山文化聚落的初期选址都在二级台地之上。如果一个遗址中包含有仰韶、龙山两个时期的遗存，那么，龙山文化遗存或直接分布于二级台地之上，或分布在仰韶文化层堆积最高处，接近二级台地的区域，但若以其高度来看，已经是二级台地。例如南寨遗址，该遗址文化层堆积自西向东逐渐升高，主要有仰韶文化、龙山文化、二里头文化和二里岗文化。遗址西部是一级台地，海拔约 182 米，遗址中南部为二级台地，海拔约 203 米。从我们对整个遗址调查和钻探的情况分析，仰韶文化层主要分布在遗址的西南部，在该区域的断崖上暴露有仰韶文化的地层和灰坑，而龙山文化层主要分布于遗址中部，考古钻探和发掘都发现有丰富的龙山文化层。[2]1-5

再以申圪垱遗址为例，该遗址位于伊川县东，总面积约 20 万平方米。遗址东高西低，西部一级台地向东延伸较宽，形成一片弧形凹地，海拔约183 米，文化层堆积厚约 2 米，其中出土的属于仰韶文化遗物的尖底瓶陶片、彩陶片位于下层，属于龙山文化遗物的篮纹、方格纹等陶器位于上层，两者高差约 2 米。

（三）仰韶晚期与龙山文化之间出现缺环

从伊河西岸的伊阙城、窑底遗址和伊河东岸的水寨遗址分析，在仰韶文化晚期接近庙底沟二期时期，各遗址出现附加堆纹缸、横篮纹罐以及具有屈家岭文化特征的双腹器等，这些遗址基本都已经结束考古工作，典型的龙山早期遗存各遗址没有发现，以窑底西遗址和伊阙城遗址为代表。窑底西遗址面积约 1.5 万平方米，文化层厚 3 米。采集遗物多夹砂、泥质红陶片，有部分彩陶，纹饰有细绳纹、划纹、附加堆纹、横篮纹，器形可辨者有鼎、罐、盆、小口尖底瓶等。

从上文的分析可以看出，到了仰韶时期，伊川盆地的部分一级台地上才开始有人类居住。从考古发现来看，仰韶和龙山两个时期人们的居住位置发生了较大变化：从龙山晚期开始，一是向更高的地方移动，比如南寨遗址；二是直接在更高的地方居住；三是聚落位置普遍距离伊河主河道较远，多数超过一公里，而支流上的聚落则更靠近支流。

四 仰韶至龙山聚落遗址变化的原因分析

（一）从环境考古研究分析，龙山文化时期是降雨量最多的时期

气象学研究表明，中原地区在距今 5000—4000 年间，正是降雨量多的时期。[9]59-64 2001 年，环境科学家在洛阳孟津寺河南遗址北 200 米，发现了一套中全新世的湖沼相堆积剖面，命名为寺河南剖面。经过对剖面的分析研究，有学者认为在距今 4610—3755 年，河南孟津地区经历一次温暖湿润的时期，在孟津寺河南再次形成湖泊，河南龙山文化时代晚期（王湾三期），由于湖面水位较高，人类在古土壤上活动；二里头文化时期湖泊萎缩，人类活动向低处转移，湖泊完全干涸时人类开始在干涸的湖沼相沉积层上活动[10]。

科学家在对该地区发现的软体动物化石研究后发现，这里的湖泊较为发达，并指出："该湖沼随着气候的变化，由零星沼泽，到大片淡水湖，之后又逐步干涸，直至最后消失的发展过程，其中湖泊较大的时期对应于 4300aBP 前后出现的一个最为暖湿的气候环境。"[11]

另外，偃师二里头遗址本身也是最好的例子。二里头仰韶文化遗存位于遗址南缘、伊洛河南岸约 2 公里的台地上，考古发现有仰韶时期的袋状灰坑、房址等遗迹，出土器物有彩陶罐、尖底瓶、鼎、钵、豆、瓮及陶环等，表明该遗址在仰韶文化时期就有人类居住。但近几十年不间断的田野考古表明，该遗址在龙山文化时期无人类居住。二里头遗址位于洛阳盆地核心，北依邙山，南近伊阙，西部为豫西丘陵地带，东部为广袤的华北平

原，此地河山控戴，制约四方，土地肥沃，交通便利，不仅适宜人类生活居住，且自古为兵家必争之要地。为什么仰韶文化时期有人类居住，二里头时期作为都城遗址，唯独龙山时期无人类居住呢？近年来，环境考古专家从紧贴二里头文化一期地层之下的生土，也即二里头遗址被开发之前该地区的土壤中采集样品并进行了孢粉分析，分析结果揭开了这一千古之谜。从各层孢粉组合来看，最底层生土所见水生草本植物的比例较高，发现有香蒲、芦苇等，表明二里头遗址在被开发之前曾经有大面积的水域存在。从二里头文化一期至三期的地层中所采集样品的孢粉分析中可知，水生植物比例大大减少，旱生植物比例大大增加，表明气候不断干燥；到二里头文化四期，干旱程度有所缓解，出现了少量的水生植物。二里头遗址样品的孢粉分析结果表明，该地二里头文化兴起之前很可能存在大片的湖沼。[12]看来该区域龙山时期水位较高，不适宜人类居住；二里头时期随着气候逐渐变干，湖沼趋于消亡，这里已成为广阔的平地，因此具有都邑性质的二里头遗址才位于此。

（二）龙山时期伊河水流突然增大

伊川县地处暖温季风气候带内，属大陆性季风气候。四季受季风支配，春、夏、秋、冬四季分明。夏季伊川常受到副热带高压影响，吹东南风。夏季风来自温高湿重的热带海洋地区，带来了大量的暖湿空气，因而降雨量较大，并在6—8月形成较为集中的雨季。

据伊川县气象站1957—1985年资料记载，全县年平均降雨量为659毫米。受季风气候影响，四季降水有明显差别。夏季降雨量最多，平均为315.3毫米，占全年降雨量的48%，其中降雨高峰期为七八月份，降雨224毫米，占全年降雨量的37%。[3]46-59

伊河河谷较为宽阔，两岸有众多发源于伏牛山、熊耳山、外方山、箕山、嵩山的支流注入，形成密集的"羽状"水系，这些支流所覆盖的流域不仅面积广而且落差大，河水的流速快，十分容易在短时期内形成洪水。

伊河流域本身的自然、气候、地理环境使得这里容易发生洪水。龙山时期，由于降水量猛增，伊河水流量猛然增大，进而加剧了洪水发生的可能。伊河支流白降河，《水经注》称其为大狂水；而曲河又名小狂水。《孟子·滕文公下》云："水逆行为洚。洚水者，洪水也。"以此来看，这些大、小狂水的名字正是对这里古代易发洪水的最好诠释。

可以说，龙山时期由于降水量大增，伊河中下游水流量明显增大，并经常形成大规模的洪水，使得河道摆动频度快、幅度宽，因此人们不得不选择距离主河道远且高的地方居住；但是，伊河支流由于地处上游，海拔较高，一般在 300 米左右，人们不易受到洪水的侵扰，因而居住位置就没有必要迁动。这一现象正是对考古发现伊川盆地仰韶至龙山时期聚落变化的最好解释。

结　语

伊川盆地仰韶、龙山时期遗址的分布多数集中于伊河主河流和支流两岸的台地之上，聚落布局比较分散，龙山时期明显选择了高于仰韶时期的地方居住，表明龙山时期伊河水位较高，伊川盆地经常受到洪水的侵扰。

无独有偶！这一现象在洛河流域和颍沙河流域也能见到。伊洛河流域和淮河上游地区的颍沙河流域是探讨中原地区文明进程的重要地区，这些流域可以细分为相对独立的小区域地理空间，因而两区域内的考古学文化面貌可能存在细微差别，例如文化因素的构成、各文化因素的比重等，但大的环境特征和遗址分布的规律应该是一致的。

从河南历年来考古调查的资料来分析，洛河上游的洛宁县有仰韶、龙山文化遗址 15 处，但只有一处孙洞遗址坐落在洛河岸边的台地上，其他遗址全部分布于海拔 300 米以上的支流两岸。[1]29-40 洛河流经宜阳县时河道开始变宽，境内有仰韶、龙山文化遗址 14 处，但只有四岭、圪塔和黄龙 3 处遗址坐落在洛河岸边的台地上，其他遗址全部分布于海拔较高的支流两岸。[1]29-40 此外，位于嵩山南麓淮河上游地区颍沙河流域的仰韶、龙山遗址的分布规律也是如此。考古调查表明，颍沙河流域龙山时期的遗址数量明显增加，且选择的二级台地都在海拔 200 米以上。[13]306-307 由此看来，龙山文化时期，伊洛河流域和颍沙河流域所在的豫中地区由于受到洪水的侵扰，人们不得不在地势较高的地方居住。

再看豫北、豫东、鲁西所在的河济地区，龙山文化时期存在大量的丘类遗址。考古发现研究表明，这些遗址也是从龙山文化时期开始有人居住的，而那些在仰韶文化时期已经有人类居住的遗址，作为丘或堌堆不断增高也是从龙山时代开始的。关于丘类遗址的形成原因，我们认为是当时水患太多。[14]

总之，无论从伊川盆地仰韶至龙山时期遗址位置的变化，还是纵观整个豫中、豫东北地区，甚至黄河流域龙山时期遗址的分布规律，我们都可以清晰地看到，在龙山时期整个黄河流域应当确有一个洪水集中发生的现象。正是这次旷日持久的大洪水改变了人们的居住方式；同时，这场大洪水也直接影响了中国境内不同区域间考古学文化以及各区域内文明化的走势，使得中原地区异军突起，率先迈入文明的门槛。

注释

①详见 1990 年河南省文物考古研究所伊川考古调查资料。

参考文献

[1] 国家文物局．中国文物地图：河南分册 [M]．北京：中国地图出版社，1991．

[2] 河南省文物考古研究所．伊川发掘报告 [M]．郑州：大象出版社，2003．

[3] 李耀曾．伊川县志 [M]．郑州：河南人民出版社，1991．

[4] 中国科学院考古研究所洛阳发掘队．1959 年豫西六县调查简报 [J]．考古，1961 (1)：29 – 32．

[5] 洛阳市第二文物工作队，伊川县文化馆．伊川土门、水寨新石器时代遗址调查简报 [J]．中原文物，1987 (3)：21 – 24．

[6] 洛阳地区文物处．伊川白元遗址发掘简报 [J]．中原文物，1982 (3)：10 – 17．

[7] 洛阳市第二文物工作队．河南伊川伊阙城遗址仰韶文化遗存发掘简报 [J]．考古，1997 (12)：8 – 16．

[8] 洛阳地区文物保护管理处．河南伊川马回营遗址试掘简报 [J]．考古，1983 (11)：1039 – 1041．

[9] 王苁．中原地区历史旱涝气候研究和预测 [M]．北京：气象出版社，1992．

[10] 董广辉，夏正楷，刘德成，等．河南孟津地区中全新世环境变化及其对人类活动的影响 [J]．北京大学学报（自然科学版），2006 (2)：238 – 243．

[11] 梁亮，夏正楷，刘德成，等．中原地区距今 5000—4000 年间古环境重建的软体动物化石证据 [J]．北京大学学报（自然科学版），2003 (4)：532 – 537．

[12] 宋豫秦，郑光，韩玉玲，等．河南偃师市二里头遗址的环境信息 [J]．考古，

2002（12）：75－78.

[13] 河南省文物考古研究所，密苏里州立大学人类学系，华盛顿大学人类学系.颍河文明：颍河上游考古调查试掘与研究［M］.郑州：大象出版社，2008.

[14] 袁广阔.豫东北地区龙山时代丘类遗址与城址出现原因初探［J］.南方文物，2012（2）：82－85.

作者简介：袁广阔，男，首都师范大学历史学院教授、博士生导师

原文刊于：《中原文化研究》（郑州），2019.4：12～17

古河济地区与早期国家形成

袁广阔

摘　要：河济地区的后岗二期文化大约在距今 4000 年前，率先步入了早期国家阶段，其优于周边各区的文化核心地位逐渐得以确立，成为一个辐射四方的文化政治中心，与近年的考古与文献所载早期夏人活动、建都的地域相吻合。

关键词：国家形成；早夏文化；后岗二期文化

古河济之间及其附近地区主要指今豫鲁交界一带，包括今豫北及豫东的一部分地区、鲁西南及鲁西的一部分地区。古代黄河、济水及其众多支流在这里流过，因此造成了该地区丘陵、河网、湖沼池泽交错分布的自然环境。仅濮阳和菏泽地区，见于先秦两汉文献记载的湖泽就有大野泽、孟渚泽、雷夏泽、菏泽、蒙泽等，流经这一地区的河流则有河水、济水、濮水、瓠子河、古沮水、古菏水以及其他一些小河流。优越的自然环境十分适宜人类居住。从考古材料看，黄河、济水中下游地区存在大量的古代文化遗址，这些遗址因呈圆形土包状矗立在广袤的平原之上，当地居民多称之为"丘""堌堆""陵""岗""台"等。文献记述五帝中颛顼、尧、舜及禹的都城都与这里有关。

最早关注河济地区与早期国家起源关系的是国学大师王国维。20 世纪初，王国维在《殷周制度论》中曾提出："夏自太康以后迄于后桀，其都邑及他地名之见于经典者，率在东土，与商人错处河济间盖数百岁。"[1] 顾颉刚在《春秋战国史讲义》中指出："夏王国的政治中心在河南，他们的势力范围，大部分在山东，小部分在河北、山西。他们享有了黄河的下游和济水流域的全部。"[2]沈长云教授在20世纪80年代初，撰写过《夏后氏居于古河济之间考》和《禹都阳城即濮阳说》等文章，认为夏后氏早期居住的地域在古代的黄河及济水流域之间，禹都阳城即今濮阳。[3][4]但由于这一观点缺乏考古材料的支持，一直没有受到学术界的重视。近年来随着考古材料的丰富，这个问题迎来了深入讨论的机遇，下面我们依据古代文献和新的考古材料对该地区的古代文化进行探讨。

一　古史传说中五帝多在河济地区

（一）颛顼

颛顼为黄帝之孙、姬昌意之子。很多学者认为上古濮阳称帝丘，是颛顼及其部落的活动中心。《左传·昭公十七年》："卫，颛顼之墟也，故为帝丘。"此后，文献中屡见帝丘和濮阳相连的表述，如今本《竹书纪年》："帝颛顼高阳氏……帝即位，居濮。"今濮阳市近郊的高城遗址应当为周时卫国都城，即帝丘之所在。颛顼的陵墓在内黄县城西南三杨庄村西北处。

（二）帝尧

《说文解字》云："陶，成丘也，在济阴。陶丘有尧城，尧尝所居。"陶丘遗址，在现今菏泽市定陶区西南马集镇费庄村北200米处。《史记·货殖列传》云："昔尧作（游）于成阳，舜渔于雷泽，汤止于亳。"这里说尧兴起于古陶国的成阳。《汉书·地理志》载有"成阳，有尧冢灵台"。《后汉书·郡国三》在济阴郡条下载："古陶，尧所居……成阳有尧冢、灵台，有雷泽。"《后汉书·祭祀中》载："章帝即位，元和二年……二月，上东巡狩，将至泰山，道使使者奉一太牢祠帝尧于济阴成阳灵台……又为灵台十二门作诗，各以其月祀而奏之。"由此可知，汉代皇帝已认定尧陵在济阴成阳。

（三）虞舜

包括孟子在内的很多学者认为虞舜生于姚墟。《括地志》云："姚墟在濮州雷泽县东十三里。"还有一些记载也都主张姚墟在濮水流域一带。由于自然变迁，雷泽现已成平陆，但其故址却在今河南濮阳县境，及山东菏泽、鄄城一带。学者们还考证虞舜的活动之域也在濮阳一带。《史记·五帝本纪》载舜躬耕于历山。《太平寰宇记》载："历山在雷泽县西北十六里。"罗泌《路史·历山考》云："今濮之雷泽西北六十里，有小孤山，谓之历山，山北有小阜，属池目之姚墟。"

此外传说南乐有仓颉陵。内黄有帝喾陵，在城西南 30 公里梁庄镇三杨庄村西北处。帝尧之子丹朱墓位于范县西南 25 公里辛庄乡北。

这些遗址均与龙山文化遗址有关，如濮阳仓颉陵与丹朱墓、内黄二帝陵、菏泽帝尧陵，经考古钻探，地下有龙山文化、仰韶文化层。这表明，上古时代这里就是先民的一个聚居地。

二 大禹治水在河济地区

（一）文献中大禹治水在河济地区

《汤诰》有云："古禹、皋陶久劳于外，其有功于民，民乃安。东为江，北为济，西为河，南为淮，四渎已修，万民乃有居。""河"为古黄河自今滑县北流的一段，"济"为济水北段，"江"应为石泉先生考证的今山东境内的古沂水[5]。与《史记·封禅书》"四渎咸在山东"记述一致，表明尧舜禹时期的洪水发生的地域在太行山以东的河济地区。

（二）禹画九州的重点在河济流域

关于洪水发生的地域近年新出土的楚简《容成氏》在谈及九州时最先说到的是兖州、徐州。九州有五州位于古黄河与古济水的流域，分别为夹（兖）、涂（徐）、竞（营）、莒、蓏（并），另两州与之也有关，如扬州、叙州（豫）。七州与该地区有关，进一步说明这里是治水的中心。古文字学家认为《容成氏》是记录大禹治水较早的文献。[6]《禹贡》等文献记述的冀州这里没有，此外治水的其他地域如荆州和扬州仅提到，可见其记述重点在黄河下游的兖州一带。

《禹贡》兖州条下有"桑土既蚕，是降丘宅土"，兖州条下另一处为"作十有三载"。这与"禹抑洪水十三年"（《史记·河渠书》）和"禹湮洪水十三年"(《汉书·沟洫志》)的记载相一致。徐旭生认为只有兖州条下写洪水，说明洪水只在兖州境内发生。豫东、鲁西地区正是当时的兖州。[7]

因此我们认为《禹贡》兖州条下的"是降丘宅土"与考古发现的丘和甲骨文、古文献的丘都处在同一个地区，考古资料反映的洪水现象与古代文献记述完全一致。

三 夏王朝早期都城多在河济流域

（一）禹都阳城

《世本》云："禹居阳城，在大梁之南。"可知阳城在今开封以南。沈长云认为禹都阳城即古代濮阳（在今濮阳以南），有阳城之称[3][4]，《战国策·齐策四》记苏秦劝齐闵王伐宋曰："夫有宋则卫之阳城危，有淮北则楚之东国危"，此阳城《史记·田齐世家》作"阳地"，《史记集解》云："阳地，濮阳之地。"并认为此阳城所在与文献所记夏后氏兴起的崇山（今山东鄄城东南）相近。

（二）帝相都帝丘

《左传·僖公三十一年》："冬，狄围卫，卫迁于帝丘，卜曰三百年。卫成公梦康叔曰：'相夺予享。'公命祀相，宁武子不可。曰：'鬼神非其族类，不歆其祀，杞、鄫何事？相之不享于此久矣，非卫之罪也。'"杜预注："帝丘，东郡濮阳县。"这里所说的"相"指的是夏王朝第四代国王，其他文献中又称作"帝相"。《水经·瓠子河注》："河水旧东决，迳濮阳城东北，故卫也，帝颛顼之墟。昔颛顼自穷桑徙此，号曰商丘，或谓之帝丘，本陶唐氏之火正阏伯之所居，亦夏伯昆吾之都，殷之相土又都之。故《春秋传》曰：'阏伯居商丘，相土因之'是也。"

（三）相居斟灌

《水经·河水注》曰："浮水故渎又东南迳卫国邑城北，故卫公国也……又东迳卫国县古城南古斟灌，应劭曰：'夏有斟灌，即此城也。'《竹书纪年》：'梁惠成王二年，齐田寿率兵伐我，围观，观降。'""卫公国"即春秋卫国都城，"卫国县"为东汉所置县名，西汉称"畔观"，即以后的观城县，在今河南范县境内。因此沈长云认为："这里正紧邻卫都濮阳东北，因而相居帝丘，又复居此是很容易理解的。"[3]

（四）帝宁居原

古本《竹书纪年·夏纪》："帝宁居原，自迁于老丘。"这里的帝宁即夏代第七代帝王予。《史记·夏本纪》记作"帝宁"或"帝予"。《世本》记作"帝杼"。南朝刘宋时代的史学家裴骃《史记集解》载，杜预曰："河内沁水县西北有原城。"清代《济源县志·古迹》记其方位"在县西北四里，今呼为原村……济庙（济渎庙）西龙潭东北有遗址存焉"。河南省文物考古研究所1990年在这里发现大型龙山文化遗址，杨肇清认为这里就是帝宁所居之原[8]。

（五）帝宁居老丘

古本《竹书纪年》云："帝宁居原，自迁于老丘。"《春秋地名考》记载："老丘，古地名，在今河南陈留城北。"《左传·定公十五年》云："郑罕达败宋师于老丘。"杜预注："老丘，宋邑。"《大清一统志》开封府条引《太平寰宇记》云：老丘城"在陈留县北四十五里"。此地在今开封市东，一般认为此老丘即帝宁所居。

（六）胤甲居西河

古本《竹书纪年》云："帝厪一名胤甲，即位，居西河。"（《太平御览》卷八十二）西河在卫地。《史记·孔子世家》有云"妇人有保西河之地"，《索隐》曰："此西河在卫地。"明嘉靖元年（1522）《彰德府志·地理志》载："西河，《隋经》云：安阳有西河，即卜子夏、田子方、段干木所游地。今西河属汤阴，在羑水南。"

（七）桀居斟鄩

古本《竹书纪年》云："太康居斟鄩，羿亦居之，桀又居之。"《左传·襄公四年》杜注："北海平寿县东南有斟亭。"杜在忠先生考证斟鄩当在潍、鄩两河之间的今山东省潍坊市西南部，并进一步推断为以昌乐县河西、邹家庄遗址为中心的两处遗址稠密区。[9]《左传·昭公二十三年》云："二师围郊，癸卯，郊寻溃。"杜预注："河南巩县西南有地名寻中。"《水经注·洛水注》云："洛水又北，经偃师城东，东北历寻中，水南谓之南寻，亦曰上寻也。"《括地志》："故寻城在洛州巩县西南五十八里，盖桀所居也。"近现代学者多依据上引文中的寻地，认定夏都斟鄩在今巩义市一带。夏王朝见于文献的都城，除其晚期都城斟鄩在偃师外多数在河济一带。

四 夏初的封国多在河济流域

《史记·夏本纪》云："禹为姒姓，其后分封，用国为姓，故有夏后氏、有扈氏、有男氏、斟寻氏、彤城氏、褒氏、费氏、杞氏、缯氏、辛氏、冥氏、斟戈氏。"郑杰祥推断："这十二个姒姓方国连同一些异姓方国共同构成以夏后氏为主体的夏王朝国家政权，其中十一个姒姓部族方国与夏朝中央王室既存在着血缘上的宗法关系，又存在着政治上的分封关系和经济上的贡纳关系，从而与夏中央王室密切连累在一起，因此它们的分布地域自然构成了夏王朝的领土范围。"[10]

有扈氏。《汉书·地理志》班固自注："鄠，古国。有扈谷亭。扈，夏启所伐。"鄠，西汉郡县，即今陕西省西安市西南的户县境内。王国维提出质疑，他在《殷虚卜辞中所见地名考》中指出："雇字古书多作扈。《诗·小雅·桑扈》、《左传》及《尔雅》之'九扈'，皆借雇为扈。然则《春秋》庄公二十三年盟扈之扈，殆本作雇。杜预云：'荥阳卷县北有扈亭'（今怀庆府原武县）。"[1]以后郑杰祥等先生均赞同王说，认为夏代有扈氏故地即今郑州以北黄河北岸的原武一带。[10]

斟寻氏。《汉书·地理志》北海郡斟县条下班固自注云："故国，禹后。"同郡平寿县条下颜师古注引应劭云："古斟寻，禹后，今斟（斟字别体）城是也。"即今山东潍县境内。而《史记·夏本纪》正义又引"臣瓒云：斟鄩在河南，盖后迁北海也……《尚书》云：'太康失邦，兄弟五人须于洛汭。'此即太康居之，为近洛也"。

彤城氏。彤城氏当以立国于彤地而得名。《尚书·顾命》云：乃同召"彤伯"；孔颖达《正义》引王肃云："彤，姒姓之国"。《史记·夏本纪·索隐》云："周有彤伯，盖彤城氏之后。"《史记·魏世家》曰："（惠王）

二十一年，与秦会彤。"具体地点文献记述不详。

褒氏。褒氏当以立国于褒地而得名。褒氏活动地域无考。

有男氏。活动地域无考。

费氏。当以立国于费地而得名。《尚书·周书》中有《费誓》一篇，是鲁侯讨伐淮夷、徐戎时在费地誓师之词。杨朝明认为今本《竹书纪年》夏启二年"费侯伯益出就国"，商太戊三十一年"命费侯中衍为车正"，其中的"费"可能都与费国有一定关联。伯禽征伐徐戎、淮夷之时，鲁国东郊不开，故征境内南、西、北三郊三遂之兵，因此费地不会是鲁国东境之费，而是稍西的古费国之费，即今山东鱼台的费。[11]

杞氏。《大戴礼记·少间》云："（汤）乃放移夏桀……乃迁姒姓于杞。"《史记·留侯世家》记张良曰："昔者汤伐桀而封其后于杞者。"《史记·陈杞世家》云："杞东楼公者，夏后禹之后苗裔也。殷时或封或绝。周武王克殷纣，求禹之后，得东楼公，封之于杞，以奉夏后氏祀。"《集解》引宋忠曰："杞，今陈留雍丘县也。"王国维《殷虚卜辞中所见地名考》云："杞，《续汉志》：'陈留郡雍邱本杞国是也。'"商周杞国，当为夏代所分封的杞氏后裔，故地当在今河南开封杞县境内。

缯氏。缯与鄫、曾古通用，曾氏当以立国于曾地而得名。《世本》云："曾氏，夏少康封其少子曲烈于鄫。"《左传·僖公十四年》杜预注"鄫国，今琅邪鄫县"，即今山东临沂。

辛氏。当以立国于辛地而得名。《世本》云："夏启封支子于莘，莘、辛声相近，遂为辛氏。"又云："莘氏，用国为氏，禹后姒姓，文王妃家。"莘国所在，《正义》引《括地志》云："古莘国在汴州陈留县东五里，故莘城是也。"《陈留风俗传》云："陈留外黄有莘昌亭，本宋地，莘氏邑也。"此外，今山东省曹县北曾有古莘国。《左传·僖公二十八年》载，晋楚城濮之战时（前632），晋军攻占曹国（今曹县）后，"晋车七百乘，韅、靷、鞅、靽，晋侯登有莘之墟以观师……己巳，晋师陈于莘北，胥臣以下军之佐当陈、蔡"与楚决战。

冥氏。当以立国于冥地而得名。《世本》云："冥氏，分封用国为氏。"其地不详。

斟戈氏。当以立国于戈地而得名。《世本》云："戈氏，分封用国为氏，斟戈即斟灌氏。"《史记·夏本纪·索隐》也说："斟戈氏，按《左传》《系本》皆云斟灌氏。"戈地所在,《左传·襄公四年》杜预注:"戈在宋、郑之间。"

五 河济地区的考古学文化现状分析

(一) 河济地区的考古学文化与夏文化关系

目前学术界依据大量碳14数据,基本认为二里头文化是中晚期夏文化,那么二里头文化从何而来、什么是早期夏文化就成为学术界讨论的重点。长期以来,由于资料的缺乏,二里头文化的来源一直处在争议之中。后来,新密新砦遗址出土文物中带有明显的龙山文化向二里头文化过渡特征,相关学者开始将探索二里头文化源头的目光放在了新密新砦遗址上。1979年新砦遗址的发掘简报发表之后,赵芝荃先生将煤山和新砦等遗址介于河南龙山文化和二里头文化一期之间的遗存命名为"新砦期二里头文化",认为"河南龙山晚期文化与二里头早期(一期)文化是一脉相承的,其沿袭关系也是十分清楚的,新砦期为处于河南龙山文化发展到二里头文化之间的过渡阶段"[12]。

近年来,随着河南新密新砦龙山城址的发现,以及巩义花地嘴遗址"新砦期"牙璋、玉璧和带神秘彩绘大型陶器的出土,"新砦期"考古研究又向前迈进了一大步,学术界对新砦期与二里头文化更加关注,特别是新砦期遗物中发现的来自东方的文化因素。这些东方文化因素已经有不少学者认为是来自河济地区的王油坊类型。如新砦遗址的发掘者认为:"豫西新砦期文化有相当一部分文化元素来自王油坊类型,如子母口瓮、子母口鼎、侧装三角形鼎足、V形镂空鼎足、深腹平底盆、圆钮和倒圈足钮折壁器盖等,占陶器总量的25%左右。"[13]可见夏文化的确与河济地区的考古学文化有关系。

(二) 河济地区至迟于龙山文化时期存在一个统一强大的文化系统

因该文化最初由梁思永先生1931年发现于安阳后岗遗址的第二文化层,故又称之为"后岗二期文化"。这种文化普遍发现于豫北地区,因此依照考古学命名的惯例可称之为后岗二期文化。至迟于龙山文化时期存在一个统一强大的文化系统，主要表现在如下三个方面。

一是分布范围广泛。该文化分布于太行山南麓和东麓的黄河、古济水两岸。西到济源，东至山东菏泽，北到安阳以北，南达开封以南，在这一广大地区文化面貌十分一致。龙山文化的主要面貌是陶质以夹砂灰陶、夹蚌褐陶和泥质灰陶为最多，其次是磨光黑陶、磨光灰陶、泥质棕灰陶、夹砂红陶和泥质红陶等。纹饰夹砂陶以方格纹为主，篮纹、绳纹次之，泥质陶以篮纹为主，弦纹、刻划纹和指甲纹比较盛行。器形主要有罐、甗、斝鼎、甑、瓮、盆、刻槽盆、钵、圈足盘、豆、壶、觚、杯、鬶、子母口瓮、碗和器盖等。

二是遗址众多。河南、山东龙山文化城址也多分布于该地区，仅濮阳县就有 20 余处，滑县有遗址 30 余处，加之安阳、新乡、菏泽、商丘等，遗址将有数百处。这里因位于古河济之间，今天这一带整个都是平原地形，属于由黄河冲积而成的华北大平原的一部分，还有大量遗址掩埋在多次泛滥的黄河淤沙下。

三是城址分布集中，形成城邦林立的显著特征。仅太行山南麓就集中发现三座，如辉县孟庄城址[14]、沁阳西金城[15]和温县徐堡遗址[16]，太行山东麓有濮阳市的戚城遗址[17]、安阳后岗[18]等。在鲁西北部一带有阳谷景阳冈、茌平县的教场铺、邹平丁公等龙山城址的发现。[19]

四是文化影响深远。先看后岗二期文化与山东龙山文化的关系。后岗二期文化普遍发现于豫北地区，当时梁思永先生已经注意到其文化面貌既与山东龙山文化有相似之处，又有自身的特点。他曾称之为龙山文化的"豫北区"。梁先生指出："地理上处于山东沿海区和豫北区之间的城子崖，有着一批似乎是文化接壤区所生产的陶器。"[20]今天来看这是一个前瞻性的认识。栾丰实先生将山东地区西部的龙山文化分为城子崖类型，指出："海岱地区龙山文化城子崖类型和中原地区龙山文化后类型，均分布于黄河下游的冲积平原之上。两类型地域毗邻，时代相当，相互之间的文化交流、传播与影响较为频繁。因之，双方在各自的文化内涵中包含有若干对方的文化因素。"[19]这一认识十分正确，表明当时山东西部和河南东部之间的文化交流的存在。

后岗二期文化在龙山早期迅速强大起来，对郑州地区产生了很大影响。郑州地区的龙山文化，据考证来源于大河村类型仰韶文化，这已经为地层关系和文化特征的承袭关系所证明。在大河村和点军台遗址，都发现两者相叠的地层，且这两个遗址的仰韶文化和龙山文化面貌，亦有一脉相承的延续性。继郑州地区第一期大河村五期文化之后是占马屯一期文化，二者衔接得比较紧密。但到第三期中间出现缺环，多数器物无先后演变关系，而很多器物则同孟庄遗址的特征接近，这些相近的陶器在孟庄龙山早期就已存在。

郑州占马屯、旮旯王等遗址内发现有较多同孟庄龙山中期一样的文化因素，如都有一定数量的夹砂褐陶以及乳钉纹的夹砂褐陶罐、大袋足鬲、釜形斝等。旮旯王遗址出土的陶器以泥质灰陶为主，所出夹砂黑陶釜形斝、深腹罐、细柄豆、圈足盘、钵、器盖都可在孟庄遗址中找到渊源。另外，旮旯王遗址中出土的成组契点纹明显是受孟庄类型的影响。上述分析表明，以孟庄遗址为代表的后岗二期文化遗存，在龙山中期阶段已越过黄河，来到了郑州地区。换言之，我们认为在龙山中期，郑州地区的龙山文化面貌是黄河北部的考古学文化向南推进的结果。[21]

再看后岗二期文化对新砦期文化的影响。豫中地区从新砦期开始，新砦和花地嘴等遗址[22]，出土有相当一部分陶器如大口深腹罐、袋足鬲、冲天流鬶、子母口瓮、侧装三角形鼎足、深腹平底盆、折壁器盖等东方因素的陶器不仅受到豫东王油坊类型的影响，也受到后岗二期文化的影响，如辉县孟庄、濮阳马庄等遗址都有上述典型陶器发现。

结　语

从地理上看，内陆文化与滨海文化在河济地区产生联系，河济地区的后岗二期文化正是中原文化和海岱地区东夷文化相互融合形成的。后岗二期文化大约在距今 4000 年前，率先步入了中华文明的早期国家阶段，其优于周边各区的文化核心地位逐渐得以确立。通过历史文献记载及考古研究证明，河济地区已发展成为一个欣欣向荣、四方辐辏的经济、政治、文化中心。这一现象与文献中的许多古代著名氏族活动于此的记载，是完全一致的，也与这里龙山时代分布众多的龙山遗址比其他地区更为密集的考古发现相吻合，从而证明这里曾建立了中国古代一个早期国家，较早进入了文明时代。

我们深知作为华夏文明研究从龙山时代向夏文明转变的一个连接环节，还有许多未解之谜，关于河济地区的考古调查、发掘与研究，尚有许多课题需要通过考古学者的不懈努力及多学科合作来完成。可喜的是豫北地区多地龙山聚落已经共同构成了庞大的聚落群，如濮阳五星乡高村遗址，面积在100万平方米以上，应该是后岗二期文化的核心遗址[23]。我们相信，随着以聚落形态研究为中心的田野考古工作及包括自然科学手段在内的相关研究的不断深入，在河济地区探索华夏文化的源流、中国早期文明与国家形成上所具有的重要意义也将日益彰显出来。

参考文献

[1] 王国维. 观堂集林 [M]. 北京：中华书局，1950.

[2] 王煦华. 顾颉刚关于夏史的论述 [M] //夏文化研究论集. 北京：中华书局，1996.

[3] 沈长云. 夏后氏居于古河济之间考 [J]. 中国史研究. 1994（3）.

[4] 沈长云. 禹都阳城即濮阳说 [J]. 中国史研究. 1997（2）.

[5] 石泉. 古代文献中的"江"不是长江的专称 [M] //. 文史. 第6辑，北京：中华书局，1979.

[6] 朱渊清. 禹画九州论 [M] //古代文明（第5卷）. 北京：文物出版社，2006.

[7] 徐旭生. 中国古史的传说时代 [M]. 北京：文物出版社，1985.

[8] 杨肇清. 原城考 [M] //河南省文物考古论集. 郑州：河南人民出版社，1996.

[9] 杜在忠. 关于夏代早期活动的初步探析 [M] //夏史论丛. 山东：齐鲁书社，1985.

[10] 郑杰祥. 夏史初探 [M]. 郑州：中州古籍出版社，1988.

[11] 杨朝明. 《费誓》时地管见 [J]. 齐鲁学刊. 2001（2）.

[12] 赵芝荃. 试论二里头文化的源流 [M] //夏文化论集. 北京：文物出版社，2002.

[13] 北京大学震旦古代文明研究中心，郑州市文物考古研究院. 新密新砦：1999 - 2000年田野考古发掘报告 [M]. 北京：文物出版社，2008.

[14] 河南省文物考古研究所. 辉县孟庄 [M]. 郑州：中州古籍出版社，2003.

[15] 山东大学考古系2008年沁阳西金城遗址发掘资料.

[16] 郑州大学考古系2008年温县徐堡遗址发掘资料.

[17] 戚城文景区管理处. 濮阳戚城遗址龙山文化灰坑清理简报 [J]. 中原文物. 2007

（5）.

［18］中国社会科学院考古研究所安阳工作队.1979 年安阳后岗遗址发掘报告 ［J］.考古学报.1985（1）.

［19］栾丰实.论城子崖与后冈类型的关系 ［J］.考古.1994（5）.

［20］梁思永.梁思永考古论文集 ［M］.北京：科学出版社，1959：149.

［21］袁广阔.孟庄龙山文化遗存研究 ［J］.考古.2000（3）.

［22］郑州市文物考古研究所.河南巩义市花地嘴遗址"新砦期"遗存 ［J］.考古.2005（6）.

［23］河南省文物考古研究所等.河南濮阳高城遗址的发掘简报 ［J］.考古.2008（3）.

作者简介：袁广阔，男，首都师范大学历史学院教授、博士生导师

原文刊于：《中原文化研究》（郑州），2013.5：53～58

辐与辏：史前中原文化优势的确立

——兼论早期中国与华夏文明观的形成

曹兵武

摘　要：从三代到唐宋，国家人口、政治与文化中心基本上没有远离从西安至开封、以中岳嵩山为中心的黄河中下游一带。这种历史格局的形成，有一个发生发展的长期过程，其中庙底沟化和二里头化是史前时期最重要的两次奠基性文化整合和提升运动，它们使得中原地区在相对独立的几个早期区域性文化传统的相互作用中脱颖而出，并影响到中国早期文明的天道观、人文观以及国家与意识形态结构。本文以农业村落的诞生为起点，追寻从旧石器时代晚期的基底上区域性文化传统在早期中国形成、演变、碰撞融合并最终形成中原中心的历史过程，并试图解释此一过程赋予的中国文化与文明的若干特点。

关键词：早期中国；华夏文明起源；庙底沟化；二里头化；分封制度

近年来，关于国学、传统文化以及早期中国的研究、反思与讨论，从学术界到媒体与公众，形成了又一轮高潮。而正如一些学者所指出的，这一方面是中国崛起、走向世界过程中不可避免的思想与文化的反思和确认过程，另一方面显现出我们的一种整体性的焦虑，亟须从学术角度正本清源[①]。其实，从历史上持续不断的夷夏之辨到近代中国在民族国家之林中的确立，什么是中国（华夏）？何以中国？如何中国？这些话题都一直被反复讨论。关于中国与华夏，历朝历代中国人不断借鉴历史文化资源，面对现实挑战，确认路标及其合法性并凝聚认同。在全球性民族国家建构大潮中，晚清的革命党人在借鉴西方文明成就与经验的同时，将历史上中央王国的概念及其所包含的文化意义再次激活，孙中山就任中华民国临时大总统时甚至直接起用黄帝纪年，以表明旧邦新命的历史使命。中华人民共和国也一直不断地强化着人们对于中国的历史与现实认知。近年来，历史学、文化学尤其是快速进展的考古学等，已经可以为我们提供一些关于早期中国的关键性的新认识。

一　铺就中国底色：新石器时代的农业村落社会与中原优势

中国早期人类历史可以距今约 1.2 万年的末次冰期为界，划分为旧石器时代和新石器时代。旧、新石器之交在文化演进上是个重要的转折点，这不仅因为磨制石器（即新石器）普遍取代打制石器，主要生产工具的类型、效率和美感等都大为改进，而且因为动植物的驯化与陶器的发明等，使得经济形态从原来的以狩猎采集为主向以农业为主兼营多样发展，人群越来越趋于定居，地方性和社会性知识不断深化和积累。总之，人与人、人与土地和环境的关系由此发生了深刻的变化，家庭、群落和村落也发生了变化，文化与社会组织更加复杂——一种新的生产与生活方式出现了，并最终导致了城市、国家和文明时代的到来。因此，旧、新石器的过渡，农业及村落社会的出现，是追寻和观察中国文化传统的一个合适的起点。

而此时的中国大地上的人类及其文化显然已经打下了一个非常好的基础，或者可以说已经有了一个"中国底色"。

旧石器时代晚期中国这块土地上已经可以观察到两个比较明确的石器工业技术传统，即北方的片石器——刮削器和南方的砾石器工业，它们大致上以秦岭—嵩山—淮河一线为界，分别体现了末次冰期前后人类面对不同环境资源的不同适应策略。[1]与之相对后来也大致上有两个早期农业起源的中心——华南的稻作农业和华北的粟—黍作农业。这两种农业经济最终都融汇到同一个文明系统即华夏文明中，成为经济、社会和文化的重要支撑，这是世界上少见的。[2]在世界上重要的谷物农业起源地中，新大陆是玉米（也包括某些豆类，其他谷物起源中心均伴有豆类）的起源地，发展出中美和南美两个重要的原生文明；近东是小麦的起源地，哺育了包括两河、古埃及、印度等早期文明以及稍晚的欧洲文明，而中国早期文明由稻作和粟作两个农业系统融汇而成，这是一个鲜明的特点。再一个是中国陶器起源非常早，旧石器时代晚期华南与华北若干地点都曾经发现过距今10000 年以上的制陶遗存，可以说是全世界最早的，并且其主要分布区与稻作、粟—黍作农业起源中心大致吻合。[3] 而近东有个前陶新石器时代，农业和村落生活已经持续一段时间之后，距今约9000 年才有陶器出现。美洲陶器早于农业和文明的形成。这说明各地早期建基于农业社会基础上的文化和文明走过了一条相似却又不完全一样的发展道路，而中国这个早期文化的基础是相当好的。

农业经济和村落社会出现之后，社会的复杂化、文明与国家的形成既有漫长的路要走，更有广阔范围内各地具体的环境、文化适应机制和社会管理互动与调节方式方面的不同，因此也会表现出不一样的特点。就早期中国来说，稻作农业形成之后借助全新世大暖期逐步上升的气温和变化的环境，以非常快的速度向北传播，很快就从其初始主要分布区南岭北麓沿线到达了河南中部的舞阳贾湖附近，和粟作文化区发生碰撞。[4] 这支文化可能折头向东，对后裴李岗时代江淮地区诸文化如青莲岗文化、大汶口文化、龙虬庄文化、凌家滩文化等产生了深远影响。粟—黍作农业形成之后，不仅在华北地区广泛传播，而且逐渐从其最初的适宜生态位山前坡地向黄土台地、沟谷以及河流阶地集中，在以黄河中游为重心的黄土高原东南缘的各河流谷地很快形成以仰韶文化为代表的繁荣发达的新石器时代中晚期诸文化。仰韶文化不仅广泛地吸收华北各地的文化因子，也采纳了水稻种植，已表现出强烈的聚集性和融汇性特点。

农业形成之后的各文化区相对来说更加孤独——农人们深化了对土地等资源的利用开发，尽管聚落人口相对聚集，但终生坚守不大的一块地方，流动性大大降低，文化交流与传播的模式也发生了根本性变化。原来有共同祖先的人们因为分隔和缺少联系而渐渐分化，而不断增长的聚落人口则提供了分工和创新的动力，手工业兴起，磨石、琢玉、纺织、旋轮、冶炼、建筑等新发明与创造层出不穷，文化和社会在不断进步，因此，一种迥然不同的新的生产和生活方式得以确立并不断发展。英国考古学家柴尔德等曾分别用"新石器革命""农业革命"概括之，并认为这种具有划时代意义的农业村落为稍后的"城市革命"埋下了种子。[2]

这样，新石器时代以来的诸考古学文化已经不仅仅是考古学上通常所说的石器等器物或者工具的组合，而且已经形成一个个和地方性及族群共同体密切关联、在经济和社会形态方面相当复杂的区域性文化传统。和新石器时代早、中、晚期相对应，这样的文化传统可以区分为落地生根、成长壮大、碰撞调整与重组蜕变等不同的演进阶段。

新石器早期遗址还相对稀少，但是其偏晚阶段以农业经济所主导的村落社会的基本雏形已经形成，在个别适宜的地方甚至相当辉煌。比如距今八九千年左右中国南方的彭头山、城背溪、上山、跨湖桥等，以及北方的贾湖、裴李岗、磁山、老官台、后李、兴隆洼等遗址，农业经济已经相当发达，遗址内部已有居住区、储藏区、墓葬区等功能划分，其中贾湖的骨笛、绿松石饰品，兴隆洼的玉器等工艺品已经非常精美，兴隆洼和彭头山等遗址外围甚至出现了环壕等防御设施。这些经过较为充分发掘的遗址和周边相似的聚落共同组成较大的聚落群，俨然已经是较为成熟的地方性文化共同体，并获得了考古学文化的命名。

到距今 7000—5000 年的新石器时代中期，各文化区一方面发展经济，增加人口，扩大规模，强化特征，同时也不断向外扩张，但相对而言，还是在相互隔绝中发展演变，因此地方性不断加强，这是由于这个阶段环境相对适宜，人口仍然不饱和，尚有充足的扩展空间，向外进行拓荒式移民可能是最重要的扩张形式。那些移出去的，又因为隔绝而不断分化为新的文化类型，区域特色不断增强。苏秉琦先生概括的六大区系类型基本上囊括了当时中国主要地区和主要文化及亚文化类型。而这种文化格局也大致上奠定了后世中国地域性文化传统的早期基础。[5]

此时，中原地区的表现相对突出。一是因为黄土高原尤其是其东南缘诸河流谷地在地理区位、地貌、土壤等方面的环境优势，很快成为较为理想的开发对象；二是该地区农业和其他经济形态多样发达，在贾湖时期即接受稻作农业影响，仰韶时期借助优越的环境气候，初步形成了粟—黍作与稻作的混合农业，比如在豫西、关中（扶风案板）、甘肃（西山坪）等仰韶文化的腹心地区都发现过种植水稻的遗迹[6]；三是河谷地带人口密度相对较高，空间交往条件好，社会组织能力强，仰韶文化的遗址分布密集，数量多、规模大、堆积厚，在全国其他地方均罕有其匹；四是充分利用不断升温造成的新的宜居环境，沿着河谷向外快速扩张。黄河中游及汾河、渭河、伊洛河以及黄河上游的湟水等众多的支流河谷不仅显示出强大的汇聚能力，连山前坡地、台地和黄土高原、华北平原成陆部分也基本上被仰韶人所占据、开发。因此，仰韶文化不仅自身空前繁荣，并派生出被苏秉琦先生概括的兄弟文化如后冈文化、马家窑文化、海生不浪文化、红山文化等关联文化，且对大致同时的海岱地区的大汶口文化、江汉地区的屈家岭文化、江淮地区的青莲岗文化以及江浙地区的崧泽文化等造成辐射式影响。

新石器时代晚期即大约距今5000年后，由于文化区间空白地带渐渐消失，环境变化，人类社会动能加大，互相间发生普遍的碰撞，各区域间交流与互动乃至冲突增强，文化进入调整与重组期，尤其是聚落间和聚落内分化加强，奢侈品在上层之间的交流与争夺，使社会与意识形态建设速度加快，个别区域的中心聚落如良渚等已初步形成具有经济、文化、宗教和社会管理的城市功能，一场社会的巨变正在孕育中，有人认为此时已经进入初期文明阶段。

我们通常所讲的新石器时代，其实是个不能完全按照石器制作技术衡量的复杂概念和社会发展阶段，石器不是这一时期最具代表性的文化因素——中国的石器在兴隆洼阶段即分化出玉器，并被赋予重要的审美和意识形态意义；这个时期的中晚期的若干遗址已经出现了冶铜制器的遗迹，比如仰韶文化的姜寨、齐家文化多个遗址、中原的王城岗等龙山遗址，以及石峁和陶寺等。玉器、铜器当然是很耀眼和很重要的新因素，以至于有人提出玉器时代与铜石并用时代的新概念[7]。华北（河南荥阳青台村出土的罗织物距今约5630年）和华南（浙江湖州钱三漾出土的绢片距今约4750年）已经明确发现了后来在中国对外交往中发挥过重要作用的人工丝织品。这些都应该属于以石器为主要工具的农业社会的伴生性文化因素，其出现只是共同组成了一个丰富多彩的大时代，并形成了一些更为复杂的文化共同体，它们尚未能发挥改变社会性质的关键作用。其晚期，不少肯定是源自西方的重要文化因素比如小麦、黄牛、绵羊等也开始在北方乃至中原、山东的一些遗址中广泛出现。

新石器时代总体来说是村落共同体的时代。其中期尤其是晚期大批城址在各文化区的普遍出现，不仅加快了区域性文化要素的汇聚与融合步伐，而且影响到区域性文化共同体演变的轨迹、性格与相互间互动的方式，直到作为礼器的青铜容器、马与马车等在个别中心性遗址中以垄断性面貌出现，社会才开始迈入一个全新的发展阶段。

二 理念中国初现：庙底沟化与华夏
主体族群的确立

新石器时代中期的仰韶文化尤其是仰韶中期的庙底沟类型阶段在早期中国的形成过程中是一个关键性的奠基阶段。前边已经提及仰韶文化在同时期的地方性文化传统的扩张中因为相对于周边的地理环境优势、最早形成汇聚机制和混合农业等原因而捷足先登，因此形成了庞大的人口规模和体量优势，这种扩张在其庙底沟阶段达到顶峰，在广阔的范围内掀起了一次庙底沟化的浪潮，不仅实现了西到渭河流域，东达伊洛及郑州，南到南阳地区，北抵河套的仰韶文化内部各类型文化面貌的空前统一，其独特而典型的文化因素如花瓣纹彩陶、小口尖底瓶、曲腹盆等的影响与辐射范围更是东抵海岱，西达甘青，北上内蒙古与辽西，南至长江中下游，囊括了后世农业中国的全部主要区域，随着认识的深入有人已提出将其单独命名为庙底沟文化或者西阴文化[8]。其实，仰韶族群及其后人已经构成了后世汉民族的主体部分。仰韶文化尽管仍然只是当时初步形成的中国相互作用圈[9]中诸考古学文化之一，但是在遗址数量、规模、分布范围以及人口等方面都是首屈一指的。可以说，仰韶文化的出现，才使得早期各地相对平行发展的中国相互作用圈中各区域性文化结成了严文明先生所概括的重瓣花朵模式[10]，为多元一体的华夏文明结构奠定了基础。

粟—黍作农业经过起源和初步传播阶段之后，率先在黄河中游地区诸河谷中汇聚并繁盛起来，形成仰韶文化，其半坡类型和庙底沟类型的核心分布区都在这里，但是它们借助全新世大暖期的升温环境，沿着黄河河谷向北方的河套地区，沿着汾河谷地向山西、河北乃至燕山南北地区，以及沿着黄河上游及其支流向甘青地区的扩张势头持续而迅猛，这些地方同时期诸考古学文化往往都可以看作是其派生的支系。太行山东麓的后冈类型仰韶文化也强劲地向北扩张，红山文化就是在仰韶文化后冈类型与西辽河流域土著文化相互作用后形成的一种混合文化，并在彩陶风格上又受到稍后的庙底沟类型的强烈影响。[11]

而在距今 5000 年左右，由于大暖期气候最佳期盛极而衰，这些扩张出去的文化不少又被迫南下，这是仰韶文化向庙底沟二期文化转变以及不少地方从新石器时代中期向晚期转变、文化面貌发生重要变化的动因之一。[12]比如甘青地区作为仰韶文化支系的马家窑文化在这样的气候变化之后有三个选择：一是向原来的故乡河谷低地退却；二是向青藏高原尤其是其东缘南下寻找新的地盘；三是就地适应转化形成新的文化。近年在四川的岷江上游若干新石器时代晚期遗址中已发现诸多与马家窑文化相似的遗存。[13]西藏昌都的卡诺文化是青藏高原最早的含陶器类文化遗存，其陶器等遗存和马家窑文化尤其是其宗日类型高度相似并也种植谷子。这波儿马家窑相关文化的南下可能和羌藏文化走廊及汉藏语系的形成都有直接的关系。

尽管在仰韶文化乃至庙底沟类型时期，中原地区并没有在技术、文化尤其是政治等方面表现出明显优势，周边一些文化反而分别在制陶、琢玉乃至宗教性建筑等方面明显领先，但是显然仰韶文化的这次大扩张使其在族群、语言和心理上的重要影响依然存在。苏秉琦先生根据庙底沟文化中彩陶上简洁而传播久远的花纹图案及其分布中心的华山、中条山等地名，推测这群人可能就是原始的华族。[14]准此，这次庙底沟化可以被称为早期中国大地上的一次华化——中华这个重要底色的形成阶段。可以进一步推测，这次大扩张中大量人口的一出一进，或许已经形成了"理念上的中国"这一建基于血缘关系基础之上的情感、心理与文化认知了。

这一事件当然也会影响到新石器时代晚期及后仰韶时代各文化间的相互作用，影响到随后各地区性文化传统持续的南北互动以及东西融合问题。由于气候变迁的大趋势，5000 年前中国大地上文化的互动以北上为主旋律，5000 年后则以南下为主旋律。最初的南下可能是早期农业移民的回归，尽管对相关文化的面貌产生了巨大的影响，但是考古学上尚未看到多少文化冲突的迹象。相反，同期东西之间不同文化区比如中原与海岱间由于区域文化分异性则冲突更为剧烈，大汶口文化和晚期仰韶文化在河南中东部的竞争异常激烈，东方部族的前锋甚至在豫西也留下了明显的印迹[15]。5000 年后即新石器时代晚期城址的大量发现是考古学中的一大奇观。而城址的分布有三个重心，一个是黄河下游两岸，可能就是中原与海岱对峙的产物；另外两个则分别是长江中游地区和四川盆地，可能是面对北方南下压力顽强抗拒、寻求自保的表现。中原的庙底沟二期阶段几乎没有发现城址，黄土高原及其北缘也只是在更晚的距今大约 4000 年的第二波南北冲突中才大量出现城址，其中一类是河套与赤峰地区那种链状的石筑城址群，一类是石峁和陶寺那样的超级大城。城址的涌现既是区域文化间竞争与冲突加剧的表现，也是文化系统内部聚落与社会分化的表现。而超级城址与城址群的出现，则说明社会组织形式上有了重大的突破，合纵与连横的政治联盟逐渐形成。尤其是石峁与陶寺雄踞北方，说明距今 4000 年左右南北文化互动的性质可能已经发生了新的变化。此时的中原周边可以说是群雄环伺，这为我们理解二里头文化的脱颖而出提供了一个合理的背景。

三　共识中国形成：二里头化与华夏文明架构的突破

二里头文化的形成像一道闪电划过长空，从此以后，早期中国大地上各文化区间相互作用的方式完全改观。二里头文化既是当时中国大地上农业系统的先进代表，又是与后续的北方力量相互作用的结果，是当时中国相互作用圈中的文化成就集大成者。

如果说庙底沟类型的广泛影响是通过简单的拓殖性移民扩张达成的，二里头文化则显然是主动的文化整合与建构的结果——它主动吸收周边各文化尤其是外来的、先进的文化因素，并根据信仰、礼仪等新的社会需求予以加工改造。后仰韶时期的中原诸文化类型在与当时其他地区的考古学文化互动中，尽管也能够较多地接纳其他文化的各种因素，但是因为缺乏强烈的社会分化与宗教色彩，同样并未显现出多少文化上的相对优势，但是其由仰韶文化所奠定的人口的优势也并未失去。尽管其他地区发展很快，甚至在文化的某些方面相当辉煌，比如山东龙山文化、江浙地区的良渚文化以及长江中游的同时期考古学文化等，在某些文化因素上似乎并不逊色甚至领先。但是，中原地区的地理优势在距今 4000 年左右由强烈的气候大变化引发的社会大调整中的优势则再次显现——它在环境波动尤其是可能存在的肆虐洪水中相对安全，其城墙因方块版筑等高超的建筑技术加上黄土的优越特性显得更为坚固挺拔。尤其是从龙山时代晚期的王湾三期文化开始，中原地区开始显示出文化互动中的主动性，分别在与南方（长江中游屈家岭和石家河文化）、东南方（江淮地区诸史前文化）以及东方（海岱地区龙山文化）的互动中胜出，并充分吸收了它们攻玉、冶铜、白陶（原始瓷）等先进因素，也充分吸收了北方和西北方的因素，并经过新砦期的消化、酝酿而形成了以嵩山周边河洛交汇地带为中心覆盖河南中西部和山西南部、辐射关中地区的二里头文化，实现了仰韶文化之后该地区的再次统一，并直面新一轮更特殊的北方族群（包括石峁、陶寺、齐家、先商文化等）的南下互动。

距今 4000 年左右的具有普遍性的大降温与大洪水事件可能促成或者加剧了这一新的文化互动格局与二里头文化的形成。发生在距今 4000 年前后的这次降温事件被国际环境专家称为"全新世事件 3"[16]1257~1266，并被认为是距今 1.2 万年末次冰期的新仙女木降温以来最为寒冷和具有普遍性影响的一次降温事件。吴文祥和刘东生先生认为这次气候事件在中国导致了南涝北旱的环境格局，以及江浙一带良渚文化、两湖地区的石家河文化、山东海岱地区龙山文化、内蒙古岱海地区的老虎山文化等新石器文化的衰落和终结。[17]

距今 5000 年左右，北方文化因素（包括其背后的人群）开始南下并成为参与中国相互作用圈互动的重要力量，但是距今 4000 年左右，北方的源头与内涵显然已经发生了新的变化。经过早期仰韶同胞们的回归之后，那些留下的族群在文化与认同上已与中原越来越远，更可能的是，它们有了新的北方草原与西部文明力量的加入，但是迄今为止我们对于这片地方和其以外更远地方的古人与文化及其交往还了解得太少。不过石峁、陶寺包括甘青与河西走廊地区一带显然已经形成了一种完全不同的新文化，它们拥有更遥远的西北方向的文化因素，比如冶铜、饰金、种麦、牧羊等，也有了更广泛的文化因素整合能力。某些迹象表明，它们可能是中国相互作用圈中最早主动地进行跨区域整合的文化，但是却也是一种带有明显的掠夺式的整合——它们把很多其他文化的先进因素吸收到自己文化中来，却没有多少尊重，比如石峁曾经出土大量玉器，从材料和器形来看，来自包括中国大地多个文化传统，很多玉器却被进行改制甚至破坏，在功能与使用方式上也与原来不同。不少玉器发现时插在城墙的石缝中，或者插在其他地区不见的一种可能是墓葬或者祭祀遗迹的方坑中，其背后显然具有完全不同的文化观念。它们还发明了一种铜轮镶玉、金玉结合的全新的玉文化观念。[18]

此时，二里头携带着中原农业族群长期蓄积的能量出现了。二里头的基础性文化因素显然是建基在中原王湾三期和煤山类型等龙山文化基础上，又吸收了不少东南方向如岳石文化、淮上诸文化的因素，当然，它还吸收了包括齐家、石峁与陶寺及当时视野中几乎所有先进的文化因素[19]。邓聪先生等推测二里头的重要礼器牙璋即可能直接来源于石峁。[20]尽管二里头文化自身的分布范围相较于仰韶文化的兴盛期不算太大，但是它在豫中、豫西和晋南还是开展了一次比较彻底的内部文化整合，并且以一种新的文化、新的面貌、新的方式登台亮相。

某种程度上，二里头文化是庙底沟文化经过庙底沟二期之后的文化复兴。二里头文化的整合其实是一种典型的主动吸收和融合。它吸纳各种先进的文化因素，进行新的归类和改进，并赋予其意识形态和礼制化建设的意义，这和石峁、陶寺明显带有掠夺性的整合方式不同，也和山东龙山、良渚等文化中宗教型或者个人审美型意识形态建设所体现的奢侈品生产、交换、流通、使用等方式不同，比如它将新兴的冶铜工艺和传统制陶工艺及陶器器形结合起来铸造青铜容器，开创祭祀礼器的先河。尤其是二里头遗址自身的文化因素与空间布局，不仅自己进行聚合和重新安排，同时也对其他聚落和文化能否以及如何生产与使用这些东西进行管控，从而影响甚至抑制它们的发展。这使得我们有理由推测其背后可能具有政治性或者政体所推动的国家型意识形态建设，体现出凌驾于其他文化之上的意图和实际。这种模式可以称为是文明的"化合生成模式"，它使得从此以后文化发展与互动的形态发生了根本性变化，早期基本上自由平行发展与竞争的诸地域性文化传统中，首次出现了主流与非主流文化。

对于二里头文化，无论叫作一种新的文明也好，国家也罢，它在时间、空间乃至具体的文化表现上，和传说中的夏王朝尤其是其晚期是基本上可以对应的。二里头文化不仅在石器、陶器等日常生产生活中继承了中原地区的主流传统，食物经济上也初步形成了袁靖先生所说的五谷并举、六畜兴旺的复合式经济格局[21]，还继承并发扬了已经发展演变了数千年的玉德文化，发展了绿松石装饰文化，吸收并发明了合金型的青铜礼器凌驾于早已存在的陶礼器之上，这种以器载道同时又将材料的选择意识形态化的做法，某种程度上已经蕴含了德配天地和阴阳五行等华夏思维特点。而司马迁等记载大致这个时期所开始的夏王朝的王位世袭制则说明敬天法祖的宇宙观与社会观在国家及上层建筑中已经基本上确立了。

二里头时期城址的不同规划与建设模式的突破对理解当时这种新的社会形态有着关键性意义。在龙山时代晚期残酷的竞争中，城址相对于初创时期发生了巨大的变化，散点分布和文化区域边缘的成串式分布模式，渐渐被集群和几十万平方米的大城模式所取代，个别区域的中心甚至出现了数百万平方米的特大城址。石峁和陶寺在北方地区孤独而突出。二里头文化拥有巨大的聚落与城市，但是奇怪的是二里头遗址作为迄今可以确定的该文化最重要的核心聚落，其自身却没有通常意义上的城墙，尽管从聚落规划上它有相当于后世宫城的相对封闭的公共管理和意识形态型建筑区域（被考古学家推定为宫殿和宗庙建筑），有紧邻上述区域并和一般贵族及平民居住区明显分开的制造铜器与绿松石产品的官办手工作坊区域，有随葬青铜器等奢侈品的墓葬，这些已经体现出后世中国历代都城布局的所有关键性特征，但是整个聚落却没有城墙。[22]有趣的是，近年来在其外围却逐步发现和确认了多个显然属于二里头体系的城址，如大师姑、东赵、望京楼、蒲城店等，其中不乏数十万平方米的大型城址，它们共同拱卫着二里头遗址。[23]这种全新的城址与聚落关系模式，体现了二里头遗址与其他聚落、城址非同寻常的关系，即一种超遗址、超城址的新型区域协作防御模式或者分层次的内部管控形态。若二里头如一些学者所假设的那样可以对应于夏王朝，那么这次以中原地区为中心并波及相当广泛的早期文化的二里头化，可以称为是"夏化"。"华化"（庙底沟化）之后又"夏化"，那么从此开始华夏实至名归地成为早期中国大地上文化的主旋律和文明的主体性框架。

总之，二里头文化的横空出世，给早期中国不同区域文化传统之间那种自然生长和竞逐的模式画上了一个句号。可以说，不同文化相融合已经有了一个内核，华夏传统滚雪球般的成长壮大机制已经开启。换句话说，一种新型文化生态破土而出，中原地区成了中国相互作用圈中的文化上的高峰和政治上的中心，它不仅要主动整合各文化区的有用因素，而且对某些方面已有所管控，这就有了一个"共识的中国"。

四　理想中国铸成：西周的复制增生与华夏文明经典化

尽管无可否认在三代包括史前时期，观天测地、观象授时在多个文化多个地点中都有进行，比如殷墟甲骨文中已有四方与相关神的观念[24]，陶寺也发现了被一些专家认为是观象台的重要遗迹[25]，冯时先生曾令人信服地考证了安徽含山凌家滩遗址中的玉版就是包含四方五位八极九宫系统思想的洛书之祖[26]，说明可能不少地方很早就曾经产生过"地中"的思想并将其作为观象制律的基准。但是将嵩山周边作为"天地之中"的观念在商代的甲骨文中并没有明显的线索，传世文献中最早提到"中国"二字的是周公作于成王时的《尚书·梓材》，其原文讲："皇天既付中国民越厥疆土于先王。"大意是指"天神已经把中国的人民和他们的土地托付给周朝的先王"。可能成书于西周前期的《诗经·大雅》也数次提到过中国，但一般认为这并非是指具体的国家而是笼统的地理和观念上的认知而已。1963 年在陕西宝鸡发现的铸造于成王五年的青铜酒器"何尊"铭文中写道："余其宅兹中国自之辟民。"专家根据上下文考证其意为"我（周武王）已经据有中国，成为中国国民的君王"。因为此器乃是为纪念成王来到成周对何姓的小子追述祖先功绩时说的话而铸造的，有力地印证了传世文献中所体现的周初的"中国"应该主要是指以河洛为中心的一片地方的这一观念。[27]

周人自己也一直坚持认为自己是夏人后裔。此说虽遽难定论，但周人确实对二里头以来以中原为核心的华夏文化的扩张弘扬发挥了关键性作用。商灭夏之后商文化相对于二里头文化在地理上有很大的扩张，二里岗文化完全覆盖了二里头文化分布范围并有所扩大，但商王国带有浓厚的军事部落特征，而且一直在不断迁都，似乎并没有太重视河洛之间的重要位置。周人则大力营建洛阳，弘扬其作为天地之中的礼仪和观念。

周武王初灭商即身殒，成王幼年继位，但周有良好的家族治理结构，不仅通过周公、召公分陕而治，巩固了关中故地与洛阳周围新辟疆土的统治，而且通过实行分封制度——分封自己的亲属、功臣、先贤的子孙及地方首领等，扩大统治范围并屏藩周。分封实乃特殊形式的武装或政治、文化殖民，不仅向封地派去管理者、以周人和商人为主的军队、生产重要器用的手工业者，更重要的是受封者还要带着系统的礼器与典章制度以行使管理、举行仪礼等。这不仅大大加强了各地区考古学文化尤其是上层文化的相似性，而且是对继承了夏商精英文化的周文化的一种复制增生，从而大大加强了黄河中下游乃至江淮、江汉地区的文化统一性。[28]

我们对周文化包括西周的分封制度等的了解很多是通过文献记载，但是近年来西周封国考古发现也越来越多，同时由于分封而导致的文字的扩散、流行也是越来越明显的事实，大量青铜器铭文和简牍文献记录了曾经的历史事件和流行观念，文献记载的文王推演周易、周公制礼作乐等，都是在中国文化发展史上的杰出贡献。周文明不仅大大整合了各地方文化，提升了地方文化，也使得很多流行已久的观念包括上古的知识能够借助文字的记录和流传得以格式化和传播普及，从而实现了早期华夏文明的经典化，至少在春秋前期就基本上系统梳理并形成了《诗》《书》《礼》《乐》《易》《春秋》的六经体系——《诗》以道志，《书》以道事，《礼》以道行，《乐》以道和，《易》以道阴阳，而孔子编定《春秋》寓说理于叙事之中后，其所体现出来的褒善贬恶的政治理性甚至成为后世所流传的"春秋大义"。很多论者认为中国文化的特征之一是缺乏宗教性，其实被周人奉为经典的这些文化就深深地体现着天地（自然）教和祖宗教的特色，它将天道与人道、信仰与仪式紧密结合并深深植入社会生活与政治运作。周朝的中国已经进入了"经典的中国"。

周政松弛之后，政学（教）合一也随之解体，东周及其后的战国时代王官之学散落于诸侯乃至民间，形成了思想大解放和诸子百家大争鸣的局面，中国进入世界历史上少有的文明轴心时期。这一轴心化的重要结果，是经过知识思想与文化的充分互动、酝酿发酵，为文化选择提供了诸多的可能性，其中秦借助法家思想厉行改革，强军黩武，歼灭六国，实现了以中原为中心的更高基础上更大范围的再次统一，并大大强化了皇权和天下一统的观念。汉初分封和郡县制尽管曾有反复和斗争，但是基本上承袭秦制，维持了皇权与大一统，并借助儒家学说稳定了个人与家庭、社会、国家乃至宇宙的关系，华夏文明由此进入了新阶段，农业社会的主体或者说农业文明长期一统，作为一个整体与游牧文明的互动开始成为中国大地乃至东亚地区文化互动的主旋律。

五 华夏文明在开放与融汇中壮大

我们常说中华文明五千年连续不断，如果从仰韶文化尤其是经过强劲的庙底沟化，在早期中国大地上形成了主体族群计起，此说的确无误。从距今5000年至今，无论文化如何演进，族群如何分化、重组乃至剧烈的冲突、压迫，主体族群的血脉未断，文化——很可能还有语言以及后来出现的汉字所荷载的观念与传统未断。庙底沟化之后，早期中国大地上满天星斗的各地方性文化传统开始结成具有花托的花瓣式结构。苏秉琦先生以"超百万年的文化根系，上万年的文明起步，五千年的古国，两千年的中华一统实体"[29]，从考古学角度予以精到的总结概括。

距今10000年到5000年这段时间，定居型农业村落从出现到成熟壮大，属于地方性文化传统的培育和华夏文明长期的准备与积聚阶段，而距今5000年起的后仰韶时代进入了一个新的发展阶段，区域性文化传统之间的接触和碰撞加剧，在冲突、竞争中又相互交流、借鉴、调整乃至重组和融合，不仅渐渐形成一个相互作用的中心，其内部也加快了社会与文化分化和复杂化的进化进程，直到二里头文化的出现，形成了在意识形态与组织形式上凌驾于其他地方性文化传统之上的实体。

二里头的形成犹如各种先进文化因素的一次核聚变，它不仅充分吸收周邻各文化的优秀因素，而且根据新的意识形态的需要对其进行超越原有意义的创造性开发和利用、规范。如果二里头文化能够代表一种国家组织和意识形态建设的表征，那么早期中国国家和文明的形成则可以概括为"化合结晶"的模式——它既集大成地汇聚了周邻文化的精华，也抑制了它们的格局和光芒，用许宏先生的话概括，此时"满天星斗"归于"月明星稀"。[30]

庙底沟化与二里头化都发生在中原，或者以中原为中心，最终推动了东亚大地上以中原为中心的历史格局的形成[31]，历史上的王朝时期，直到宋代以前，人口、都城与国家重心一直都在从西安到开封这个轴线上移动，这条轴线构成了华夏文明轴心线。黄河中游的河流谷地以及黄河冲出黄土高原进入华北平原那个摆动不定的大喇叭口，成为文化辐辏的天然孔道。

除了中原自身的区位、地理、土壤、气候等要素，还需要考虑一下中国大的地理与环境背景。中国位于北温带的人类宜居区，其地理基础由三大阶地构成，其间海拔、气候、降水变化无穷，而最适宜人类生存的是平原与高原所在的一、二级阶地，尤其是其交汇地带。从气候上来说，横跨一、二级阶地的秦岭、淮河一线，长期是中国的南北气候分界线，即通常所说的南方与北方的分界线，主要是 800 毫米降水线所在。水热条件的结合，也使得它成为南方农业系统和北方农业系统的交汇带。此地的贾湖遗址即是水稻与小米农作系统最早发生碰撞的地带。而面向海洋与深入内陆的大陆性气候与季风带，同样对气候环境有巨大的影响，夏季风深入内陆带来雨水与热量高度重合的另一条线，恰恰成为农业与游牧的分界线，即童恩正先生所谓的边地半月形文化地带[32]。中原夹在这两条线之间，既可拥有南方农业与丰饶物产的基底，又可不断吸收北方南下的注入，南来北往、东西互动，使两条线之间的文化板块凝结成一个巨大的卷旋，实乃一个难得的文化熔炉。青藏高原的隆起，使得两条线在中原的西端变得骤然紧促，使这个卷旋不得不确立一个漩涡，犹如太极图黑白交汇的那个中心。从仰韶文化以来所奠定的雄厚基础，使得在这个文化融汇过程中不是你方唱罢我登场那种更新轮替，而是具有主旋律和主基座的融汇，其势如车轮的辐辏。这并非新的环境决定论，而是各种要素融汇作用下的独特适应论。

在这个过程中，华夏文明的若干基本特点已经毕现，比如敬天法祖的宇宙观与社会观及其在政治社会和文化信仰上的祭祀与表现，如天人合一、家国同构，很早就基本形成。历代尽管在侧重、具体表现上有增益减损，但是基本框架不变。正如儒家学派所归纳的修齐治平从个人一步步到家国天下，形成了缜密的不断扩大的圈层结构。天下一家，皇帝成为天子和天下百姓的大家长。为了农业社会的风调雨顺，需仰观于天，俯察于地，观象授时，不断探索空间、时间和天文、物候等，很早形成自然与文化的地中与中央王国世界观，成为协和天下万邦的一种文化理念。

夷夏、中原与周边的互动是永恒的。即便是大一统的事实和观念形成之后，中心与边缘、华夏与游牧文明之间的冲突、交流乃至征服与融汇也从来没有停止过，反而不断为华夏文明注入新因素和新活力，使之形成了一种滚雪球般的膨大发展机制。而历史上所谓的逐鹿中原，从最初的对优越的地理位置与环境条件的追寻，到对庞大的统治人口的渴望，乃至政治与文化认同正统的争夺，不断发展，中原地区渐渐成为东亚文明的中心和制高点。

由此我们可以看到，整个发展过程中，文化交流与借鉴非常重要，融合创新更加重要。优越的地理位置和环境条件，尽管有利于农业时代财富积累和人口繁衍，然而并不能为新文明的出现提供关键性刺激因素与变革动力。而每一次开放与互动，注入新的因素，社会和文化就重新充满活力与勃勃生机，不断融汇、完善，正是费孝通先生提出的中华民族多元一体结构[33]形成的前提。

在以农业为基础的古典文明中，美洲的中美和安第斯文明不仅缺乏游牧等文明的刺激，相互之间也基本上没有交流，因此即便在人口与文明成就等方面也相当辉煌，但是和西方文明一样一触即溃；中国文明尽管地处大陆东缘，有高山沙漠相隔，但是内部借助前述的卷旋机制交流融汇非常充分，并一直源源不断地吸收和消化其他农业文明的成果，接受北方游牧文明的挑战，不断调整和完善自身。即便如此，近世面对西方海洋与工商文明的挑战，仍被李鸿章称为三千年未有之大变局③，至今仍处于应对、调整、转型与追赶的进程中。而近东尤其是地中海沿岸小麦区诸文明虽更迭频繁，却能够上承古埃及、两河文明的精华，更在闪米特、雅利安等南下和地中海沿岸的互动融汇中，不断转移文明重心，吸收异文明包括游牧和工商文明的新鲜血液，近代以来更由于文艺复兴、新大陆的发现、与中华等文明交往过程中获得的滋养等，科技革命终于出现，形成西方文明的突破并表现出强劲的生命活力。

现在，全球化已经将人类文明带进一个新的轴心时代[34]，没有任何民族、国家、文化和文明可以能置身事外，而且科技与信息技术既复活了已逝的文化与文明，更对今天的文化交流、文明互鉴提出了新的标准和要求。当然，全球化不是消除多样化，而是人类交流与互动范围包括力度的空前加大，多样性仍然是生命之源，是人类可持续生存与发展的安全性保障。在此过程中，正确认识中国文化、早期华夏文明，不仅是中华文化复兴的自我需求，也是人类文明发展多样性的需要。以更准确、客观、清醒、自觉的一个华夏文明加入文明互鉴、文化对话及相互交流与学习中，传承创新、共存共荣，将是中华文明复兴及人类文化与文明丰富多彩和健康可持续发展的必由之路。

注释

①杨念群、许宏、王铭铭：《今天该如何谈论"中国"?》，http://www.wtoutiao.com/p/p28Qo3.html。

②转引自亚当斯：《关于早期文明发展的一些假说》，中国历史博物馆考古部主编：《当代国外考古学理论与方法》，三秦出版社1991年版。

③见李鸿章同治十一年（1872）五月复议制造轮船未可裁撤折。

参考文献

[1] 贾兰坡.中国细石器的特征和它的传统、起源与分布［J］.古脊椎动物与古人类，1978（2）.

[2] 严文明.农业发生与文明起源［M］.北京：科学出版社，2000.

[3] 曹兵武.中国早期陶器与陶器起源［N］.中国文物报，2001-12-7.

[4] 河南省文物考古研究所.舞阳贾湖［M］.北京：科学出版社，1999.

[5] 苏秉琦，殷玮璋.关于考古学的区系类型问题［J］.文物，1981（5）.

[6] 谢伟.案板遗址灰土中所见到的农作物［J］.考古与文物，1988（5、6）；李小强等.甘肃西山坪遗址生物指标记录的中国最早的农业多样化［J］.中国科学：地球科学，2007（7）.

[7] 安志敏.关于玉器时代说的溯源［J］.东南文化，2000（9）；严文明.论中国的铜石并用时代［J］.史前研究，1984（1）.

[8] 余西云.西阴文化：中国文明的滥觞［M］.北京：科学出版社，2006.

[9] 张光直.中国相互作用圈与文明的形成［M］//庆祝苏秉琦考古五十五年论文集.北京：文物出版社，1989.

[10] 严文明.中国史前文化的统一性与多样性［J］.文物，1987（3）.

[11] 张星德.后冈期红山文化再考察［J］.文物，2015（5）.

[12] 曹兵武.从仰韶到龙山：史前中国文化演变的社会生态学考察［M］//莫多闻，周昆叔.环境与考古研究（第二辑）.北京：科学出版社，2000；韩建业.晋西南豫西西部庙底沟二期—龙山时代文化的分期与谱系［J］.考古学报，2006（2）.

[13] 许永杰.距今五千年前后文化迁徙现象初探［J］.考古学报，2010（2）.

[14] 苏秉琦.华人·龙的传人·中国人：考古寻根记［M］.沈阳：辽宁大学出版

社，1994．

[15] 杜金鹏．试论大汶口文化颍水类型 [J]．考古，1992 (2)．

[16] Bond G.，Showers W.，Cheseby M.，etal. A Pervasive Millennial-scale Cycle in North Atlantic Holocene and Glacial Climates [J]. Science，1997，278 (14)．

[17] 吴文祥，刘东生．4000aB. P. 前后东亚季风变迁与中原周围地区新石器文化的衰落 [J]．第四纪研究，2004 (3)；吴文祥，刘东生．4000aB. P. 降温事件与中国古代文明的诞生 [J]．第四纪研究，2001 (5)．

[18] 戴应新．石峁牙璋及其改作：石峁龙山文化玉器研究札记 [M] //南中国及邻近地区古文化研究．香港：香港中文大学出版社，1994．

[19] 吴倩．试论二里头文化的来源 [D]．郑州大学硕士学位论文，2007．

[20] 邓聪，王方．二里头牙璋 (VM3：4) 在南中国的波及：中国早期国家政治制度起源和扩散 [J]．中国国家博物馆馆刊，2015 (5)．

[21] 袁靖．5000 年前中国的经济技术：五谷丰登 六畜兴旺 [N]．科技日报，2012 - 09 - 12．

[22] 许宏．大都无城——论中国古代都城的早期形态 [J]．文物，2013 (10)．

[23] 袁广阔，朱光华．关于二里头文化城址的几点认识 [J]．江汉考古，2014 (6)．

[24] 胡厚宣．释殷代求年于四方和四方风的祭祀 [J]．复旦学报 (人文科学版)，1956 (1)．

[25] 何驽，严志斌，王晓毅．山西襄汾陶寺城址发现大型史前观象祭祀与宫殿遗迹 [N]．中国文物报，2004 - 02 - 20．

[26] 冯时．中国天文考古学 [M]．北京：社会科学文献出版社，2001．

[27] 陈昌远．有关何尊的几个问题 [J]．中原文物，1982 (2)．

[28] 曹兵武．分封制度与华夏传统的普世化 [M] //华夏文明的形成与发展：河南省文物考古研究所建所 50 周年庆祝会暨华夏文明的形成与发展学术研讨会文集．郑州：大象出版社，2003．

[29] 苏秉琦．中国文明起源新探 [M]．北京：三联书店，1999．

[30] 许宏．何以中国 [M]．北京：三联书店，2014．

[31] 赵辉．以中原为中心的历史趋势的形成 [J]．文物，2000 (1)．

[32] 童恩正．试论我国从东北至西南的边地半月形文化传播带 [M] //文物与考古论集．北京：文物出版社，1987．

[33] 费孝通．中华民族多元一体格局 [J]．北京大学学报 (哲学社会科学版)，1989 (4)．

[34] 汤一介．瞩望新轴心时代：在新世纪的哲学思考 [M]．北京：中央编译出版

社，2014.

作者简介：曹兵武，男，中国文物报社总编辑，《中国博物馆》执行主编，研究馆员

原文刊于：《中原文化研究》（郑州），2015.6：15～25

史前中原文明的文化特质与文化观

曹建墩

摘 要： 中原地处南北、东西交通的会合处，信息畅通，交流广泛，对异质文化有兼容并蓄的吸纳能力与改造能力。中原文化不务宗教玄想而务实际、重实用，祖先崇拜和祭祀礼仪更多被赋予了社会和政治功能，宗教祭祀的实用主义和功利主义特征比较明显，在文明演进过程中，形成了一种世俗理性与务实致用的价值取向。在长期的族群融合与政治实践中，中原社会逐渐形成了共同体道德意识，形成一种道德政治模式和以德治理的道德政治理念，其是以道德规范人的行为，以礼制来约束社会成员，从而使中原文化具有一种内敛、节制、中和的文化气质，也使中原社会形成了崇简尚朴、贵本节用的价值观和崇尚中和的政治观。中原文明这些文化特质和文化观念，使中原文化具有内聚性、向心力和强大的文化吸附力，更容易形成大范围的政治文化认同，对中原文明优势地位的形成具有重要和积极的作用。

关键词： 中原文明；文化特质；文化观；文明进程

本文所谓中原，是指广义上的中原，主要指以现在嵩山周围为中心的豫西、晋南和关中东部等地区。据考古发现，龙山文化时代，以中原为中心的演进趋势已经形成，中原成为中华文明演进的动力源和华夏文明的熔炉。就像滚雪球一样，中原文明广泛吸收、融合其他文化，使自身越来越强大，成为中华文明的主干和根脉。文化是人类社会活动和观念的产物，文明的演进也是人基于自然地理、经济形态等要素而有意识的创制。对于是什么样的文化意识和文化观念促使先秦时期的中原社会走向了一条独特的文明进程，笔者认为，在其中有一种文化特质和文化观念，包括文明演进中形成的政治组织方式和政治策略，长期积淀形成的道德观、价值观和文化观等，可称之为"原始文明底层"。其形成了一个文明的基因，长期发展演进形成传统，从而沉淀并推动了华夏文明化进程。

一 中原文明的文化特质

中原文明的演进之路跌宕起伏[①]，在文明化进程中，逐渐形成了自己的文化风格和文化品质，这有力地推动了中原文明优势地位的形成。

（一）兼容并蓄的文化融摄与开放性

中原拥有优越的地理区位优势，是天下之中、八方辐辏之地。中原史前文化区明显居于中心位置，这种得天独厚的自然地理位置，决定着中原地区自古以来与周围各文化地区有着直接或间接的联系，这就为中原地区吸收周围地区的优秀文化成果，不断丰富自己，提供了有利条件。中原地处四方之中的区位优势往往形成一种文化杂交优势。陈良佐指出，五六千年前中国境内形成的六大文化区中，中原区地处中心，有优越的自然条件，四周文化区都有文化因子向其输入，如燕辽文化区的庙、冢、坛的祖先崇拜，以南北为中轴、东西对称的建筑群，大豆作物和骨卜；甘青文化区的大麦、小麦，可能还有锡青铜的冶炼；长江中游文化区的水稻和有肩石器；江浙文化区的水稻及精耕细作的栽培技术、凿井技术、玉雕技术与玉礼器组合等；山东文化区的快轮制陶技术，陶鼎、蛋壳陶器等成组陶礼器，以及棺椁和骨卜。中国古代文明的基础就是以中原文化为主体与四周文化所产生的杂种优势文化。[1]131-159龙山至二里头时期，中原文明兼容并蓄，吸纳四方文明之精华并加以融合创新。赵辉曾指出如下几点：第一，中原文明新出现的陶器品种有十几种之多，如鼎、豆、单把杯、高柄杯、瓠、鬲、甗、盉、鬶、斝和彩绘陶器等。其中有的与屈家岭—石家河文明有关，有的是受大汶口文明影响，还有的可以追溯到长城地带的北方。第二，石器制造技术不少是来自东、南方的要素。第三，在中原地区，目前仅在山西陶寺龙山文明遗址见到厚葬的风俗，以及用随葬品、葬具和墓葬规模等来表现被葬者的身份、地位。而在屈家岭文明、崧泽早期至良渚文明、大汶口文明花厅期和红山文明这一连串的周边文明里，厚葬风俗曾经很明确地存在。其中，对中原文明影响最大的当首推大汶口文明。第四，在周边文明中发现的龙和其他动物外型，以及琮、璧之类玉器所表现出的精神信仰，也直接或间接地为中原文明及其后续者所承继。[2]考古学材料表明，中原与周边地区的文化交流不仅仅在物质层面展开，还包括思想、制度、政治等精神层面的交流，中原地区不仅接受了四方物质文明的精华，而且接受了周边文化的思想观念。

中原文明对异质文化有兼容并蓄的吸纳能力与改造能力。[3]河南禹州瓦店遗址中有石家河文化和山东龙山文化的因素，反映出中原文明化进程中有多元文化因素融入[4]134-136，但此地出土的磨光黑陶觚形器，似乎表明瓦店遗址并非单纯的接受外来文化因素，而是在吸收的基础上进行了进一步的创新[5]。在史前文明的丛林里，中原是物资、情报、信息交换的中心。优势的地理区位使得当地人广泛吸收各地文明的成败经验，领会出同异族打交道的策略心得，积累出成熟的政治经验。[2]这种政治智慧的早熟，也使中原具有吐故纳新的胸襟与能力。这种能力也使后来的夏商周三代虽然王权易主，但后继王朝能够因时制宜地吸取前代文化，并采取一种文化扬弃态度，以服务世俗王权政治秩序。

（二）世俗理性与务实致用的价值取向

中原地区文明化进程中，聚落之间经过冲突兼并与融合，如滚雪球般凝聚成更大的集团。在政治治理中，仅仅依靠武力刑罚等暴力手段是很难将不同的部族凝聚成同一团体的，这就需要借助各种传统资源达成政治整合，并促进不同部族或族群之间的共同文化认同，从而实现文化与意识形态的融合。其中，宗教祭祀成为可资利用的重要传统资源，从而超越其原初的宗教意义，与政治结合在一起，并由此成为强化早期社会政治权力、早期王权的意识形态。中原地区的巫教氛围并不浓厚，而是高度关注现实秩序，呈现出与周边地区不同的文明演进模式。[6]180-193宗教祭祀的理性化、等级化、政治化发生较早，巫术与祭祀被纳入了礼制范畴，造成政治权力与祭祀的结合，无论是宗教神职人员，还是宗教祭祀的组织、功能，都是从属并服务于世俗政治的。这也导致在中国早期文明中，并未发展出一个可与王权相抗衡的独立宗教集团。

中原地区文明化进程中，私有制、社会分层与阶级的产生，并没有彻底斩断血缘关系，血缘组织（宗族、氏族等）成为社会架构的基础。宗族的向心力、凝聚力是族群兴旺的重要保障，其中祖先崇拜和祖先祭祀是维持强化家族或宗族成员凝聚力的重要方式。祖先崇拜并非中国所独有，从世界文明史上看，其他很多民族也有祖先崇拜，直到今天，非洲的一些原始部落仍保持着祖先崇拜的传统。而中国的祖先崇拜与祖先祭祀特别发达，为治史者所熟知。那么中原文化祖先崇拜的特征是什么呢？其中关键就是，中原文化的祭祀重人事、重实用，不务宗教的玄想而务实际，宗教祭祀的实用主义、功利主义特征非常明显。致用观念形成很早，可以追溯到新石器时代。这种务实讲究实用的观念体现在社会政治形态上，则是一种根深蒂固的血缘意识，即相信具有血缘关系的同姓者能够同心同德，血浓于水的血亲关系是最可靠的。这种意识也是后世三代王朝血缘政治运作的心理情感基础，从而形成了根深蒂固的族类意识。血亲组织的存在与血亲意识的浓厚，使早期社会在提升血缘家族、宗族组织的向心力以及强化内部组织的体制中，将祖先崇拜及相关的丧葬、祭祖礼仪视为极其重要的方式。这在龙山时代中原地区的贵族墓葬、宫殿建筑、祭祀遗址等中都有鲜明而充分的体现。这种以祖先崇拜为核心的礼制体系，其特征是将宗教祭祀与社会组织、政治分层体系结合，以世俗化的政治体系来组织整合宗教祭祀，并利用宗教信仰来促进政治体成员的文化认同与政治认同，增强社会成员的凝聚力，强化宗族成员的血脉联系，建构世俗政体的伦理道德、价值观与意识形态。

宗教的政治化、礼制化是华夏文明化进程中一个重要特征。由于祭祀的礼制化和政治化，祖先崇拜和祭祖礼仪被更多赋予了社会政治功能，即祭祀是为了实现族内的权威认同和族人的团结。"祖宗"是血缘认同的源泉，史前社会的祖先神像、中原地区的神主、商周时期青铜器上的族徽，均是族类认同的符号，是凝聚宗族成员的精神力量。祖先崇拜被赋予了人文意义，如崇德报功、报本反始等道德内涵，这种道德意义反过来又促进了血缘组织内成员的内聚力和向心力。因而，中原地区建立在血缘族类意识基础上的祖先崇拜是一种政治统治策略和政治治理方式，具有世俗化、理性化特征。体现在考古学上，如龙山时代的中原地区关注现实的政治社会秩序[7]，缺乏巫教偶像崇拜，祖先崇拜与祭祀是为了家族或氏族的生存与发展。从玉礼器看，良渚文化之后散见于中原龙山文化体系的玉、石琮，一般形体矮小，纹饰简单，未见到如良渚琮上繁缛的兽面纹及鸟纹。[8]21-33陶寺文化的玉礼器少见良渚文化的神徽等宗教色彩，宗教色彩已相对淡薄[9]466-477，更重在权力和财富等世俗观念的体现[10]。陶寺遗址出土的鼍鼓、石磬和彩绘蟠龙纹彩陶是王室权威的象征性礼器，均与石家河文化、红山文化巫术色彩浓厚的礼器不可同日而语。总之，与周边相比，龙山时代的中原社会宗教巫术色彩淡化。[2][7]陶寺文化墓葬，其随葬品更多地表现为世俗权力的集中和财富的占有，带有神权色彩的遗物甚少。[11]104-119陶寺文化的器物制作多用于日常生活和生产的陶、石器等，即使与祭祀有关的器具也多是以酒器、食器等容器构成的礼器。②可见中原文化不仅仅吸取周边地区的优秀文化，而且淡化其宗教色彩，突出其世俗的实用意义，具有实用理性。

（三）文化向心力和政治宗教的向心性

中原地区是周边文明的汇聚之地，7000年以来的大部分时间里，处于"花心"地位的中原都是中国历史和中华文明最重要的中心，是文化与民族融合最主要的大熔炉。[12]严文明认为，中国的民族和文化从史前时代起就已经形成一种分层次的、"重瓣花朵"式的向心结构或曰多元一体结构。中原的华夏文化处在"花心"的位置，周边文化乃是不同层次的"花瓣"。外圈对内圈的文化上的凝聚力和向心力，是中华文化连续发展而从未中断的重要原因。[13]赵辉指出："到龙山时代，中原地区出现了几支亲缘性很强的地方文化，……它们面貌相近，彼此之间的关系错综复杂，结成一个巨大的考古学文化丛体，可以统称为'中原龙山文化'。这个文化丛体占据了史前农业文化经济区的中心。……至此，考古学文化意义上的'以中原为中心'的态势已经形成。"[7]以中原为中心的文明演进趋势，也使得中原地区荟萃四方之精华，从而具有更高的位势层次和更强的"能量场"，对周边形成了向心力和巨大的团聚融合能力。中原文明之所以居于这种"花心"地位，除了地理区位优势和兼容并蓄的文化胸怀，还与这种建立在文化认同基础上具有的内聚力、文化向心力和强大的组织能力等优势有关。

中原文明的向心性、内聚性，还与其宗教信仰密切相关。古人认为地中、土中在中原，尽管上古时期的"地中"随着时代不同或有所不同，但基本不出中原。[14]上古盛行盖天说，以为大地是平坦的，故认为普天之下最高的"天顶"即"天之中极"只有一个。对应"天之中极"的"极下"地区，就是"土中"或"地中"。古人认为，地中与天极是对应的，唯有这里才是人间与皇天上帝交通的孔道，王者独占地中，实质上就是绝他人通天地的权利，垄断与上帝沟通的宗教特权，从而达到"独授天命""君权神授"合法化和正统化的政治目的，将宗教意识形态转化成王权政治意识形态，后来发展成为所谓的"中道"。王者只有逐中、求中、得中、（独）居中，在地中建都立国，才能名正言顺地受天命，得帝佑，延国祚，固国统。[15]116地中或中土是天命的中心，也是中原占据文化优势的一个关键原因，亦是中原具有文化向心力的一个重要原因。

中原文化具有的内聚性、向心性使中原文化场具有强大的文化吸附力，进而成为强大的文明共同体并向外辐射③，为后世三代王朝的发展奠定了坚实基础。

二 早期中原社会的文化观

中原地区优越的地理环境，非常有利于人群之间的交流和融合。在中原大地上，从仰韶文化到龙山文化，考古学面貌大同而小异，说明各地之间的信仰、生活方式具有统一性，这些人群同文同种，更容易形成共同的文化认同，共同的文化认同又进一步促进了族群的融合凝聚。中原地区在兼并融合的文明化进程中形成了具有中原特色的文化观念。

（一）以德治理的道德政治理念

居住在黄河流域的各部落之间没有大的天然屏障隔绝，容易形成大的文化共同体。黄河流域不同的邦国部族之间的关系也比较复杂，或战争，或联合，或通婚，但总的趋势是逐渐凝聚成更大的政治实体。龙山时代的中原文化具有统一性与多元性，其文化的同质性远远大于异质性，说明这些邦国部族都属于一个大的文化区，可能同属一个政治联合体或政治共同体，具有深度的文化认同和政治认同。

中原地区广泛分布的邦国部族是建立在血缘组织基础上的，这就造成了血亲意识与族类理念的发达。在文明化进程中，如何超越"非我族类"的狭隘血缘族类意识，从而凝聚成更大的族团，进而形成早期国家，是早期中原社会面临的问题。聚落部族的兼并可以依靠战争征伐，但兼并后的社会治理则需要一套政治制度和政治策略，需要依靠伦理道德和礼仪制度来整合。难以设想在早期中原社会中仅仅靠武力和刑罚，就能够维持族群的和平相处并凝聚成为庞大的政治实体。其中必然有社会长期演进中积淀的政治策略和人群和平相处的政治智慧，来支撑中原社会由兼并到融合，来应对自然和社会的双重挑战。如何炳棣所观察到的，渭水下游南岸诸小河沿岸仰韶早期聚落星罗棋布、鸡犬相闻的景象，使我们有理由相信当时的人们（甚至他们若干世代的祖先）已有必要的智慧来避免暴力冲突，并意识到相互容忍、尊重彼此生活空间是共存共荣的先决条件。频繁的接触、知识和技艺的交换互利，再加上同语（文）同种这些重要因素，使得仰韶先民我群意识扩大和彼群意识相应缩小。[16]23龙山文化时代的中原，其文化具有统一性，虽然有小异，但大体上反映出族群之间文化的高度共性，体现出中原族群高度的文化认同。上古社会族群之间"始而相争，继而相安，血统与文化逐渐交互错杂"[17]12。族群之间交错杂居、通婚、文化融合，进而形成共同的文化认同，逐渐使狭隘的族类观念消失，进而形成更大的族类观念，使"我者""他者"的彼我界限以文化认同为标准。华夏民族就是在这滚雪球般的文明化进程中，不断扩大族类的包容性及其边界。即使在族群兼并中，上古华夏先民还存在一种独有的"兴灭继绝"的伦理观念和制度。何炳棣指出，这种伦理观念制度，能将生命延续的愿望从"我"族延伸到"他"族，"华夏"这个种族文化圈子就越来越大，几千年间就容纳进越来越多本来"非我族类"的人群与文化。[16]24-25

政治体内不同族群融合，主要依靠的是德。我们不能低估上古华夏先民的政治智慧和政治策略。道德政治在史前社会已经萌芽并逐渐付诸政治实践。④父权血缘氏族组织的发达，导致早期政治共同体内非常重视以血缘纽带整合社会关系。《尚书·尧典》记载尧"克明俊德，以亲九族；九族既睦，平章百姓；百姓昭明，协和万邦"，即反映了早期社会治理方式的特征。这种由家族到国家的治理模式是建立在血缘宗族情感基础上的，族邦内成员的整合是利用血缘关系相亲附，增进政治体的内聚力、向心力，其原则是建立在亲缘情感基础上的亲亲之德。因为血缘亲情的存在，礼成为重要的整合方式，形成了一种血缘性很强的以德礼为核心的社会控制体制。《尚书·舜典》云"食哉惟时，柔远能迩，惇德允元，而难任人，蛮夷率服"。《史记·五帝本纪》载"行厚德，远佞人，则蛮夷率服"。《孟子·离娄上》说："尧舜之道，不以仁政，不能平治天下。"这些文献记载不能简单地视作古人的向壁虚构，而是有其合理性在内。在政治联合体内存在很多其他血亲组织，部族邦国之间的关系原则是依靠道德文教，不断地将新邦国部族纳入政治共同体，以"协和万邦"。这是一种世俗性的道德政治模式，其政治理念超越了狭隘血缘族类的束缚，能在很大程度上建立更广大的政治团体，结成更广泛的统一战线。

中原地区的文明化进程就是中原大地上大大小小邦国部族的融合聚集进程。在族群之间的融合中，宗教信仰也在融合，并衍生出世俗的崇德报功和报本反始的道德观念，由此逐渐形成了共同体道德意识。《礼记·祭法》载："有虞氏禘黄帝而郊喾，祖颛顼而宗尧。夏后氏亦禘黄帝而郊鲧，祖颛顼而宗禹。殷人禘喾而郊冥，祖契而宗汤。周人禘喾而郊稷，祖文王而宗武王。"可以看出，史前至夏商周三代社会的崇德报功、报本反始的道德意识具有普遍性。从西周青铜礼器豳公对大禹的讴歌看，夏商周三代的政治共同体有共同的道德观念，就是崇德尚功、报德的道德观，其与上述"兴灭继绝"的伦理道德观念一起，体现出华夏先民的政治智慧已经超越了狭隘的族类概念，具有一种"协和万邦"的广阔胸怀。

（二）崇质尚朴、贵本节用的价值观

从考古学视角看，中原史前文化呈现出崇质尚朴、贵本节用的特征，具体体现于丧葬、祭祀、礼器等方面。

中原地区部族成员普遍实行薄葬，随葬品量少质朴，呈现出薄葬之风。以三门峡灵宝西坡墓地为代表的庙底沟类型大墓，阔大墓室内随葬精美玉钺以及成对大口缸、簋形器等陶器，彰显出墓主人具有崇高地位，但随葬品最多一墓不过10余件，且多为粗陋明器[18]298，显示出生死有度、重贵轻富、井然有礼、朴实执中的特点[19]194-208。河南孟津妯娌遗址仰韶墓地中最大的一座墓葬 M50，面积 20.86 平方米，底部设有生土二层台，内置内壁涂有朱彩的单木棺，棺底散见朱砂。墓主为一青年男性，手臂还

3

佩戴有象牙箍，显然是一位氏族权贵，但除了棺椁和佩戴的象牙箍显示其地位外，并不见有更多的身外之物。[20]143王湾三期文化也呈现出薄葬的风格，伊洛地区的龙山墓葬，随葬品普遍量少，罕见奢侈品。

中原地区的祭祀相对比较俭约，缺少大规模祭坛和宗教礼仪建筑，这与中原周边的一些考古学文化如良渚文化的祭坛和贵族大墓，红山文化的积石冢大墓、女神庙以及祭坛，凌家滩文化的玉器和随葬品，形成鲜明的对比。周边这些邦国神权政体重视宗教在政治统治中的作用，往往会随葬高端奢侈品，呈现出一种基于宗教信仰的崇尚奢华之风。

中原地区的宫室建筑是"茅茨土阶""卑宫室"，缺少如良渚文化、红山文化的那种大型宗教性建筑。一直到夏商时，宫室建筑还主要是夯筑土墙，使用取材方便、加工容易的建材，这种土木结构建筑的能量消耗较小。这不可能仅仅是民力匮乏、建筑技术和材料局限造成的，其主要原因应是一种俭约的主流意识形态影响。宫室建筑能量消耗小可以节约民力物力，"不误民时"，使更多的民力从事农业生产。再者，中原地区的宗教形式主要是祖先崇拜，与西方国家那样脱离世俗生活的单独宗教场所不同，中原地区的宗教与世俗生活紧密联系，宗庙中可以举行很多政治社会活动，宗庙既是神圣的宗教空间，也是一神圣性的世俗空间，体现出中原社会一种独特的理性精神。如禹州瓦店遗址高等级大型夯土建筑基址（WD2F1），在夯土建筑基址中以及在"回"字形夯土建筑院落的垫土中，均发现人牲遗骸。该房址或为宗庙类建筑，但其规模与周边文明的宗教性建筑不可同日而语，体现出中原文明的实用理性和崇尚节俭的节用意识，以及不尚奢华的务实、质朴作风。

崇质尚朴的另一重要内涵是重视事物的功用性、实用性。⑤中原史前墓葬随葬品以陶饮食器为主，饮食器主要是鼎、豆、甑、甗、鬲、斝、盆与双耳罐等，可见中原社会有一种重食器的传统。中原地区的礼器以陶礼器为主⑥，朴素无华，缺少奢华气息，显示出中原社会的务实性以及黜奢崇俭的价值取向。礼器是为了行礼之用，用于建构礼仪形态，世俗性秩序建构是其主要功能。因为重视事物的实用功效，故崇尚素朴，反对奢华浮薄和雕饰美文，反对享乐主义。因而，史前中原文化中的尚质贵朴风尚也体现出这种实用主义心态。

考古材料反映出的中原文化的俭朴质略风尚，文献记载也有所反映。

《礼记·郊特牲》记载后世祭天时"扫地而祭，于其质也。器用陶匏，以象天地之性也"，又载："有虞氏之祭也，尚用气。血腥祭，用气也。"这种扫地而祭、器用陶匏、祭祀用血和生肉的礼仪其实是史前社会祭祀的孑遗，即《礼记·礼器》所说"礼也者，反本修古，不忘其初者也"。此所言之"古"，即人类最初的简朴礼仪形态。《礼记·郊特牲》云"酒醴之美，玄酒、明水之尚，贵五味之本也"，《左传·桓公二年》"大羹不致，昭其俭也"，言朴质之物具有昭示俭约之义，实际上是上古时期举行礼仪的俭约风格写照。又《韩非子·五蠹》载："尧之王天下也，茅茨不剪，采椽不斫，粝粢之食，藜藿之羹，冬日麂裘，夏日葛衣。"上博竹书《曹沫之阵》云："昔尧之飨舜也，饭于土簋，啜于土型（铏），而抚有天下。"[⑦]土铏即陶铏。《论语·泰伯》："禹，吾无间然矣，菲饮食而致孝鬼神，恶衣服而至美乎黻冕，卑宫室而尽力乎沟洫，禹，吾无间然矣。"这些文献记载尽管是东周人的追溯，但儒家、墨家、法家均说尧、舜、禹节俭，可见是诸家的共识，这些说法并非空穴来风的编造，应有其真实性的素地。

崇尚节俭的原因，和中原农耕文明的生业方式有关。农耕为生计之本，中原百姓土中刨食，耕作艰辛，物力维艰，一丝一缕、一粥一饭均来之不易，故黜奢崇俭，反对安逸和嗜欲无节。如《尚书·皋陶谟》云："无教佚欲有邦。"《尚书·无逸》云："不知稼穑之艰难，乃逸乃谚。"农耕民族靠天吃饭，一分耕耘一分收获，只有务实于稼穑方可维持生计。《尚书·酒诰》云："惟土物爱。"因为生计艰辛，故需节用尚俭，"俭所以足用也"[⑧]。即使是勤勤恳恳于稼穑之业，但遇上旱涝蝗虫等灾害，也会导致收获不定，因此不节用则无以维持个人和族群的生存，而统治阶层靡费财物、奢侈淫靡则会导致民力不堪而人心离散[⑨]，容易激化社会矛盾，引起社会动荡，于是节用成为史前社会至后世王朝的共识。也因此，中原地区在文化心态上形成了追求实用的务实风格，风俗民情不尚奢华，崇尚俭朴淳质，在宗教祭祀上能量消耗较小。

（三）中和之道与尚中观念

中原史前考古学文化给人一种内敛、中规中矩、不走极端的感觉。中原地区吸收四方文明精华然后加以融合创造，改造了其中"怪力乱神"的成分，缺少巫术狂热氛围，显得比较中和。许宏认为，中原地区的玉礼器少见或罕见具象造型，图案抽象化，而周边的非礼乐系统文化或巫术文化，流行神像、人物、动物等雕塑品，重视视觉冲击力。[21]554中原礼器呈现出世俗化取向，重视世俗性的饮食礼器，造型与装饰少见怪异形象，陶器纹饰以绳纹与篮纹为主，也有方格纹等，美学特征比较中和，质朴无华，这应是一种有意的人为约束导致。中原文化这种不走极端的中和特质，似乎表明这是华夏先民共同的文化意识与文化追求。

据先秦秦汉文献记载，上古中原社会推崇"中"的治国理念。如《论语·尧曰》："尔舜，天之历数在尔躬，允执其中，四海困穷，天禄永终。"《大戴礼记·五帝德》记载帝喾"执中而获天下"。《礼记·中庸》："舜好问而好察迩言，隐恶而扬善，执其两端，用其中于民。"《逸周书·度训解》："天生民而制其度，度小大以正，权轻重以极。明本末以立中，立中以补损，补损以知足，爵以明等极，极以正民。正中外以成命，正上下以顺政。"清华简《保训》记载上古帝王以"中"治理天下："昔舜旧（久）作小人，亲耕于历茅（丘），恐求中。自诣厥志，不违于庶万姓之多欲。厥有施于上下远迩，乃易位设诣，测阴阳之物，咸顺不逆。舜既得中，言不易实变名，身兹备，惟允，翼翼不解，用作三降之德。帝尧嘉之，用授厥绪。"[22]143东周各家各派均将"中"的理念追溯至上古时期，应不是臆测之辞。什么是"中"？各家说法言人人殊，令人目眩。其实，作为社会意识形态的"中"，其意即中道⑩，即适度和平衡，不走极端，无所偏颇。作为政治意义上的"中"，是指治国施政的理念。"执中"，或称"制中""立中"，体现在施政上即重视人伦关系，对百姓加以伦理道德与礼乐教化，从而实现社会和谐。如《尚书·舜典》载："契，百姓不亲，五品不逊。汝作司徒，敬敷五教，在宽。"

考古学上看到的城址、宫室建筑、礼器、祭祀遗存、贵族墓葬等都是当时社会控制和社会整合的产物，是社会意识形态的物化遗存。中原史前考古学文化的统一性表明有一只手在推动文化由多元向统一，显示出中原地区有一种广泛的文化认同。龙山文化时代，为了应对挑战，中原社会有意识地政治上联合、文化上融合，从而在文化面貌上趋于一致。考古学表明，史前中原有"礼制化趋势"，陶寺遗址出土的礼乐器，禹州瓦店城址出土的黑陶礼器、玉礼器，均反映出统治阶层曾有意识地进行礼制创制和强化礼仪形态的建设⑪，这与《礼记·礼运》所言上古时期"礼义以为纪"的记载是一致的。中原龙山文化时代的文化统一性，意味着风俗、礼仪规范的基本统一性，这是政治体推行礼乐政教的结果，文献也表明这点，如《商君书·画策》说："黄帝作为君臣上下之仪，父子兄弟之礼，夫妇妃匹之合。"《史记·五帝本纪》载："五教于四方，父义、母慈、兄友、弟恭、子孝，内平外成。"执中而治，其旨内则"咸和万民"（《尚书·无逸》），外则"和合万国"（《史记·五帝本纪》）。

上古时期礼法始兴，以求厥中。中原社会的政治社会治理不走极端路线，而是选择不偏不倚的"中"，即"中正""中道"，其表现即以礼制来约束社会成员。对个人来说，"中"的体现是节制人的欲望，反对奢侈淫靡，行事有节度，不走极端。对统治者而言，礼制可以有效地扼制贵族贪欲的无限制膨胀[23]51-89，从而不至于使权贵阶层过度奢侈而激化社会矛盾。中原社会以道德礼制规范人的行为，从而使中原文化呈现出一种节制、内敛、朴质尚俭的风格。

结合文献记载和考古发现，以及中原文化的统一性，我们有理由相信，以"中和"为核心的政治理念在中原文明化进程中已经存在且付诸政治实践。虽然也可能并不是以"中"名之，但类似的"中和"意识最早可以上溯至中原地区的史前社会当无异议。这种中正质朴的文化价值取向和"尚中"的文化观念，一方面是华夏民族长期演进而形成的文化品格，另一方面更是中原社会礼制建设、推行礼乐教化的结果。

注释

①参见韩建业：《最初的中国：中国文化圈的形成和发展》，上海古籍出版社 2015 年版。

②中国社会科学院考古研究所山西工作队等：《1978～1980 年山西襄汾陶寺墓地发掘简报》，收入《襄汾陶寺遗址研究》，科学出版社 2007 年版，第 21 - 40 页；高炜：《龙山时代的礼制》，收入《庆祝苏秉琦考古五十五年论文集》，文物出版社 1989 年版，第 235 - 244 页。

③华夏文明的演进模式是辐辏与辐射模式，参见邵望平：《礼制在黄淮流域文明形成中的作用》，收入《邵望平史学考古学文选》，山东大学出版社 2013 年版，第 51 - 90 页。

④早期社会将伦理与政治结合在一起，学界或称为"伦理政治"，本文称之为"道德政治"。

⑤《墨子·辞过》曰上古圣王，"为宫室之法曰：室高足以辟润湿，边足以圉风寒，上

足以待雪霜雨露，宫墙之高足以别男女之礼。仅此则止，凡费财劳力，不加利者，不为也。役，修其城郭，则民劳而不伤；以其常正，收其租税，则民费而不病。……是故圣王作为宫室，便于生，不以为观乐也；作为衣服带履，便于身，不以为辟怪也。故节于身，诲于民，是以天下之民可得而治，财用可得而足。"参见孙诒让：《墨子间诂》卷一，中华书局2001年版，第30－31页。《盐铁论·通有》："古者，采橡不斫，茅茨不翦，衣布褐，饭土硎，铸金为锄，埏埴为器，工不造奇巧。"参见王利器：《盐铁论校注》，中华书局1992年版，第42页。

⑥如陶寺文化大墓中以陶礼器为主。其他如禹州瓦店、登封阳城、新密新砦等遗址均以陶礼器为主。商周时期部分君王奢侈淫靡导致名声很坏，可见节俭是一种主流意识，是不争的事实。

⑦参见马承源主编：《上海博物馆藏战国楚竹书（四）》，上海古籍出版社2004年版。

⑧见《国语·周语中》。

⑨《韩非子·十过》载，昔者戎王使由余聘于秦，穆公问之曰："寡人尝闻道而未得目见之也，原闻古之明主得国失国常何以？"由余对曰："臣尝得闻之矣，常以俭得之，以奢失之。"穆公曰："寡人不辱而问道于子，子以俭对寡人何也？"由余对曰："臣闻昔者尧有天下，饭于土簋，饮于土硎。其地南至交趾，北至幽都，东西至日月所出入者，莫不宾服。尧禅天下，虞舜受之，作为食器，斩山木而财之，削锯修其迹，流漆墨其上，输之于宫以为食器。诸侯以为益侈，国之不服者十三。舜禅天下而传之于禹，禹作为祭器，墨染其外，而朱画其内，缦帛为茵，将席颇缘，触酌有采，而樽俎有饰。此弥侈矣，而国之不服者三十三。"

⑩"中"最初乃是立表测影之圭表，进而引申为政治意义上的中正之义、圭臬之义。参冯时：《〈保训〉故事与地中之变迁》，《考古学报》2015年第2期。

⑪李新伟认为，各地区新涌现的社会上层为维护自己的地位和威望而构建的社会上层交流网及以之为媒介的礼仪用品和高级知识的交流，应是促成各地区一体化的更重要的推动力。参见李新伟：《中国史前社会上层远距离交流网的形成》，《文物》2015年第4期。

参考文献

[1] 陈良佐．从生态学的交会带、边缘效应试论史前中原核心文明的形成［M］//中国考古学与历史学之整合研究．台北：台湾"中研院"历史语言研究所，1997．

[2] 赵辉．以中原为中心的历史趋势的形成［J］．文物，2000（1）：41－47．

[3] 王巍．中国文明起源和早期国家形态研讨会发言摘要［J］．考古，2001（2）：86－95．

［4］河南省文物考古研究所．禹州瓦店［M］．北京：世界图书出版公司，2006.

［5］张海．从瓦店遗址看中原地区国家文明的起源：《禹州瓦店》读后感［J］．华夏考古，2005（1）：109 – 110.

［6］韩建业．略论铜石并用时代社会发展的一般趋势和不同模式［M］//原史中国：韩建业自选集．上海：中西书局，2017.

［7］赵辉．中国的史前基础：再论以中原为中心的历史趋势［J］．文物，2006（8）：50 – 54.

［8］许宏．礼乐遗存与礼乐文化的起源［M］//三代考古：一．北京：科学出版社，2004.

［9］高炜．陶寺文化玉器及相关问题［M］//襄汾陶寺遗址研究．北京：科学出版社，2007.

［10］高炜．龙山时代中原玉器上看到的二种文化现象［M］//襄汾陶寺遗址研究．北京：科学出版社，2007.

［11］赵辉．良渚文化的若干特殊性：论一处中国史前文明的衰落原因［M］//良渚文化研究．北京：科学出版社，1999.

［12］张学海．新中原中心论［J］．中原文物，2002（3）：7 – 12.

［13］严文明．中国史前文化的统一性与多样性［J］．文物，1987（3）：38 – 50.

［14］冯时．《保训》故事与地中之变迁［J］．考古学报，2015（2）：129 – 156.

［15］何驽．陶寺圭尺“中”与“中国”概念由来新探［M］//三代考古：四．北京：科学出版社，2012.

［16］何炳棣．华夏人本主义文化：渊源、特征及意义［M］//何炳棣思想制度史论．北京：中华书局，2017.

［17］徐旭生．中国古史的传说时代［M］．北京：文物出版社，1985.

［18］中国社会科学院考古研究所，河南省文物考古研究所．灵宝西坡墓地［M］．北京：文物出版社，2010.

［19］韩建业．西坡墓葬与“中原模式”［M］//原史中国：韩建业自选集．上海：中西书局，2017.

［20］洛阳市文物工作队，郑州大学考古系．妯娌与寨根［M］//河南省文物管理局．黄河小浪底水库考古报告：二．郑州：中州古籍出版社，2006.

［21］许宏．礼制遗存与礼乐文化的起源［M］//中华文明探源工程文集：社会与精神文化卷．北京：科学出版社，2009.

［22］李学勤．清华大学藏战国竹简：壹［M］．上海：中西书局，2011.

［23］邵望平．礼制在黄淮流域文明形成中的作用［M］//邵望平史学考古学文选．济

南：山东大学出版社，2013.

作者简介：曹建墩，男，河南大学历史文化学院教授、博士生导师

原文刊于：《中原文化研究》（郑州），2021.5：32～39

新石器时期淮河上游的族群
迁徙与文化融合

金荣权

摘　要：在新石器时代，淮河上游地区既有裴李岗—贾湖文化这样古老的本土文化，又有来自东方的大汶口文化、南方的屈家岭文化和西方的仰韶文化。各种文化在这里传播、碰撞、融合并发生新变，最终产生代表新石器晚期具有集大成意义的河南龙山文化，这种集成文化为中原文化乃至夏商周时期中国文化的形成奠定了坚实的基础。淮河上游北部与南部地区表现出不同的特点，在北部的中原地区，文化的冲突更为激烈，文化序列的交替也更为明显，这种现象与传说中的伏羲部族西迁、炎黄部族东迁和各部族在中原的争夺有很大关系。豫南的淮河主干流地区则呈现出多种文化并存、共同发展的格局，既表现出文化的包容性，也显示其文化南北过渡带的特征。

关键词：淮河上游；族群迁徙；裴李岗文化；屈家岭文化；大汶口文化

淮河上游地区早在旧石器时代就有人类生息繁衍，生活于距今10万年左右的许昌灵井人是这一地区早期古人类的杰出代表。灵井人凭借原始的刮削器、尖状器、砍砸器、雕刻器和球等石器从事着狩猎和捕捞活动。由于考古材料的缺乏，尽管我们不知道灵井人去往何方，其原始文化为新石器时代的哪一个族群所继承、发展，但灵井人无疑为淮河上游地区的早期史前文明带来了一抹亮丽的曙光。

在新石器时代，淮河上游形成了独具一格且有着重要地位的裴李岗文化。裴李岗文化不仅确立了淮河上游在史前时代的文化地位，使这一地区成为考古学界关注的对象，而且对淮河中下游的北辛文化—大汶口文化—龙山文化等产生了重大影响。而随着史前族群的迁徙，南方的屈家岭文化北进、西北仰韶文化南渐、东部的大汶口文化和龙山文化西迁，都在淮河上游地区交会、融合，甚至演化出新的文化类型。由此可见，淮河流域上游地区在史前时期，不仅是南北文化的过渡带，还是南北、东西文化的融合区。研究这一地区新石器文化，厘清这一时期的族群迁徙与文化交流，对探索我国远古文明的起源、族群的迁徙与融合、史前文化的发展有着极其重要的学术意义。

一　裴李岗文化在淮河上游的生存与传播

裴李岗文化以 1977 年开始发掘的河南新郑裴李岗遗址为代表而命名，其年代距今 9000~7500 年。现已发掘的该文化主要遗址除新郑市裴李岗遗址之外，还有新密莪沟遗址、新密李家沟遗址、长葛石固遗址、汝州中山寨遗址、巩义铁生沟遗址、舞阳贾湖遗址、潢川霸王台遗址等，其中以舞阳贾湖遗址的文化内涵最为丰富，也最具考古影响。

贾湖遗址位于舞阳县城北 22 公里的北舞渡镇贾湖村，这是淮河流域迄今所发现的年代最早的新石器时代文化遗存，从其墓葬、生活方式和出土器物来看，主要特征和文化内涵体现在如下几个方面。

其一，石器仍以磨制为主，兼有少量的打制器。用以从事农业的生产工具有齿刃镰、弧刃斧、斜刃斧、两端弧形斧等。谷物加工工具有裴李岗文化的典型器物鞋底状四柱足石磨盘和磨棒，还有一些从事渔猎活动的工具。

其二，陶器主要是夹砂陶、泥质陶，兼有夹炭陶、夹云母陶，以红色、褐色为主，也有少量的灰色和黑色陶。典型器物有罐形壶、折肩壶、圆肩圆腹壶、扁腹横耳壶、折沿深腹罐、束颈鼓腰圆底罐、筒形角把罐、卷沿深腹罐、凿形足卷沿罐形鼎、凿形足盆形鼎、圈足或假圈足碗、敛口钵和浅腹钵等。其中的盆形鼎、罐形鼎、深腹罐、双耳壶、钵、三足钵、圈足碗等也是裴李岗文化常见器物。[1]18

其三，贾湖出土了大量的骨器，代表性的有骨针、骨锥、骨鱼镖等，其中出土了一批条状骨形器，学术界称之为骨笛，经过现代测音技术，骨笛能够发出 6 声或 7 声音阶。这是考古界目前发现的最古老的笛子或笛状乐器。裴李岗遗址多陶、石器而少见骨器；贾湖遗址则是多骨器，陶、石器数量相对较少。

其四，在一些龟甲、石器、骨器上面，发现了有近似于殷墟甲骨文字形的刻划符号，它可能是贾湖人用来记事或标记制作人或表达其他意义的符号，为研究我国文字的起源提供了有价值的线索。

其五，在少数墓中，发现随葬物器中有成组的龟甲，"随葬龟甲的墓葬有 23 座。其中有 8 龟者 6 座，6 龟者 2 座，4 龟者 2 座，3 龟 1 鳖者 1 座，2 龟者 2 座；随葬 1 件较完整者 1 座；其余 9 座只随葬不完整的龟甲碎片。随葬龟甲者一般为成年男女，其中有 10 座为多人合葬墓"[2]123。这些龟甲多有穿孔，孔内填装有不同颜色的小石子。墓葬中还有狗的骨骸，有 10 个专门埋葬狗的坑穴。有学者认为，这是贾湖人的龟灵观念和"以犬为牲"习俗的体现，它是目前所知的中国远古时代龟灵现象和龟灵崇拜的源头，也是殉犬于足下的"犬牲"现象的始源。[2]123-124

对于裴李岗文化的考古类型，学术界曾将其划归为磁山文化[3]，一些学者认为它与磁山是同一种文化中的两个不同的文化类型，建议暂时统称为裴李岗文化[4]。还有学者通过贾湖遗址中的罐与盆搭配方式、器物形制、农业发展的现象分析认为，贾湖人是长江中游地区北迁的类似彭头山文化的人群。[5]这些观点的提出，在当时的学术环境下，对解释裴李岗文化的来源都是有一定道理的。然而，随着考古工作发展，新的考古发现让我们重新审视一些学术观点，并得出相对合理的结论。而李家沟遗址的发掘，为我们解开裴李岗文化的来源找到了线索。李家沟遗址位于河南省新密市岳村镇李家沟村西边，遗址于 2009 年发掘，通过发掘，展示了距今10500 年至 8600 年连续的史前文化堆积的剖面。文化堆积层大致可分为三个时期，最下部为新石器时期遗存；中部出土了有施压印纹的粗夹砂陶，还有具有裴李岗文化特征的石磨盘，属新石器时代早期遗存；最上部发现了典型的裴李岗文化陶片。发掘报告认为："该遗址包含旧石器时代晚期到新石器时代早期文化叠压关系的地层剖面，即裴李岗、前裴李岗与细石器三叠层，为寻找中原及邻近地区旧、新石器时代过渡阶段遗存提供了地层学的参照。黑垆土层出土的压印纹夹砂陶器与板状无支脚的石磨盘等文化遗存或可命名为'李家沟文化'，填补了中原及邻近地区从旧石器晚期文化到裴李岗文化（阶段）之间的空白。"[6]李家沟人不仅完成了早期居住于河南中部一带的原始先民们由居无定所的游牧生活向固定居住的部落生活过渡，也开始了由狩猎大型食草类动物为生到以植物采集与狩猎并重的早期新石器时代的历史演化。这在中原史前考古文化乃至黄淮地区史前人类演化历程中都具有重要的意义。这进一步说明以舞阳贾湖和新郑裴李岗等为代表的裴李岗文化，其早期文化应属于1万多年前生活在李家沟的原始族群所创造的文化，是在中原黄淮地区的原居住族群中的土著文化中孕育、发展、演化而来的，文化特性自成一体。

由于自然因素或群体内部的因素，裴李岗族群后来开始分化、迁徙，向北的一支进入河北省境内，与当地文化结合生成磁山文化。向西的一支进入伏牛山区。大部分裴李岗人则向东、向南沿淮河主干流和主要支流迁徙，向南迁徙的一支进入潢川境内，留下霸王台遗址，这是目前所知的裴李岗文化南移的最南限，这一支后来又沿淮河南岸东迁，进入淮河中下游南岸，与当地文化结合，发展出中游的侯家寨文化和下游的龙虬庄文化。而其重要的一支则在淮河北岸进行同纬度迁徙，经皖北进入鲁南、苏北，与当地文化结合，深刻地影响了北辛—大汶口文化系统。裴李岗文化的迁徙、传播，不仅使裴李岗文化成为史前中原新石器文化的代表，同时也使它成为史前淮系文化的主源性文化。[7]

二 屈家岭文化的北渐

屈家岭文化以江汉平原为中心向四周发展、扩散，其分布范围东达湖北东部和江西西北，南到湖北的北部，西抵四川东部，北至河南西南和南部地区。屈家岭文化早期已越过湖北影响到豫西南地区，在河南南阳地区存在着较为丰富、集中的屈家岭文化遗存，代表性的遗址有河南淅川下王岗遗址、黄楝树遗址、下集遗址和邓州市八里岗遗址等。屈家岭文化晚期，则几乎成为南阳地区的主流文化，遗存遍布南阳地区绝大多数地方，如唐河寨茨岗、影坑遗址，新野的凤凰山、西高营、翟官坟、邓禹台、光武台遗址，社旗的茅草寺遗址，镇平赵湾遗址，淅川双河镇、埠口、雷嘴、马岭遗址，南阳黄山遗址，邓州黑龙庙遗址，方城金汤寨、大张庄遗址，南召二郎岗遗址，内乡香花寨遗址，这些遗址中都存在着明显的屈家岭晚期文化因素。[8]

当屈家岭文化在豫南快速发展、扩张的同时，也向河南其他地方发展，其中一路沿淮河东进至豫南地区；另一路则穿过伏牛山和外方山，北上进入豫中，形成一系列具有明显屈家岭文化的遗存。主要遗址有以下几处。

1. 党楼遗址

党楼遗址位于河南省驻马店市西 6 公里的刘阁乡党楼村北部，其一期遗存的年代大约距今 4600 年，和湖北青龙泉屈家岭文化的早期遗存比较接近。从陶质上来看，二者都以灰陶为主，且大部分为素面或磨光陶；从器物类型上来看，主要器型都有盆、罐、鼎和钵之类；从陶器种类上看，党楼出土的圈足杯、圈足小罐、双腹豆与青龙泉屈家岭文化晚期同类器物相似。但是，党楼一期前段文化则有着较为明显的地方特点，"占相当比例的夹炭、夹蚌陶为青龙泉遗址所不见，数量颇多的斜弧腹盆、直腹罐也很有特色。同时，青龙泉流行的黑彩网格纹在此遗址未见。另外，青龙泉此时流行豆、碗、杯、壶类圈足器，这与党楼一期前段多平底钵、盆的情况也显然有别"[9]9。因此，发掘报告认为："党楼一期一类遗存在淮河上、中游地区分布广泛，其时代大体和仰韶时代末期的屈家岭文化时期相当。文化面貌既与长江流域的屈家岭文化有诸多相似之处，也和黄河流域的临汝北刘二期一类遗存以及大汶口文化晚期遗存有相近的一面，同时又具有浓厚的地方特色。"[9]9

2. 李上湾遗址

李上湾遗址位于河南省罗山县城西偏北 16 公里的高店乡三河村李上湾村东北。李上湾第一期文化遗存发现的陶器以夹砂灰黑陶和泥质的黑陶为主，多为素面，常见的器物有圈足钵、折腹盆形鼎、圆鼓腹罐形鼎、敛口折肩豆、矮圈足夹砂罐等。李上湾遗存中有诸多屈家岭文化因素，如李上湾遗址中的矮圈足罐、折腹盆形鼎是屈家岭文化早中期十分常见的器形。但二者也有所不同：李上湾一期所发现的夹砂陶较多，与屈家岭文化中以泥质黑陶和泥质灰陶为主不同；屈家岭文化早中期常见的曲腹杯、薄胎彩陶碗等不见于李上湾。这体现出李上湾文化遗存的地方特色。发掘报告认为：李上湾一期的相对年代相当于大河村三期、江汉平原的屈家岭文化早中期，李上湾二期的年代相当于屈家岭文化晚期。[10]15

3. 淮滨肖营遗址

肖营遗址位于淮滨县城西北 30 多公里赵集乡肖营村的一处沙冢台地上，北面紧挨新蔡县。在肖营遗址中出土的高柄壶形罐和圈足壶形罐也是屈家岭文化的常见器形，遗址中发现的盘、杯等器物上面都可以在屈家岭文化同类器物中找到相同或十分相似的因素。但是，肖营遗址也和淮河流域其他包含屈家岭文化因素的遗址一样有着鲜明的地域特色，如屈家岭的壶形器施橙黄色陶衣，而肖营的壶形罐则施灰色陶衣；屈家岭的壶形罐一般腹部较扁，而肖营的腹部较鼓。在器物的胎质、造型艺术和轮制技术方面，肖营沙冢遗址也比屈家岭文化前进一步。[11]4

4. 泌阳三所楼、信阳三里店和阳山遗址

1951 年至 1952 年间在泌阳三所楼发现新石器时代遗址，1953 年春在信阳城南三里店发现新石器晚期古文化遗址[12]，1953 年秋在信阳市区阳山又发现年代相近的新石器时期遗址[13]。这三处遗址存在着一定的关系，都有屈家岭文化因素，其中以三所楼遗址最有代表性。三所楼遗址出土的圈足碗、高圈足豆、高柄小壶等，和信阳三里店及阳山遗址的出土器物大体相同或相似，具有屈家岭文化特征。[14]

从现有的考古材料来看，淮河上游的屈家岭文化遗址或包含着屈家岭文化因素的遗址主要集中在淮河干流两岸的信阳市、驻马店市一带。从时间序列来看，淮河干流上游周边的屈家岭文化由豫西南的南阳顺淮河而下，沿淮河南岸进入信阳地区，然后再越过淮河北进至驻马店地区。淮河上游虽然有一些屈家岭早期文化因素，但主要为屈家岭中期和晚期文化。屈家岭文化渐进淮河上游，不仅充实和丰富了淮河上游史前文化，而且与地方文化和同时代的其他文化因素结合，生成了独具特色的新文化类型，为淮河上游史前文化的发展做出了一定的贡献。

三 大汶口文化、龙山文化的西进

大汶口文化大规模向西进入河南境内的淮河流域始于中期，盛于后期，遗存遍及淮河上游的平顶山、许昌、驻马店、周口和信阳等地区，主要的遗址有周口烟草公司、临汝北刘庄、禹县谷水河、鹿邑栾台、淮阳平

粮台、上蔡十里铺、鄢陵古城、商水章华台、淮滨肖营、潢川新印堆子等。在平粮台一期文化层中，发现鸭嘴形足鼎、深腹罐等陶器，这些器物与郸城段寨遗址早期和山东滕县大汶口文化晚期的鼎和罐十分相似。[15]31商水章华台遗址出土有完整的鼎形鬶、罐形鼎、高柄杯、长颈背壶、长颈盉、盘形豆、宽肩壶和筒形杯陶器以及口沿下鸟喙形泥突等，均常见于大汶口晚期墓葬，具有大汶口文化的风格。[16]在淮滨县肖营遗址中采集的高柄镂孔杯与大汶口文化的高柄镂孔杯相似。[11]4

淮河上游的大汶口文化遗存以周口为中心的地带最为集中，当大汶口先民们从东方迁移至河南东部之后，一部分在中原地区的黄淮之间继续西进，一部分则在晚期越过淮河进入淮河南部信阳的潢川等地区。虽然它在大汶口文化的中期已开始进入中原和淮河上游地区，但在淮河上游的大面积传播则在晚期，这一地区所发现的从仰韶文化向龙山文化过渡阶段的文化遗址中，具有大汶口文化特征的陶器在数量上大量增加，大汶口文化中典型的陶器如鬶之类也在多处发现。

典型的山东龙山文化对淮河中下游流域影响很大，而对上游的影响则相对较弱。从目前考古发现来看，淮河上游北岸的中原地区的龙山文化遗址绝大多数属于河南龙山文化，而山东龙山文化则主要分布在淮河上游的主干流两岸，如周口淮阳的平粮台遗址和信阳阳山遗址等，主要是经由皖西而再沿淮河逆流而上传入的。1982年北京大学考古队和安徽省文物工作队对霍邱扁担岗、绣鞋墩，六安众德寺、西古城、城都，寿县青莲寺、斗鸡台7处遗址进行了发掘和研究。青莲寺遗址第一期遗存中出土的生活用具和斗鸡台遗址中出土的陶器具有明显的山东龙山文化的因素。[17]而淮河上游的信阳三里店、阳山、南山咀等遗址中也具有龙山文化因素，如在阳山遗址中出土了大量的生产工具，如石斧、石刀、石镞等，出土的生活物品有高足陶壶、陶碗、陶杯、陶鼎、陶纺轮、陶豆等。这些器物有彩陶和光面的黑陶。发掘报告认为，信阳阳山遗址中的一些器物与霍邱等地的器物相似，说明两地的新石器时代晚期文化有一定关系。[13]66

大汶口文化和龙山文化西进向淮河上游传播与古老的东方民族西迁有关。在古代神话传说中，东方部族有帝俊、羲和、太皞、少昊等神话英雄，他们正是商周时期史籍中所说的东夷部族的先祖。后来太皞伏羲氏族的一支东迁至周口淮阳一带，并在此生活、繁衍。《左传·昭公十七年》：

"陈，大皞之虚也。"[18]《汉书·地理志下》也说："陈本太昊之虚。"[19]相传太皞（太昊）在陈地定都，陈故地淮阳尚有太昊伏羲陵。史载伏羲氏早于炎帝与黄帝，其主要活动时间在距今5000多年前的大汶口文化中晚期，这与周口淮阳平粮台遗址的大汶口文化时限相同。无论从神话传说、史籍记载还是地下考古，都可以说明东方的伏羲部族确实在5000多年前西移至以周口淮阳为中心的豫东一带，从而带来了东方的大汶口文化。在稍后的龙山文化时期，东方部族中的一些分支又陆续西迁至淮河上游地区，使山东龙山文化得以向这一地区传播。

四　多文化的相互影响与融合

在淮河上游的新石器时期，早期独领风骚的裴李岗—贾湖文化在距今7000年前之后突然从这里消失。在其原来发生地——淮河上游地区几乎再也见不到之后的文化遗存，也几乎见不到它对这一区域后续文化的影响。这种现象在我国其他区域的远古文化中是极为少见的。尽管裴李岗—贾湖文化在这里衰退，但这一区域的文化并没有沉寂，随着来自四面八方的新的族群的进入，东方的大汶口文化、南方的屈家岭文化和西方的仰韶文化重新在这里传播，各种文化相互交流、融合产生了新的文化系统，并在中国新石器时期有着重要的影响。

由于淮河这一道天然的屏障，新石器后期的淮河流域的南北两地在文化交流与融合方面呈现出各个明显的不同特征，从而昭示着整个先秦时期南北文化的差异。

1. 淮河上游黄淮区以仰韶—龙山为主体的文化序列形成

在淮河上游地区的裴李岗—贾湖文化退出的同时，仰韶文化则沿黄河向东发展至豫中地区，在此基础上产生了河南龙山文化。中原地区早期龙山文化以手制灰陶为主，杯、敛口罐、敞口盆、尖底瓶、折沿盆等陶器在形制上仍然保留和吸收了仰韶文化的因素。仰韶—龙山文化与西进的大汶口文化、北渐的屈家岭文化在淮河上游的北部相互影响与融合，并最终成为中原新石器中后期的主流文化。

武津彦在《略论河南境内发现的大汶口文化》一文中分析了大汶口文

化与仰韶文化—龙山文化的融合趋势时说："目前在河南地区仰韶文化晚期遗址中出土的大汶口文化陶器数量很多，其分布仅限于郑州和禹县以东地区。在仰韶向龙山过渡阶段发现的大汶口文化陶器，在数量上又有增加，在器类方面也更多些，而且出现有典型的大汶口陶器如鬶之类。在河南龙山文化早期遗址中，发现的大汶口文化陶器的数量较少，器形也仅三四种，其分布范围则明显扩大已到达洛阳和信阳地区。以上各个阶段大汶口文化总的发展趋势是从东往西、往南，最后一直到达洛阳和信阳地区。大汶口文化在各个阶段反映出数量上的变化是由少到多，又由多到少，最后逐渐互相趋于融合。"[20]

这说明，尽管大汶口文化很早就进入中原地区，但在淮河上游北部的中原地区最活跃的时期则是仰韶文化向龙山文化过渡时期，之后在族群融合中，其器物特征也随之变化，龙山文化成为主体文化。

在龙山文化时期，北渐的屈家岭文化与河南龙山文化相遇，今天，在淮河上游的北部发现很多屈家岭文化遗存，而这些遗存又往往与龙山文化同时存在。由于河南龙山文化的强势，屈家岭文化在此区域影响较弱，且逐渐被河南龙山文化吸收、融合，形成独具一格的综合型文化。

2. 淮河上游豫南区多文化的并存与融合

淮河上游豫南区主要指上游主干道两岸的地区，这一区域新石器早期的文化遗存极少发现，当贾湖人东迁时在潢川霸王台遗址曾留下过生活的足迹。至新石器中后期，由于部族迁徙的频繁和文化交流的加速，来自四面八方的族群在这里生息，同时也带来了各自不同的文化。不同的文化在这一区域交会时，快速地相互融合从而形成一种相对独立的文化。

经过对豫南区三所楼、李上湾、肖营沙冢、阳山等多处比较典型的新石器时代遗址的研究，"学术界普遍认识到了这里处南北文化区之间，遗存复杂，但对文化属性，却存在归入或倾向仰韶文化、划归屈家岭文化和认为因地域特征明显而难以归入南北考古学文化，是一支独立的地方文化"[21]几种倾向。如罗山的李上湾遗址第一期文化遗存中出土的陶器从器物质量、工艺、花纹、器形等方面看，融合了多文化因素。李上湾二期所见的夹砂深腹盆为鄂东北同期遗存中常见器物，薄胎彩陶杯和厚胎杯类似于屈家岭遗址晚期同类器物。[10]信阳阳山遗址整体上属于龙山文化遗址，但同样包含了多种文化因素，发掘报告认为："阳山遗址内，器物形制与苏北、皖北及豫南其他新石器时代遗址有密切关系，如陶器的条蓝纹与泌阳板桥水库三所楼遗址的相似，在彩陶杯的陶壁内的深红色彩壁与苏北青莲岗器内彩绘相仿。圆镂孔的喇叭状高圈足也与皖北霍邱及浙江杭县良渚的圈足器类相似，灰坑内的平底小碗与郑州龙山期的相似，圆柄三棱石镞在苏北也经常发现。"[13]66信阳淮滨肖营沙冢遗址的高柄镂孔杯与大汶口文化的镂孔高柄杯相类；肖营沙冢的三角镂孔装饰表现出江苏青莲岗文化的常见特征；高柄壶形罐和圈足壶形罐为屈家岭文化常见的壶形器；钵形鼎可以在河南庙底沟二期文化中发现其影子。[11]4三所楼遗址，下层的陶器如敛口圆唇罐、直壁鼎、敞口盆等在形制上接近仰韶文化；上层的陶器和河南龙山文化中一些遗址的陶器有共同之处。[14]

综上所述，在新石器时代，淮河上游地区既有裴李岗—贾湖文化这样古老而辉煌的本土文化，又有来自东方的大汶口文化、南方的屈家岭文化、西方的仰韶文化。各种文化在这里传播、碰撞、融合并产生新变，最终产生代表新石器晚期具有集大成意义的河南龙山文化，这种集成文化为中原文化乃至夏商周时期中国文化的形成奠定了坚实的基础。然而由于所处地域不同，淮河上游地区的北部与南部又表现出不同的特点，在北部的中原地区，文化冲突更为激烈，文化序列的交替也更为明显，这种文化的变化与传说中的伏羲部族西迁、炎黄部族的东迁及两部族在中原的争夺有很大的关系。由于黄帝部族最终征服中原各古老的族群而成为称雄中原的最强势部族，从而也使从西部东移的仰韶文化得到快速传播，在吸纳其他文化精华的基础上发展成河南龙山文化，龙山文化也成了新石器晚期的中原主导文化。相对于中原来说，豫南地区则呈现出多种文化并存、共同发展的格局。大汶口、仰韶、屈家岭、龙山等很多我国新石器时代有代表性的古文化的中晚期文化都在这里得以传播和发展，同一时期、同一遗址的文化共生共存，且又表现出自己的特点。这说明在这一区域来自不同族群的人们在和平环境下安然相处，在传承各自族群的古老文明的同时又有所创新，显示其文化南北过渡带的特性。

参考文献

[1] 张居中. 试论贾湖类型的特征及与周围文化的关系 [J]. 文物. 1989（1）.

［2］邵望平，高广仁．贾湖类型是海岱史前文化的一个源头［J］．考古学研究（五）．
2003.

［3］严文明．黄河流域新石器时代早期文化的新发现［J］．考古.1979（1）.

［4］陈旭．仰韶文化渊源探索［J］．郑州大学学报（哲学社会科学版）.1978（4）.

［5］张弛．论贾湖一期文化遗存［J］．文物.2001（3）.

［6］北京大学考古文博学院，郑州市文物考古研究院．河南新密市李家沟遗址发掘简
报［J］．考古.2011（4）.

［7］高广仁，邵望平．试论淮系史前文化及裴李岗文化的主源性［J］．燕京学报辑刊.
2004（17）.

［8］孟原召．屈家岭文化的北渐［J］．华夏考古.2011（3）.

［9］北京大学考古系，驻马店市文物保护管理所．河南驻马店市党楼遗址的发掘［J］．
考古.1996（5）.

［10］河南省文物考古研究所，信阳市文物管理委员会．河南罗山县李上湾新石器时代
遗址［J］．华夏考古.2000（3）.

［11］欧谭生，李绍曾．河南淮滨发现新石器时代墓葬［J］．考古.1981（1）.

［12］河南信阳三里店古文化遗址［J］．文物参考资料.1954（6）.

［13］河南文物工作队信阳发掘小组．河南信阳市阳山新石器时代遗址试掘记［J］．文
物参考资料.1955（8）.

［14］河南省文化局文物工作队．河南泌阳板桥新石器时代遗址的调查和试掘［J］．考
古.1965（9）.

［15］河南省文物研究所，周口地区文化局文物科．河南淮阳平粮台龙山文化城址试掘
简报［J］．文物.1980（3）.

［16］商水县文化馆．河南商水发现一处大汶口文化墓地［J］．考古.1981（1）.

［17］北京大学考古学系商周组，安徽省文物工作队、安徽省霍邱、六安、寿县考古调
查试掘报告［M］．考古学研究（三）．北京：科学出版社.1997.

［18］（西晋）杜预．春秋经传集解［M］．上海：上海古籍出版社.1988.

［19］（汉）班固．汉书·地理志［M］．北京：中华书局.1985.

［20］武津彦．略论河南境内发现的大汶口文化［J］．考古.1981（3）.

［21］魏兴涛．新中国成立以来河南新石器时代考古发现与研究［J］．华夏考古.2012
（2）.

作者简介：金荣权，男，信阳师范学院教授、硕士生导师

原文刊于：《中原文化研究》（郑州），2015.4：58～64

二里头：中国早期国家形成中的
一个关键点

许　宏

摘　要：二里头遗址发掘工作在 20 世纪末至 21 世纪初从注重陶器分期和文化谱系转为专注于遗址的空间构造，大致掌握了这一中心都邑由小到大、由盛转衰的历程，已可重建二里头作为都邑的总体态势。考古发现证明二里头遗址是迄今可以确认的中国乃至东亚地区最早的具有明确规划的都邑。就宫室建筑的空间规划和都邑的总体布局而言，二里头都邑的布局开中国古代都城规划制度的先河。作为中国最早的广域王权国家社会，二里头文化对其他青铜文化影响甚巨，奠定了中国古代文明的基础。

关键词：二里头遗址；都邑布局；早期国家

在东亚大陆社会复杂化的过程中，从众多小的政治实体并存竞立到广域王权国家出现，是一个重大转变。不少考古学家和历史学家，尤其是中国大陆学者，相信夏王朝的建立昭示了中国最早的王朝国家的登场，而这个王朝的物质遗存就是以中国北部伊洛盆地为中心的二里头文化。数十年来，为大部分中国学者所接受的一个共识是，二里头遗址最有可能是夏王朝的都城所在。[1]但这些看法尚未被海外学者所普遍接受，其中一些学者对二里头与夏王朝之间的历史关联抱持怀疑态度，质疑二里头文化能否为代表一个国家水平的政体。[2]

从二里头遗址和二里头文化出现的时空框架来看，伊洛河流域一直被视为早期中国文明的腹心地带。20 世纪末至 21 世纪初，在这一地区实施了大规模的区域系统调查，从中可以探究早期国家核心区域的聚落形态。③简言之，调查结果表明，仰韶—龙山时代的人口曾显著增长，也发展出了多个聚落层级；而最令人瞩目的是，伊洛盆地乃至整个中原腹地最早的超大型聚落——二里头崛起于公元前两千纪前半叶的二里头文化时期（约公元前 1800 ~ 公元前 1500 年）。

论及作为考古遗存的二里头文化与传说中的夏王朝的历史关联，我们倾向于认为学者间的某些"共识"还只能看作是有待确认的假说。[1]与此同时，不管二里头文化与夏王朝的关系如何，更为确切的证据表明二里头文化确实代表着中国最早的广域王权国家水平的社会。

一　二里头考古工作历程与总体收获

二里头遗址发现于 1959 年。自遗址发现以来的 50 余年里，除"文化大革命"及其前后中断了数年外，二里头遗址的钻探发掘工作持续不断，在 30 多个年份中共进行了 60 余次发掘，累计发掘面积达 4 万余平方米，取得了一系列重要成果。④发现了大面积的夯土建筑基址群、宫城和作坊区的围垣，以及纵横交错的道路遗迹；发掘了大型宫殿建筑基址数座、大型青铜冶铸作坊遗址 1 处，与制陶、制骨、制绿松石器作坊有关的遗迹若干处，与宗教祭祀有关的建筑遗迹若干处，以及中小型墓葬 400 余座，包括出土成组青铜礼器和玉器的墓葬。此外，还发现并发掘了大量中小型房址、窖穴、水井、灰坑等，出土大量陶器、石器、骨器、蚌器、铜器、玉器、漆器和铸铜陶范等。⑤这些成果使二里头遗址作为中国古代文明与早期国家形成期的大型都邑遗存的重要学术地位得到了学界公认。

自遗址发现至今，二里头遗址发掘和研究工作可以分为两个阶段。

从 1959 年至 20 世纪末近 40 年的时间里，二里头遗址发掘和研究工作的重点，集中于以下两方面，并取得了丰硕的成果。其一，长时间、大面积的发掘积累了丰富的遗物资料，以陶器研究为中心建立了可靠的文化分期框架，二里头文化一至四期的演变序列得到学术界普遍认可。这是都城遗址研究的重要基础。其二，1 号和 2 号大型建筑基址、铸铜作坊遗址、贵族墓葬等重要遗存的发掘，确立了二里头遗址作为中国早期国家都城遗存的重要学术地位。前所未见的大型建筑基址、青铜器铸造作坊、出土于贵族墓的青铜和玉质礼器等有助于对东亚早期城市化进程的全新阐释。

进入 21 世纪，二里头遗址田野工作的重心从注重陶器分期和文化谱系转为专注于遗址的空间构造，探索遗址的聚落形态尤其是核心区的布局。⑥基于 50 多年的勘探与发掘资料尤其是 21 世纪以来的考古发现，大致掌握了这一中心都邑由小到大、由盛转衰的历程，已可重建二里头作为都邑的总体态势。[2]

遗址包含仰韶时代晚期至龙山时代、二里头文化一至四期、二里岗文化早期至晚期以及东汉时代的文化遗存。在二里头文化第一期时，二里头似乎已发展成伊洛地区乃至更大区域的中心，文化遗存的分布范围超过 100 万平方米。其遗址面积、人口密度和高等级物品（如白陶、象牙、绿松石制品及青铜工具）的存在，都迥异于同时期的其他聚落。二里头的最初发轫，似乎不是当地人口自然增长的结果，如此迅速的人口集中应是来自周边地区的人口迁徙。城市化的进程始于二里头文化第二期，兴盛于第三至第四期，而最终衰落于二里岗文化早期。[2]据初步推断，这处都邑在兴盛期的人口可达 2 万 ~ 3 万。⑦

21 世纪以来的钻探与发掘结果表明，二里头遗址沿古伊洛河北岸呈西北—东南向分布，东西最长约 2400 米，南北最宽约 1900 米，现存面积约 300 万平方米，估计原聚落面积应在 400 万平方米左右。在都邑兴盛期，整个遗址可分为中心区和一般居住活动区两大部分。其中心区位于遗址东南部的微高地，分布着宫殿区和宫城（晚期）、祭祀区、围垣作坊区和若干贵族聚居区等重要遗存；西部地势略低，为一般性居住活动区，常见小型房址以及随葬品以陶器为主的小型墓葬，文化堆积不甚丰厚。[2]

二　都邑中心区的布局与内涵

二里头都邑从二里头文化第二期开始进入全盛期，其城市规划的总体格局已基本完成。在二里头文化第二期至第四期的兴盛阶段，都邑似可划分为几个特定的功能区。中心区由宫殿区、围垣作坊区、祭祀活动区和若干贵族聚居区组成。宫殿区的面积不小于 12 万平方米，至少自二期晚段始，宫殿区外围垂直相交的大路已全面使用。此后不久，在大路的内侧建起了宫城围墙。宫城略呈纵长方形，面积达 10.8 万平方米。在二里头文化的兴盛阶段，其延续使用达 200 年以上。大型宫殿建筑基址仅见于这一区域。已发现的四条大路垂直相交，略呈井字形，显现出方正规矩的布局，组成都邑的主干道网。其走向与宫城围墙及其内的建筑基址一致，由二里头文化早期延续使用至晚期。保存最好的宫殿区东侧大路已知长度近 700 米。大路一般宽 10 余米，最宽处达 20 米。这是迄今所知中国最早的城市道路网。在早期大路上发现了平行的车辙痕迹，辙距 1 米。这一发现表明至少在二里头文化的早期阶段，中原地区的人们已开始使用轮式车辆。

最新发现还表明，二里头文化第二期的两座大型复合式建筑包含多进院落。两座大型建筑基址东西并列，基址之间以宽约 3 米的通道相隔，通道的路土下发现有木结构排水暗渠。其中 3 号基址是一座（或一组）带有多进院落的组合式建筑。发掘区内长约 150 米、宽约 50 米。新近发掘的 5 号基址也至少有三进院落，总面积超过 2100 平方米。鉴于 3 号基址被二里头文化晚期的建筑所叠压，具体面貌不详，5 号基址是迄今所知保存最好的二里头文化早期大型宫室建筑。[3] 这两座建筑是东亚地区最早的多进院落宫室建筑，而这种建筑形式习见于后世的古代中国。

两座建筑基址的院落中，都发现有成排的、随葬品丰富的贵族墓，这些墓葬与基址的使用期同时。其中 3 号墓的位置最接近建筑的中轴线，墓中随葬有大型绿松石龙形器。龙形器置于墓主人的骨骸之上，全器由 2000 余片形状不一的细小绿松石片组成，它们原应粘嵌在有机物上，但其所依托的有机物已腐朽。这是中国早期龙形象文物和松石镶嵌文物的又一重要发现。

进入二里头文化第三期，二里头都邑持续繁盛。但与此同时，也发生了若干令人瞩目的变化。如前所述，在宫殿区筑起了宫城围墙，宫城内新建了多处宫室建筑。两组中轴线布局的建筑群分别以 1 号、2 号大型四合院式建筑为核心，建于宫城的西南部和东部，显现出明晰的中轴对称的建筑理念。其中东部建筑群的 2 号、4 号、6 号基址压占于原 3 号大型建筑之上，建筑结构由一体化的多进院落演变为相互独立但又以中轴相串连的四合院式建筑组群。西南建筑群中的 7 号基址则跨建于宫城南墙上，应为大型门塾式建筑，是宫城最重要的门址。上述不同于二里头文化早期的宫室布局，是否暗寓着宫殿区内的若干建筑基址的功能和性质，乃至宫殿区内的功能分区发生了变化，还有待于进一步的探索。1 号、2 号、4 号基址主殿和 7 号基址四座大型建筑台基拥有大致相近的长宽比例,表明当时的宫室建筑已存在明确的营造规制。在宫室建筑群以北,还发现了平面呈圆角长方形、总面积达 2200 平方米的巨型坑,该坑的形成时间不晚于二里头文化二期。坑内发现有大片陶片铺垫的活动面、以幼猪为祭品的祭祀遗迹等。[3]

贵族聚居区位于遗址东部、东南部和中部的宫城周围。中小型夯土建筑基址和贵族墓葬主要发现于这些区域。如 20 世纪 70 年代普探中发现的30 余处夯土基址[4]中的大部分,就较为集中地分布于宫城以东和东北一带,其面积一般在 20 ~ 400 平方米。在近年的钻探和发掘中,考古工作者又在这一带发现了 10 余处中小型夯土基址。位于宫城西北的区域也曾发现有面积逾 200 平方米的夯土建筑基址。[5]贵族墓葬的分布与上述夯土建筑基址的分布大体一致。其中宫城东北和宫城以北,是贵族墓葬最为集中的两个区域。在邻近遗址东缘的区域,发现了中型夯土房址,大型沟状遗迹等处出土了玉石钺、玉琮、白陶器、陶水管等等级较高的遗物[6],表明宫殿区以东区域应主要是贵族聚居区。

绿松石器制造作坊和铸铜作坊都位于宫殿区以南。两处作坊的发现,为贵族专用品生产的研究提供了丰富的信息。铸铜作坊遗址位于宫殿区以南 200 余米处、临近古伊洛河的高地上,面积逾 1 万平方米。⑧考古工作者还在宫殿区以南、铸铜作坊以北发现了一处绿松石器制造作坊,范围不小于 1000 平方米。就目前的发现看,绿松石器制造作坊的存续年代至少自二里头文化二期晚段直至四期晚段。从现有出土遗物看,该作坊的主要产品是绿松石管、珠及嵌片之类装饰品。[7]

在绿松石器制造作坊以北、宫城以南,新发现了向南呈圈围之势的夯土围垣设施的北墙和东墙北段。围墙分别沿宫城南大路的南缘和宫城东大路向南延伸部分的西缘而建,其东墙与宫城东墙在同一直线上。它应该形成一个封闭的空间,绿松石器制造作坊、铸铜作坊均应在其范围之内。这一围垣作坊区应是二里头都邑的官营手工业区。这是目前已确认的中国最早的官营手工业作坊区。近年的钻探发掘,又发现了围垣作坊区西墙(或其西邻另一处围垣区域东墙)的线索。[8]

祭祀活动区位于宫殿区以北和西北一带。这里集中分布着一些可能与宗教祭祀有关的建筑、墓葬和其他遗迹,主要包括圆形的地面建筑和长方形的半地穴建筑及附属于这些建筑的墓葬。目前已经掌握的范围东西连绵二三百米^⑨。

据已发表的材料，迄今为止在该遗址上已发掘的二里头文化时期的墓葬达 400 余座。墓葬散见于遗址各处，一般与居住区无严格的区分。迄今尚未发现集中分布而长期使用的墓地。同时，也尚未发现与大型宫室建筑相应的大型墓葬。[2]

正常埋葬的二里头文化墓葬一般被分为三个大的等级。其中甲类墓的墓穴面积在 2 平方米以上，有木棺，随葬铜、玉、陶、漆礼器和绿松石器等。前述出土绿松石龙形器的 3 号墓，即属于这一迄今所知二里头都邑中最高等级的墓之一。乙类墓的面积为 1~2 平方米，或有木棺，随葬陶礼器、玉器、绿松石器等。丙类墓的墓穴面积一般在 1 平方米以下，基本无木质葬具，随葬日用陶器、生活用品，或无随葬品。据统计，在能够确定期别的 265 座墓葬中，甲类墓 24 座、乙类墓 60 座、丙类墓 137 座，呈金字塔式结构。[9]28~29

总之，经过半个多世纪的田野工作，在二里头遗址发现了中国最早的城市主干道网、最早的宫城、最早的多进院落大型宫殿建筑、最早的中轴线布局的宫殿建筑群、最早的封闭式官营手工业作坊区、最早的青铜礼乐器群和兵器群以及青铜器铸造作坊、最早的绿松石器制造作坊、最早使用双轮车的证据等。[6]这样的规模和内涵在当时的东亚大陆都是独一无二的，显示出王都所特有的气派。由上述发现可知，二里头遗址是迄今可以确认的中国乃至东亚地区最早的具有明确规划的都邑。就宫室建筑的空间规划和都邑的总体布局而言，二里头都邑的布局开中国古代都城规划制度的先河。

三 二里头都邑的历史位置

关于二里头都邑所处历史位置的讨论，则需要把视野扩展至距今五六千年前的东亚大陆。大约距今 6000 年以前，广袤的东亚大陆上的史前人群，都还居住在不大的聚落中，以原始农业和渔猎为主，过着大体平等、自给自足的生活。各区域文化独立发展的同时，又显现出一定的跨地域的共性。到了距今 5500~3800 年间，也就是考古学上的仰韶时代后期至龙山时代，被称为东亚"大两河流域"的黄河流域和长江流域的许多地区，进入了一个正在发生深刻社会变革的时期。随着人口的增长，区域之间的文化交流和摩擦冲突日趋频繁。许多令人瞩目的文化现象集中出现，如大型中心聚落及以其为核心形成的一个个大群落，城墙与壕沟、大型台基和殿堂建筑、大型祭坛、大型墓葬等耗工费时的工程，随葬品丰厚的大墓和一贫如洗的小墓所反映出的社会严重分化等。众多相对独立的部族或古国并存且相互竞争，如中原及周边地区的仰韶文化、石峁文化、陶寺文化、王湾三期文化，西北地区的大地湾文化、齐家文化，辽西和内蒙古东部的红山文化，山东地区的大汶口文化、龙山文化，江淮地区的薛家岗文化，长江下游的凌家滩文化、崧泽文化、良渚文化，长江中游的屈家岭文化、石家河文化，长江上游的宝墩文化等，在文化面貌上各具特色，异彩纷呈。

那是一个"满天星斗"的时代，邦国林立是那个时代最显著的特征。有的学者将其称为"古国时代"或"邦国时代"，有的则借用欧美学界的话语系统，将其称为"酋邦时代"。这些人类群团在相互交流、碰撞的文化互动中，逐渐形成了一个松散的交互作用圈，奠定了后世中华文明的基础。随着20世纪70年代末期以来一系列重要考古发现的公布，中国学界普遍认同中国在三代王朝文明之前即已出现了城市和国家，它们是探索中国文明起源的重要线索的观点。

应当指出的是，考古学观察到的上述许多古国或部族，大都经历了发生、发展乃至最后消亡的全过程，也即它们各自谱写了完整的生命史篇章，而只给后起的中原王朝文明以程度不同的文化给养或影响。到公元前2000年前后，它们先后退出历史舞台，在这些人类共同体和后来崛起的中原文明之间，有一个"连续"中的"断裂"[10]。这种断裂究竟是出于自然环境气候的"外因"抑或人类群团社会的"内因"，学术界还在探索之中。

按古代文献的说法，夏王朝是中国最早的王朝，是破坏了原始民主制的世袭"家天下"的开端。一般认为，夏王朝始建于公元前21世纪，国家级重大科研项目"夏商周断代工程"，把夏王朝建立的年代定为公元前2070年左右。在考古学上，那时仍属于龙山时代，在其后200多年的时间里，中原地区仍然处于邦国林立、战乱频仍的时代，各人类群团不相统属，筑城以自守，外来文化因素明显。显然，"逐鹿中原"的战争正处于白热化的阶段，看不出跨地域的社会整合迹象。也就是说，至少在所谓的夏王朝前期，考古学上看不到与文献相对应的"王朝气象"。

与此同时，兴盛一时的中原周边地区的各支考古学文化先后走向衰落；到了公元前1800年前后，中原龙山文化系统的城址和大型中心聚落也纷纷退出历史舞台。代之而起的是二里头文化，它在极短的时间内吸收了各区域的文明因素，以中原文化为依托最终崛起。二里头文化的分布范围首次突破了地理单元的制约，几乎遍布于整个黄河中游地区。二里头文化的因素向四围辐射的范围更远大于此。

二里头文化与二里头都邑的出现，表明当时的社会由若干相互竞争的政治实体并存的局面，进入到广域王权国家阶段。黄河和长江流域这一东亚文明的腹心地区开始由多元化的邦国文明走向一体化的王朝文明。从社会发展不平衡性的视角看，二里头广域王权国家似乎脱颖于酋邦或原初国家的汪洋之中，而与后者并存共立。这些社会复杂化程度迥异的政体，构成了当时的聚落与社会景观。

以青铜礼容器的出现为标志，中原地区自公元前两千纪上半叶，进入了史上空前的大提速时代。当此之际，东亚最早的广域王权国家和青铜时代文明由此诞生。总体上看，东亚大陆的青铜文明，既是数千年来本土史前多元农耕文化发展和社会复杂化的结晶，也是欧亚大陆青铜文化影响的产物。与青铜礼容器的出现大体同时，中原地区的都邑建设和文明化进程呈现出前所未有的态势。作为中国最早的广域王权国家社会，二里头文化对其他青铜文化影响甚巨，奠定了中国古代文明的基础。[⑩]

从聚落考古和多学科合作的角度对二里头遗址所做的探索刚刚起步。更大的进展有赖于进一步明确学术目的，订立中长期计划，深化多学科的科际整合，全面而有重点地进行考察。有理由相信，二里头遗址的进一步勘查、发掘与研究，将会对中国文明史乃至全球文明史的探索做出更大的贡献。

注释

①相关论点参见河南省考古学会、河南省博物馆编：《夏文化论文选集》，中州古籍出版社1985年版；中国先秦史学会编：《夏史论丛》，齐鲁书社1985年版；郑杰祥编：

《夏文化论集》，文物出版社 2002 年版；夏商周断代工程专家组：《夏商周断代工程 1996 – 2000 年阶段成果报告（简本）》，世界图书出版公司 2000 年版。

②相关论点参见陈星灿、刘莉：《夏商周断代工程引起的网上讨论纪实》，《古代文明研究通讯》总第九期，2001 年。〔澳〕刘莉著，陈星灿校：《中国考古学中的学术自由、政治思想正确和早期文明：关于夏—二里头关系的讨论》，付永旭译，《南方文物》2009 年第 1 期。

③相关论点参见许宏：《方法论视角下的夏商分界研究》，《三代考古》（三），科学出版社 2009 年版。

④相关论点参见赵海涛、陈国梁、许宏：《河南偃师二里头遗址》，《中国大遗址保护调研报告（一）》，科学出版社 2011 年版。

⑤相关论点参见中国社会科学院考古研究所：《偃师二里头（1959 年～1978 年考古发掘报告）》，中国大百科全书出版社 1999 年版；杜金鹏、许宏主编：《偃师二里头遗址研究》，科学出版社 2005 年版；中国社会科学院考古研究所：《二里头（1999 – 2006）》，文物出版社 2014 年版。

⑥相关论点参见中国社会科学院考古研究所：《二里头（1999 – 2006）》，文物出版社 2014 年版；赵海涛、许宏、陈国梁：《河南偃师二里头遗址宫殿区考古新收获》，《2011 中国重要考古发现》，文物出版社 2012 年版；中国社会科学院考古研究所二里头工作队：《河南偃师市二里头遗址墙垣和道路 2012～2013 年发掘简报》，《考古》2015 年第 1 期。

⑦相关论点参见宋镇豪：《夏商社会生活史》，中国社会科学出版社 1994 年版；王建华：《黄河中下游地区史前人口研究》，科学出版社 2011 年版。

⑧相关论点参见郑光：《二里头遗址的发掘——中国考古学上的一个里程碑》，《夏文化研究论集》，中华书局 1996 年版。据最新的勘探资料，铸铜作坊的面积在 1.5 万～2 万平方米。陈国梁：《略论二里头遗址的围垣作坊区》，《夏商都邑与文化》（二），中国社会科学出版社 2014 年版。

⑨相关论点参见郑光、杨国忠、张国柱、杜金鹏：《偃师县二里头遗址》，《中国考古学年鉴（1986）》，文物出版社 1988 年版；杜金鹏：《偃师县二里头遗址》，《中国考古学年鉴（1988）》，文物出版社 1989 年版；郑光：《偃师二里头遗址》，《中国考古学年鉴（1996）》，文物出版社 1998 年版；中国社会科学院考古研究所：《中国考古学·夏商卷》，中国社会科学出版社 2003 年版。

⑩相关论点参见许宏：《最早的中国》，科学出版社 2009 年版；许宏：《何以中国——公元前 2000 年的中原图景》，生活·读书·新知三联书店 2014 年版。

参考文献

[1] 陈星灿，刘莉，李润权，华翰维，艾琳. 中国文明腹地的社会复杂化进程——伊洛河地区的聚落形态研究 [J]. 考古学报，2003（2）；中国社会科学院考古研究所二里头工作队. 河南洛阳盆地 2001～2003 年考古调查简报 [J]. 考古，2005（5）.

[2] 许宏，陈国梁，赵海涛. 二里头遗址聚落形态的初步考察 [J]. 考古，2004（11）；许宏，刘莉. 关于二里头遗址的省思 [J]. 文物，2008（1）.

[3] 赵海涛，许宏，陈国梁. 二里头遗址宫殿区 2010～2011 年度勘探与发掘新收获 [N]. 中国文物报，2011 – 11 – 4.

[4] 中国科学院考古研究所二里头工作队. 河南偃师二里头遗址三、八区发掘简报 [J]. 考古，1975（5）；中国社会科学院考古研究所. 偃师二里头（1959 年～1978 年考古发掘报告）[M]. 北京：中国大百科全书出版社，1999：18.

[5] 中国社会科学院考古研究所二里头队. 1982 年秋偃师二里头遗址九区发掘简报 [J]. 考古，1985（12）.

[6] 中国社会科学院考古研究所. 二里头（1999～2006）[M]. 北京：文物出版社，2014.

[7] 邓聪，许宏，杜金鹏. 二里头文化玉工艺相关问题试释 [M] ∥科技考古（第二辑），北京：科学出版社，2007.

[8] 中国社会科学院考古研究所二里头工作队. 河南偃师市二里头遗址墙垣和道路 2012～2013 年发掘简报 [J]. 考古，2015（1）.

[9] 李志鹏. 二里头文化墓葬研究 [M] ∥中国早期青铜文化：二里头文化专题研究. 北京：科学出版社，2008.

[10] 许宏. "连续"中的"断裂"：关于中国文明与早期国家形成过程的思考 [J]. 文物，2001（2）.

作者简介：许宏，男，中国社会科学院考古研究所研究员，夏商周考古研究室主任兼二里头工作队队长

原文刊于：《中原文化研究》（郑州），2015.4：52～57

二里头—二里岗时代文化上的早期中国

韩建业

摘　要：约公元前 1800 年以后，由于二里头文化和二里岗文化向外强势影响，中国大部分地区文化再次交融联系成更大范围的以中原为核心的文化共同体，其空间结构自内而外至少可以分为四个层次。中原腹地伟大复兴，达到四海之内唯我独尊的王国阶段，文化上的早期中国在空间范围和统一性方面得到显著发展。

关键词：二里头文化；二里岗文化；早期中国；文化结构

庙底沟时代中国大部分地区文化首次交融联系形成以中原为核心的三层次结构的文化共同体，是为最早的早期中国文化圈或文化上的早期中国，简称早期中国。[1][2]1-23仰韶后期和龙山时代，早期中国经历了中原核心文化由弱到强、文化格局由分渐合的过程，总体属于天下万国的古国阶段。至二里头—二里岗时代，中原腹地伟大复兴，文化格局重新整合，[3]真正进入以中原为核心的王国阶段。本文拟对二里头—二里岗时代早期中国的文化发展和文化结构状况略做讨论。

一　中原及周边地区文化

约公元前 1750 年，在中原腹地洛阳盆地形成二里头文化，以河南偃师二里头一至四期遗存为代表。[4]二里头文化主体上虽是继承新砦类型而来，[5]但也吸收了不少周边地区文化因素，如陶盉来自下七垣文化，云雷纹等印纹因素来自东南地区，束颈圆腹罐（花边罐）来自齐家文化。同样由于齐家文化的桥梁作用，青铜环首刀、斧等西方因素进入，并受西方青铜技术的影响而在中原文化基础上新创爵、斝、盉、斛、鼎等青铜礼器，中原地区晚于新疆等地二百多年以后终于也进入青铜时代。二里头文化形成后即向外扩张，三期时达到极盛。扩张过程中与当地文化结合而形成若干地方类型，包括中原核心区的二里头类型、晋南的东下冯类型、豫东南的杨庄类型、豫西南的下王岗类型、豫东的牛角岗类型等，[6]61-139甚至还扩展至长江中游地区。二里头文化区域之间、聚落之间分化严重，中心聚落内部功能区划明确、建筑墓葬等级分明。其中，二里头古都面积达300多万平方米，有宫城和大型宫殿，不仅是洛阳盆地无与伦比的超大型聚落，[7]在整个二里头文化中也首屈一指。当时应已进入成熟的文明社会。

与二里头文化同时或略晚在冀中南地区为下七垣文化，至约公元前1550年下七垣文化挺进郑州地区发展为二里岗文化。二里岗文化至少可分为以郑州二里岗下层、上层[8]和白家庄第2层遗存[9]为代表的三期。其典型器类鬲、甗等继承下七垣文化而来，爵、斝、斛、大口尊等为二里头文化因素，尊、罐等硬陶或原始瓷器当源于江南。二里岗文化继承了二里头文化的青铜器传统并发扬光大，尤以饰乳钉纹、兽面纹的大方鼎最具代表性。二里岗文化形成后迅即西拓至洛阳地区，再向周围扩展，形成中原腹地二里岗类型、豫北琉璃阁类型、冀中南台西类型、晋南东下冯类型、关中北村类型、鄂中盘龙城类型、安徽大城墩类型、鲁中西大辛庄类型等地方类型，[10]95-182[11]分布范围空前扩大（尤其是二里岗上层阶段）。二里岗文化有郑州商城、偃师商城等位于中原腹地的都城级超级中心聚落，中原核心地位进一步提高；有黄陂盘龙城、垣曲商城、焦作府城商城等地方性中心聚落，层级清楚。

二　海岱和长江下游地区文化

二里头—二里岗时代，在山东及邻近地区为岳石文化，以山东平度东岳石早期遗存为代表。[12]北向扩展至辽东半岛，[13]南向远达江淮中部。[14]岳石文化是龙山文化的后继者，随着后来二里岗文化的东向扩展，岳石文化渐次向东退缩。岳石文化的鼎、豆、尊形器等绝大多数陶器都和龙山文化一脉相承，少量绳纹鬲、绳纹深腹罐、大口尊、爵、斝等属于二里头文化、下七垣文化和二里岗文化因素，个别硬陶和原始瓷源于江南。该文化也可分若干地方类型，[15][16]318-347并有山东历城城子崖古城等中心聚落。

二里头文化时期皖中一带为斗鸡台文化，以寿县斗鸡台二至四期遗存为代表。[17]240-299之后即被二里岗文化大城墩类型代替。斗鸡台文化主要是继承当地王湾三期文化发展而来，其垂腹鼎、凹底罐、鸡冠錾盆等属王湾三期文化传统，按压指窝纹足鼎、花边圆腹罐、曲柄弧腹豆、瓦足盘、觚等为二里头文化因素，尊形器、子母口罐等为岳石文化因素，云雷纹等印纹的祖源当在马桥文化。

宁镇地区与二里头文化和二里岗文化大致同时的为点将台下层文化和湖熟文化，二者在江宁点将台[18]、丹徒团山[19]等遗址都存在依次早晚的地层关系。点将台下层文化当主要是在类似造律台文化南荡类型的文化基础上发展而来，其素面甗、素面鼎等都继承造律台文化、龙山文化等的深厚传统而又各具特点，曲柄豆、按压指窝纹足鼎等体现来自二里头文化影响。湖熟文化既继承了斗鸡台文化素面甗、素面鼎等地方传统，又受到二里岗文化强烈影响而出现大量绳纹或素面鬲、绳纹甗、绳纹罐、折盘豆、簋等，还受马桥文化等影响而出现较多罐类印纹陶。

二里头文化时期在太湖地区和浙东北地区为马桥文化，以上海马桥该时期遗存为代表，[20]下限或可延续到二里岗文化时期。马桥文化是在当地广富林文化基础上发展而来的，并受到二里头文化影响。其典型器绳纹鼎、绳纹甗等陶器以及大量云雷纹、回纹、条格纹、叶脉纹、席纹等印纹均继承广富林文化，觚、觯（粗矮觚）、瓦足盘等属于二里头文化因素，个别子母口三足罐等属于岳石文化因素。大体同时，在赣浙闽交界分布着与马桥文化有密切关系的肩头弄类遗存，[21]流行印纹陶尤其是黑釉印纹陶为其一大特色。

二里岗文化偏晚阶段在江西大部地区分布着吴城文化。[22]吴城文化以樟树吴城一期遗存为代表，[23]该文化当在肩头弄类遗存的基础上，受到二里岗文化强烈影响而形成的。其分档鬲、甗、大口尊、深腹罐、假腹豆、斝、爵等大部分陶器基本上都属于二里岗文化因素，硬陶、釉陶、原始瓷等特征则又属当地传统。该文化有鼎、斝等青铜容器，以及吴城古城等中心聚落。

三　北方和东北地区文化

二里头—二里岗时代狭义的北方地区分布着朱开沟文化,[24]以内蒙古伊金霍洛旗朱开沟遗存为代表。[25]朱开沟文化主要是在老虎山文化基础上发展而来的,双鋬鬲、单耳鬲、敛口瓮、三足瓮等大部分陶器和老虎山文化一脉相承,大肥袋足鬲、圈足罐、深腹簋等陶器来自陶寺晚期文化,双(或三)大耳罐为齐家文化因素,陶折沿分档鬲以及大三角形纹、大十字镂孔、云雷纹、兽面纹等属于二里头文化和二里岗文化因素,青铜戈、鼎也属于二里岗文化因素。此外,该文化陶器上的"蛇纹"以及晚期出现的短剑、环首刀等当来源于中国西北地区青铜文化甚至西方草原地带。朱开沟文化早期聚落以陕北石峁石城为最,其400多万平方米的庞大体量、宏伟复杂的城门等,[26]将其超级中心聚落的地位显露无遗。

二里头—二里岗时代西辽河流域、凌河流域和燕山南北地区为夏家店下层文化,[10]242-244[27]以内蒙古赤峰夏家店下层遗存为代表。[28]夏家店下层文化主要是在雪山二期文化基础上发展而来的,也受到后岗二期文化较大影响。其典型陶器鼓腹或弧腹鬲、侈口甗等都与上述两个文化有密切联系,陶蛇纹鬲、花边鬲以及厚背弯身石刀为朱开沟文化因素,少量素面壶等为高台山文化因素,铜喇叭口耳环、铜指环、金耳环等体现来自西方的影响。[29]偏早阶段大甸子等墓地的爵、鬶、盉等属于二里头文化因素,偏晚阶段燕山以南的实足根鬲、假腹豆等属于二里岗文化因素。夏家店下层文化聚落以河流两侧山岗上带状分布、成组成群的石城最具代表性。[30]83-84

下辽河流域与夏家店下层文化基本同时者为高台山文化(早期),[31]以辽宁新民高台山遗存为代表。[32]高台山文化当为在偏堡子文化或类似遗存基础上,受到岳石文化等的影响而形成的。其高领壶、双耳罐(瓮)等与偏堡子文化或小珠山上层文化有继承关系,偏早的腰裆有附加堆纹的素面无实足跟甗、子母口罐属岳石文化因素,偏晚的实足跟直腹鬲、鼓肩鬲、弧腹鬲等为受到夏家店下层文化影响的结果,个别铜喇叭口耳环、环首刀等属于西方文化因素。

此外,此时东北嫩江流域为小拉哈文化,以黑龙江肇源小拉哈二期遗存为代表。[33] 其筒形罐、高领壶、小口瓮等器类与当地早先的南宝力皋吐文化有一定继承关系，受到高台山文化较大影响，个别弧腹鬲则属于夏家店下层文化因素。图们江流域为以吉林和龙兴城青铜时代遗存为代表的兴城文化（早期），[34] 主要陶器为花边、素面、深腹的罐、瓮类，与新石器时代的筒形罐文化系统已经有很大区别，或许受到岳石文化双砣子二期类型较大影响而形成。

四　西北地区文化

二里头文化或稍早时期，甘青宁地区（不包括河西走廊）为齐家文化晚期遗存，东向扩展至陕西渭河中下游地区。以甘肃广河齐家坪、临潭磨沟遗存[35] 为代表，可分为陇中的齐家坪类型、甘南的磨沟类型、关中的老牛坡类型等[36]196-201。晚期齐家文化受到来自西方的较大影响，新出的带耳有銎斧、矛、刀、镜、月牙形项饰、喇叭口耳环等铜器，陶器上的折线纹、胡须状垂带纹、羊首形纹、联珠纹等，都早见于南西伯利亚、中亚等地。而青铜牌饰、陶盉等则属于二里头文化因素。晚期齐家文化成人合葬流行男性仰身直肢、女性侧身屈肢的形式，体现男尊女卑观念。

二里岗文化时期甘青宁地区（不包括河西走廊）为辛店文化、卡约文化、寺洼文化的早期，分别以青海民和山家头遗存[37]、青海湟中下西河潘家梁早期墓葬[38] 和甘肃临潭磨沟晚期墓葬为代表。这三个文化的源头都为齐家文化，其主要器类双大耳罐、花边绳纹罐等都与齐家文化一脉相承。也有可能存在与西方有关的新文化因素，如垂须纹、垂带纹、羊首形纹以及羊、狗、鹿等兽形图案等，青铜器种类增多。个别铜鬲的发现显示二里岗文化影响至此。[39][40]78磨沟早期寺洼文化发现公元前15世纪左右的块炼铁器，是为中国最早的人工冶铁制品[41]，其源头当在西亚地区。

二里头—二里岗时代或稍早，在河西走廊、新疆东部分别为四坝文化[42] 和哈密天山北路文化。前者以甘肃山丹四坝滩[43]、民乐东灰山遗存[44] 为代表，后者以哈密天山北路墓地为代表[45]。两类文化都主要是在马家窑文化马厂类型基础上，受到西方文化强烈影响发展而来的，主体陶器带耳罐、壶等以及彩陶与马厂类型有继承关系，羊首形纹、人形图像等属西方因素。两文化的刀、剑、矛、有銎斧、锛、凿、镰、镜、耳环、手镯、铃、牌、泡等铜器基本属于西方文化因素。

五　长江上游和华南地区文化

二里头—二里岗时代长江上游为三星堆文化，包括成都平原及其附近的三星堆类型[46]、川东峡江地区的朝天嘴类型[47]。三星堆文化的凸肩罐、大口尊、细高柄豆等主体陶器都与宝墩文化有一定联系，盉、鬶、曲柄豆等为二里头文化因素，个别圈足印纹壶为华南因素。三星堆文化有面积达三四百万平方米的三星堆古城，城内有大型宫殿建筑。

二里头—二里岗时代的华南大部地区仍大体属于釜—圈足盘—豆文化系统，只是凹底罐、壶类显著增多，包括黄瓜山文化[48]、后山文化[49]等。流行印纹硬陶，陶器以釜、小口凹底罐（尊）、矮圈足罐（壶）、带流壶、圈足盘、豆为主，又普遍包含戈、牙璋、有段或有肩锛、带槽石拍等玉石器。戈、牙璋属于二里头文化因素，有些折肩的尊、罐类可能与二里岗文化的影响有关。

六　早期中国外缘区文化

二里头—二里岗时代文化上早期中国的范围空前扩展，只是在新疆中西部、西藏南部等边缘地区仍有其没有涵盖的地方。

约公元前2000年，东西方文化差不多同时进入新疆地区，在哈密盆地交融形成哈密天山北路文化，而在新疆中西部则出现安德罗诺沃文化[50]、克尔木齐文化[51]和古墓沟文化（或小河文化）[52]等，那主要属于西方文化系统——我们曾称其为"筒形罐文化系统"[53]，为与东北地区相区别，也可称"罐文化系统"。这些文化的斧、镰、锛、凿、矛、喇叭口耳环等青铜器也都属西方文化系统。

此时在西藏拉萨一带分布着曲贡文化[54]，压光陶、压划菱格纹有特色，有圜底罐、小圈足罐、小圈足壶、圜底钵、圈足杯、三角形镂孔柄豆等陶器，来龙去脉尚不甚清楚。

七 三个文化对外影响圈

二里头—二里岗时代诸文化间存在普遍而深入的相互交流与影响，形成分别以中原文化、西部青铜文化和华南印纹陶文化为中心的三个对外影响圈，而以中原文化影响圈范围最大、程度最深。

（一）中原文化影响圈

二里头文化二期以后不但将其文化范围迅速扩展至河南大部地区和山西南部，而且对周围产生很大影响。其典型因素绳纹深腹罐、花边圆腹罐、鼎、大口尊、曲柄折盘或弧腹豆、瓦足盘、爵、斝、鬶、盉、蘑菇钮器盖等，或多或少见于周围的下七垣文化、岳石文化、斗鸡台文化、点将台文化、马桥文化、三星堆文化、齐家文化、朱开沟文化等中，爵、鬶等因素更是远达西辽河流域夏家店下层文化，戈、牙璋等则广泛见于华南地区。

二里岗文化对周围影响更大，尤其是二里岗上层时期。不但其文化范围扩展到北至冀中南，东达鲁中西，南抵江淮和长江中游，西到关中的广大地区，而且其绳纹鬲、绳纹甗、绳纹深腹罐、大口尊、深腹盆、假腹豆、爵、斝、簋、蘑菇钮器盖等陶器渗透进周围文化，包括夏家店下层文化、岳石文化、湖熟文化、吴城文化、朱开沟文化。另外，华南地区有些折肩的瓿形器、尊、罐类也与二里岗文化的影响有关，个别二里岗式的铜鬲甚至西向渗透到卡约文化。

由于二里头文化和二里岗文化的强势影响，形成以中原为核心，以鼎、鬲、甗、爵、鬶、斝、盉等三足器为代表的不同层次的文化圈，并将粟作农业扩展到长江下游地区、嫩江流域甚至新疆东部地区。

（二）西部青铜文化影响圈

公元前 2000 年左右，首先在中国西北地区，然后在北方、东北和中原地区，最后在东部沿江海地区，自西而东掀起了青铜之风，从而使得这些地区先后进入青铜时代。这些青铜器大致可分为两大传统：一是以工具、武器、装饰品为主的西方或北方传统，主要源头在欧亚大陆西部地区，包括刀、斧、锛、锥、镞、镜、耳环、指环、手镯、泡、扣等青铜器，属于铜、锡或铜、砷合金，见于哈密天山北路文化、古墓沟文化、克尔木齐文化、安德罗诺沃文化、四坝文化、晚期齐家文化、辛店文化、卡约文化、寺洼文化、朱开沟文化、夏家店下层文化等。二是以容器、武器为主的中原传统，当为在中原文化基础上受到西方青铜文化影响而产生，包括鼎、鬲、甗、爵、盉、斝、盉、簋、盘、尊、罍、卣等青铜容器，钺、戈、斧、锛、凿、刀、镞、锯等青铜武器或工具，除铜、锡合金外，最为独特的是铜、铅或铜、铅、锡合金，主要见于二里头文化、二里岗文化、岳石文化，并影响到吴城文化等。

伴随青铜文化而来的是西北地区诸文化当中畜牧、半农半牧经济的出现，同时中东部东区诸文化也或多或少带有畜牧成分。畜牧经济在干旱半干旱地区有着很强的适应性，这使得广大的西北内陆干旱区和内蒙古半干旱草原区等也终于迎来了人类发展的首次高潮。这是"新石器时代革命"以后中国文化格局上前所未有的重大变化，堪称一次"青铜时代革命"[55]。

（三）华南印纹陶文化影响圈

二里头—二里岗时代华南、东南地区逐渐形成云雷纹、回纹、圆圈纹、叶脉纹等几何形印纹陶占据主流的态势，广泛流行于马桥文化、吴城文化、点将台文化、湖熟文化、黄瓜山文化、后山文化等中，马桥文化、吴城文化并且产生了最早的原始瓷。几何形印纹陶和原始瓷都不同程度地北向渗透到二里头文化、二里岗文化、岳石文化、斗鸡台文化等中。

八 四层次结构的早期中国

约公元前 1800 年以后，由于二里头文化和二里岗文化从中原核心区向外的强势影响，文化格局发生重大调整，中国大部分地区文化再次交融联系成更大范围的相对的文化共同体，其空间结构自内而外至少可以分为四个层次：第一个层次是郑洛核心区，有二里头、郑州商城、偃师商城等超大型中心聚落和成组大型宫殿，拥有较多体大精致的鼎、鬲、甗等青铜礼器和玉礼器。第二个层次主要是黄河中游和淮河流域，偏晚还延伸到黄河上游和长江中游，也就是核心区之外的二里头文化和二里岗文化分布区，存在地方性差异，有东下冯、垣曲商城、台西、盘龙城等大型中心聚落和若干区域性中心，城数量不多，青铜礼器、玉礼器体小量少且不如核心区精致。第三个层次是周围的黄河下游、长江下游、长江上游、北方地区和东北地区，包括岳石文化、斗鸡台文化、点将台文化、湖熟文化、马桥文化、吴城文化、三星堆文化、朱开沟文化、夏家店下层文化、高台山文化等，有城子崖、吴城、三星堆、石峁等超大型或大型中心聚落，形成若干地方中心，有少量青铜礼器和玉礼器，见有鬲、甗、鼎、爵、斝、鬶等三足陶器。第四个层次是再外围的华南地区、西北甘青宁地区、东北北部地区，包括黄瓜山文化、后山文化、齐家文化、四坝文化、哈密天山北路文化、辛店文化、卡约文化、寺洼文化、小拉哈文化等，缺乏高级别聚落和礼器，少见三足器，华南地区时见玉石璋，西北地区流行工具、武器类北方式青铜器。

四个层次文化当中，第一层次处于核心地位，第二层次直接受第一层次影响而形成和发展；第三层次文化虽彼此差别较大，但大致都在此前文化上的早期中国找到源头，且它们此时又都深受第一、二层次制约；第四层次文化的源头都与早期中国文化密切相关，只是此时受到前几个层次的影响较为微弱。另外，边缘地区新疆中西部的安德罗诺沃文化、克尔木齐文化和古墓沟文化，以及西藏的曲贡文化等，已经基本不属于文化上早期中国的范畴。如果站在现代中国的角度，那已经是第五个层次了。总体来看，此时中原腹地伟大复兴，实力强劲，无与伦比，对周围产生强大辐射影响，达到四海之内唯我独尊的真正的王国阶段，[56]236-251[57]周围各层次文化则程度不同受到中原腹地制约和影响。中国大地上再度形成以中原为核心的不同层次的文化圈，文化上的早期中国在空间范围和统一性方面得到显著发展，从此以后进入以统一性为主的"合"的时期。有人曾指出二里头时代有中原王朝和域外地域之别，而中原王朝又由畿内地域和次级地域组成，这实际是认为二里头时代存在以中原为核心的三层次文化结构。[58]444-456有人认为"最早的中国"正是这个时候正式出现的。[59]

这个文化上早期中国辉煌发展的时代，恰是西方古代文明走向衰落之时。闪米特、印欧诸畜牧民族大规模入侵，导致美索不达米亚和埃及古代文明的衰落，导致印度河古代文明的衰亡。此后，两河流域和希腊地区虽有赫梯文明和迈锡尼文明的兴起，埃及也再现辉煌，但其文化内涵和影响深度都与前不同。对此形成鲜明对照的是，印欧畜牧民族对早期中国只有远距离的间接的影响，不但未造成早期中国文明的衰落，其青铜技术和畜牧业等的传播反而为早期中国文明增添了鲜活血液，促进了早期中国文明的发展。

参考文献

［1］严文明．中国史前文化的统一性与多样性［J］．文物，1987（3）；韩建业．庙底沟时代与"早期中国"［J］．考古，2012（3）．

［2］张光直．中国相互作用圈与文明的形成［M］∥庆祝苏秉琦考古五十五年论文集．北京：文物出版社，1989．

［3］李伯谦．中国青铜文化的发展阶段与分区系统［J］．华夏考古，1990（2）．

［4］中国社会科学院考古研究所．偃师二里头：1959年~1978年考古发掘报告［M］．北京：中国大百科全书出版社，1999．

［5］韩建业．论二里头青铜文明的兴起［J］．中国历史文物，2009（1）．

［6］中国社会科学院考古研究所．中国考古学·夏商卷［M］．北京：中国大百科全书出版社，2003．

［7］中国社会科学院考古研究所二里头工作队．河南洛阳盆地2001—2003年考古调查简报［J］．考古，2005（5）．

［8］河南省文化局文物工作队．郑州二里岗（原文引处为"冈"）［M］．北京：科学出版社，1959．

［9］河南省文化局文物工作队第一队．郑州白家庄遗址发掘简报［J］．文物参考资料，1956（4）．

［10］邹衡．夏商周考古学论文集［M］．北京：文物出版社，1980．

［11］王立新．早商文化研究［M］．北京：高等教育出版社，1998．

［12］中国科学院考古研究所山东发掘队．山东平度东岳石村新石器时代遗址与战国墓［J］．考古，1962（10）．

［13］中国社会科学院考古研究所．双砣子与岗上：辽东史前文化的发现和研究［M］．北京：科学出版社，1996．

［14］南京博物院考古研究所等．江苏高邮周邶墩遗址发掘报告［J］．考古学报，1997（4）．

［15］严文明．东夷文化的探索［J］．文物，1989（9）．

[16] 栾丰实. 海岱地区考古研究 [M]. 济南：山东大学出版社，1997.

[17] 北京大学考古学系商周组，安徽省文物工作队. 安徽省霍邱、六安、寿县考古调查试掘报告 [M] // 考古学研究（三）. 北京：科学出版社，1997.

[18] 南京博物院. 江宁汤山点将台遗址 [J]. 东南文化，1987（3）.

[19] 团山考古队. 江苏丹徒赵家窑团山遗址 [J]. 东南文化，1989（1）.

[20] 上海市文物管理委员会. 马桥：1993～1997 年发掘报告 [M]. 上海：上海书画出版社，2002.

[21] 浙江省文物考古所等. 江山县南区古遗址、墓葬调查试掘 [C] // 浙江省文物考古所学刊. 北京：文物出版社，1981.

[22] 李伯谦. 试论吴城文化 [C] // 文物集刊（第 3 集）. 北京：文物出版社，1981.

[23] 江西省文物考古研究所，樟树市博物馆. 吴城：1973～2002 年考古发掘报告 [M]. 北京：科学出版社，2005.

[24] 田广金，韩建业. 朱开沟文化研究 [M] // 考古学研究（五）. 北京：文物出版社，2003.

[25] 内蒙古自治区文物考古研究所，鄂尔多斯博物馆. 朱开沟：青铜时代早期遗址发掘报告 [M]. 北京：文物出版社，2000.

[26] 陕西省考古研究院等. 陕西神木县石峁遗址 [J]. 考古，2013（7）.

[27] 张忠培等. 夏家店下层文化研究 [M] // 考古学文化论集（一）. 北京：文物出版社，1987.

[28] 中国科学院考古研究所内蒙古工作队. 赤峰药王庙、夏家店遗址试掘报告 [J]. 考古学报，1974（1）.

[29] 林沄. 夏代的中国北方系青铜器 [M] // 边疆考古研究（第 1 辑）. 北京：科学出版社，2002.

[30] 徐光冀. 赤峰英金河、阴河流域的石城遗址 [M] // 中国考古学研究：夏鼐先生考古五十年纪念论文集. 北京：文物出版社，1986.

[31] 赵宾福. 中国东北地区夏至战国时期的考古学文化研究 [M]. 北京：科学出版社，2009.

[32] 新民县文化馆等. 新民高台山新石器时代遗址 1976 年发掘简报 [M] // 文物资料丛刊（7）. 北京：文物出版社，1983.

[33] 黑龙江省文物考古研究所，吉林大学考古学系. 黑龙江肇源县小拉哈遗址发掘报告 [J]. 考古学报，1998（1）.

[34] 吉林省文物考古研究所，延边朝鲜族自治州博物馆. 和龙兴城：新石器及青铜时代遗址发掘报告 [M]. 北京：文物出版社，2001.

［35］甘肃省文物考古研究所，西北大学文化遗产与考古学研究中心．甘肃临潭磨沟齐家文化墓地发掘报告［J］．文物，2009（10）．

［36］韩建业．中国西北地区先秦时期的自然环境与文化发展［M］．北京：文物出版社，2008．

［37］青海省文物管理处．青海民和核桃庄山家头墓地清理简报［J］．文物，1992（11）．

［38］青海省文物考古研究所．青海湟中下西河潘家梁卡约文化墓地［M］∥考古学集刊（第8集）．北京：科学出版社，1994．

［39］赵生琛．青海西宁发现卡约文化铜鬲［J］．考古，1985（7）．

［40］河南省文物考古研究所，郑州市文物考古研究所．郑州商代铜器窖藏［M］．北京：科学出版社，1999．

［41］陈建立，毛瑞林，王辉，等．甘肃临潭磨沟寺洼文化墓葬出土铁器与中国冶铁技术起源［J］．文物，2012（8）．

［42］李水城．四坝文化研究［M］∥考古学文化论集（三）．北京：文物出版社，1993．

［43］安志敏．甘肃山丹四坝滩新石器时代遗址［J］．考古学报，1959（3）．

［44］甘肃省文物考古研究所，吉林大学北方考古研究室．民乐东灰山考古：四坝文化墓地的揭示与研究［M］．北京：科学出版社，1998．

［45］吕恩国，常喜恩，王炳华．新疆青铜时代考古文化浅论［M］∥苏秉琦与当代中国考古学．北京：科学出版社，2001．

［46］四川省文物管理委员会等．广汉三星堆遗址［J］．考古学报，1987（2）．

［47］国家文物局三峡考古队．朝天嘴与中堡岛［M］．北京：文物出版社，2001．

［48］福建省博物馆．福建霞浦黄瓜山遗址发掘报告［J］．福建文博，1994（1）．

［49］魏峻．粤东闽南地区先秦考古学文化的分期与谱系［M］∥考古学研究（九）：庆祝严文明先生八十寿辰论文集．北京：文物出版社，2012．

［50］新疆文物考古研究所．新疆下坂地墓地［M］．北京：文物出版社，2012．

［51］新疆社会科学院考古研究所．新疆克尔木齐古墓群发掘简报［J］．文物，1981（1）．

［52］新疆社会科学院考古研究所．孔雀河古墓沟发掘及其初步研究［J］．新疆社会科学，1983（1）；新疆文物考古研究所．新疆罗布泊小河墓地2003年发掘简报［J］．文物，2007（10）．

［53］韩建业．新疆的青铜时代和早期铁器时代文化［M］．北京：文物出版社，2007．

［54］中国社会科学院考古研究所，西藏自治区文物局．拉萨曲贡［M］．北京：中国大百科全书出版社，1999．

［55］韩建业．略论中国的"青铜时代革命"［J］．西域研究，2012（3）．

［56］苏秉琦．华人·龙的传人·中国人：考古寻根记［M］．沈阳：辽宁大学出版社，1994．

[57] 严文明. 黄河流域文明的发祥与发展 [J]. 华夏考古, 1997 (1); 韩建业. 良渚、陶寺与二里头: 早期中国文明的演进之路 [J]. 考古, 2010 (11).

[58] 西江清高, 久慈大介. 从地域间关系看二里头文化期中原王朝的空间结构 [M] // 二里头遗址与二里头文化研究. 北京: 科学出版社, 2006.

[59] 许宏. 最早的中国 [M]. 北京: 科学出版社, 2009.

作者简介: 韩建业, 男, 历史学博士, 北京联合大学应用文理学院历史文博系教授

原文刊于:《中原文化研究》(郑州), 2014.6: 5~12

二里头绿松石龙牌、铜牌与夏禹、万舞的关系

何　驽

摘　要： 二里头宫城内 2002 V M3 随葬绿松石龙，很可能是宗庙祭祀时抱于怀中的绿松石龙牌，它是"禹"的化身仪仗。宗庙祭祀时，由 2002 V M3 墓主之类的伶官手持龙牌、系铜铃、戴羽冠跳舞时，它则是万舞的道具。二里头文化二期偏晚至四期，绿松石铜牌饰取代绿松石龙牌继续作为"禹"的化身仪仗和万舞的核心道具。古文"夏"字表现的是跳万舞的人，因此手执绿松石龙牌或铜牌仪仗祭祀"禹"、同时戴羽冠舞动龙牌或铜牌跳万舞的"中国之人"被称为"夏人"。

关键词： 绿松石龙；禹；万舞；夏

一　问题的提出

2002 年，二里头 3 号宫殿基址发掘过程中，在南院发现宫殿使用时期的 I 级墓葬 2002 V M3。该墓葬东南部被二里岗文化晚期灰坑打破，残余部分未经扰动。墓口长 2.24 米、宽 1.19 米、残深 0.72 – 0.79 米。墓主为 30 – 35 岁的男性，仰身直肢，头朝北，面朝东，双脚并列。该墓随葬了丰富的陶器、漆器。特别引人注意的是，墓主的头顶出土有三件白陶斗笠形器，颈部缠绕货贝串饰，胸腹部摆放一件绿松石拼嵌龙形器，龙形器中部压一件带石铃舌的铜铃（图 1）。[1]998 - 1006 一时间，国内外考古界十分震动。

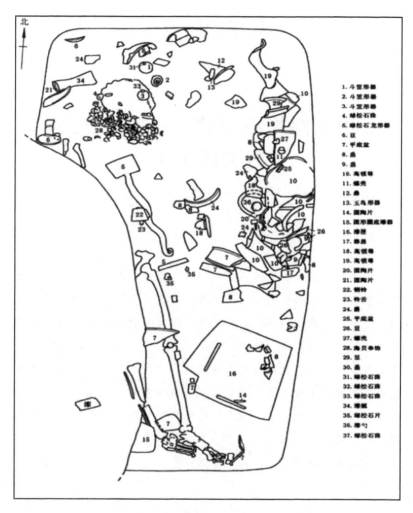

图中标注：

北

1. 斗笠形器
2. 斗笠形器
3. 斗笠形器
4. 绿松石珠
5. 绿松石龙形器
6. 豆
7. 平底盆
8. 盉
9. 盉
10. 高领罐
11. 螺壳
12. 盉
13. 玉鸟形器
14. 圆陶片
15. 圆形圆底�器
16. 980器
17. 器盖
18. 高领罐
19. 高领罐
20. 圆陶片
21. 圆陶片
22. 铜铃
23. 铃舌
24. 盉
25. 平底盆
26. 盉
27. 螺壳
28. 海贝串饰
29. 盉
30. 盉
31. 绿松石珠
32. 绿松石珠
33. 绿松石珠
34. 980980
35. 绿松石片
36. 980勺
37. 绿松石珠

图1 二里头2002 V M3 平面图（引自《二里头》
图6-4-3-4-1B)

绿松石龙由2000余片绿松石嵌片拼嵌而成，原本贴嵌在某种有机质托体上（很可能是木质托体）。龙巨头卷尾（图2），长64.5厘米、中部宽4厘米。菱形头部嵌在近梯形托座上，托座长11厘米、宽13.6-15.6厘米。距龙尾3.6厘米处，有一条绿松石镶嵌条与龙身垂直，长14.5厘米、宽2.1厘米，原本有红漆痕与龙体相连，应是绿松石龙形器的一个部件。[1]1005那么，龙形器总长应超过70厘米。

发掘者许宏先生认为："这件龙形器应是斜放于墓主人右臂之上，呈拥

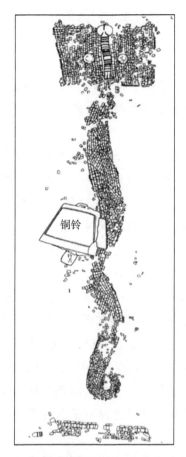

铜铃

图 2 绿松石龙（据《二里头》
图 6 - 4 - 3 - 4 - 2E 改制）

揽状，一件铜铃置于龙身上，原应放在墓主人的手边或系于腕上。"[2]149 - 150
许宏先生的认识，同墓葬平面图反映出来的信息高度吻合，对解读龙形器
的意义与功能极为重要。杜金鹏先生推测，2002 Ⅴ M3 墓主是身份既贵又
贱的特殊身份人，很可能是宗庙的管理者、祭祖活动的参与者。绿松石龙
是龙牌，"在祭祖典礼上，某种特殊身份的人，手持'龙牌'列队行礼，
或手持'龙牌'边唱（颂扬祖先功德）边舞（模仿祖先生前的活动），随
着舞蹈者手臂的舞动，那色彩斑斓的'龙'，左右翻飞，上下升腾，既似
腾云驾雾，又像遨游江河，既气势恢宏，又神秘莫测。持有龙牌的人由于
长期从事这种神圣的祭祖典礼，经验丰富，具有了某种能够更好地与祖先

沟通的本领甚至垄断了某种与先王沟通的权利，因而深受夏王器重与赏识，不仅得到赏赐，更被允许把生前使用的龙牌作为随葬品带到另一个世界中继续使用"[3]104。

朱乃诚先生则认为，2002 V M3 墓主可能是拥有养"龙"（鳄鱼）特殊技能的贵族，不属于王族，那么绿松石龙不是二里头文化的"王权"或王统的表征。[4]132

蔡运章先生认为，这件绿松石龙图案颇似蛇，展示巨龙升天的图画，应是夏部族图腾崇拜的产物，与夏部族"宗神"禹的名义相合。2002 V M3 墓主则是夏王朝设立专门主管祭祀龙图腾的职官"御龙氏"。他还认为，绿松石龙头向西北寓意飞向天宫，铜铃可传达神灵的告示，绿松石条饰象征田地。[5]135-142顾万发先生等则认为二里头的绿松石龙可能象征当时的极星神或北斗神。[6]152-166

上述诸位先生的高见均有一定的启发性与合理性，但仍存在一些问题。比如，如果说龙是夏部族崇拜的图腾，那么陶寺早期王墓随葬的龙盘又是谁的部族崇拜物？陶寺文化与二里头文化显然不是一个文化，也不是一个政体，笔者遵从多数学者的观点，论证过陶寺遗址为尧舜之都。[7]63-123所以陶寺龙与二里头的龙具体含义恐难从图腾崇拜角度解读，况且龙山时代到二里头文化时期，中原地区早已脱离了图腾崇拜时代，可以说是进入了王权龙神化的时代。

再者，龙母题在陶寺文化与商周时期都很重要，地位都很高，其在二里头文化中地位也应该不低。2002 V M3 位于宗庙 3 号宫殿的中庭南部[3]101，位置极为重要。只是墓主的身份等级并不是很高，既不是王，也不是最高级的贵族，这与绿松石龙形器的特殊功能和墓主的特殊官职有关。二里头王墓并未找到，不能排除王墓出龙母题随葬品的可能，所以尚且不能论断龙在二里头文化中不代表王权。其实龙的象征含义在二里头文化中可能是多元的或多样的。即便在 2002 V M3 中确实不能代表王权，但并不能排除龙形器与先王表象的关系，正如蔡运章先生所谓绿松石龙与夏部族"宗神"禹的名义相合。[5]139因此，从绿松石龙及其墓葬的考古存在背景关系的细节看，有深入发掘其原意的余地。比如说绿松石龙与夏部族"宗神"禹的名义相合，更多依据文献传说，并不错，其实绿松石龙本身就同"禹"有着直接的关联。

二　二里头 2002 V M3 绿松石龙同
"禹"的关系

学界基本一致认为，二里头 2002 V M3 随葬的绿松石龙同商周以降的中国龙有着明确的源流关系。于是商周时期的出土文献甲骨文、金文与传世文献《尚书》《诗经》《周礼》《礼记》《仪礼》等，都有可能残存着历史的记忆，有助于我们对绿松石龙及其相关问题的解读。

首先我们来仔细观察 2002 V M3 绿松石龙形器的形态。整体似蛇，卷尾。头部有高低，隆起的部分是头部主体，大致呈菱形（图 2）。

显然，绿松石龙的整体造型就是蛇，与甲骨文和金文的"虫"字如出一辙（图 3）。

特别值得注意的是，许宏先生认为龙形器原本是墓主用手臂揽在怀里的。在行为动作上表现为将虫（蛇）揽在臂弯中，表现为文字象形便是 🜚，叠加起来就是金文的"禹"字（图 4）。因为甲骨文和金文中，手臂的形符均表现为 🜚，如古文"敏"🜚字的攵🜚。唯"禹"的🜚手臂横直表现出了臂弯，呈怀抱状；而敏字等🜚表现手臂端朝斜下，不表现臂弯，呈抓持状。

这便明确说明二里头 2002 V M3 出土的绿松石龙形器用手揽在怀中的造型，就是"禹"的象征或形象表征。陶寺早期王墓的龙盘只是盘龙，似头鱼而不像蛇，更不表现手臂。因此，尽管陶寺龙与二里头文化的龙可能有一定的借鉴关系，但是陶寺盘龙绝不表现"以臂揽蛇"的"禹"。反过来说，"禹"的形象必须具备两个要件，一个是🜚，即虫；另一个是🜚，即臂弯。《说文》云："🜚，虫也。从厹，象形。🜚，古文禹。"段玉裁注云："夏王以为名，学者昧其本意。"所以，许慎《说文》仅抓住了"禹"字的一个要件"虫"，而昧解了手臂。当手臂揽住或持举绿松石龙牌时，龙牌就不仅仅是虫、蛇，而是禹的化身。2002 V M3 埋葬于二里头二期宗庙 3 号基址中庭的南院当中，从大的考古存在背景关系上已经挑明绿松石龙牌在宗庙祭祀先王的活动中，所扮演的道具角色，这是绿松石龙牌的功能之一，即祭祀仪仗功能。这也意味着二里头宫城内 3 号宫殿宗庙内的祭

图3　古文字"虫"字示例（引自高明《古文字类编》，
中华书局1980年版，第210页）

祖活动肯定包括祭祀"禹"。从这一点看，蔡运章先生所谓的绿松石龙与夏部族"宗神"禹的名义相合，是正确的。

　　至于"禹"的虫、蛇、龙形态与大禹治水功德等的解读与认识，学界多有论述，本文不再赘述。

图4 古文字"禹"字示例（引自《古文字类编》第213页）

　1. 西周中期《禹鼎》；2. 春秋时期《秦公簋》；3. 西周晚期《叔向簋》；4. 战国时期《万印》。

　诚然，用于宗庙祭祀先王"禹"的化身仪仗，为何随葬在绝不可能是禹的、地位等级并不极高的墓葬中，恐怕还要从绿松石龙牌万舞道具的功能来分析。

三　绿松石龙牌与万舞的关系

　杜金鹏先生曾经推测2002ⅤM3绿松石龙牌可用于祭祖典礼上手持舞动，载歌载舞，模拟龙的翻飞腾挪，模仿祖先的活动，歌颂祖先的丰功伟绩。[3]104这应是绿松石龙牌的舞蹈道具功能。杜先生的推测是很有见地的。龙牌尾部的那条绿松石镶嵌条，在舞动时更适于手托持。我们还可以进一步分析，深化这一推测。

　许宏先生认为，铜铃原本可能是系在2002ⅤM3墓主的手腕上的。我们认为，舞者手腕上的铜铃，配合着手持龙牌舞动，金声玉振，在召唤祖先"禹"的神灵的同时，增添舞蹈的音色，与绿松石龙牌的舞蹈相得益彰。显然，铜铃出土的位置及其背景关系支持龙牌用于舞蹈的推测。在宗庙祭祀中所跳的舞蹈，有一种称为"万舞"。

　《诗经·简兮》唱到："简兮简兮，方将万舞。日之方中，在前上处。硕人俣俣，公庭万舞。有力如虎，执辔如组。左手执籥，右手秉翟。……"《郑笺》云："以干羽为万舞，用之宗庙山川。""干"本意是盾牌，绿松石龙牌长约70厘米，贴嵌于木托板之上，也可以视为盾牌类。羽是指羽毛，即"右手秉翟"，《孔疏》详解为"翟羽谓雉之羽也"。

　2002ⅤM3墓主头顶有三个白陶斗笠形器，形制相同，边缘带有一小牙，中央穿孔，尺寸一大两小。大者2002ⅤM3：2，直径5.9～6.1厘米、高 2.85 厘米；小者 2002ⅤM3：1，直径 4.85 厘米、高 2.18 厘米；小者 2002ⅤM3：3，直径 4.8 厘米、高 2.44 厘米。第 1、2 号斗笠形器上有红色漆痕，表明这些斗笠形器原本是嵌在头顶冠饰，用于插羽毛用。出土时，三件斗笠形器散落呈品字形，最大的 2 号在中间"品"字的顶端，两件小的分别在 2 号的两翼（图 1）。可以推测 2 号斗笠形器是羽冠的核心，插上最粗大的雉尾羽；两侧小的斗笠形器分别插稍细一点的雉羽，其中 1 号斗笠形器上有 31 号绿松石珠作为羽毛的插座，3 号斗笠形器上有 33 号绿松石珠作为羽毛插座，陪衬 2 号斗笠形器上的主羽，视觉效果极佳。准此，2002ⅤM3 随葬品的考古存在背景关系展示了干羽之舞的万舞全套道具或装备——绿松石龙牌（干）、铜铃、翟冠。

《简兮》的《诗传》解释说："刺不用贤也。卫之贤者仕于伶官，皆可以承事王者也。"《孔疏》曰："卫之贤者仕于伶官之贱职，其德皆可以承事王者，堪为王臣，故刺之。伶官者，乐官之总名。经言公庭万舞，即此仕于伶官，在舞职者也。"从孔颖达的解释不难看出，伶官即乐师，也可以是舞师，职官地位比较低贱，却可以同朝臣一样受到王的眷顾。二里头 2002ⅤM3 墓主的地位，恰好是这样的状况——既贵又贱的特殊身份人。[3]104 该墓主生前主要的身份应是伶官，即乐师和舞师，他在重大的祭祀场合，舞动绿松石龙牌进行程式化的舞蹈，正如蔡运章先生认为的那样，可称之为"御龙氏"[5]140。只不过"御龙"并不仅仅是祭祀龙本身"禹"，而更应是"驾驭龙牌舞蹈"之意。

2002ⅤM3 位于宗庙 3 号宫殿基址中庭南院内的考古存在背景关系，也同"公庭万舞"用于宗庙祭祀的用途暗合符节。

四 二里头绿松石铜牌饰与万舞的流变

万舞流传到东周时期，已经发生了很大变化，《简兮》明确说舞蹈道具是"左手执籥，右手秉翟"，已不再是手执绿松石龙牌，头戴羽冠，腕系铜铃，改为左手执籥（笛类的乐器），右手秉翟羽。但是万舞的名称却作为历史的记忆保留下来。

从直观的角度看，不论是执龙牌戴羽冠还是执籥秉翟，都与万名和字没有直接的关联。何以称"万舞"？

《说文》曰："万，虫也。从厹，象形。"解读同"禹"。再看看甲骨文和金文"万"字，的确是长角的虫（图5）。仔细比较甲骨文、金文万、禹、虫字形的差别，不难看出万字不仅强调虫长角，更突出虫头身大尾小。这使我们联想到二里头遗址出土的绿松石铜牌饰，出土于二里头贵族墓葬的绿松石铜牌饰有三例。

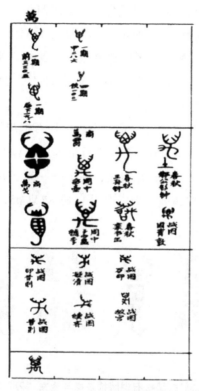

图5　古文字"万"字示例（引自
《古文字类编》第214页）

81ⅤM4：5绿松石铜牌饰出自墓主胸部略偏左，内面凹，附有麻布。长14.2厘米、宽9.8厘米。兽头眼后生出一对丫形角。铜牌饰的东侧便是铜铃及玉铃舌。墓主头部出土两件绿松石管，发掘者认为是戴在颈项上的，但我们推测也可能从头顶位移至此，原本也是用于插雉羽的。同墓底部左侧还随葬漆鼓1件。时代为二里头二期偏晚。[8]

84ⅤM11：7绿松石铜牌饰出自墓主胸前，长16.5厘米、宽8-10厘米。兽面的尖吻两侧为柳叶形角。铜牌饰西侧为铜铃。墓葬时代为二里头文化四期。[9]

87Ⅵ M57：4 绿松石铜牌饰出自墓葬的中部的东边，估计原本也是从墓主的胸腹部位移至此。此饰长 15.9 厘米、宽 7.5－8.9 厘米。兽面眼前伸出一对芒状的角。距铜牌饰 30 厘米处，位于墓室的中部出土铜铃 1 件。墓室头端近墓壁处，出土两件绿松石珠，估计原本也是从墓主头顶位移至此，原来也用于插雉羽。墓葬时代为二里头四期。[10]

足见，绿松石铜牌饰所在的位置、与铜铃的配伍，都是在重复二里头二期 2002Ⅴ M3 绿松石龙牌万舞的道具模式，绿松石铜牌饰的兽面实际上就是 2002Ⅴ M3 绿松石龙牌的另一种表现形式。[3]109 这三座墓主也应是伶官，81Ⅴ M4 随葬漆鼓可以为证。

对比甲骨文和金文的"万"字形态，绿松石铜牌饰上的兽面身首被压缩在一起，且长角。87Ⅵ M57：4 绿松石铜牌饰纹样与商代《万爵》铭文"萬"字作█有些接近，身上有鳞纹，头上长一对芒状角（图 6·1，2）。李德方先生称之为"双角龙纹"[11]145－147。唯 87Ⅵ M57：4 绿松石铜牌饰纹样省略了█虫的尾巴。

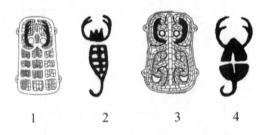

图 6　二里头绿松石铜牌饰纹样与金文"万"字对比

1. 87Ⅵ M57：4 绿松石铜牌饰；2. 商代《万爵》铭文；3. 81Ⅴ M4：5 绿松石铜牌饰；4. 商《万戈》铭。

81Ⅴ M4：5 绿松石铜牌饰与商《万戈》铭█确有相似之处：尖吻，芒状双角，十字形头身和脊柱分割线。唯 81Ⅴ M4：5 绿松石铜牌饰有双卷尾（图 6·3，4）。

通过上述初步分析，我们认为所谓万舞，原本是佩戴绿松石龙铜牌饰与铜铃及雉羽所跳的舞蹈。而铜牌饰皆有四系，形如小盾，也符合万舞干羽道具的历史记忆。使用时，绿松石铜牌饰也是戴在手臂上，因此万字在西周中期出现完整的形态▉（西周中期《舀壶》铭），加上了横直手臂。

由于绿松石铜牌饰显然是 2002ⅤM3 绿松石龙牌的压缩版或简化版，那么万舞再向前追溯，便是二里头二期 2002ⅤM3 绿松石龙牌、铜铃、羽冠道具表现的万舞。其实，仔细观察 2002ⅤM3 绿松石龙牌头部菱形隆起部位两侧低平之处，没有绿松石嵌片的留白部分，大致隐约可以看到表现出的纹饰似乎也是芒状的双角（图2），业已显露出万字"长角虫"的特征了。可见，万舞最初是用绿松石龙牌作为核心道具的，更加活灵活现，但是制作过于高难，木质托体容易损坏，故从二里头二期偏晚开始，简化为绿松石铜牌饰，青铜底托更加耐久。羽冠也被放弃，改为手持雉羽，难以留下遗迹。

不可否认，古文字学界主流观点认为"万"字形象是蝎子。[12]4193～4198《说文》万字当"虫"释，蝎子当然讲得通。但是为何到西周中期万（▉）字加上了手臂，是为了表现手臂抱蝎子吗？再深究下去就讲不通了。抑或是周人对夏人的历史记忆传承中，依稀记得夏人独特的舞蹈是将绿松石铜牌饰戴在手臂上，配上翟羽跳的，而铜牌饰纹样类似商代金文的"万"字（图6），故称这种舞为"万舞"，重新兴盛起来。只不过周人没有全面复"夏"之古，不再采用绿松石铜牌饰、铜铃和羽冠，而改为干羽或籥羽道具，秉于手中，称为"万舞"，或号曰"夏籥"。

至此，我们明白了绿松石龙牌和绿松石铜牌饰，抱在怀中用于宗庙祭祀时，是作为禹的化身仪仗。在宗庙祭祀的舞蹈中，又作为万舞的核心道具。二里头的绿松石龙牌和绿松石铜牌饰只有作为万舞的道具才会赏赐给优秀的伶官即乐官和舞师随葬，而并非作为禹的化身象征物赏赐给伶官"御龙氏"的。

五 二里头文化时期万舞内容的大致推测

文献中缺乏对万舞具体内容的描述。前文已证，绿松石龙牌在宗庙祭祀中作为祭祀仪仗时是禹的化身象征物，作为万舞舞蹈核心道具，应当同大禹有着内在的必然联系。以此类推，二里头文化时期的万舞内容，也应当同大禹有着内在的必然联系。

葛兰言曾提出《尚书·禹贡》可能是古代傩舞祭祀禹步表演时的唱词，用九州象征空间，边走边唱，腾挪转折，通过象征巡游九州空间来召唤神力，将山川、神性与身体技艺合为一体。[13]258 李零先生赞同葛兰言的观点，认为《禹贡》的叙事路径是以晋南临汾盆地西侧龙门河西为中心的横"8"字双回环套路。[14] 李旻先生总结说："这种在贡路辐辏格局之外的双回环空间安排更强调文本的表演性。《禹贡》作为宗教文本的传奇之处在于它对地理空间扼要而精确的描述，使传诵者能通过对局部区域的亲身体验，想象整个禹迹世界的秩序构架与治水事业的宏大规模。真实的山川知识细节和对常人空间认知规模的突破，唤起的是对大禹超自然力的敬畏。"[15]

我们认为，上述学者的卓见，可以作为推测二里头绿松石龙牌和铜牌万舞内容的基础。二里头文化时期的万舞，很有可能是在宗庙祭祀大禹时，王或重臣怀抱绿松石龙牌或铜牌禹的化身仪仗，举行仪式；伶官则挥动绿松石龙牌或铜牌，振动铜铃，跳起万舞。舞之蹈之，行之诵之。吟唱的内容就是《禹贡》，舞蹈的套路就是横"8"形的"禹步"，主要动作是操纵绿松石龙上下翻飞，纵横捭阖，巡游九州，用舞蹈艺术引导观者想象大禹开创的宏大的九州政治地理空间与治水的丰功伟绩。

六　二里头文化的万舞与"夏"的关系

从前文分析，可以得出如下结论：二里头遗址出土的绿松石龙牌和铜牌，证明万舞至少在二里头文化时期已成为一套与祭祀大禹有关、专门颂扬大禹丰功伟绩的制度化、程式化的舞蹈。二里头文化的万舞具有独特性和专门性，并非一般的祭祖宗教舞蹈或巫术傩舞。而文献中均将大禹归为夏王，中国学界主流认为二里头遗址是夏王朝的晚期都城遗址。于是，二里头文化的万舞与夏的关系，便成为一个非常有趣而值得探讨的问题。

《说文》曰："夏，中国之人也。"解释没错，但不知其所以然。曹定云先生《古文"夏"字考》中，对夏字做了比较系统的考究。[16] 他总结了文献中对夏的解读有三种。除了《说文》之说外，还有夏舞之说，出自戴侗《六书故·卷八·夏》："伯氏曰，夏舞也。白象舞者手容，夊象舞者足容也。"阮元《研经室集·释颂》也从此说。第三种是出自《尔雅·释诂》: "夏，大也。"曹先生分析指出，甲骨文中原学界普遍认为的夒（《合集》8984）是最初的夏字。他还总结了"夏"字源流表（图7），认为第一类正面人舞形，会意字，主要流行于宗周和秦；第二类侧身人形，形声字，表现"夏天"之"夏"，主要流行于山东六国。秦始皇统一文字，废六国之夏字，保留秦国之夏字更为秦篆。曹先生还认为，高竖发是夏人的主要特征。

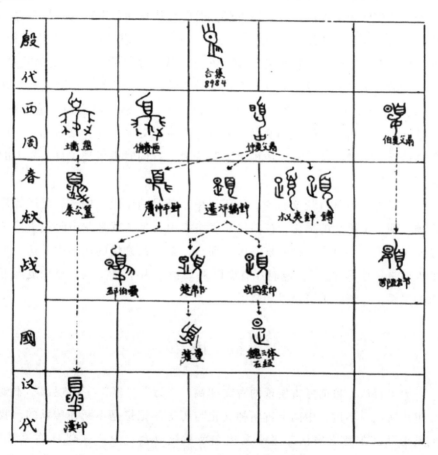

图7 曹定云先生分析的"夏"字源流
（引自《古文"夏"字考》）

曹定云先生的分析极有启发与裨益。但是，我们进一步认为，曹先生解释的《合集》8984甲骨文"夏"字，应是戴羽冠跳万舞的侧身人形。

三根高竖的羽毛，恰似二里头 2002 V M3 墓主头顶三个斗笠形器和 81YLM4 绿松石管内插上雉羽的写照。无论正面的还是侧身的"夏"字，头顶都有高高的雉羽，其实表现的都是舞蹈的人。《礼记·仲尼燕居》："升堂而乐阕，下管象舞，夏籥序兴。"郑注曰："夏籥，文舞也。"阮元《研经室集·卷一·释颂》进一步解释为："夏籥文舞，用羽籥也。"西周时期《仲夏父鬲》的"夏"字，为侧身舞人形（图7），手中拿着的物件表现为日或⊙，很可能是籥的会意。也就是说，至迟在西周时期，已经流变为羽籥之舞的万舞，还被认为是夏籥，是一种文舞，据信是从夏朝传下来的，只不过不再用于祭祀夏禹，而用于宗庙山川祭祀。此解释也忘了所谓的万舞夏籥，在夏代原本是专门祭祀夏禹的舞蹈。准此，从古文"夏"字演变的轨迹，以及文献对于"夏"字的定义，我们大致理清了一个逻辑，那就是居住在"中国"的人，因为戴羽冠跳万舞，祭祀大禹，有别于周边的其他部族，于是这些"中国之人"以万舞的舞姿创造出一个文字"夏"来自称，其他部族接受了这种称谓，称"中国之人"为夏人，同时也接受了夏人先王的称谓"禹"。

西汉人许慎著《说文》时，天下之中也就是地中或土中，早已历经夏商周三朝正统思想的强化，被固化在伊洛嵩山一带，就是龙山时代王湾三期文化和后来二里头文化的核心区。那么，至少在许慎的认知中，这一带的人就是"中国之人"，他们"有史以来"被称为"夏"人。至于夏与万舞的关系，许慎恐怕更难以知晓了。

结　语

无可否认，目前考古发现的古文"禹""万""夏"字出现都早不到二里头文化。不过，中国上古精神文化与历史的记忆是不断在传承的，我们是否可以在尚未确认二里头文化文字系统以及二里头文化有关"禹""万""夏"字的情况下，通过对二里头绿松石龙牌和铜牌具体的考古存在背景关系深入分析，结合出土文献与传世文献的相关历史记忆资料，初步建立起一条考古证据链——在宗庙（如二里头3号宫殿基址）祭祀中，主祭者怀抱中的绿松石龙牌或铜牌仪仗是"禹"的化身；宗庙祭祀中用绿松石龙牌或铜牌配伍铜铃和翟羽冠所跳的祭祀大禹的舞蹈是万舞；使用绿松石龙牌或铜牌祭祀先王大禹、跳万舞祭祀大禹的"中国之人"为"夏"人。这一系列考古证据链均出自二里头遗址本身,在文字自证证据确认之前,二里头遗址夏晚期都城说似乎也不妨暂且定案了。

当然,绿松石铜牌饰在二里头遗址以外的地区也有出土。如甘肃天水采集过1件怀疑是齐家文化的绿松石铜牌饰。成都三星堆遗址出土3件据信为商代的绿松石铜牌饰。[17]多数学者相信是二里头文化传播的结果。[3]109我们不知这些绿松石铜牌饰是否与铜铃、翟羽成万舞道具组合套式传播。不过《史记·六国年表》称"故禹兴于西羌",《华阳国志》云"禹生于石钮"。李学勤先生相信这些传说背后的历史背景。[18]200-205李旻先生解读说:"如果我们把这些大禹兴于西羌的说法理解为当地社会对高地龙山社会的宗教遗产有所传承,那么当地禹生石钮的传说与中原各地的禹迹叙事应是平行传承的文化传统。……这些地方共享的禹神话可能是周人与其他高地传统共同继承的龙山时代宗教遗产,在华夏边缘的高地社会中通过口述与仪式传承。"[15]基于上述学者的分析,我们推测二里头遗址之外的绿松石铜牌饰的出土,很有可能是当地社会接受了"禹神话"的信仰,存在接受二里头文化万舞的可能。基于此,我们认为开创于夏王朝的祭祀大禹的万舞,构成了夏代礼乐文明与制度的核心内涵,其物化的表现就是二里头文化的绿松石龙牌和铜牌。绿松石铜牌饰则是二里头文化礼乐文明核心要素东渐西被的载体。

商灭夏后,从意识形态的角度对夏禹和万舞很可能进行有意识地贬抑,在殷商的核心区再也不见绿松石龙牌和铜牌了。甲骨文中不见"禹"字,"万"象形蝎子,用作地名和音转用于数字,与舞蹈无关。[12]4193-4198"夏"字被丑化近猴形,以致被许多古文字学家释为"夒"(猱)。[12]1913[16]

周革殷命,从意识形态上反殷商之道而行之,尊崇夏朝。于是周人凭借着所"继承的龙山时代宗教遗产"中历史的记忆,把"禹"字造了出来,"夏"字丰富和美化了,"万"字也加上手臂了。只是重新找回的万舞早已不是绿松石龙牌或铜牌与铜铃和翟冠配伍的二里头文化万舞了,改为了籥羽文舞或干羽之舞,号称夏籥,很可能也只知为夏代创建的舞蹈,而早已不知万舞与祭祀夏禹的关系了。

参考文献

[1] 中国社会科学院考古研究所.二里头1999～2006（贰）[M].北京：文物出版社，2014.

[2] 许宏.最早的中国[M].北京：科学出版社，2009.

[3] 杜金鹏.中国龙，华夏魂：试论偃师二里头遗址"龙文物"[M]//杜金鹏，许宏.二里头遗址与二里头文化研究：中国·二里头遗址与二里头文化国际学术研讨会论文集.北京：科学出版社，2006.

[4] 朱乃诚.二里头文化"龙"遗存研究[M]//杜金鹏，许宏.二里头遗址与二里头文化研究：中国·二里头遗址与二里头文化国际学术研讨会论文集.北京：科学出版社，2006.

[5] 蔡运章.绿松石龙图案与夏部族的图腾崇拜[M]//杜金鹏，许宏.二里头遗址与二里头文化研究：中国·二里头遗址与二里头文化国际学术研讨会论文集.北京：科学出版社，2006.

[6] 顾万发，胡继忠.论二里头文化与夏家店下层文化中的龙、蛇[M]//杜金鹏，许宏.二里头遗址与二里头文化研究：中国·二里头遗址与二里头文化国际学术研讨会论文集.北京：科学出版社，2006.

[7] 何驽.陶寺考古：尧舜"中国"之都探征[M]//中共临汾市委宣传部.帝尧之都　中国之源：尧文化暨德廉思想研讨会文集.北京：中国社会科学出版社，2015.

[8] 中国社会科学院考古研究所二里头工作队.1981年河南偃师二里头墓葬发掘简报[J].考古，1984（1）：37-40.

[9] 中国社会科学院考古研究所二里头工作队.1984年秋河南偃师二里头遗址发现的几座墓葬[J].考古，1986（4）：318-323.

[10] 中国社会科学院考古研究所二里头工作队.1987年偃师二里头遗址墓葬发掘简报[J].考古，1992（4）：294-303.

[11] 李德方.二里头遗址的龙纹与龙文化[M]//杜金鹏，许宏.二里头遗址与二里头文化研究：中国·二里头遗址与二里头文化国际学术研讨会论文集.北京：科学出版社，2006.

[12] 李孝定.甲骨文字集释[M].台北：台湾"中研院"历史语言研究所，1970.

[13] Granet, Marcel. Danseset légendes de la Chine ancienne [M]. Les Presses universitaires de France，1926.

[14] 李零.禹迹考：《禹贡》讲授提纲[J].中国文化，2014（1）：57-79.

[15] 李旻.重返夏墟：社会记忆与经典的发生[J].考古学报，2017（3）：287-316.

[16] 曹定云.古文"夏"字考：夏朝存在的文字见证[J].中原文物，1995（3）：65-75.

[17] 王青. 镶嵌铜牌饰的初步研究 [J]. 文物, 2004 (5): 65 – 72.

[18] 李学勤. 禹生石钮说的历史背景 [M] ∥四川省大禹研究会. 大禹及夏文化研究.
成都: 巴蜀书社, 1993.

作者简介: 何驽, 本名何努, 男, 中国社会科学院考古研究
所夏商周考古研究室研究员

原文刊于:《中原文化研究》(郑州), 2018.4: 31 ~ 39

二里头文化：华夏正统的缔造者

曹兵武

摘 要： 二里头文化崛起于中原腹地，时代上介于龙山文化晚期和二里岗商文化之间。二里头遗址本身也是郑州商城之前中原核心地区仅有的超大型、内涵丰富灿烂的具有都邑性质的中心聚落。二里头文化的形成综合了当时中原及周边地区诸多先进文化因素，并缔造了一种全新的中心与周边的新型聚落结构关系模式。从二里头文化与其前后及同时期诸考古学文化的关系看，一个凌驾于各区域性文化传统之上的华夏正统和文化大统由此出现并被后续的商周文化所传承、光大。因此，二里头文化的形成模式应暗示着冲破原来各地旧有的血缘性区域文化传统的国家社会的诞生，早期中国相互作用圈格局由此从多元走向一体，以中原为中心的历史大势也从此开启。

关键词： 二里头；中原；青铜时代；酋邦；国家；华夏文明

二里头文化是以河南省洛阳盆地二里头遗址一至四期为代表的一类考古学文化遗存，其重要性主要体现在：一是崛起并兴盛于传统中原的腹心地带；二是在时间上晚于河南龙山文化而早于以郑州商城为代表的商代二里岗文化；三是二里头遗址本身也是郑州商城之前中原核心地区仅有的超大型、内涵丰富灿烂的具有都邑性质的中心聚落。因此，无论二里头文化是否为夏文化，都不影响其在新石器时代晚期以来早期华夏文明形成与演进中承上启下的关键性角色的地位，所以二里头文化也一直是近年来学术界关注的中国早期国家和文明探源的焦点之一。

目前已发现二里头文化各类遗址超过 500 处，集中分布于豫中和豫西的环嵩山周边地带，其鼎盛时期北至晋中，西至陕东和丹江上游的商州地区，南至鄂北，东至豫东，影响范围则更大。在夏商周断代工程中，二里头遗址经过一系列高精度碳十四测年和校正，时代大致上被确定在公元前1800 年至公元前 1500 年间。[1]除了时空中的关键位点外，仅从考古学文化面貌角度看，二里头文化和二里头遗址也的确有诸多非同一般的表现，与之前和同时期的诸考古学文化包括龙山时期各地的文明高地代表性文化和遗址相比具有很多不同的特点。

一 多重文化要素聚合的文明核心

首先，二里头文化是由若干不同文化的要素融合而成的一个新文化。很多前辈学者都从类型学和文化因素角度分析过二里头文化的渊源。随着考古学发现与认识的深入，多数学者同意从作为当时日常主用和考古学文化最精确标记的陶器组合来看，二里头文化主要是在河南龙山文化嵩山以南的煤山类型和嵩山以北的王湾类型融合基础上大量吸收了豫东的造律台及豫北的后岗二期文化等因素，经短暂的新砦期快速发展而成。当然在此前后，山东、安徽乃至西北方向等的陶器文化因素也大量涌入了这一地区。[2]其实，二里头文化的各个方面都明确地表现出这种对周邻四面八方文化因素的广泛吸收与整合创新的特点，不同于以往的考古学文化往往为一地早期文化的自然嬗变或者受到外来因素的影响而发生转折性变化。二里头文化显然是选择性地甚至是主动地聚合了周邻包括远方的多个考古学文化的精彩因素，如二里头遗址所见铸铜、玉器与绿松石加工和应用，以及白陶、硬陶、海贝等新鲜因素，其中大都是广泛借鉴并经过改造提升和赋予新的内涵后再加以使用。在其社会整体性的经济基础和考古学文化的物质形态中，传统中国的五谷六畜，除了马，此时已初步齐备[3]，复合型的农业经济俨然成型，同时已有了高度发达并专业化的制石、铸铜、造玉和制骨等手工业及专门作坊，其中最令人瞩目的当属掌握了用复合范制造青铜容器并作为垄断性礼器的高超技术。显然，相对于之前多地零星发现的并未在生产生活中扮演重要角色的各类小件铜制品，只有二里头文化才可以被视为是真正意义上的中国青铜时代的滥觞。

其次，二里头文化在当时的诸多地域性文化相互作用中表现出了突出的超越性特点。二里头文化形成过程中广泛吸收各地文化因素并加以整合提升，不仅超过原有诸文化或文化类型，又向周边地区大幅度地施加影响。就纵向时间轴来说，二里头文化的出现是其所在地区经过仰韶时期区域一体化的高峰、分化、相对沉寂之后的又一次较大范围的统一与重新崛起，并像仰韶文化高峰阶段一样，也对周邻文化产生了广泛影响。如果以二里头式牙璋[4]、鸡彝[5]等特色标志性器物和文化因素的分布来衡量，其辐射区范围之大完全不亚于仰韶文化顶峰阶段的庙底沟类型。不同之处是，二里头文化的出现让周邻诸同时期考古学文化显示出万马齐喑的局面，如东方的岳石文化、北方的下七垣文化、东南的马桥文化等，包括长江中游地区。这些周邻文化不但缺乏二里头文化那样的高级产品，而且原来已有的发达的制陶业等手工业也显示出粗鄙化趋势。这显然是这些文化的社会上层在政治和意识形态方面受到抑制性影响之后，对意识形态物品的有意放弃所致。

以上两点让二里头文化不同于此前和同时期周邻乃至当时东亚地区早期文化相互作用圈中的其他任何一支考古学文化，也不同于各地散乱的诸文明制高点，如红山、海岱、良渚、石家河乃至石峁和陶寺等文化。二里头文化的脱颖而出具有鲜明的超越性，某种程度上可视为华夏传统或者文明核心在中原地区形成的标志，许宏先生在《最早的中国》中曾经形象地将此现象概括为文明格局从满天星斗发展到月明星稀。[6]

二 文化大统的形成与地域协同的防御模式

从苏秉琦先生对早期中国诸区系中"古文化—古城—古国"的三阶段演进进程来讲，尽管有早有晚，表现上也各有特点，但各地区基本上都经过了区域性文化传统从萌芽落地到发展壮大，次第走到了古国这一阶段。[7]戴向明先生认为龙山时代晚期的陶寺和石峁甚至已经走到了王国阶段。[8]而二里头文化的独特之处在于，它更进一步走到了王朝——万邦来朝的阶段，其他考古学文化或者被二里头文化所整合，或者要面向二里头文化来朝拜正统，同时也要受这个正统所代表的一个更大的文化大传统的钳制。而此后的历史进程表明，在早期中国的相互作用圈中，还上演了接续这个正统乃至争夺这个正统的历史趋势。[9]比如，商与周都是与二里头文化不同的文化和族群，却共同接续完成了同一个文化正统，不仅加盟了这个文化大统，而且如同接力赛一样将其发扬光大。而在考古所见的整个早期中国文化相互作用圈里，可以认为二里头文化缔造了这个超越各地区早先的族群文化传统的大传统，并让其他区域性文化传统主动或者被动地降格为小传统。

各地的地域性文化传统自旧石器时代晚期已可以从考古遗存尤其是技术工艺及其产品中大致窥见，农业和定居的村落产生之后，区域性的文化传统日益发育，内涵不断丰富，互动不断增强，一个一个的考古学文化得以被不断命名，[10]每一个考古学文化实际上都可以视为一个文化乃至族群上的共同体或者一个文化传统的截面。这传统可以细分为血统、器统、艺统，还有心统（包括后世常被提及的道统、学统、正统）等，它们各有传承，但基本上都是在一个特定地理单元内基于早期农业的萌兴、缘于血缘关系自然地发生和发展，并与周邻诸文化在更大的地理空间中形成了相互作用圈。[11]6其中，仰韶文化曾经因为各种机缘，在这种传统的形成与发展中占得先机，率先进入以农业为主的经济形态，以人口外播拓殖占据广大分布范围，为华夏传统的形成奠定了人口和语言基础。[12]

在以农业部落为载体的区域一体化高峰阶段，各地区的考古学文化普遍发展出以内部分化和大型中心型聚落为特点的簇团式防御和复杂社会，他们大建中心聚落甚至是环壕聚落、带有城墙的聚落，是因为这样的聚落具有相对于普通聚落成倍增长的防御能力，从而在族群冲突或者外来劫掠者面前可以更好地保护族群的安全。二里头文化开创了一种全新的地域协同式防御模式，以巩义稍柴，郑州大师姑，东赵、新郑望京楼，孟州禹寺[13]和平顶山蒲城店等多个具有高度防御能力的次级中心聚落对二里头大邑形成拱卫之势[14]，而二里头自身则仅在行政中枢部位建设宫城进行有限的防御。二里头和这些次级中心聚落的所在，构成文化的中心区，而超出这个文化中心区的重要地点，比如交通要道或关键的资源地，则运用防御性极强的中心聚落将其置诸管辖之下，如夏县东下冯、垣曲古城、商洛东龙山等。这一全新的空间防御与管理模式基本上被二里岗文化全盘继承并扩展。考古发现表明，郑州大师姑、荥阳西史村、新郑望京楼、垣曲古城、商洛东龙山等遗址纷纷在二里头文化消亡之后在二里岗阶段进行了改建或重建，继续扮演区域性中心聚落，和郑州商城形成共荣关系。二里头自身也在延续的同时渐渐被近旁的另一个二里岗文化的大邑偃师商城所镇压、取代。显然，这些现象可以视为是国家形态或者国统的形成及其交替的考古表现。

三 以国家政统为核心的文化正统

一个超越诸区域性文化传统并被不同族群共同认同并争夺的文化正统的形成，显然需要一次大的突破和超越，尤其是对血缘组织关系的突破和超越，并在意识形态方面获得广泛认可。这一点根据古今中外诸多案例来分析，只有国家这一组织形态可以做到。[15]二里头文化这种能够整合诸传统包括以考古学文化为表征的超乎各区域传统之上又包含它们的更大的文化传统，应以政统或者国祚视之或勉强近之。当然，区域传统演进过程中自然也伴随有社会分化、统治与被统治的阶层之分，以及相应意识形态的诠释系统，但族群内部和族群之间的统治与被统治则大不相同，后者需要不同族群、阶级和各类文化因素的系统套嵌和整合。因此，尽管早期中国相互作用圈里的若干地区都曾经发展到复杂的初级文明社会，但终未迈过国家文明的门槛。二里头文化的产生与存在模式则明确地体现了这一突破。二里头文化在包括不同族群的上述诸要素的传承、交流、吸纳、整合、改造和辐射中，缔造了一个超越区域内部不平等乃至区域间相互攻击、掠夺的新型社会治理模式，并可能达成了某种新的具有超越性的意识形态共识。更为重要的是，这个超越诸族群文化传统之正统和大统，又被随后的二里岗文化所接续。显然，这被接续的正是以国家政统为核心的一种华夏文化正统，此后，它又继续被周人和秦人接续并发扬，一步一步由最初的王朝向以黄河中下游地区为中心的中华帝国演进。能概括这样一种政统及其文化和社会形态的，也只能是国家。因此，二里头之前的诸文化共同体，实难被视为真正的国家。现在学界所常用的古国之谓，基本上相当于人类学从世界各地民族志和考古学资料中概括提炼的酋邦，它们尽管产生了社会分层和权力的集中，却并未突破血缘组织和区域传统的羁绊，只能视为一种同质性的复杂社会。

支撑这一国统的正统文化观念，比如世界观、意识形态系统、祭祀系统、礼制系统等，同样在二里头文化中得到快速发展并得以传承下来。考古发现集中体现在继承创新的高等级器物的生产工艺和组织形态方面，其中尤以青铜礼器及其代表的礼仪文化最为重要。二里头遗址迄今已发现的青铜器超过 200 件，有容器、兵器、乐器、礼仪性饰品和工具等，几乎包括当时东亚大陆各文化中的各类青铜器类，而青铜容器则为二里头文化综合各地青铜冶炼、制陶工艺及造型技术和观念等所进行的独创，已经发现的器类有爵、斝、盉、鼎等，是迄今中国发现的最早的成组青铜礼器。二里头铸铜作坊发现的容器陶范，有的刻画着精美的花纹，所铸圆形铜器直径最大者可达 30 厘米以上。作坊遗址面积约 1 万平方米，紧挨宫城南部并以围垣环绕，使用时间自二里头文化早期至最末期，不仅是迄今中国最早的，且可以肯定是由宫廷管理并进行生产的。[16]

二里头遗址发现的绿松石和其他玉石制品也极具特点，和东部海岱、红山、良渚等文化中大量的饰玉、巫玉以及西部齐家、石峁、清凉寺等文化的财玉、宝玉等在制作与使用方式上也表现出根本性区别，比如玉钺、玉刀、玉璋、玉圭等，尽管较多地借鉴了海岱等地的玉器形制，但与其本来的装柄方式和用途已经无关，而多直接用于在各种场合中表现贵族的权威。发掘者许宏先生推测它们或许已经是作为在宫廷上昭示君臣关系的"玉圭"或"笏"来使用的。因此，有理由相信二里头阶段才超越了原来丧葬与巫术背景中的玉文化而形成了真正的礼玉文化。[17]再往后，又进一步借鉴并整合各地尤其是东部巫玉丰富的文化内涵，发展为更加完善的中国传统礼玉体系。在这个过程中，许多早期玉器的形制和含义已经被加以整理和改造了。二里头遗址发现的白陶、印纹硬陶和原始瓷，极有可能也是源自东南地区的早期同类遗物。这些复杂的器用与其背后所蕴含的新的意识形态观念，显然已经形成了与国家正统相对应的新的知识、含义和礼仪系统。

由此可见，二里头文化在中原较广阔的范围内实现了一次跨越式的整合与突破，其文化因素、聚落结构和价值观念等方面均体现出超族群、跨地域的文化形态。究其原因，一是中原内部族群与文化互动的特点，二是自仰韶晚期以来中原周围次第进入区域一体化高峰的各文化的影响，尤其是源自西北地区的人群与新鲜文化因素的强烈刺激。到龙山时代晚期，由于文化自身演进和环境的变化，各地考古学文化间互动交流乃至碰撞的力度空前加大。中原地区因为仰韶时期之后相对的低潮和空心化，以及相对稳定的地理环境，可能还要加上黄河在新气候环境背景下冲积加速所塑造的新的宜居空间，使之成为各方力量的逐鹿之地，各个方向的人群和新文化因素急剧向这里聚集。同时，由于羊、小麦、冶铜等新文化因素的引进，加上持续的高强度开发与环境变迁，北方地区在距今4300年左右，人口大规模增加，文化开始蜕变，相互之间的竞逐空前加剧，今天的长城沿线地带在这一阶段兴起了非常密集的石城聚落群，以及像石峁那样的巨型中心军事聚落，可能也因为相当广阔地域内的野蛮征服掠夺者，迫使晋南盆地地区人口大规模集中并快速走向复杂社会。在此背景下，陶寺曾经试图整合各方力量和文化要素，并可能已经初步跨越国家的门槛，但是旋即在巨大的时空张力下被颠覆而崩溃。作为仰韶兴盛期共同的子民，石峁、陶寺等文化的动静不可能对嵩山周边中原腹心地带的族群没有影响。它们在短时间内完成了自己的区域性整合，并主动向各方出击，尤其是着力于西北方向，直接将晋南作为资源要地和缓冲地带置诸管辖，以寻求在先进文化资源和日益复杂的互动格局中占据比较优势的地位。

这一波巨变，被赵辉先生在《古国时代》文章中概括为社会复杂化或中国文明形成进程的第三波，但除了时空上的异同之外，其模式和意义也和前两波完全不同。第一波是自发性的，是农业文化传统次第进入区域一体化的高潮，仰韶文化拔得头筹，而东方大汶口—龙山、东北红山、东南的崧泽—良渚和南方的屈家岭—石家河等各有精彩华章，甚至后来居上，快速步入高级酋邦社会，其中大汶口、屈家岭等环境优裕，物品丰盈型社会的精美文化因素甚至大举挺进中原，估计也会有不少移民趁机填补此地仰韶后期的相对空白。[18]但随着第二波源自北方的激荡，长城以北自庙底沟二期以来各种快速变异和新颖的文化因素一波又一波不断南下，其多米诺骨牌效应横扫长江中下游甚至更南的东亚大地，让龙山时代的文化格局为之骤变，区域传统间的竞逐进入白热化阶段，连同良渚和石家河那样的巨型中心聚落也轰然坍塌。[19]而以二里头文化为主角的第三波才真正整合四面八方的文明成就，熔铸出以国家为载体的华夏文明的正统和文化自觉。

结　语

　　笔者曾经论说，仰韶文化兴盛得益于中原地区的区位优势和大暖期的历史机遇，融合了东亚旧石器时代以来南北两大文化基底的先进因素，包括小米（黍、粟）、稻两种农业系统的成就，以人口爆发占据了布局阶段的先机，[20] 而同样是中原地区的区位优势，又加上仰韶—龙山变化之际的又一次环境巨变与文化格局大势，以及黄河上中下游独特的地理环境动因，再次在中原地区形成聚合型优势，天时地利与人和，共同催生出二里头文化这样的集大成者。古人常说逐鹿中原，中原地区的地理优势确实便于各族群和文化的你来我往，但是如果说仰韶文化还只是一种因为人口增长引发对外拓展的不自觉的奠基与辐射效应，那么二里头文化才是真正的整合式聚变，显示出吐纳有序的辐辏效应，使得中原地区在东亚大地脱颖而出，最终树立起华夏文明的文化正统地位。[21] 所以，环嵩山的中原被称为华夏文明的摇篮不仅是当之无愧的，而且是相当独特的。这里既是东亚大陆南北地理与气候的交汇地带，也是中国地势西北高地和东部低地的交接之处，还是黄河中下游黄土流失和堆积的转换节点，溯河而上和沿河而下的文化交流聚集效应十分明显。不同时期的不同族群、文化、技术、产品等在这里层积世累，并因在原始耕作条件下易于开垦的土地具有极强的黏着力，很早就成为东亚乃至世界罕见的族群和文化熔炉之一，由此成为早期华夏文明核心的不二选择。[22]

　　人类在东亚大地上的活动由来已久，但是真正的文化意义上传承不断的族群集团和国家文明的形成，则是新石器时代农业社会产生以来各区域性文化相互作用的结果。这个过程包括了旧石器时代奠基的南北两大板块的碰撞融合，东亚基于早期农业社会的区域性文化传统及其相互作用圈的充分发育和发酵，甚至包括西亚、中亚文明因素的不断涌入和刺激。华夏文明核心从仰韶的雏形到二里头的定调，实则是一个不同族群、技术、物品、观念不断交融、砥砺的长期过程。作为各种文明要素集大成者的二里头文化的横空出世，已经是不断融合、反复融合、合之又合的结果。但是，二里头文化以其独特的模式合出了新意，合出了自信，合出了一个全新的格局和境界，最终合成了一个脱颖而出的文化和意识形态上的正统和大统，得以凌驾于各区域性文化传统之上并被整体性地传承和光大，整个东亚相互作用圈由此完成了从多元到一体的嬗变。

参考文献

［1］夏商周断代工程专家组．夏商周断代工程：1996－2000年阶段成果报告·简本（夏商周书·研究报告）［M］．北京：世界图书出版公司，2001.

［2］王立新．再论二里头文化渊源与族属问题：二里头考古与中国早期文明笔谈（二）［J］．历史研究．2020（5）：12－19；魏继印．早期夏文化和夏初历史［J］．中原文化研究，2021（1）：31－37.

［3］袁靖．中原地区的生业状况与中华文明早期发展的关系［J］．西部考古，2016（1）：1－12.

［4］邓聪，王方．二里头牙璋（ⅤM3：4）在南中国的波及：中国早期国家政治制度起源和扩散［J］．中国国家博物馆馆刊，2015（5）：68－79.

［5］张法．三足酒器在远古中国的文化和美学内蕴：基于对鬶盉－鬹鹬－盉（斝）－鸡彝演进历程的探讨［J］．首都师范大学学报（社会科学版）．2018（1）：77－87.

［6］许宏．最早的中国［M］．北京：科学出版社，2009.

［7］苏秉琦．辽西古文化古城古国：兼谈当前田野考古工作的重点或大课题［J］．文物．1986（8）：41－44.

［8］戴向明．中国史前社会的阶段性变化及早期国家的形成［J］．考古学报，2020（3）：309－336.

［9］赵辉．以中原为中心的历史趋势的形成［J］．文物，2000（1）：41－47；赵辉．中国的史前基础：再论以中原为中心的历史趋势［J］．文物，2006（8）：50－54.

［10］夏鼐．关于考古学上文化的定名问题［J］．考古，1959（4）：169－172.

［11］张光直．中国相互作用圈与文明的形成［M］∥庆祝苏秉琦考古五十五年论文集．北京：文物出版社，1989.

［12］Menghan, Zhang, Shi, et al. Phylogenetic Evidence for Sino-Tibetan Origin in Northern China in the Late Neolithic［J］. Nature, 2019.

［13］温小娟，陈学桦．河南夏文化探索又有重要新发现：豫北地区发现虞夏时期"城池"［EB/OL］. https://baijiahao. baidu. com/s？id＝16895139981626411176&wfr＝spider&for＝pc.

［14］袁广阔，朱光华．关于二里头文化城址的几点认识［J］．江汉考古，2014（6）：53－57.

［15］罗曼·赫尔佐克. 古代的国家：起源和统治形式［M］. 赵蓉衡，译. 北京：北京大学出版社，1998.

［16］赵海涛，许宏. 中华文明总进程的核心与引领者：二里头文化的历史位置［J］. 南方文物，2019（2）：57 - 67.

［17］常书香. 承上启下的"二里头玉器"［N］. 洛阳日报，2017 - 08 - 08（09）.

［18］杜金鹏. 试论大汶口文化颍水类型［J］. 考古，1992（2）：157 - 169；孙广清. 河南境内的大汶口文化和屈家岭文化［J］. 中原文物，2000（2）：22 - 28.

［19］赵辉. "古国时代"［J］. 华夏考古. 2020（6）：109 - 117.

［20］曹兵武. 仰韶文化：华夏文明的奠基者［N］. 中国文物报，2020 - 11 - 20（06）；曹兵武. 从仰韶到龙山：史前中国文化演变的社会生态学考察［M］∥周昆叔，宋豫秦. 环境考古研究：第二辑. 北京：科学出版社，2000.

［21］曹兵武. 辐与辏：史前中原文化优势的确立［J］. 中原文化研究. 2015（6）：15 - 25.

［22］周昆叔，张松林，张震宇，等. 论嵩山文化圈［J］. 中原文物，2005（1）：12 - 20.

作者简介：曹兵武，男，中国文化遗产研究院研究员

原文刊于：《中原文化研究》（郑州），2021.3：21～26

关于夏代国家产生的若干理论
与实证问题

沈长云

摘　要： 有关夏代历史文化的讨论，一直是学术界关注的焦点。马克思和恩格斯关于国家形成的两个标志的观点仍应是当前学界判断夏代为我国第一个早期国家的基本依据，这一观点与三代之间血缘组织普遍存在的状况并不冲突。夏代国家的产生路径符合恩格斯有关古代社会"统治与奴役关系"产生的理论论述。尽管尚未有夏代文字的出现，但可靠文献资料以及濮阳高城遗址的发掘，为夏代并非后人杜撰的论点提供了有力的实证支持。古河济地区的考古遗址和考古发现为考察夏的疆域及其所在位置提供了证明，具有王都气象的二里头遗址是夏后期夏人的都邑，而古河济一带则是夏人自始至终居住于其上的夏的本土。禹时洪水并非是一场遍及天下九州的大洪水，它只发生在古兖州及其附近地势低洼的地区，禹治洪水亦不过是其时人们为发展低地农业而对本地经常发生的洪涝灾害进行的治理。

关键词： 夏代；早期国家；产生路径；实证问题

自 20 世纪 70 年代以来，有关夏代历史文化的讨论，一直是学术界关注的焦点。因为它涉及中国古代文明暨早期国家产生这样一个重大的问题。随着讨论的深入进行，如今，一些学者又将寻找夏文化的目光投放到了豫东鲁西一带，即古代的河济地区。应当说，这是一个新的研究动向。笔者始终关注夏代历史文化的讨论，并一直主张夏族及夏代国家产生于古河济之间。考虑到目前夏文化及有关夏史的研究中还存在着一些尚待清理的理论与实际问题，现将一些有关夏代历史文化，特别是有关夏代国家产生的看法整理出来，以在互相切磋的基础上，促进讨论的健康发展。

一 为什么说夏是我国第一个早期国家

讨论这一问题应当从国家产生的标志谈起。有关国家产生的标志，仍应首先尊重马克思、恩格斯提出的关于国家形成的两个标志的理论，并以这两个标志来衡量中国古代国家的产生。这两个标志，一是"按地区来划分它的国民"，二是"公共权力的设立"。马克思、恩格斯是从国家与氏族社会的根本对立的角度来谈论这个问题的，其中恩格斯的论述尤其明确，他在《家庭、私有制和国家的起源》中指出，作为国家的具体体现，同过去相比，具有两个最基本的特征，即：

第一，它造成了一种已不再直截了当同武装起来的全体人民相符合的公共权力；第二，它第一次不依亲属集团，而依共同居住地区为了公共目的来划分人民。[1]110

国家和旧的氏族组织不同的地方，第一点就是它按地区来划分它的国民……第二个不同点，是公共权力的设立。[1]116-117

所谓"按地区来划分它的国民"，是与氏族社会"依亲属关系"来组织它的居民相对立的。所谓"公共权力"，也是与氏族社会"居民的自动的武装组织"相对立的。它不仅包括"武装的人"，"而且还有物质的附属物，如监狱和各种强制机关，这些东西都是以前氏族社会所没有的"[1]167。这样两个体现国家本质特征的标志，完全是社会内部阶级分化和私有财产制度发展的结果。马克思和恩格斯在参考摩尔根《古代社会》有关论述的基础上，分别详细地讨论了古代希腊及古代罗马政治社会即国家产生的全过程，特别是如何按地区来划分它的居民的过程。由此可以总结出马克思、恩格斯在这个问题上的基本逻辑：国家既然是阶级分化和阶级矛盾不可调和的产物，而阶级分化势必会引起氏族社会内部各成员间血缘纽带的松懈。各氏族成员既然失去与原氏族的血缘联系，就势必会与不同氏族或胞族出身的人们杂居。面对这种情况，新出现的政治组织对民众的管理就只能按他们的居住地区进行。这种按地区对民众进行管理的政治组织就是国家。正是在这个意义上，马克思和恩格斯才说，国家是"在氏族制度的废墟上兴起的"[1]165。

应当说，马克思、恩格斯有关国家产生的两个标志完全符合人类社会发展的进程。实际上，不仅马克思、恩格斯是这样认识的，一些现代人类学者也有这样的认识，他们给国家下的定义多遵循上述原则，如弗里德关于国家的定义即是：国家是为了维护社会分层而出现的，是一种借助于"超出血缘关系之上的社会力量建立的复杂机构"[2]37~38。他对国家产生进程的描述也与恩格斯的思路基本相同，即认为分层社会内部的压力，导致了非血缘关系的政治和经济机构的重要性不断增加，这些机构的逐渐成熟、结合，便终于形成了国家。此外，美国考古学者亚当斯亦认为，国家是一种根据政治和地域界定的等级结构，而非立足于血缘关系或其他属性的社群。[3]582

那么，马克思、恩格斯有关国家产生的两个标志是否适合中国古代社会的实际，或者说是否也可以用来衡量中国古代国家的产生呢？这个问题在目前中国学界是存在分歧的。不少学者认为，所谓"按地区来划分它的国民"，也就是地区行政组织的建立这一标志，并不符合中国古代社会的实际。因为在古代中国早已进入国家社会的夏商周三代，血缘组织并未消泯。它不仅依然存在，而且作为三代国家维系政权的基本力量，在社会生活中发挥着广泛的作用。据此，有学者认为，马克思、恩格斯提出的国家形成的两个标志，只是就古希腊和古罗马的情况做出的，对于包括中国在内的其他文明古国并不适用。

笔者认为，在有关中国国家起源与形成问题的讨论中，我们仍然应当毫无保留地坚持使用马克思、恩格斯提出的国家形成的两个标志，不可随意改动或轻言放弃。那么，我们又该如何理解我国夏商周三代仍然存在着各种血缘组织这一现象与我们使用这两个标志并据此判断夏商周三代已进入国家社会之间的关系呢？

应当说，两者之间并不发生冲突。这一问题涉及对中国早期国家特殊性的理解。我们称夏商周三代为"早期国家"，是因为三代国家仍然保存着原始氏族社会遗留下来的许多东西。其中最重要的一点，就是原始社会早就存在的各种血缘组织，亦即遍布各地的许许多多氏族，或族邦，它们并没有像古希腊和古罗马那样"被炸毁"，而是作为我国早期国家的基层社会组织被保留了下来。但是，夏商周三代既然是"国家"，也一定要具备作为国家的必要条件，不仅要有公共权力的设立，还应当有按地区对居民的划分，也就是按地区设立的一套行政组织。这种地区行政组织，笔者以为就是由各个地方彼此没有血缘关系的族邦构成的一套行政系统。这些族邦就单个来说，自然就是单纯的血缘组织，但它们既然被国家编织进一个共同体，彼此之间又没有血缘关系，并各自长期占有某一固定地域，那就只能是国家下属的行政单位。西周时期的文献《尚书·梓材》称："王曰：'封，以厥庶民暨厥臣达大家，以厥臣达王惟邦君。'"表明王的政令正是通过贵族及各族邦的邦君下达到其所管辖的臣民中，这正体现了各族邦是王权下属的行政单位的性质。需要强调的一点是，作为构成早期国家下属行政单位的各个族邦，一定是出自不同的血缘谱系，或至少不是出自同一个血缘系统。用中国古代文献表示不同血缘关系的术语来说，它们一定不属于同一个姓族。以夏代为例，其下属各个族邦，除与夏王保持同姓的诸如姒姓氏族外，还有属于妫姓的有虞氏、属于己姓的昆吾氏、属于彭姓的豕韦氏、属于妊姓的有仍氏和薛氏、属于董姓的豢龙氏等。商周的情况无疑也与之相同。假设若只是相同姓族的几个氏族结合在一起，那就很难说它们是"超越血缘关系"之上的政治组织，就不能称其为"国家"。至于单个族邦，就更不能称之为"国家"了，即使它们内部已经出现了某种社会分层的现象。

传说自"五帝"以来就是一个"天下万邦"的局面。那时"天下"有许多不同姓氏的氏族部落，也就是人们俗称的"族邦"。考古工作者通过聚落考古调查，发现与"五帝"时期相对应的龙山文化时期，各地的聚落经过分化和重组，已形成一组组"都、邑、聚"的结构，他们认为这每一组"都、邑、聚"都可以对应于文献提到的"天下万邦"的"邦"。按照现代人类学理论，这些内部已出现社会分层的"金字塔结构"的氏族邦方都可划入酋邦的范畴，而酋邦正处于国家社会的前夜，因此可以认为"五帝"时期亦正处于由原始氏族社会向文明社会过渡的阶段。然而遗憾的是，我们有相当多的学者不赞同这样的说法，而认为"五帝"时期已经进化到国家社会的阶段。他们或是混淆"酋邦"与"国家"的区别[①]，或是将某些带有城邑的氏族邦方说成是"城市国家"或"城邑国家"。其实，即使我们不赞成国外人类学者的酋邦理论，也很难将上述"五帝"时期的

"邦""国"（文献为避汉高帝的讳，改称"天下万邦"为"天下万国"）说成是国家性质的政治组织。对此，笔者已在有关论著中做过较多辨析，拟不赘述。^②按照马克思、恩格斯的国家产生的两个标志来衡量，这些由单纯血缘谱系构成的氏族团体，均很难说成是"国家"。同时，文献中也未见其时有不同姓氏的族邦组织在一个世袭王权之下的更高一级权力机构的迹象，只是在尧、舜、禹之后，才由禹治洪水导致将众多这样的族邦纳入世袭王权之下。这样，我们就只能将禹建立的世袭王权，即夏朝，作为我国第一个早期国家。

二　夏代国家产生的路径

关于夏代国家的产生，最适宜作参照的观点，莫过于恩格斯在其著名的《反杜林论》中提到的有关古代社会两种"统治与奴役关系"产生的理论。所谓"统治与奴役关系"的产生，实际就是国家的产生，因为国家的实质不外乎就是"统治与奴役"亦即阶级压迫的工具。恩格斯提到，这种统治与奴役的关系是通过两条路径实现的，其中一条路径，他是这样叙述的：

> （在许多民族的原始农业公社中）一开始就存在着一定的共同利益，维护这种利益的工作，虽然是在全社会的监督之下，却不能不由个别成员来担当：如解决争端；制止个别人越权；监督用水，特别是在炎热的地方；最后，在非常原始的状态下执行宗教职能……这些职能被赋予了某种全权，这是国家权力的萌芽。^{[4]218}

这里提到的"原始农业公社"，可以大致比作古代从事农业生产的氏族部落，或中国学者习惯称呼的"族邦"，或一些中外学者理解的"酋邦"。恩格斯认为，在这些原始共同体内，有一些维护或管理共同体整体利益的职务，这些职务不得不由个人来承担。这些负有管理职责的人员（他们应是氏族部落中的领袖人物）一开始充当的角色，显然具有"社会公仆"的性质，但由于这些职位被赋予了某种全权，因而也可以视作国家权力的萌芽，这种萌芽当然还要继续生长，恩格斯接着指出，由于生产力的提高和人口的增长，这些单个的公社集合为更大的整体，建立新的机构来保护共同利益和反对相抵触的利益。

这些机构，作为整个集体的共同利益的代表，在对单个的公社的关系上已经处于特别的、在一定情况下甚至是对立的地位，它们很快就变为更加独立的了，造成这种情况，部分地由于社会职位的世袭，部分地由于同别的集团的冲突的增多，而使得建立这种机构的必要性增加了。在这里我们没有必要来深入研究：社会职能对社会的这种独立化怎样逐渐上升为对社会的统治；起先的社会公仆怎样在顺利的条件下逐步变为社会的主人；在这种转变中，这种主人在什么样的程度上终究也使用了暴力；最后，各个统治人物怎样集结为一个统治阶级。[4]218-219

这里谈到，各单个的公社为了保卫共同利益和反对相抵触的利益而结成更大的整体（相当于现时一些学者所说的"族邦联盟"或"酋邦联盟"），这更大的整体当然又有了新的机构作为整个联合体的共同利益的代表。由于它们处在各单个公社（或酋邦）之上，处理着更大范围的事情（例如同其他部族集团的冲突、战争，或者更大规模的水利事业的修筑等），使得它们原有的管理职能逐渐发生了"独立化"倾向。这种倾向的进一步发展（例如权力的世袭化）更形成了对社会的统治。于是，原本是维护共同体集体利益的机构变成了凌驾于各单个公社之上的世袭权力机构，原本的"社会公仆"也变成了"社会的主人"，也就是压在公社其他各阶层人员之上并可以对他们行使暴力的统治阶级，由是导致一个带有专制主义倾向的国家的产生。

必须提到，对于原始共同体的某些社会职能的执行者可以通过自身权力的"独立化"变成与普通社会成员相对立的统治者集团，同时导致国家产生的论断，恩格斯是始终坚持的。直到1890年，晚年的恩格斯在致康·施米特的一封信中还说："社会产生着它不能缺少的某些共同职能。被指定去执行这种职能的人，就形成社会内部分工的一个新部门。这样，他们就获得了也和授权给他们的人相对立的特殊利益，他们在对这些人的关系上成为独立的人，于是就出现了国家。"[1]482恩格斯所言内容与上述《反杜林论》中的话语几乎是一致的。

中国古代阶级压迫及国家的产生，主要走的就是恩格斯所指出的第一条"统治与奴役关系"产生的路径。不容否认，我国原始氏族社会的后期已经出现了社会分化，出现了财富占有不均和社会地位的不平等，有了富裕家族和贫困家族的区别。但是，那些富裕家族的族长实际上都是些氏族部落的首领，或他们的近亲。以后各个部族联合而成的更大集团（部落联盟、族邦联盟或酋邦联盟）的领袖人物一开始也是这样的情况。对于这个时期的各共同体的首领及其职事人员，我们还可以把他们归纳为"社会公仆"的范畴，因为直到国家产生以前，他们在很大程度上都还是在为共同体的利益执行着管理者的任务。试看古文献对那些传说中的"圣贤"的描述：

> 黄帝能成命百物，以明民共财；颛顼能修之；帝喾能序三辰以固民；尧能单均刑法以仪民；舜勤民事而野死；鲧洪水而殛死；禹能以德修之功；契为司徒而民辑；冥勤其官而水死；汤以宽治民而除其邪；稷勤百谷而山死……（《国语·鲁语上》）

这些先圣先贤实际都是部落或部落联合体的首领。文献记载他们对共同体各种事物的管理是那样尽心尽责，恪敬职守，以至于不少圣贤都死在任上，这显然符合原始共同体"社会公仆"的形象。然而，曾几何时，他们中的一些人或他们的后嗣子孙却变成了凌驾于普通民众之上的不可拂逆的专制君主，也就是"社会的主人"。这种变化的原因，想必不可用他们个人品质的优劣或致力于道德修养的勤惰来加以说明，而是如恩格斯所指出的，由于他们所承担的管理职能发生了对社会的"独立化"倾向所致。用现在的话说，即是权力被异化的结果。

关于这一论点最清楚的证明莫过于我国历史上第一个专制王朝——夏的建立。上文已经提到，夏以前的中国尚是一个"天下万邦"的局面，各邦彼此独立，即便有时几个族邦为某种共同利益结合成稍大一些的族邦联合体，有了像"五帝"那样族邦联合体的首领，但由于他们所承担的这种职位的"独立化"才刚起步，也未曾出现联合体首领的世袭制，因而直到夏以前，尚未有国家产生的事例。

促使夏代国家产生的契机是夏禹的治水。传说"五帝"中最后两位"帝"——尧、舜的时候，中原一带发生洪水，居住在洪水发生地域的夏后氏（它原来的名称叫有崇氏）的首领鲧及其子禹先后被尧、舜任命为领导治水的宗揆。鲧、禹如上引《国语》所述，本亦属于勤于职事的"社会公仆"。尤其是禹，孔子称他"卑宫室而尽力乎沟洫"（《论语·泰伯》），孟子说他为治水"八年于外，三过其门而不入"（《孟子·滕文公上》），韩非子更说他"身执耒臿以为民先，股无胈，胫不生毛，虽臣虏之劳不苦于此矣"（《韩非子·五蠹》）。但是，由于治水需要长时间大规模地集中人力物力，要对各族邦的人力物力进行调配、指挥和统一管理，在此过程中，禹难免要利用联合体赋予自己的职权对各邦施加更多的影响，甚或强制干预。这样一来，就势必使原来较为松散而缺乏约束力的联合体发生质的变化，促使联合体领导机构出现权力集中的倾向，并逐渐凌驾于各个族邦之上，以至最终使各族邦沦为自己臣属的具有专制主义性质的权力机构。而禹则因长期担任领导治水的职务在众族邦中树立了自己及自己家族的权威，由原来的夏后氏部族的首领继任为部落联合体的首领，再发展成为君临众族邦之上的拥有世袭权力的夏代国家的君主。文献在谈到这一变化过程时说，由于禹治水的功绩，"皇天嘉之，祚以天下，赐姓曰姒，氏曰有夏，谓其能以嘉祉殷富生物也"（《国语·周语下》），可见禹确实是因为治水获得了对天下的统治权力。以上，便是夏代国家产生的道路。

三　有关夏代国家产生的若干实证问题

我国第一个早期国家——夏的产生，依据的基本上是传世文献资料，夏代本身并没有文字资料留传给后世，这些资料有关夏代史事人物的记载都属于后人对前代追述的性质。因此，一些学者难免对文献所记某些夏代史事产生怀疑，甚至怀疑到夏代在历史上的存在。除此之外，由于有关夏代文字资料的短缺，以及后人对夏代史事记忆的模糊性，又难免使当今学者对夏代历史的真相产生许多分歧。所有这些都给我们准确阐释夏代国家的产生并获取更多认同造成了困难，所以有关夏的一些实证问题还必须用相当大的力气来解决。

（一）夏是否为后人杜撰的朝代

早在20世纪30年代，就有学者对夏在历史上的存在提出过质疑。其影响最大者，一位是杨宽，他认为"夏史大部为周人依据东西神话辗转演述而成者"[5]281；另一位是陈梦家，他认为夏史乃全从商史中分出，帝禹至帝癸之十四世，即商先公帝喾至示癸十四世，也就是说，夏史不过是由商先公的历史改编而成。[6]330~332

　　这些学者质疑夏代存在的理由中最重要的一条就是夏代没有自己的文字，甲骨文字中也未见有夏代的踪迹。近年来，随着夏文化及夏史探研的展开，一些海内外学者重拾过去杨、陈两位先生的论点，再次提出夏非历史上存在的朝代。苏联学者刘克甫在《夏民族国家：事实还是传说》一文中谈到，一个民族国家要证实自己的存在，所依据的文献必须是书写的而非口传的，是当时的记录者写就的而非后来的，是用本民族的语言而非其他民族的语言写成的，而目前有关夏的种种证据，均不具备以上三个要素。③此论点实际仍是强调夏未有自己留下的文字资料，因而只能是传说而非事实上的朝代。

　　对于海内外学者的质疑，笔者曾在《夏代是杜撰的吗——与陈淳先生商榷》一文中做过辨析：第一，夏虽在很大程度上只能算是一种传说，但这个传说却非一般传说可比。它出自我国最早的文献《尚书·周书》，其中许多篇章不止一次地提到历史上的"夏"或"有夏"。这些篇章皆属《尚书》里的真"周书"，即记录周统治者的各种诰词或所发布命令的文件档案。此类文字所提到的史事即使不能遽定为真的历史，似亦不应轻易否定之。第二，甲骨卜辞之未见关于夏的记录者，乃因为卜辞只是商代后期商王（及部分贵族）占卜活动的记录，内容只是商王（和部分贵族）其时遇到的各种政务和日常生活琐事。它们不是史书，也不是政论文章，不必非提到过去的王朝不可。但卜辞提到了夏后氏的后裔杞，因为商王在征人方的过程中到过杞，这实际也提供了夏后氏在历史上存在过的信息。此外，商末金文也有关于姒姓杞国族的记录，可以与卜辞相互印证。第三，文献除记载夏后氏的活动以外，还记载了其时与夏同姓或与夏结为姻亲及在夏朝廷任职的其他一些氏族。通过考证，可知它们的居处都围绕在夏后氏族的周围，表明夏代也存在着一个如同以后商周国家那样的内外服结构，这在一定程度上也反映出文献所记夏代社会具有某种真实性。第四，考古发现相当于夏代晚期且在夏人活动范围内的二里头遗址已具有王都的规模，并出土有大量高等级的礼仪用品，其为夏晚期的都邑，应属较合理的推测。二里头遗址的存在及其附近的偃师商城的发现，实乃共同反映了夏商之际的历史鼎革。④限于当时资料不足，这篇文章对相关论者的回应尚有未尽如人意之处。

可喜的是，随着新的考古资料的发现，夏在历史上的存在，亦正获得更有力的实证支持，其中最有力的证据是河南濮阳高城遗址的考古发现。如《左传》《世本》《竹书纪年》中都有夏初夏后相都于濮阳帝丘的记载，其中《左传·僖公三十一年》记述到，春秋时期的卫成公刚迁都帝丘，便有卫国的祖先卫康叔托梦给他，说夏后相将他供奉给自己的"享"夺占了。此无疑反映了春秋卫国所迁居的这座都城是在过去夏后相所居都邑基础之上建立起来的这一史实。考古发现的高城遗址也显示出，春秋卫国都城正叠压在由夏初（或稍早时期）开始垒筑起来的一系列夯土城的基础之上。[7]18~30这些文献与考古发掘相互印证，清楚地反映了文献记载中的夏初这一段史实的可信性。

一些学者对夏代文字重要性的强调当然是毋庸置疑的，但对于像夏这样的早期国家，未必非通过当时留传下来的文字资料证明它的存在。美国学者乔纳森·哈斯指出："鲜为人知的原始国家的情况都先于复杂文字的出现，因而，关于这些国家的唯一记载是它们的物质遗留物——即古代人们的活动和环境的物质遗留物。"因而他主张"通过考古学的方法接近早期国家"。[2]6哈斯的说法更加实事求是，了解国外考古的人都知道，世界其他一些地方并不乏通过考古发掘发现并证实传说中古文明的例子。有鉴于此，依凭目前考古学所提供的材料，已经可以得出夏非后人所杜撰的朝代的结论。

（二）夏的疆域与其所在位置

作为一个国家，夏应当有自己的疆域，或所管辖的地域。然而长期以来，人们对此问题的认识却并不是十分清楚。夏的疆域到底有多大？位于何方？夏又是怎样对这些地区进行管理的？这些问题亟须加以澄清。

如上所述，夏作为我国第一个早期国家，乃是在过去族邦联盟的基础上发展起来的，因而它的疆域已非过去单个的族邦或酋邦的规模所能比拟。那么是否可以据此推论，那些组织成夏国家共同体的族邦加在一起的地盘，就是夏的疆域呢？这样认识问题似有简化之嫌。因为那时的国家，包括夏、商、周三代，都有着与秦汉以后不同的国家结构。彼时整个国家分作内服与外服两个部分，内服族邦多为王的同姓或姻亲，分布在王族邦的周围，与王朝关系密切而亲近；外服族邦则因无这种关系而对王朝时叛时服，也就无法将其领地纳入朝廷固定的疆域范围。如今我们只能从夏比较能够固定管辖到的族邦，也就是夏的内服族邦入手，来谈夏的疆域问题。然而这样一个内服的圈子，并不代表着整个夏的疆域，只能说是夏疆域的核心组成部分。虽然如此，人们仍然可以借此了解到夏疆域所在的地理位置及其大致范围。因为按照内外服制度的架构，夏国家的其他外服族邦总是围绕在内服族邦的周围，整个国家的领土不过是在其核心领土的基础上（根据国家的强弱之势）向四周或多或少的扩张而已。

由此，我们可以进一步通过夏国家的内服诸成员来考察它的核心领土的位置。上文已经指出，三代国家的内服族邦一般应包含与王同姓的族邦，其次为与王或王的同姓互通婚姻的族邦，还有一些在朝廷任职并与朝廷保持密切关系（也可能为婚姻关系）的族邦。[8]61-68从文献可知，那时与夏王同姓（同为姒姓）的族邦至少有有扈氏、有莘氏、斟寻氏、斟灌氏这几支。其中有扈氏在今河南郑州黄河以北的原武一带；有莘氏在今山东西部接近河南的莘县北；斟灌氏在今河南与山东交界的范县一带；斟寻氏具体地点不详，但据《左传·哀公元年》记载，它应与斟灌氏离得很近，或许在今豫东与鲁西交界处。至于夏的姻亲氏族的居处，有仍氏应当在今山东曹县；有虞氏在今河南与山东交界的虞城县；涂山氏的旧说在今安徽淮河以南的怀远县，恐嫌偏远，今山东曹县南有古地名涂山，似为涂山氏所在。还有任为"夏伯"的昆吾氏和任为"夏车正"的薛国族，他们分别在今河南濮阳和山东藤县。通观这些被视为夏的内服族邦的居处，可知它们都分布在古代黄河下游及古济水流域一带，结合前面考定的夏前期都邑帝丘的地理位置，更可见这些内服成员基本分布在夏都的周围。王国维曾指出："夏自太康以后以迄后桀，其都邑及他地名之见于经典者，率在东土，与商人错处河济间盖数百岁。"[9]451-452可谓得其要旨，"古河济之间"正是夏疆域核心地带的准确位置。

目前，考古界的部分学者也开始将寻找早期夏文化的注意力投放到了古河济地区。曾主持发掘濮阳高城遗址的袁广阔教授日前发表论文称，古河济地区确实与夏文化有关，古河济一带的考古遗址和考古发现证明，这里在距今4000年前，实率先进入到早期国家阶段。[10]53-58这就从考古学角度给了我们有关夏早期国家与其疆域的说法以充分的支持，相信这个说法会取得越来越多学者的认可。当然，这里还必须辨析清楚古河济一带的考古发掘与二里头遗址的关系问题。如何理解二里头是夏代夏人活动范围内一处具有王都气象的重要遗址这一观点与古河济地区是夏疆域核心组成部分的说法之间的关系？二里头之具有王都气象者，只表明它是夏后期夏人的都邑，古河济一带则是夏人自始至终居住于其上的夏的本土。从可靠的文献上可以考见，包括二里头在内的豫西地区并无夏人早期活动的记录，只是到了夏的后期，夏人才将自己活动的范围扩张到了这里。这从二里头遗址，特别是它的后期，以及与它毗邻的新砦遗址及附近地区包含有大量来自东方，特别是在古河济地区的考古文化因素（如后岗二期文化及王油坊类型文化因素）中可以得到充分的证明。至于临近的晋南之称作"夏墟"，不过表明它曾短暂居住过部分夏的居民或夏的遗民，与夏人原本居住的地域并没有多大关系。

（三）关于禹治洪水的真相

上文已经表明，我国第一个早期国家夏的产生，同它的第一位国君禹曾经领导治理洪水有关。但有关禹治洪水的真相，许多学者也并不是十分清楚。一些人受疑古派学者顾颉刚等人的影响，甚至怀疑禹治洪水在历史上是否实有其事。在尊重事实与文献记载的基础上，对禹治洪水的故事包括古代是否真的发生过洪水、洪水的性质以及禹治洪水的真实内容等，有必要做出明确而合乎事理逻辑的解答。

我国古代许多文献都谈到尧为部落联盟首领的时候曾遭遇到巨大的洪水，因而命令下属鲧和他的儿子禹先后领导治理洪水，以救助众民。这个传说与近年发现的西周时期的铜器铭文豳公盨的记述相互印证，不宜轻易否定。但如同世界其他许多地方的洪水传说一样，这个传说又不可避免地加进了许多人为的附会和神化内容，特别是夸大了洪水发生的范围和禹治水的功力。从正确认识历史的角度出发，我们必须对之进行清理。首先是洪水的性质。根据当时的气候环境和尧、舜、禹部族联盟的性质，我们认为彼时洪水必不会如某些人所描述的那样，是一场遍及天下九州的大洪水。彼时天下不可能每个地方都有洪水，尧（以及之后的舜和禹）也管辖不了天下那么多地方的事情。就气候环境的变迁而言，其时整个中国北方乃至更广大的地区其实是朝着干冷的方向发展的，这样的气候环境应不会造成各地普遍持续的大洪水。尧、舜、禹只是在他们自己领导的部族联盟的地盘内对洪水进行治理，而该地发生洪水亦是气候以外其他自然环境的原因。⑤实际上，过去很多学者也不相信尧时洪水有遍及天下九州的规模，徐旭生先生就曾指出，尧时洪水只发生在古兖州及其附近[11]139-140。他根据的是《禹贡》中两条有关大禹治水的文字，同时考虑到"当日的著名氏族差不多全在兖、豫、徐诸州境内"的事实。笔者认为徐先生的说法是对的，古兖州实际就是古河济之间，那里正是夏后氏及其同姓、姻亲盟邦居住的地方，也是尧、舜、禹部族联盟包含的范围。只是徐先生没能指出洪水发生在这一带的根本原因，并且，他相信禹和他的部族一开始就居住在豫西的外方山下，即今河南登封附近，这未免让人感到遗憾。

今天看来，当时的洪水发生在古河济一带的根本原因主要是这里的低洼地势。古河济地区位于华北大平原的中东部，处在西（太行山）、东（蒙泰山地）两个高地之间，境内河流纵横、湖沼遍布，兼处黄河下游，自古迄今无数水患都在这里发生，尧时洪水发生在这里并不足为奇。然而文献为何不记在它之前或之后的水患，唯独突出这次水患的发生？这要从古代气候环境的变迁及其带来的人口迁徙谈起。尧、舜之前更早的仰韶文化时期，这里尚未走出所谓气象学上的"大暖期"，兼以黄河下游的冲积平原在一些地方尚未成型，气候湿热，河流湖泊众多、沼泽遍布的情形较后世更为突出，因而选择在这里居住的人口并不多，除了一些较高地势之外，多数地区无人居住。仰韶文化遗址和大汶口文化遗址在这里分布的稀少状况，便可从某种程度上证明这一点。迨至龙山文化时期，这里的情况突然发生了很大变化，各地方的聚落增加了许多，一些地方甚至是成十倍、十数倍的增长，遗址的规模也随之扩大，甚至还出现了不少古城。原因何在？实因气候变化所致。由于气候突然变干变凉，导致这里的湖泊池沼大面积萎缩，新的河流阶地、冲积平原和河口三角洲迅速堆积发育，这意味着环境提供给人类居住与生存繁育的空间扩大了。反观周围其他一些地方，如陕西渭水流域和豫西部分地区，却因气候的干凉以及人们长期过度的开发，出现了生活与生产资料的相对紧缺与匮乏，并造成了这些地方的人口向古河济地区的转移，促成古河济地区发展成为一个四方辐辏、聚落繁庶的经济文化中心。而当大家纷纷聚集到此以后，却发现这里的低洼地势极易发生洪涝灾害，为了生存和发展，人们又不得不付出极大的艰辛来对付反复出现的洪水，以解决在低地环境下从事农业生产的问题。现在人们到古河济一带进行考古调查，仍可发现大量当年为对付洪水留下来的居住遗址——丘，就是人们在一些较高地势上构筑居室，世代不离，经年累筑，致其不断增高而形成的聚居场所。考古专家称其产生大多在龙山文化时期，文献记载当时人们在洪水条件下曾反复地"降丘宅土"（《尚书·禹贡》），可作相互印证。这便是禹治洪水发生在那个时期的历史背景。

禹对洪水治理的方法，古今一致认为是"疏导"，即开挖沟洫，使大面积滞留在平原洼地上的洪水排泄到河水的干流或下游湖泊中去。日后孔子称禹功为"尽力乎沟洫"（《论语·泰伯》），可谓得其要领。这项技术在当时并非不可能，考古发掘所见其时古城内外的排水设施，以及规模巨大的城壕建筑，皆可为之佐证。后来各地出现的以各种沟渠道路规整起来的井田，想亦是禹开挖沟洫以防洪涝的遗制。总之，禹治洪水之事是可以信以为实的，中国早期国家的产生与禹治洪水的关系也是可以论定的。历史文献和考古发掘的结合，使得人们对夏代历史发展基本脉络的把握成为可能，对于夏文化乃至整个中国古代文明的探研亦具有重大意义。

注释

①一些学者弄不清"酋邦"与"国家"的区别，以至称呼这个时期的氏族共同体为"酋邦国家"或"酋邦王国"。

②参见沈长云：《中国古代国家起源与形成研究》，北京：人民出版社 2009 年版，第 91 ~ 94 页。

③相关论点参见闫敏：《洛杉矶"夏文化国际学术研讨会"英文本论文译述》，《人文杂志》1991 年第 4 期。

④参见沈长云：《夏代是杜撰的吗——与陈淳先生商榷》，《河北师范大学学报（哲学社会科学版）》2005 年第 3 期，第 89 ~ 96 页。

⑤笔者曾作有《论禹治洪水真相兼论夏史研究诸问题》（《学术月刊》1994 年第 6 期），将尧时洪水发生的原因主要归诸气候环境，现在看来是不对的，应予改正。

参考文献

[1] 马克思恩格斯选集（第 4 卷）[M]. 北京：人民出版社，1972.

［2］哈斯．史前国家的演进［M］.罗林平等，译．北京：求实出版社，1988.

［3］陈淳．考古学的理论与研究［M］.上海：学林出版社，2003.

［4］马克思恩格斯选集（第3卷）［M］.北京：人民出版社，1972.

［5］杨宽．中国上古史导论［M］∥古史辨（第七册上）.上海：上海古籍出版社，
1982.

［6］陈梦家．商代的神话与巫术［M］∥古史辨（第七册下）.上海：上海古籍出版
社，1982.

［7］河南考古研究所等．河南濮阳县高城遗址发掘简报［J］.考古，2008（3）.

［8］沈长云．说"夏族"：兼及夏文化研究中一些亟待解决的认识问题［J］.文史哲，
2005（3）.

［9］王国维．殷周制度论［M］∥观堂集林（第2册）.北京：中华书局，1959.

［10］袁广阔．古河济地区与早期国家形成［J］.中原文化研究，2013（5）.

［11］徐旭生．中国古史的传说时代［M］.北京：文物出版社，1985.

作者简介：沈长云，男，河北师范大学教授、博士生导师

原文刊于：《中原文化研究》（郑州），2015.1：5～13

夏文化探讨的现状与任务

刘　绪

摘　要：关于夏文化探讨，经过 80 多年的努力，到 20 世纪末，学界基本达成共识。近年来，于共识之外尚有不同声音发出，主要表现在两个方面：一是受 14C 测年数据的影响，回归旧说——二里头遗址西亳说，二里头文化前半是夏文化，后半是商文化；二是受西方学者的影响，拒绝或回避探讨夏文化。二者都是老话题。当前对夏文化的探讨，需重点解决与夏文化首尾相关的问题，同时还要考虑夏代王世与夏代积年之间的关系是否合理，是否能得到考古人类学鉴定结果的支持。

关键词：夏文化；14C 测年；西亳；夏王世；夏积年

在中国，关于夏文化的探讨，如果从 20 世纪 30 年代初徐中舒先生第一次把考古材料与文献记载相结合，提出仰韶文化是夏文化之说开始[①]，距今已有 80 多年历史。80 多年来，随着考古资料的积累和学者们的孜孜探求，学界已取得相当大的共识。但是，由于考古学的局限以及当时文字材料的缺失，局部存在分歧不可避免，要求百分之百准确也不可能，探索之路仍然漫长。那么，近些年夏文化探讨发生了什么？我们今后怎么办？这是需要关注的。

20 世纪末是夏文化探讨的黄金时期，偃师商城和二里头遗址的发掘，推动了问题的深入探讨，参与讨论的学者之多，前所未有。正因如此，夏文化探讨在中国学术界除极少数人外，基本达成共识，即二里头文化是夏文化，仅其上、下限稍有分歧。上限指中原龙山文化是否属早期夏文化，下限指二里头文化四期（或晚段）是否进入商代，这些都属进一步深化的细节问题。二里头文化是夏文化共识的得出不是孤立的，是基于成汤亳都早商文化来确定的。因为无论郑州商城亳都说，还是偃师商城亳都说，其所属考古学文化都属二里岗文化。所以，早于二里岗文化，又分布在有夏之居的二里头文化自然是夏文化，共识就这么形成了。

进入 21 世纪，夏文化探讨的态势相对比较沉寂，远没有此前热烈，原因有二：一是共识基本形成，细节的深入探讨难度更高；二是缺少能够促使问题深入开展的重要新发现。共识归共识，沉寂归沉寂，作为学术问题，探讨并没有完全停动，于共识之外尚有不同声音发出，主要表现在两个方面：一是受 14C 测年数据的影响，回归旧说——二里头遗址西亳说，二里头文化前半是夏文化，后半是商文化；二是受西方学者的影响，反对或拒绝探讨夏文化。这就是近年来夏文化探讨发生的新动向。所谓新动向，是就学术发展过程而言，就观点而言，其实都不新，都是早已存在的老话题。以下就这两个动向及需要继续探讨的相关问题，谈谈自己的看法。

一 西亳要回归——14C 测年对探讨夏商文化的影响

从"夏商周断代工程"结项开始，14C 测年结果就埋下伏笔，使曾经一度流行，后遭普遍抛弃的二里头遗址西亳说呈现出复苏的苗头。"夏商周断代工程"结项之后不久，14C 测年结果很快发生一系列变化，态势迅速明朗，二里头遗址西亳说不再沉默，开始发声了，西亳与早商文化要回归。

那么 14C 测年结果是如何变化的呢？2000 年，著名的"夏商周断代工程"公布了阶段性成果（《夏商周断代工程 1996 - 2000 年阶段成果报告·简本》，以下称《简本》）。[1] 其中关于夏代的历史年代，《简本》估定在公元前 2070 年至公元前 1600 年之间，与传统看法相同。关于夏文化和早商文化，则认为河南龙山文化晚期和二里头文化一至四期是夏文化，以郑州商城和偃师商城为代表的二里岗文化是早商文化。可同时公布的部分 14C 测年结果却与这些结论矛盾。主要有两点：其一，关于商代初年的文化遗存,《简本》以二里岗下层早段为代表,分别对郑州商城二里岗下层一期和偃师商城商文化第一期一段的炭样进行了测年,两处数据比较一致,大部分落在公元前 1600 年至公元前 1525 年之间(《简本》表 15、16)。同时,《简本》又估定商始年为公元前 1600 年,此年数与二里岗下层早段测年的最大值相合。总体而言,考古学文化测年与文献记载的推断基本相符。然而对二里头遗址各期的测年结果表明,二里头文化第三期的年代也落在这一时段内,即公元前 1610 年至公元前 1555 年(《简本》表 20)。如此,二里头文化第三期和二里岗下层同时,二里头文化第三期也应属商代初年,属早商文化。这与《简本》认同的二里头文化是夏文化,二里岗文化是早商文化的结论相矛盾,即使主张二里头遗址为西亳,二里头文化第三期为早商文化的学者也未否认二里头文化第三期早于二里岗下层文化的事实,因为这是被多处遗址的地层关系反复证实了的,已属考古常识。《简本》两组测年结果肯定有一组不可靠,为什么出现这样的常识性错误?只有测年专家清楚。其二,郑州地区二里头文化晚期——洛达庙类型晚期遗存的年代,被测定在公元前 1740 年至公元前 1540 年之间(《简本》表 14、15),上限与二里头文化第二期的年代相同,远早于二里岗下层,也早于二里头文化晚期。可考古学界普遍认为,洛达庙类型晚期也就是二里头文化晚期,亦即与二里头文化三、四期同时。显然,同属二里头文化三、四期的遗存,郑州遗址的测年早于二里岗下层,而二里头遗址的测年却与二里岗下层同时。很明显,两者中肯定有一处也错了。对这两处错误,笔者曾在《中原文物》编辑部组织的笔谈中指出过。[2] 当时笔者以为,可能是二里头晚期的测年有误,因为其他多处遗址的数据都与《简本》的夏商年代结论相合,应该比较可靠。如二里岗下层测了两处商城遗址,年代都相当于早商时期,而且郑州洛达庙类型的测年数据又早于这两个遗址二里岗下层的年代,与考古学编年相合。总不至于这三者全错,只有二里头遗址晚期的正确。更何况这是"夏商周断代工程"的成果,是经过严密论证才发表的,万不能马虎至此,出现多处错误!

结果出乎预料,笔者的看法公布后不久,测年专家很快公布了郑州地区洛达庙类型晚期的 14C 样品新数据[3],将其年代后压 100 多年(有的样品与《简本》样品属同一单位,如 Ⅱ T155G3 样品,也比《简本》之数晚了 100 年),使之与二里头遗址晚期的测年一致,即相当于公元前 1580 至公元前 1485 年间，约与二里头遗址第四期相当。这样一改，郑州与偃师地区二里头文化晚期年代就相同了，都与早商时期吻合，即两地二里头文化晚期均属早商文化。这一测年结果正好与曾经流行的二里头遗址西亳说相合，显然，它是对郑亳说和偃师商城西亳说的否定，是对二里岗文化为早商文化的否定，正好为个别坚持二里头遗址西亳说的学者提供了新的依据。

至于二里头文化晚期与二里岗下层年代相同的矛盾，也进行了相应调整，即依次向后压缩。这是"夏商周断代工程"结束之后 14C 测年发生的系列变化，究竟二里头文化晚期和二里岗文化谁是早商文化，新的测年数据不支持"夏商周断代工程"《简本》的结论，而符合二里头遗址西亳说的意愿。这一变化，成为"夏商周断代工程"结题成果（繁本）撰写时面临的难题，这是后话，本文暂且不表。

果然，根据新的测年数据，个别坚持二里头遗址西亳说的学者突然活跃起来，代表人物就是殷玮璋先生。众所周知，在郑亳说提出之前，二里头遗址西亳说几成学界共识。其中，殷玮璋先生于 1978 年发表的《二里头文化探讨》一文②，为巩固该说的地位发挥了重要作用。应该说，在当时持该说的所有文章中，殷先生这篇文章具有代表性，在学术界影响较大，估计殷先生也非常看重。是郑亳说最早否定殷先生赞同的二里头遗址西亳说，在郑亳说当初遭遇二里头遗址西亳说的围攻时，殷先生亦积极参加。后来，由于偃师商城的发现，二里头遗址西亳说的主流地位很快被偃师商城西亳说替代。由于偃师商城西亳说来势汹涌，倡导者和力主者又都是殷先生本单位同事，多数还曾是二里头遗址西亳说的拥护者。在这种氛围下，殷先生没有立刻站出来为维护二里头遗址西亳的地位，与偃师商城西亳说争辩，暂时保持了沉默③。

可见，曾一度一说独大的二里头遗址西亳说最先是遭遇到郑亳说的否定，继而又遭遇偃师商城西亳说的争夺。这对曾经力主二里头遗址西亳说，尤其是对该说发表过有影响文章的学者，如殷先生来说，很难接受，总会寻找理由和机会重振旧说。

事实的确如此，新的 14C 测年数据出来后，表明二里头文化三、四期属早商时期，所以，自 2005 年以来，殷玮璋先生连续发表文章[4]，并在多次学术会议和其他学术活动中发表演讲，对邹衡先生否定二里头遗址西亳说，创建郑亳说的有关论述进行了严厉批评，指责邹先生在研究思路与研究方法上存在先天缺陷，不按科学规程操作，由此而得出的结论必然与历史真实越来越远[4]e等。附带也对偃师商城西亳说予以批驳，坚持二里头遗址西亳说。殷先生之所以批判郑亳说和偃师商城西亳说，重新强调二里头遗址是西亳，二里头文化三、四期属早商文化，其依据只有一项，就是"夏商周断代工程"以来的14C测年数据。所以在殷先生的文章和演讲中，几乎无一不谈"夏商周断代工程"以来的14C测年技术的科学性，强调它是研究者立论时的一个必要前提。

有的测年专家与殷先生相互配合，彼此呼应④，也发表了类似看法，支持二里头遗址西亳说，支持偃师商城早于郑州商城的看法。如张雪莲等先生在《中原文物》2005年第1期发表文章，在总结新的测年结果之后说："洛达庙中期和二里头三期的年代均在公元前1600年左右。""郑州商城二里岗文化的年代上限和建城的年代在公元前1500年前后。而偃师商城小城和宫城的年代相当于偃师商城一期，要早于郑州商城。但偃师商城早期仍未到公元前1600年。""由上述情况看，考古学界不得不面对这样一些问题，即假如历史上夏商年代的分界大约在公元前1600年，那么二里头文化三、四期，洛达庙文化中、晚期还能都是夏代文化吗？郑州商城还能是汤亳吗？如果商朝是从二里岗文化开始的，那么目前测出的年代只能到公元前1500多年。"⑤仇士华等先生在谈二里头文化新测年代后也说："根据现有的考古资料和年代测定，二里岗文化不可能是最早期的商代文化。二里头文化在时间上跨越了夏代晚期和商代早期。"[5]324也就是说，二里头文化前半——一、二期是夏代晚期文化，后半——三、四期是商代早期文化，这与殷先生认同的二里头遗址西亳说的看法完全相同，颇符合殷先生的意愿，不知与殷先生"在考古方面给与的具体帮助和指教"是否有关。

由于二里头遗址西亳说属旧话重提，除14C测年数据支持外，并没有新的考古材料进一步证明其为西亳。所以，虽然殷先生和测年专家强调再三，但赞成与反对的文章寥寥。

受14C测年新数据的影响，继殷先生之后，二里头遗址现在的负责人亦发出回归二里头遗址西亳的倾向性意见。由于在二里头遗址工作，面对新的14C测年结果，他们无法回避，必须给出一个说法，这是可以理解的。在相信新的14C测年成果，相信商代起始于大约公元前1600年的前提下，他们只能回归旧说——二里头遗址西亳说，认为"在夏商分界探索领域，到目前为止还不能排除任何假说所提示的可能性。但测年技术等的进步可以使我们不断调整假说，增大了研究者不断迫近历史真实的可能性"，"高精度系列测年数据看来更支持'二里头商都说'（二里头文化一、二期之间分界或二里头文化二、三期之间分界）以及'陶寺文化为夏文化说'等当前属少数派学者的假说"[6]，倾向于判定二里头文化偏晚阶段为商都。自偃师商城西亳说出现以来，苦苦坚守二里头西亳说40年的邹先生终于听到一点若明若暗的赞同声。但这种声音并不与其完全合拍、和调，一是认为二里头遗址西亳说仍是一种迫近历史真实的假说；二是虽然赞同二里头遗址偏晚可能为商都，但不同意给早于成汤商都的二里头文化偏早阶段（实际包括任何考古学文化）贴上夏文化的标签。

二 夏文化不可知——西学对中国学界的影响

再看第二个动向，即受西方学者的影响，不同意或拒绝探讨夏文化，甚或认为中国历史上有没有夏朝都在两可之间，回避提夏王朝。

其实，这也是个老问题，西方学者一直是这么认为的。比如，1990年在美国洛杉矶召开了一次"夏文化国际研讨会"，这是首次在国外讨论夏文化问题。会议主题本是讨论夏文化，因有西方学者参加，最后的讨论并非围绕夏文化问题展开，而是转变为夏朝是否存在的争论。对于这次会议，邹衡先生有过如下回忆：

> 1990年美国洛杉矶"夏文化国际研讨会"是首次在国外讨论夏文化问题。参加会议的有欧、亚、美、澳诸国对中国夏文化有兴趣的学者。这次研讨会与国内举行的夏文化讨论会不完全相同，主要不是具体地讨论什么是夏文化，尽管我国的大陆学者所准备的大都是夏文化的具体认识问题，如哪种考古学文化是夏文化，等等。这次大会的中心议题却是比较集中讨论夏朝是否客观存在。

据邹衡的回忆，当时的讨论大概有三种意见：第一种意见基本持否定态度，认为夏朝充其量是神话传说时代，不能具体有所指。持这种意见者几乎都是欧美学者。他们的根据基本上是中国《古史辨》的疑古学派的文章，如顾颉刚等。又如陈梦家过去曾以为夏朝大概是与商朝平行的。他们对什么是夏文化根本没有兴趣。第二种意见完全持肯定态度，即夏朝是客观存在的，绝对不能否定。持这种意见者基本都是中国（包括台湾和香港）人或是有中国血统的美籍华人等。他们举出顾颉刚只否定过夏禹，并未否定夏朝。陈梦家把夏商并列，根本没有可靠的古文献根据，只是他的一种揣测而已。第三种意见主要是日本学者，他们对此一般不表态，或者持中立态度，既不肯定，也不否定。会议讨论还是比较热烈的。

通过这次讨论，邹衡最大的感受就是：国外学者对 1949 年以来新中国考古在学术上的收获特别是夏商周的重大突破，似乎都不甚了解，他们注意的主要是工艺品或古文字之类。这里将给我们提出一个问题：我们今后应该如何对外宣传新中国的考古收获，特别是有重大学术意义的考古收获，我们不能只着重艺术品和古文字的宣传。[7]290

类似的意思，笔者也曾当面听邹先生讲过。由邹先生的描述可以得知，参加会议的学者来自东、西方诸国，所以研讨夏文化的内容与国内不同，其表现是，中国学者都是在讲有关夏文化的具体认识问题，讲起来津津有味，可西方学者对什么是夏文化根本没兴趣，认为夏朝压根就不存在，充其量是神话传说时代⑥，不能具体有所指。这等于说中国学者所讲的夏文化纯属无稽之谈，索然无味。对此，中国学者当然不买账，于是就中国历史上是否存在夏王朝展开了争论，即所谓"讨论还是比较热烈的"。

这里有一个问题，既然西方学者都对什么是夏文化不感兴趣，为什么还在美国举办夏文化研讨会？因为会议的组织者是一位美籍华人，在美召开这样的会，有助于加强双方的了解，会议确实达到了这个目的。1990年，改革开放不久，中国与西方的各方面交流有限，中国学者对西方学者的学术看法了解不深，兴冲冲地准备了探讨夏文化具体认识的论文，结果遇到的是当头棒喝：夏王朝不存在，遑论夏文化！这对中国学者触动很大，因而才有了邹先生的感慨。通过这次会议，他才意识到在探讨中国先秦时期历史与考古学文化时西方学者与中国学者的不同，主要表现在两个方面：一是西方学者对 1949 年以来新中国考古在学术上的收获特别是夏商周的重大突破，似乎都不甚了解；二是西方学者注意的主要是工艺品或古文字之类。事实的确如此，改革开放以前，对外，中国几乎是封闭的，中外学术交流极少。西方学者对夏商周三代的了解，基本还停留在顾颉刚先生早年的认识上。到1990年，中国对外发行的考古学期刊仍很有限，外国学者到中国考古工地参观尚需报批，根本不能参加发掘。他们没法及时和较多了解中国重大考古发现。尤其是探讨考古学文化必须利用的出土遗物（主要是陶器），人家连看看的机会都极少，如何研究？说实在，到现在为止，虽开放多年，西方学者通过遗物论述考古学文化者也很罕见。这实属客观条件的局限，未必是他们不想研究。那为什么西方学者对部分工艺品和古文字比较关注呢？这也是有客观前提的，因为西方有不少国家收藏有中国工艺品和古文字方面的资料，如甲骨文、青铜器等，他们可以零距离接触，具备进行深入研究的条件。除客观原因外，也有主观原因，属意识形态领域，就是多数西方学者喜欢把中国学术与中国国家政权、民族主义捆绑在一起，认为你研究的目的不是纯学术问题，而是具有国家意志，是有政治目的的，是民族情绪在作怪，所以结论不可信。这是西方学者长期以来的固有看法，一直延续到现在。

对于夏商周的认识，西方学者有自己的判断标准，就是要有当时的文字材料存在，而且这些文字材料记述了自己的属性。如晚商殷墟出土的甲骨文刻有商王的名字和大邑商地名等；周代遗址出土的西周金文记有西周人名、国别和事件等，而且它们都不同程度地见于历史文献记载。具备这样的条件，方可承认文献记载的真实性。至于殷墟之前，由于没有当时的自证属性的文字发现，所以，即使有历史文献记载和重大考古发现，也不能指称何者是早商文化、何者是夏文化。这就是西方学者研究中国先秦史时从晚商开始，之前视为传说时代的主要原因。

应该承认，这种认识有其合理之处。因缺少当时自证属性的文字材料，即使证据再多，也不能得出百分之百准确的结论。但得不出百分之百准确的结论，并不等于所有证据都不可靠，连百分之一可能都没有，因而彻底否定夏与早商王朝的存在，显然有点极端，也是不合适的。

按照殷墟甲骨文对商先公先王的祭祀系统（"周祭"祀谱为主），商先公先王自上甲以来的世系基本与《史记·殷本纪》商世系吻合，若结合其他先秦文献记载，商先公还可前推再早一点。对此，王国维早在百年前就已揭破。既然承认殷墟甲骨文（武丁以来，盘庚三兄弟时有无甲骨文发现，学界尚有争议）是可靠的，相信文献所载商王武丁以来的晚商是存在的，是可信的，那么，我们接着可以提出这样的问题需要回答：武丁诸父盘庚、小辛与小乙是否一定不可信？应属传说时代？恐怕没人敢说是百分之百不可信。如果武丁的父辈可信，其祖父祖丁又是否可信？依次上推，更早的先公与先王又如何？上溯到哪一代就不可信，属于传说时代了？肯定没法界定。即使越早可信度越低，那也不能断然说武丁以前的所有先公先王都不可信，上甲等先公和成汤就没有一点可信度，早商文化与先商文化不能提，不用探讨。众所周知，上甲与"三报二示"早于成汤，属商先公时期，亦即商代以前，与夏同时。中国考古学家把这一时期称为先商时期，把其考古学文化称为先商文化予以探讨，总不能说是毫无根据的诡诞之谈吧。王国维据甲骨文肯定《史记·殷本纪》商世系之可靠，并进而推断《史记·夏本纪》之夏世系之可靠为"当然之事"的说法，也不会是痴人说梦。因此，在探讨先商文化的同时，探讨与之同时的夏文化，也是当然可行之事，是必不可少的内容。

依文献记载和考古发现，无论时间、地域，还是文化特征，与先商文化同时的二里头文化最大可能是夏文化。虽不能百分之百断定，但它的可能性最大也是毋庸置疑的。对于学术研究，只要有一定可能性，就应积极探讨而不是回避和放弃。

没有发现就一定不存在，这属默证，在历史研究中应慎用。比如商代，在殷墟发掘以前，也面临着同样的问题，当时虽无法判定商代社会性质，但学界没人否定它的存在，并积极予以探讨。如胡适就认为："'九鼎'我认为是一种神话。铁固非夏朝所有，铜恐亦非那时代所能用。发现渑池石器时代文化的安特森近疑商代犹是石器时代的晚期（新石器时代）。我想他的假定颇近是。"[8]200赞同把商代置之于新石器时代，以俟将来史料的发现予以证明。郭沫若在《中国社会之历史的发展阶段》一文中也认为："在商代都还只是畜牧盛行的时代，那末商代的社会应该还是一个原始公社制的氏族社会，至少应该是这种社会的末期。"⑦该文写于1928年流亡期间，是年殷墟开始发掘。之后，当他得知殷墟墓葬有大量殉人等信息后，遂改变看法，认为商代属奴隶制社会。这就是探讨，随着考古资料的不断丰富，历史真实逐渐被揭开，且更加多姿多彩。

其实周代也一样，尽管有关周代的历史文献记载较多，但按照必须有当时自证身份的文字材料出土才可定性与探讨的话，那么周代有很多问题不能提，也无需探讨，这显然难以令人接受。如文献记载周初分封了很多诸侯国，在各诸侯国没有文字材料出土之前，大家都相信它们的存在，并根据有关文献记载进行积极探寻，随着考古工作的开展，有多个诸侯国被确定下来，如燕、晋、应、曾以及甘肃东部的秦等，基本与文献记载吻合。而这些封国都是在自证身份的文字材料出土之前就被提出而予以探讨的。

总之，只要文献记载多少有一点道理，我们就不应该放弃，就应去积极探寻，夏文化探讨也当如此。

三 夏文化需要继续探讨的问题

当前的夏文化探讨，主要集中在夏文化的首尾两端。虽论者不少，但尚有一些问题被忽略，需要认真思考，予以论证。对夏代积年的判定，也有继续探讨的余地，特别是考古人类学材料的运用。兹提示如下。

（一）关于夏文化之首

涉及龙山文化、新砦期与二里头文化一期的关系。对于新砦期，目前学术界较普遍赞同赵芝荃先生最初提出的看法，即认为二者是早晚关系。至于二者的文化属性，或认为是同一文化之前后阶段；或认为是前后相接的两种文化，并由此推导出新砦一带龙山文化结束早、二里头一带龙山文化结束晚的结论，即新砦文化与二里头一带的龙山文化同时。无论哪种情况，都有问题需要进一步论述。比如，既然新砦文化与二里头一带的龙山文化同时（与其他方位的龙山文化亦如此），那么二者的分布范围以何处为界？既然二里头一带龙山文化比新砦一带龙山文化结束晚，两地龙山文化又有何区别？发生了什么变化？在中原地区的东部（偃师以东），于龙山文化和二里头文化之间存在一个新砦文化，二里头一带则不然。这种现象在黄河中下游其他地区如何？有没有普遍性？也就是说，在龙山时代与二里头时代之间是否存在一个新砦时代？还是属于偶然现象，仅限于新砦一带？

还有，一直以来，在夏商文化探讨中，不少学者认为政治事件的发生与考古学文化的变化不同步，如王朝更替后，旧王朝的文化不会马上结束，还会延续到新王朝早期或初期，因新王朝之初不可能形成自己特色的文化，此时的文化被称为"后某文化"，如前述二里头文化四期就被部分学者称为商代的"后夏文化"，此即所谓"文化滞后"的理论。夏王朝的建立，是否属王朝更替，很难定性。禹是禅让即位，启是世袭即位，尽管存在启和伯益"争"与"让"的纠葛，但与后来的王朝更替相比，似有很大区别，谈不上新、旧王朝更替，而是禅让与世袭的交替。以"文化滞后"的理论解释此时的考古学文化，难度更大。不过，在夏代初年，发生了"穷寒代夏"的重大事件，夏王朝一度灭亡约四十年，这是大家都认可的。基此，在探讨早期夏文化时，应考虑这一事件发生之前与之后夏文化的变化。对此，以往研究已经考虑到了，但对文化的滞后性还欠深究。比如，穷寒期间的文化应该延续夏代初年——禹、启和太康时期的特征；少康复国以后一段时间内的文化应该沿用穷寒新文化特征。如果说新砦期具有东方文化因素，是"穷寒代夏"重大事件发生的结果，那么它的上限应晚于代夏事件的发生，因为要滞后；其下限也一定要滞后到少康复国以后一段时间，即进入夏代中期方才合理。如此来看，新砦期的14C测年应进入夏代中期。

（二）关于夏文化之尾

涉及二里头四期与二里岗下层文化的关系。目前学术界有不少学者认为夏代结束于二里头文化三、四期之交，或四期早、晚段之交。如前文所述，四期或四期晚段进入商代，是商代夏文化，或称"后夏文化"，其与成汤西亳的偃师商城早商文化同时并存一期或一段时间。按照二里头遗址新的测年数据，二里头文化平均一期的年代长度，少说也有60多年，一段也有30来年。如果这种认识是正确的，那么同属商王朝统治之下，相距这么近的两个都邑性聚落，在长达30多年，或更长的时间内，彼此间总不能鸡犬之声相闻而毫无往来。两遗址中应该分别包含有对方的文化遗存，而且数量不会太少，可到目前为止，二里头遗址基本不见典型的二里岗下层单位；偃师商城也基本不见典型的二里头四期单位，这是需要考古工作者今后在两遗址中努力寻找的。

二里头遗址的"后夏文化"正是产生文化滞后理论的源头和依据，因为把它断定在新王朝初年。可与之相距仅六公里的新王朝都城——西亳，却同时出现了新文化——商文化，而且还是区分夏商王朝分界的界标，是最早的早商文化的典型代表。这样一来，所谓王朝更替与考古学文化现象变化不完全同步的滞后理论就变得复杂起来，就会出现王朝更替后，有的地点文化滞后，不会很快发生变化，为"后某文化"（如二里头遗址）；也有的地点则会很快发生变化，还能成为新时代的标志（如偃师商城）。如此，这一理论就不具普遍性，仅适合于旧王朝族群，不适合于新王朝族群。那么，所谓新王朝之初不可能形成自己特色的文化，还要沿用旧王朝文化一段时间的滞后理论就显得太过笼统，有以偏概全之嫌，至少偃师商城西亳的结论不支持这种理论。怎么办？需要主张这一理论的学者们予以思考，给出合理的解释。

（三）关于夏王世与夏积年

在相信古本《竹书纪年》与《史记·夏本纪》夏代自禹至桀 14 世 17 王共 471 年记载可靠时，不仅要考虑每世多少年的问题，还要考虑当时人的寿命平均有多长。对于前者，涉及男性成婚的年龄，夏代不得而知，但先秦文献有关于周代的记载，多为二十岁以前加冠成丁，娶妻生子，可作参考。如《荀子·大略》云："天子诸侯子，十九而冠，冠而听治，其教至也。"《左传》襄公九年记载晋鲁之会时，当晋侯听说鲁侯 12 岁了，于是就说："十二年矣，是谓一终，一星终也。国君十五而生子，冠而生子，礼也。君可以冠矣。"说明周代不是晚婚晚育，二十岁以前可以成婚生子，即一代约 20 年，更早的夏商也当如此。可夏代 14 世历 471 年，平均每世 33 年，这意味着夏代男子约 30 岁成婚，即一代约 30 年，比周代晚婚太多，有违常理。

至于夏商时期人的寿命平均有多长（幼儿除外），也应该与成婚年龄有关，倘若当时平均年龄能达到花甲之岁，成婚晚一点也还勉强可以理解；若寿命平均 40 岁左右，成婚年龄晚到 30 岁，等于自取灭亡，肯定行不通。究竟当时人的寿命有多长？考古材料可以提供很好的证据，兹列举学界涉及的部分夏商时期典型遗址予以说明。

先看二里头文化时期，以二里头遗址和大甸子遗址为例。二里头遗址发掘墓葬不少，但经性别年龄鉴定的不多，以有随葬品的墓葬而言[8]，将近 10 例，男、女年龄最大者均为 45 岁[9]。大甸子墓葬有 600 多座经过性别年龄鉴定，近一半人死于 24 - 55 岁；35% 死于 6 - 23 岁；大于 60 岁者 5 人（2 男 3 女），不足 1%。70 岁以上未见[9]224,339-361墓葬登记总表。

龙山时期以陶寺遗址为例，有明确性别年龄鉴定结果的墓葬近 800 座，近一半人死于 35－54 岁；30% 死于 15－34 岁；60 岁以上者仅 2 座（M2168，男，50－70 岁；M1423，女，60 多岁），不足 0.3%。正如发掘报告所言，"死于青壮年者占 70% 以上，而鲜见 55 岁以上的老年人。据这片墓地鉴定结果所做研究，推知当时人的平均寿命只有 39 岁"[10]（第 2 册 425，第 3 册墓葬登记表）。

商代前期经性别年龄鉴定的墓葬材料不多，偃师商城有 29 座，最大年龄者 50 岁[11]741（附录）；藁城台西 22 座，"除十四五岁的少年外，成年人多在 20－50 岁之间"死亡[12]106,110。最大年龄是 50－60 岁（M24），未见 60 岁以上者。

由上述夏商时期主要遗址人骨鉴定结果可知，当时人的寿命远不能与现在同日而语，绝大多数 55 岁以前死亡，过 60 岁的很少，平均寿命不足 40 岁。因此，30 岁以后成婚是不可能的。有文献记载，夏代有 4 个王在位时间各自多达四五十年⑩，若此，其寿命都在 60 岁以上，这等于说，有近 1/4 的夏王高寿（24%）。虽然夏王的生活质量高，可能比一般人长寿，但也不能相差太远。如上所述，二里头遗址有随葬品的墓葬，死者最大年龄才 45 岁。其他遗址过 60 岁者不足 1%，这与夏王过 60 岁者占 24% 的比例相差太大，显然，这 4 位夏王的年龄之大远超常理，确实难以置信，至少不能全信。

总之，如果相信夏王朝 14 世 17 王是可靠的，那么夏代 471 年之数可能有误，即年数多了。反之，如果相信夏代 471 年之数可靠，那么夏王朝 14 世 17 王之说便可能有误，即世数少了。本人以为是前者。

（根据 2018 年 7 月 20 日河南大学举办的"首届夏文化研讨班"讲稿修改而成）

注释

①徐中舒：《再论小屯与仰韶》，《安阳发掘报告》1931 年第 3 期。

②殷玮璋：《二里头文化探讨》，《考古》1978 年第 1 期。殷先生在 1984 年还发表过两篇类似文章，见《文物》1984 年第 2 期，《考古》1984 年第 4 期。

③按照当年中国社会科学院考古所的不成文规矩，重大学术问题，考古所的观点要保持

一致。1983 年，考古所洛阳汉魏队发现并首次发掘偃师商城，最初对外保密，因很快被媒体报道，无奈之下，在发掘简报还未发表之前，《考古》1984 年第 4 期就以"本刊讯"的方式匆匆判定其为西亳。以"本刊讯"的方式就学术问题发声，实属罕见，显然代表单位的观点。须知当时夏鼐先生健在，没有他的批准，"本刊讯"不可能出现。在这种情势下，殷先生只能暂时保持沉默。直到夏先生去世 10 年后（1995），殷才开始重提旧说。

④张雪莲、仇士华《关于夏商周碳十四年代框架》一文在文末附注的感谢中，包括"对殷玮璋研究员在考古方面给与的具体帮助和指教表示感谢"。

⑤张雪莲、仇士华、蔡莲珍：《郑州商城和偃师商城的碳十四年代分析》，《中原文物》2005 年第 1 期。本文之后，张雪莲等在《考古》2007 年第 8 期发表《新砦—二里头—二里岗文化考古年代序列的建立与完善》一文，对断代过程之后的测年结果和认识作了进一步补充，确定郑州二里岗下层一期的年代为公元前 1509 至公元前 1465 年；"新砦早期的年代约为公元前 1870 至公元前 1790 年，新砦晚期的年代约为公元前 1790 至公元前 1720 年，二里头第一期的年代约为公元前 1735 至公元前 1705 年，二里头第四期的年代约为公元前 1565 至公元前 1530 年"，"新砦早期的年代上限应不早于公元前 1870 年前后，二里头第一期的年代上限应不早于公元前 1750 年"。

⑥这种说法在中国早已有之，或为其依据。如颇为支持顾颉刚疑古的胡适，早在 20 世纪 20 年代谈到夏民族时，就认为："至于以山西为中心之夏民族，我们此时所有的史料实在不够用，只好置之于'神话'与'传说'之间，以俟将来史料的发现。"见顾颉刚：《答胡刘两先生书》引胡适来信内容，《古史辨》第 1 册第 98 页，上海古籍出版社 1982 年版。又如郭沫若在 1935 年撰文认为："我们要断定夏代还是传说时代，可说是不成问题的。断定夏代是传说时代，并不是说夏代没有。有是有的，不过不会有多么高的文化，有的只是一点口头传下来的史影。"见郭沫若：《青铜时代》，科学出版社 1957 年版，第 2 页。

⑦郭沫若：《中国社会之历史的发展阶段》，《中国古代社会研究》，人民出版社 1977 年版，第 8 页。

⑧有随葬品者，说明墓主身份不是最低，可以排除因身份低而遭遇非正常死亡的干扰。高级贵族墓更好，但二里头文化时期缺乏。

⑨中国社会科学院考古研究所：《二里头：1999－2006》伍，文物出版社 2014 年版，第 59－62 页，附表 5－1。此前出版的二里头发掘报告，没有这方面信息。

⑩依古本《竹书纪年》，"禹立四十五年"，启"即位三十九年亡，年七十八"，"后芬立四十四年"，"后芒陟位，五十八年"。见方诗铭、王修龄：《古本竹书纪年辑证》，上海古籍出版社 1981 年版。

参考文献

[1] 夏商周断代工程专家组.夏商周断代工程 1996 - 2000 年阶段成果报告·简本 [M]. 北京：世界图书出版公司，2000.

[2] 刘绪.有关夏代年代和夏文化测年的几点看法 [J].中原文物，2001 (2)：32 - 33.

[3] 张雪莲，仇士华.关于夏商周碳十四年代框架 [J].华夏考古，2001 (3)：59 - 72.

[4] a.殷玮璋.郑州商城的年代问题 [M] //安金槐先生纪念文集.郑州：大象出版社，2005；b.殷玮璋.再论早商文化的推定及相关问题：断代工程结题后的反思 (一) [M] //二里头遗址与二里头文化研究·中国二里头遗址与二里头文化国际学术研讨会论文集.北京：科学出版社，2006；c.殷玮璋.夏文化探索中的方法问题："夏商周断代工程"结题后的反思 (二) [J].河北学刊，2006 (4)：89 - 97；d.殷玮璋.探索研究必需按科学规程操作："夏商周断代工程"结题后的反思 [M] //纪念世界文化遗产殷墟科学发掘 80 周年考古与文化遗产论坛会议论文，河南安阳，2008 年 10 月；e.殷玮璋.考古研究必需按科学规程操作 (节录)："夏商周断代工程"结题后的反思 [J].中国社会科学院古代文明研究中心通讯，2009 (17)：12 - 13.

[5] 仇士华，蔡莲珍，张雪莲.关于二里头文化的年代问题 [M] //二里头遗址与二里头文化研究·中国二里头遗址与二里头文化国际学术研讨会论文集.北京：科学出版社，2006.

[6] 许宏.关于二里头为早商都邑的假说 [J].南方文物，2015 (3)：1 - 7.

[7] 邹衡.夏商周考古学论文集·再续集 [M].北京：科学出版社，2011.

[8] 胡适.论帝天及九鼎书 [M] //古史辨：第一册.上海：上海古籍出版社，1982.

[9] 中国社会科学院考古研究所.大甸子：夏家店下层文化遗址与墓葬发掘报告 [M]. 北京：科学出版社，1996.

[10] 中国社会科学院考古研究所，山西省临汾市文物局.襄汾陶寺：1978 - 1985 年考古发掘报告 [M].北京：文物出版社，2015.

[11] 中国社会科学院考古研究所.偃师商城：第 1 卷下册 [M].北京：科学出版社，2013.

[12] 河北省文物研究所.藁城台西商代遗址 [M].北京：文物出版社，1985.

作者简介：刘绪，男，北京大学考古文博学院教授、博士生导师

原文刊于：《中原文化研究》（郑州），2018.5：5～13

早期夏文化和夏初历史

魏继印

摘　要：新砦文化是二里头文化的前身，是豫东地区造律台文化向豫中地区迁移与当地王湾三期文化融合而形成的。在二里头文化为夏代中晚期文化共识的前提下，新砦文化和造律台文化也应为夏族群文化，三种文化属同一谱系。王湾三期文化不是新砦文化的前身，其主要来源于淮河流域的大汶口文化，很可能是东夷伯益族群的文化。而发生在夏代前夕的大洪水，是造律台文化向豫中地区迁移的主要原因。新砦文化与王湾三期文化从联合走向对抗，是由禹益联合治水转向启益争位的反映。到了新砦文化晚期气候趋于稳定，新砦文化向洛阳盆地迁移形成二里头文化当与太康迁居斟寻有关。

关键词：新砦文化；早期夏文化；大洪水；启益争位

随着对夏文化研究的不断深入，学界对二里头文化整体上为夏文化的认识已达成共识，对夏商分界的认识也渐趋明朗。但关于夏文化的首，还存在较大分歧，主要有二里头一期说、新砦期或新砦文化说、王湾三期文化晚期说和后岗二期文化说4种不同认识。笔者支持早期夏文化要在新砦文化中寻找的观点，并发表了数篇文章进行论证。为最大限度地接近历史的真相，推动夏文化研究，本文拟对早期夏文化和夏初历史进行系统的梳理与思考。不当之处，敬请指正。

一 早期夏文化的主要学术观点

关于王湾三期文化晚期为早期夏文化说，这一观点是在年代学的基础上运用"接竹竿的方法"提出来的，即二里头文化的年代不足 300 年，与夏代 471 年有不小的差距，所以加上约 100 年的新砦文化之后还不够，就继续向前接，接到了王湾三期文化晚期[①]，认为王湾三期文化晚期为早期夏文化，新砦期为后羿代夏的中期夏文化，二里头文化为少康中兴之后的晚期夏文化[1]179-303。

新砦期为早期夏文化说，以张国硕先生为代表。他在理性分析夏代积年应不足 400 年的基础上，针对二里头文化和新砦期文化的性质，提出二里头文化应包括新砦期和二里头一期至四期，新砦期是最早的二里头文化的观点。[2]

关于二里头一期为早期夏文化说，以邹衡、陈旭、李维明等先生为代表，他们是依据文化性质提出来的。其实，这一观点，与新砦文化为早期夏文化说比较接近。邹先生在《试论夏文化》最后说："至于河南龙山文化晚期是否为夏文化，倒是可以讨论的。不过，这里牵涉一个过渡问题。根据目前的材料，我们认为，河南龙山文化晚期尽管是二里头文化（即夏文化）最主要的来源，但两者仍然是两个文化，还不能算是一回事。至少可以说，从前者到后者发生了质变。这个质变也许反映了当时氏族、部落或部族之中的巨大分化，或者反映了它们之间的剧烈斗争。"[3]182虽然二里头文化中的很多因素来源于王湾三期文化，但它们不属于同一种文化。这一认识，实际上认为二里头一期为早期夏文化。邹先生在 2005 年 10 月河南偃师召开的中国二里头遗址与二里头文化国际学术研讨会上发表的论文《二里头文化的首和尾》，更加详细地论证了二里头文化与王湾三期文化的关系，再次比较了两种文化的各类因素，最后认为："河南龙山文化晚期并未直接过渡为二里头文化早期，它们仍然属于不同性质的文化。就是说，尽管两者的年代已接近，后者又直接继承了前者的部分文化因素，但仍然是两种文化。或者说，由前者到后者，在文化性质上已经产生了质变。因此，两者的文化面貌已大不相同，两者之间是有严格区别的。前者只能说是河南龙山文化之尾，后者是二里头文化的第一期已是二里头文化之首，这是不能随便混淆的。"但在谈及新砦期时，他认为在豫西，河南龙山文化与二里头文化之间，并不存在什么新的文化。若把它归于二里头文化第一期中的一个组，问题倒是简单一些。②接着，李维明先生在此基础上，把新砦期的后段作为二里头文化第一期的早段来对待[4]，陈旭先生也有相似的看法[5]。从此意义上来看，二里头一期为早期夏文化说与新砦文化为早期夏文化说的认识是比较接近的。

后岗二期文化为早期夏文化说，是从新砦文化中存在的折壁器盖、子母口瓮等具有东方风格的陶器，结合王国维《殷周制度论》中"夏、商错居于河济之间"的说法而提出的，把造律台文化和豫北地区的后岗二期文化作为一个整体的后岗二期文化系统，认为后岗二期文化为早期夏文化③。

其实，二里头文化一期为夏文化说的观点，是把新砦期的晚段作为二里头文化一期早段来看待的。对早期夏文化的争议集中在其开始于龙山文化晚期还是新砦文化时期的问题。

二　对新砦文化为中期夏文化的疑问

若从对新砦文化的性质来看，上述各家观点的分歧主要集中在其是早期夏文化还是中期夏文化。笔者对新砦文化为"羿浞代夏"时期的中期夏文化产生了很多疑问。

(一) 对新砦遗存中东方因素的疑问

2013 - 2018 年，笔者参与了新砦遗址的发掘，对新砦遗存中存在的东方风格因素有着比较深刻的认识。传统上认为新砦遗存中有少量东方风格的陶器，并认为很可能是"羿浞代夏"造成的。④这种认识将考古材料与相关历史事件相对应，本无可厚非。但在整理陶片的过程中笔者发现，东方风格的陶器并非少量，至少超过了50%。通过对《新密新砦》报告中所有陶器进行统计，与王湾三期文化、造律台文化、后岗二期文化和南方的后石家河文化进行全面对比分析，可以发现新砦文化陶器有近80%的因素来源于豫东的造律台文化，只有约18%的因素来源于本地的王湾三期文化。[6]这样，新砦文化中的东方因素就不能简单地理解为是受东方的影响了，而是很可能伴随着较大规模的人口流动。

（二）"后羿代夏"发生的地点与新砦文化的分布范围不符

后羿代夏发生的时间是太康时期，太康的都城是斟寻，但斟寻的地望多认为是在洛阳盆地，而新砦期或新砦文化的分布范围主要在嵩山东南麓地区，没有到洛阳盆地，所以这一观点得不到文献上的支持。

（三）新砦文化为中期夏文化与二里头文化的年代和性质存在矛盾

二里头文化一至四期都是夏文化，根据《竹书纪年》中"太康居斟寻，羿亦居之、桀亦居之"的说法，大体是太康至夏桀时期的夏文化。太康是夏代第二个或第三个王，所以早期夏文化可以在二里头文化的基础上适当向前追溯，但不宜太长。新砦文化持续的年代大约100年，早期夏文化在此基础上不能再向前推了。

（四）新砦文化的性质与后羿代夏存在矛盾

持新砦文化为中期夏文化观点的学者认为，新砦文化是由王湾三期文化发展而来的，只是受到了豫东地区造律台文化的影响，其造律台文化因素是由"羿浞代夏"造成的。据笔者分析，从王湾三期文化到新砦文化，文化面貌发生了较大的变化，新砦文化中来自造律台文化的因素近八成，而当地王湾三期文化因素不足两成，从相关文献来看，后羿代夏是"因夏民以代夏政"[5]，夏文化的主体人群没有发生改变，未必会根本改变其文化面貌，这与新砦文化相对于王湾三期文化发生的巨变产生了矛盾。

总之，新砦文化为中期夏文化的观点，疑点太多，需要重新思考。

三 文化谱系与族属分析

为了推动夏文化研究，基于以上尤其是王湾三期文化晚期为早期夏文化说所存在的问题，可从以下几个方面进行深入思考。基本的思路与方法是：从梳理和分析考古材料出发，结合文献中关于禹、启时期的相关历史事件进行历史地理学的分析。

（一）弄清新砦类遗存的性质

新砦类陶器与王湾三期文化晚期不同，以夹砂陶为主，次为泥质陶，陶胎较厚，火候较低；陶色，以灰陶为主，黑陶次之，褐陶再次；纹饰印痕不清、杂乱无章，以方格纹最多，篮纹次之，绳纹第三；器形有子母口小底大口瓮、附加堆纹深腹罐、附加堆纹鸡冠耳深腹罐、麻花状器耳鼎、桥形耳平底盆、腹饰凸弦纹的平底盆、饰附加堆纹的尊形瓮、直壁桶形器、器座、乳足鼎、桥形耳深腹盆、折肩罐、甑、杯形杯、侧装三角形足子母口罐形鼎、"Y"形足子母口罐形鼎、镂孔足子母口罐形鼎、子母口瓦足瓮、鸡冠耳深腹盆、带钮弧壁器盖、双腹豆、篦形豆、无耳深腹罐、折壁器盖、侧装三角形扁足鼎、桥形耳鼓腹罐、鸡冠耳甑、桥形钮覆盆形器盖、桥形耳小口直领罐、无耳小口直领罐、双腹盆、平底盆、刻槽盆、直壁圈足盘、高柄豆、矮柄豆、碗、钵、觚、单耳杯、鸟嘴形盉。罐、鼎等器物的口沿以圆唇和尖圆唇为主。

新砦类遗存的分布，"大体而言，新砦期遗址主要集中分布在环嵩山地区东半部，即现今的郑州、巩义、新密、荥阳、新郑一带。西边到不了登封、禹县，北不过黄河，东到郑州左近。由此可见，新砦期的分布范围不大，主要在原王湾三期文化的东北部，与造律台类型的西界和后岗二期类型的南部前沿地带相比邻"[1]279-303。也就是说，此类遗存在洛阳盆地几乎没有，在王湾三期文化分布的其他地区也基本不见，但可见受其影响的一些因素。

从年代来看，新砦类遗存（包括新砦遗址第三期所谓的二里头文化一期）相对年代早于二里头遗址的二里头文化一期早段，绝对年代的时长不足100年。

从考古学文化是指分布在一定地域、具有共同特征并持续一定年代的定义来看，新砦类遗存应为一个考古学文化，它与二里头一期文化分布范围不同，并不是介于王湾三期文化与二里头文化之间的过渡期。

（二）弄清新砦类遗存的来源和去向

文化谱系是探讨人群变迁的一个重要方法，主要原理在于考古学文化其实是一个群体共同生活习惯的物质载体，习惯的养成需要一定的时间，一旦形成就会持续一段时间，呈现渐变的特点。一个地区考古学文化的性质发生了突变，往往就意味着人群发生了变化。

关于新砦文化与二里头文化的关系，学界多把新砦文化作为年代稍早于二里头文化的同谱系文化。不过，也有少数学者持不同意见，如张忠培在谈到新砦文化和二里头文化之间的关系时说："我认为无论是新砦二期，还是花地嘴那类遗存，都难以认为是二里头文化的前身。二里头文化的前身，还有待考古学家寻找。"[7] 对此，笔者通过对两种文化进行器形统计和陶色、陶质、纹饰分析发现，二里头文化约78%的器形来源于新砦文化，从新砦文化到二里头文化，其陶色、陶质、纹饰等方面的变化也具有渐变的特点，认为新砦文化是二里头文化的前身是没有问题的。[6]

关于新砦文化的源头，主要有王湾三期文化说[8]540 和后岗二期文化说③两种认识。根据文化因素的种类来分析，新砦文化中既有本地王湾三期文化的因素，又有豫东造律台文化的因素。对于此种现象，王湾三期文化说者认为，在龙山时代这里本是王湾三期文化煤山类型的地盘，只是后来接纳了来自造律台类型的部分因素之后才形成了"新砦期"[8]540。这种用"地盘"的观念来理解文化的发展是不全面的，事实上古代人群的迁徙、殖民所引起的文化取代现象也时有发生，在考虑从王湾三期文化到新砦文化的转变时，这一点不容忽视。受"地盘"观念的束缚，在对新砦文化进行文化因素来源分析时，他们把明显与造律台文化相同的因素进行了统计，认为是受造律台文化的影响所致，对于不易分辨来源的造律台文化和王湾三期文化的共有因素，如把数量庞大的深腹罐全部认为是来源于当地的王湾三期文化。这种统计方法显然不够合理。

对此，通过对新砦文化、造律台文化和王湾三期文化的深腹罐进行细致的观察，发现造律台文化和王湾三期文化的深腹罐虽然形状大体接近，但仍有一些区别。其中最大的不同在于，造律台文化深腹罐的口沿绝大多数都有一圈凹槽，应该是用于固定器盖的；而王湾三期文化深腹罐的口沿上均没有凹槽。新砦文化深腹罐中既有口沿带槽的，也有口沿不带槽的，其中口沿带槽的比例约占总数的38%。笔者认为口沿带凹槽的深腹罐应该主要来源于造律台文化。另外，对于其他无法确定来源的三种文化共有因素，不能进行统计。如果这样统计的话，新砦文化中来源于造律台文化的因素要明显高于王湾三期文化因素，其有近80%的因素来源于造律台文化。[6]

　　总之，经过统计和分析，可以认为二里头文化早期、新砦文化和造律台文化虽然分布地域不同，但确实为同一文化谱系，应是同一人群及其后裔在不同的时期迁移而形成的。既然二里头文化为夏族群文化，那么新砦文化和造律台文化也应为夏族群文化。豫东地区也有一些夏族活动的文献依据，如三国时期的宋衷认为禹都阳城在大梁之南，古代山东西南部一带也有"崇国"，禹母有莘氏也生活在这一地区，禹妻涂山氏生活在此地区南边的安徽中西部一带。⑥因此，从文化谱系和文献两方面来看，造律台文化应为鲧、禹时期及其以前的夏族属文化。

　　至于把新砦文化的源头追溯至后岗二期文化的认识，其实是在承认新砦文化的多数因素都来源于豫东地区造律台文化的基础之上，把造律台文化归入到后岗二期文化之内而得出的。对此，笔者认为，安阳地区的后岗二期文化与濮阳地区的龙山晚期文化和鲁豫皖相邻地区的造律台文化虽然有较多的相似因素，但仍有较大的差别。从文化面貌上看，濮阳地区的龙山晚期文化与造律台文化更为接近，而与安阳地区的后岗二期文化差别更大。至于濮阳地区的龙山晚期文化与造律台文化之间是什么样的关系，因材料有限，现在讨论还为时尚早。从目前的材料看，以豫东为中心的造律台文化与豫中地区相互毗邻，与新砦文化也最为接近，濮阳地区的人群要向新砦文化分布的嵩山东南麓一带迁移恐怕也不能绕过造律台文化分布的开封地区。

（三）新砦文化与王湾三期文化的关系问题

　　新砦文化是二里头文化的前身，已基本得到学界的认可，但其与王湾三期文化是什么关系，也是认识夏文化形成的关键环节。对此，学术界目前主要有五种观点：第一，把它作为王湾三期文化的末期遗存；⑦第二，认为它是从王湾三期文化到二里头文化的过渡性遗存；⑧第三，认为其早段属王湾三期文化最晚阶段的遗存，晚段属二里头文化一期偏早阶段的遗存；[9]第四，把它作为二里头文化最早的遗存来看待；⑨第五，认为它是中原地区继王湾三期文化之后与花地嘴遗存和二里头文化一期同时出现的三类遗存之一。[10]

　　基于大致相同的材料，却能得出如此多不同的结论，其原因是值得思考的。经过认真学习上述研究之后，可以发现这些结论虽然都是运用文化因素分析的方法得出的，但均缺乏比较细致的分期。我们知道，在运用文化因素分析的时候，"必须从发展的角度在分期的基础上进行"[11]295，才能得到更为科学的认识。新砦文化本身延续时间较短，又与王湾三期文化具有很多近似的文化因素，所以如果不在细致分期的基础上对两种文化的关系进行分析，是很难得出正确认识的。

因此，为了彻底解决二里头文化、新砦文化和王湾三期文化之间的关系，笔者把公布材料相对丰富的遗址进行了全面梳理，在进行细致分期的基础之上，写成了《论新砦文化与王湾三期文化的关系》[12]。文章从新砦遗址入手，先对新砦遗址的王湾三期文化进行分期，然后与王城岗遗址进行对比，发现其年代不晚于王城岗龙山文化的第四期。接着，又运用新砦遗址新砦文化中包括的王湾三期文化因素与王城岗遗址进行对比，发现其早段相当于王城岗第四期，晚段相当于王城岗第五期。最后，又把新砦文化与周边的新砦文化遗址和王湾三期遗存进行分期和对比分析，得出了新砦文化与王湾三期文化关系的清晰认识：第一，新砦文化主要分布在王湾三期文化分布范围的东北角，与王湾三期文化遗址交错分布；第二，新砦文化分布范围比较小，遗址不多，但可分为早、中、晚三个时期，各遗址新砦文化出现的时间不一，而且处在王湾三期文化的半包围之中，与洛阳盆地、汝颍河上游一带的王湾三期文化并存，并对部分王湾三期文化遗址产生影响；第三，新砦文化在双洎河流域出现之后，先向北扩展，经郑州、荥阳沿伊洛河谷折而向西南经巩义花地嘴遗址进入洛阳盆地，晚期时又向南绕过禹州瓦店遗址，占领了平顶山蒲城店遗址，然后又沿汝河河谷向西北经临汝煤山遗址进入到伊河河谷的伊川白元遗址，随后又沿伊河北上过龙门进入洛阳盆地西部的洛阳东干沟遗址。

以上结论也得到了最新材料的支持，《洛阳盆地中东部先秦时期遗存——1997—2007 年区域系统调查报告》对洛阳盆地中东部地区进行了系统考古调查，调查的 456 处遗址中没有一处属典型的新砦文化遗址。[10]而在嵩山东南麓一带，则新砦文化遗址众多，除新密的新砦和黄寨、郑州的马庄和牛砦、巩义的花地嘴外，在溱洧流域就发现有 14 处[13]138−176，另外新郑境内还有大司、唐户、金钟寨、高辛庄等遗址。证实了新砦文化是主要分布于嵩山东南麓一带的地方性文化，与其他地区的王湾三期文化晚期并存，是与王湾三期文化不同性质的考古学文化。

（四）王湾三期文化的族属问题

从以上对考古材料的分析可知，新砦文化是造律台文化西进对嵩山东南麓一带的王湾三期文化的取代，而不是直接从王湾三期文化发展而来的。也就是说，是以夏族取代了王湾三期文化所代表的族群，形成了新砦文化。

既然新砦文化的主要源头不是王湾三期文化，那么王湾三期文化就不应该是夏族群的文化。那么，解决王湾三期文化是谁的文化就成为一个关键的问题，因为之前的研究均认为王湾三期文化是早期或先期夏文化，别无他说。

从分析王湾三期文化的来源入手，把王湾三期文化与年代稍早的仰韶系文化、豫东地区的大汶口文化以及豫南地区的石家河文化进行对比分析，可以发现王湾三期文化约50%的因素来源于大汶口文化，约30%的因素来源于仰韶系文化，从而得出王湾三期文化应是东夷文化和华夏文化融合而成的一支文化。[14]因此，从文化谱系的角度来看，王湾三期文化、尉迟寺类型大汶口文化、山东大汶口文化应为同一谱系文化。

王湾三期文化虽然不是夏文化，但与夏族群的新砦文化和造律台文化关系也非常密切，其又跟东夷人有关。在华夏集团中有两个著名的东夷人，即皋陶和伯益，他们地位都很重要，曾被禹选为接班人。认真检索相关文献，可以发现在王湾三期文化的分布范围内有很多关于皋陶和伯益及其后人在此生活的史影，王湾三期文化很可能是伯益和皋陶族群的文化[15]，而淮河流域的大汶口文化则应是其近祖文化[16]。

四　文化现象与早期夏史的拟合

如果把新砦文化理解为早期夏文化，造律台文化理解为先夏文化，王湾三期文化理解为伯益族群文化，那么很多相关的历史问题就迎刃而解了。

（一）新砦文化时期的大洪水

通过对考古学文化谱系的梳理发现，二里头文化一期主要分布在洛阳盆地，但其前身的新砦文化则主要分布在嵩山以东的郑州地区，其主要来源又可追溯到豫东地区的造律台文化，其背后应该是龙山时代末期之时，豫东地区的造律台文化居民向西迁移至郑州地区与部分当地居民一起融合形成了新砦文化，新砦文化居民继续向西，北从洛汭、南经龙门，进入洛阳盆地，在洛阳盆地的中央形成二里头文化。但这一现象的背后又是什么样的原因造成的豫东地区的居民不断向西迁移的呢？

仔细分析《新密新砦——1999～2000年田野考古发掘报告》和新出版的《二里头：1999～2006》，可以发现两部报告均有环境考古学者研究的内容。新砦遗址的环境考古学研究显示，新砦期早段时就有洪水迹象，到晚段发生了大洪水的事件，至第三期时归于正常。这一结论不仅有沉积和冲积学的证据，也有大植物、孢粉以及动物方面的证据，应该是可靠的。《二里头：1999～2006》中的环境考古部分显示，在二里头文化形成前的洛阳盆地中央曾经发生过大洪水事件，即在公元前2000年至公元前1800年间，在洛阳盆地的中央，伊洛河水大涨，漫过了河边的第二级台地，并且形成较长时期的积水和较厚的沉积层。通过对比两地洪水发生的时间，可以发现洛阳盆地洪水发生的时间是公元前2000年至公元前1800年间，新砦遗址的洪水是年代稍早于二里头文化一期的新砦文化时期，两地洪水发生的时间是一致的，应属同一次洪水。[17]基本的解释是，在新砦文化的早期和中期时，由于降水的增加，伊洛河及其支河的水量大增，由于洛阳盆地的出水口较小，在沿伊洛河的盆地中央形成了较长时间的积水，其地的居民移出；在嵩山东南麓地区，由于处于两山之间的宽谷地区，洪水的表现形式以下切为主，但这里的居民仍能够在此生活；而豫东地区海拔较低，地势低洼，上游地区的洪水汇聚于此地，受灾最为严重，其居民被迫向地势较高的豫中一带迁移。在新砦文化晚期，即新砦遗址第三期时，洪水退去，在洛阳盆地的中央又形成广袤的良田，新砦文化趁机兵分两路，其中一路北从洛汭，南经北汝河和龙门进入洛阳盆地，在其中央形成二里头文化。

环境考古学者的研究显示，新砦文化时期的大洪水发生的范围很大，在伊河流域、洛河流域、涑水河流域、沁河流域、双洎河流域，包括河南的新密新砦、辉县孟庄、焦作徐堡、博爱西金城、偃师二里头、洛阳矬李和王湾、三门峡三里桥以及山西的绛县周家庄等遗址都有发现。[18]1257此次洪水规模之大、持续时间之长，跟文献记载中发生在禹时的大洪水比较接近。

（二）王城岗与阳城

《竹书纪年》等文献都有"禹居阳城"的说法。关于阳城，战国时期有很多，主要有颍川阳城、大梁阳城、南阳阳城、商水阳城等，但流传有关禹的传说主要有颍川阳城[⑪]和大梁阳城[⑫]。王城岗遗址属于颍水流域，发现有龙山时代和战国时期的城墙，尤其是发现带有"阳城"字样的陶器，确为阳城无疑。

遗憾的是二里头文化与王城岗龙山文化不属于同一个文化谱系。如果二里头文化为夏文化，那么王城岗龙山文化就不应是夏文化。如果王城岗龙山文化是夏文化，二里头文化就不是。考古学文化的谱系是两种或多种考古学文化之间的继承关系的问题，相当于人类的"遗传"关系。其基本的原理是"子"考古学文化会继承其"父"考古学文化的各种生活习惯和习俗，"父"和"子"只要有共同的生活存续时间，"子"就会从"父"那里学习和继承各种习惯、习俗与文化，并在此基础上发展，他们中间是渐变的关系，而不是突变。如果两种年代相继的文化之间存在突变现象，那就不是同一人群的自然延续，很可能是发生了人群的变换或更替。

嵩山东南麓地区除分布有王湾三期文化外，还有新砦文化，两种文化交错杂居，因此，应至少有两个族群在此生活。笔者认为王湾三期文化与东夷人伯益有关，新砦文化与华夏族的禹和启有关，所以禹带领的夏族群和伯益带领的东夷族群均生活在这一带。由于记忆模糊以及禹的名气大于伯益，后人把颍川阳城跟禹联系起来也属正常。但若从文化谱系和属性来判断，此阳城应与伯益带领的东夷族群有关。

伯益是秦的祖先，出自东夷少昊氏，曾因助禹治水和伐三苗有功而被立为继承人。笔者认为，禹最初生活在豫东造律台文化的分布区，伯益则主要生活在豫中王湾三期文化的分布区。禹时，豫东地区受到了长时期的洪水灾害，不得不向其盟友伯益的居地，即地势较高的豫中嵩山东南麓一带迁移发展。从新砦文化的形成及演变来看，也恰巧能够较为合理地解释这一历史事件。新砦文化早期（新砦遗址二期早段）时，发生了大洪水，豫东地区地势低洼，受灾较为严重，造律台文化人群在禹的带领下，向地势较高的豫中地区迁徙，与伯益族群和平共处，这就是新砦古城不仅"防御洪水的意义远远高于军事防御功能，而且和平环境下氏族部落间不同文化相互吸收与借用的性质颇为突出"[19]的主要原因。新砦文化中期（新砦遗址二期晚段）时，随着洪水越来越大，造律台文化继续西迁，不但新砦遗址进一步扩大，而且郑州地区的新砦文化聚落也越来越多。

新砦文化晚期（新砦遗址第三期）时，气候趋于稳定，洪水消退。新砦文化进一步扩张，与王湾三期文化的关系，逐渐从和平共处走向了争夺和对抗，在汝河流域的平顶山蒲城店、临汝煤山等遗址出现单纯的新砦文化因素。尤其是在新郑人和寨遗址、郑州东赵遗址和平顶山蒲城店遗址发现有新砦文化晚期的城址，体现了夏族群和伯益族群之间冲突的加剧。此时，王城岗遗址的龙山文化突然衰落，进入所谓的二里头一期（并非典型的二里头一期文化），应仍是本地王湾三期文化的延续。这一现象，在文献上也有反映。禹死后禅位于功劳很大的伯益，但禹子启的势力也很强大，联合诸侯攻伯益，伯益被迫避启于箕山之阴⑬，最后为启所杀⑭。王城岗城址正位于箕山之阴，所以很可能是伯益避启的阳城。

至于《水经注》中把此阳城认为是禹所居的阳城，也不难理解，因为不仅伯益在此生活，禹也在此生活，禹的名气要远大于伯益，后人因对禹的传颂较多而忽略了伯益，事实上也有文献说"禹避商均，伯益避启，并于此也"⑮。

（三）太康迁居斟寻

启杀伯益称王，有扈氏不服，启伐之，大战于甘，巩固了自己的王位，从此开启了家天下的局面。启死后，又传位于太康。《竹书纪年》中说太康居斟寻。关于斟寻的地望，多数认为是在洛阳盆地。《穆天子传》中说启居黄台之丘，多数认为是在今新密一带。这说明，启至太康时夏进行了一次迁都，大概是从嵩山东南迁到了洛阳盆地。无独有偶，如笔者所研究的那样，新砦文化晚期时，气候趋于稳定，洛阳盆地的洪水消退，在盆地中央形成肥沃的冲积平原，此时，新砦文化兵分两路，北由洛汭，南经北汝河和龙门进入洛阳盆地，在其中央形成二里头文化。这一现象恰与夏都从黄台迁至斟寻相符合。

结　语

通过以上分析，笔者认为早期夏文化应该在新砦文化中寻找。新砦文化的早期和中期（新砦遗存第二期）应为禹后期的文化，新砦文化晚期（新砦遗址第三期）应跟启有关。新砦文化向洛阳盆地移动，形成二里头文化，应跟太康迁居斟寻有关。王湾三期文化为伯益族群的文化，造律台文化西进，最初与王湾三期文化融合，后又反目取代王湾三期文化，恰与文献中禹、益联合治水，启、益交恶争位的历史不谋而合。从目前来看，这一解释是早期夏文化和夏初历史与考古学文化之间关系最合理的解释。

注释

①参见夏商周断代工程专家组：《夏商周断代工程阶段性成果报告》（简本），世界图书出版公司 2000 年版。

②参见邹衡：《二里头文化的首和尾》，《中国历史文物》2006 年第 2 期。

③参见袁广阔：《古河济地区与早期国家形成》，《中原文化研究》2013 年第 10 期；袁广阔：《后岗二期文化与早期夏文化探索》，《光明日报》2016 年 1 月 30 日，第 11 版。

④参见北京大学震旦古代文明研究中心，郑州市文物考古研究院：《新密新砦——1999～2000 年田野考古发掘报告》，文物出版社 2008 年版。

⑤《左传·襄公四年》载："昔有夏之方衰也，后羿自钮迁于穷石，因夏民以代夏政。"

⑥因为问题颇为复杂，需要进行专文讨论。

⑦参见韩建业，王新改：《王湾三期文化研究》，《考古学报》1997 年第 1 期；韩建业：《〈新密新砦〉与早期夏文化探索》，《中国文物报》2009 年 5 月 20 日，第 4 版；饭岛武次：《关于二里头文化——二里头类型第一期不属于二里头文化》，收入《夏商文明研究》，中州古籍出版社 1995 年版；张海：《公元前 4000 年到公元前 1500 年中原腹地的文化演变与社会复杂化》，北京大学博士学位论文，2007 年。

⑧这一观点，可以细分为两大类，第一类认为其是"新砦期"，第二类认为是"新砦文化"，均认为其介于王湾三期文化和二里头文化之间。持第一类意见的主要有：赵芝荃：《试论二里头文化的源流》，《考古学报》1986 年第 1 期；李德方：《二里头类型文化的来源及相关问题》，收入《青果集》，知识出版社 1993 年版；夏商周断代工程专家组：《夏商周断代工程阶段性成果报告》（简本），世界图书出版公司 2000 年版；张国硕：《夏纪年与夏文化遗存刍议》，《中国文物报》2001 年 6 月 20 日，第 7 版；

赵春青：《新砦期的确认及其意义》，《中原文物》2002 年第 1 期；赵芝荃：《夏代前
期文化综论》，《考古学报》2003 年第 4 期；李伯谦：《新砦遗址发掘与夏文化三个发
展阶段》，收入《文明探源与三代考古论集》，文物出版社 2011 年版。持第二类意见
的主要有：杜金鹏：《新砦文化与二里头文化——夏文化再探讨随笔》，《中国社会科
学院古代文明研究中心通讯》2001 年第 2 期；庞小霞：《试论新砦文化》，郑州大学
硕士学位论文，2004 年；许宏：《新砦文化研究历程述评》，收入《三代考古》
（二），科学出版社 2006 年版。

⑨中国社会科学院考古研究所河南二队：《河南密县新砦遗址的试掘》，《考古》1981 年
第 9 期；邹衡：《综述夏商四都之年代和性质》，《殷都学刊》1988 年第 1 期；李维
明：《二里头文化一期遗存与夏文化初始》，《中原文物》2002 年第 1 期；邹衡：《二
里头文化的首和尾》，《中国历史文物》2006 年第 2 期；陈旭：《二里头一期文化是早
期夏文化》，《中国历史文物》2009 年第 1 期；常怀颖：《二里头文化一期研究初
步》，收入《早期夏文化与先商文化研究论文集》，科学出版社 2012 年版。

⑩中国社会科学院考古研究所，中澳伊洛河流域联合考古队：《洛阳盆地中东部先秦时
期遗存——1997 - 2007 年区域系统调查报告》，科学出版社 2019 年版。

⑪关于颍川阳城，《孟子·万章上》载："禹避舜之子于阳城。"东汉末年经学家赵岐注
云："阳城、箕山之阴，皆嵩山下深谷中。"《史记·夏本纪》："禹辞，辟舜之子商均
于阳城。"集解引东汉末年学者刘熙说："今颍川阳城是也。"《国语·周语上》韦昭
注曰："夏居阳城，崇高所近。"

⑫《世本》宋衷注："禹居阳城，在大梁之南。"臣瓒（薛瓒）也主此说，见于《汉书
地理志（上）》颍川郡阳翟臣瓒注引。

⑬《孟子·万章上》云："益避禹之子于箕山之阴。"

⑭《竹书纪年》云："益干启位，启杀之。"

⑮《水经注》卷二十二颍水条下云："颍水又东，五渡水注之，……其水东南迳阳城
西。……颍水迳其县故城南，昔舜禅禹，禹避商均，伯益避启，并于此也。亦周公以
土圭测日景处。……县南对箕山。"

参考文献

[1] 赵春青. 关于新砦期与二里头一期的若干问题［M］∥二里头遗址与二里头文化研
究. 北京：科学出版社，2006.

[2] 张国硕. 夏纪年与夏文化遗存刍议［N］. 中国文物报，2001 - 06 - 20 (07).

[3] 邹衡. 试论夏文化［M］∥夏商周考古学论文集. 北京：文物出版社，1980.

[4] 李维明. 二里头文化一期遗存与夏文化初始［J］. 中原文物，2002 (1)：33 - 42.

［5］陈旭．二里头一期文化是早期夏文化［J］．中国历史文物，2009（1）：9－16.

［6］魏继印．论新砦文化的源流及性质［J］．考古学报，2018（1）：1－24.

［7］张忠培．关于二里头文化和夏代考古学遗存的几点认识［J］．中国历史文物，2009（1）：4－8＋2＋93.

［8］北京大学震旦古代文明研究中心，郑州市文物考古研究院．新密新砦：1999～2000年田野考古发掘报告［M］．北京：文物出版社，2008.

［9］靳松安．王湾三期文化的南渐及其相关问题［J］．中原文物，2010（1）：31－38.

［10］张莉．新砦期年代与性质管见［J］．文物，2012（4）：83－89＋96.

［11］李伯谦．文化因素分析与晋文化研究：1985年在晋文化研究座谈会上的发言［M］∥中国青铜文化结构体系研究．北京：科学出版社，1998.

［12］魏继印．论新砦文化与王湾三期文化的关系［J］．考古学报，2019（3）：301－326.

［13］赵春青，张松林，顾万发，江旭．溱洧流域先秦聚落调查简报［M］∥区域、社会与中国文明起源．北京：科学出版社，2019.

［14］魏继印．试析王湾三期文化的来源［J］．考古，2017（8）：80－90＋2.

［15］魏继印．对王湾三期文化族属的新思考［J］．中原文化研究，2018（8）：47－52.

［16］魏继印．淮河流域大汶口文化的族属探析［J］．中原文物，2018（4）：91－99.

［17］魏继印．新砦文化时期的大洪水与二里头文化的形成［J］．南方文物，2020（2）：31－37.

［18］中国社会科学院考古研究所．二里头：1999～2006［M］．北京：文物出版社，2014.

［19］周书灿．再论新砦遗址的性质与功能［J］．中州学刊，2018（10）：110－114.

作者简介：魏继印，男，河南大学历史文化学院教授，河南大学古代文明研究中心研究员

原文刊于：《中原文化研究》（郑州），2021.1：30～37

对王湾三期文化族属的新思考

魏继印

摘　要： 王湾三期文化是分布于今河南省中部的一支龙山时代晚期文化，长期被视为中原龙山文化的代表，因与二里头文化关系密切，而被认为是早期夏文化或先夏文化。不过，最新的研究显示，二里头文化的主要源头并非王湾三期文化而是新砦文化，新砦文化则主要来源于豫东地区的造律台文化，却不是王湾三期文化，王湾三期文化则主要来源于淮河流域的大汶口文化而非中原地区的仰韶文化。这些研究表明，王湾三期文化很可能不是夏文化或先夏文化，而应跟东夷族有关。禹时的华夏集团中有两个东夷人，一个是皋陶，另一个是伯益，他们都是禹的助手，地位非常显赫。经考察，王湾三期文化的年代与皋陶和伯益所处的年代相合，其来源于东夷文化的性质与皋陶和伯益是东夷人的身份相符，它的分布范围与皋陶和伯益及其后裔的活动区域大体一致，新砦文化对它的取代也与启杀伯益建立夏王朝的记载相契，故应是皋陶和伯益族群的文化。

关键词： 王湾三期文化；皋陶；伯益

王湾三期文化因洛阳王湾遗址第三期遗存而得名，主要分布在中原核心区的河南省中部，其年代略早于"夏文化"的二里头文化。这样一支龙山时代晚期文化，因其分布范围与二里头文化大致相同，年代又稍早于二里头文化，并与二里头文化有一些共同特征，长期以来被认为是夏文化或先夏文化。近年来，笔者在研究新砦文化源流时发现，虽然它是二里头文化的直接前身，但其主要源头却是豫东地区的造律台文化而非豫中地区的王湾三期文化。[1]接着在分析王湾三期文化的来源时又惊人地发现，王湾三期文化并非传统认识上的"中原文化"，而是来自东夷的大汶口文化。[2]在此情况下，笔者不得不对其族属问题进行重新思考。

一 王湾三期文化族属的研究现状
及存在的问题

王湾三期文化的最早发现可追溯到 1954 年郑州二里岗遗址的发掘。[3]1959 年秋和 1960 年春，北京大学历史系考古专业对洛阳王湾遗址进行正式发掘，把其新石器文化遗存分为三期，其中第三期属"河南龙山文化"[4]，随后被称为"王湾三期文化"[5]。

王湾三期文化发现一组特征鲜明的陶器组合：陶色以灰陶为主，另有少量棕陶和黑陶；陶质以泥质陶为主，夹砂陶次之；纹饰以篮纹为主，方格纹次之，绳纹比例较低；主要器形有鼎、小口高领罐、甑、刻槽盆、平底盆、敛口盆、钵、碗、器盖、豆、圈足盘、壶、鬶、觚、瓶，其中小口高领罐、乳足鼎、双腹盆、甑、刻槽盆是其区别于其他类型龙山文化的典型因素。

从王湾三期文化的特征来看，其分布范围主要包括今驻马店、漯河、平顶山、许昌、郑州、洛阳、焦作等地区，但从王湾三期文化的分期来看，其最早应产生于颍水中游一带，以后逐渐向北发展到郑州地区，随后进入洛阳盆地，最后越过黄河发展到焦作南部的温县和沁阳一带。

王湾三期文化与豫东地区的造律台文化、豫东北地区的后岗二期文化、豫西晋南地区的三里桥二期文化相互毗邻，具有很多共同特征，但也有明显的差别，是分布于中原地区不同类型的龙山时代晚期文化。

关于王湾三期文化的族属，60 多年来，还未见专门的研究，都是在研究二里头文化的族属、性质和来源时，根据其与二里头文化的关系认为它是夏文化或先夏文化。1978 年，黄石林在《关于探索夏文化问题》一文中，从文化系统、地域、年代和社会发展阶段四方面分析，认为河南龙山文化（包括王湾三期文化和后岗二期文化）为夏代前期文化，二里头文化为夏代后期文化。[6] 随后，安金槐[7]、方孝廉[8]、吴汝祚[9]等也都发表文章认为王湾三期文化是早期夏文化。从 1979 年至今，持这种观点的学者还有许顺湛[10]、方酉生[11]、李仰松[12]32-49、田昌五[13]、王玉哲[14]1-18、杨育彬[15]83-93、赵芝荃[16]、杨宝成[17]、韩建业[18]、李伯谦[19]、赵春青[20]744-765等。田昌五先生在探索先夏文化时，以二里头文化是夏文化为前提，根据夏人活动区的豫西晋南地区的龙山文化，认为王湾类型是鲧的文化。[21]93-109不同于以上学者的认识，邹衡先生则指出河南龙山文化晚期（主要是指王湾三期文化）与二里头文化虽然存在一些共同因素，但差别也很明显，认为"河南龙山文化晚期尽管是二里头文化最主要的来源，但两者仍然是两个文化，还不能算是一回事"[22]b95-182。但遗憾的是他对王湾三期文化的性质和族属也没有提出新的见解。从以上回顾来看，关于王湾三期文化的族属问题似乎已达成了共识，问题好像也得到了解决。但若仔细分析以上论著，就会发现这些结论都是根据二里头文化的族属，结合两种文化的部分共同因素和夏朝的年代而做出的推导，并不是分析王湾三期文化本身得出的，有点儿想当然。反观学术界对二里头文化族属的研究，主要是从二里头文化本身出发，运用历史地理学的研究方法，并分析其与下七垣文化、二里岗文化、岳石文化以及其他文化的关系而得出的，故其结论比较可靠。因此，要分析王湾三期文化的族属也必须采用相同的方法，从其本身的内涵、年代、分布范围、文化的源流以及其与其他文化的关系出发，并结合相关历史文献所提供的信息等进行综合考证才能得出比较可靠的结论。

二　新砦文化的源流表明王湾三期文化不是夏文化

新砦文化因河南省新密市新砦遗址的发掘而得名，又称为新砦期遗存。发掘者把新砦遗址的文化分为三期，第一期为王湾三期文化遗存，第二期为新砦期遗存，第三期为二里头文化一期遗存。

新砦第二期遗存相对于第一期，发生了很大的变化。陶质由夹砂和泥质各半转变为以夹砂陶为主。陶胎由薄变厚，火候由高变低。陶色中黑陶的比例上升。纹饰比例高低由第一期的篮纹、方格纹、绳纹的次序转变为第二期的方格纹、篮纹和绳纹，同时附加堆纹的比例大增，方格纹和绳纹的印痕由非常清晰有序变得模糊不清、杂乱无章。器形方面，比第一期增加了子母口大口瓮、附加堆纹深腹罐、附加堆纹鸡冠耳深腹罐、麻花状器耳鼎、双耳平底盆、腹饰凸弦纹的平底盆、附加堆纹尊形瓮、直壁桶形器、器座、桥形耳深腹盆、折肩罐、侧装三角形足子母口鼎、"Y"形足子母口鼎、镂孔足子母口鼎、乳足鼎、子母口瓦足瓮、鸡冠耳深腹盆、带钮弧壁器盖、双腹豆、簋形豆、刻槽盆、鸡冠耳的甗、桥形钮覆盆形器盖、直壁圈足盘、觚、鸟嘴形盉等。折壁器盖、侧装三角形扁足鼎的数量大增，形式多样。子母口器、鸡冠耳、附加堆纹的风格浓厚。罐、鼎等器物的口沿由方唇变为圆唇或尖圆唇。第一期的斝、双腹盆、板状足鼎、锥状足鼎、袋足甗等基本不见于第二期。可见，第二期遗存相对于第一期遗存来说，差别显著，应属不同的文化体系，可以称为新砦文化。

新砦文化跟二里头文化关系密切，据笔者分析，其 60%以上的文化因素都流向了二里头文化，二里头文化中的绝大多数文化因素都能在新砦文化中找到源头，所以新砦文化应是二里头文化的前身。[1]

经过数十年的讨论，二里头文化是夏文化的观点已为学术界所普遍接受，笔者最近也著文结合历史文献中夏、夷、商三族的密切关系，根据能够确定地域的商族和东夷族进行时空定位，论证了二里头文化当属夏文化。[23]结合二里头文化的绝对年代和相关历史地理信息进行考证，多数学者认为其是太康之后的夏文化。新砦文化既然是二里头文化的前身，那么它应该就是早期夏文化，对此有很多学者进行研究，认为其跟启有关①，笔者表示赞同。

新砦文化地层叠压在王湾三期文化地层之上，说明新砦文化的年代要晚于新砦遗址的王湾三期文化。关于新砦文化的来源，传统上认为是当地的王湾三期文化。但最近，笔者在《论新砦文化的源流及性质》一文中运用陶器文化因素分析的方法对其进行分析，发现有近 80%的文化因素来源于豫东地区的造律台文化，只有不到 20%的因素来源于当地的王湾三期文化，其陶器的装饰风格总体上也与造律台文化相近，而与王湾三期文化差别较大，所以认为新砦文化是豫东地区的造律台文化西进而形成的，是对此地区王湾三期文化的取代。[1]

新砦文化主要来源于豫东地区的造律台文化，而非当地的王湾三期文化表明：王湾三期文化背后的族群很可能与新砦文化不同。基于此，既然二里头文化和新砦文化为夏文化，那么王湾三期文化就不应是夏文化。但从当地王湾三期文化被新砦文化所取代的这一情况来看，王湾三期文化背后的人群也一定与夏禹和启有着密切的关系。王湾三期文化既然来自于东方的大汶口文化[2]，那么其很可能跟东夷人有关。而检索历史文献发现禹身边确实有两个东夷人，一个是皋陶，另一个是伯益。

皋陶，偃姓，又叫大业。《史记·五帝本纪》云："而禹、皋陶、契、后稷、伯夷、夔、龙、倕、益、彭祖自尧时而皆举用，未有分职。"又云："舜曰：'皋陶，蛮夷猾夏，寇贼奸轨，汝作士，五刑有服，五服三就，五流有度，五度三居，维明能信。'"《史记·夏本纪》："帝禹立而举皋陶荐之，且授政焉，而皋陶卒。"从这些文献可知，皋陶跟禹是"同事"，负责制定法律，禹还曾想把"帝位"禅让给皋陶，但皋陶先死。

伯益，嬴姓，又叫大费、柏翳、伯翳。《史记·夏本纪》："禹乃遂与益、后稷奉帝命，命诸侯百姓兴人徒以傅土，行山表木，定高山大川。"《史记》自序中说："维秦之先，伯翳佐禹。"《论衡·谈天篇》云："禹主治水，益之记物。"《论衡·别通篇》也说："禹、益并治洪水，禹主治水，益主记异物。"《论衡·逢遇篇》也云："禹王天下，伯益辅治。"《尚书·大禹谟》中记，禹征三苗不服，益给禹建议说："惟德动天，无远弗届。满招损，谦受益，时乃天道。"《史记·夏本纪》又说："十年，帝禹东巡狩，至于会稽而崩。以天下授益。三年之丧毕，益让帝禹之子启，而辟居箕山之阳。"《竹书纪年》云："益干启位，启杀之。"从这些文献可知，伯益是秦的祖先，曾佐禹治水和征伐三苗，功劳很大，禹禅位于他，后为启所杀。

皋陶和伯益虽然是东夷人，但在华夏集团中却占有重要的地位，均是禹所选的继承人，与禹的关系最为密切，是考察王湾三期文化族属的重要对象。

三 王湾三期文化与皋陶和伯益

中原华夏族团中的东夷人，地位还如此重要，那么他们生活在中原还是东方，是值得我们思考的问题。传统上认为东夷人应当生活在东方，故有皋陶和伯益生活在山东的观点。事实上，从考古学文化面貌来看，中原龙山文化和山东龙山文化虽然也存在一些共同因素，但差别是主要的，应属不同性质的文化。从皋陶和伯益与尧、舜、禹之间的密切交往和联系来看，他们都居住于中原地区的可能性更大。王湾三期文化背后的人群很可能与皋陶和伯益有关，主要有以下几点理由。

（一）王湾三期文化来源于东夷文化与皋陶和伯益为东夷人的身份相符

关于王湾三期文化的来源，传统上认为它主要来源于当地仰韶文化系统的谷水河类型文化。[②]该认识年代较早，因囿于当时的材料，故还不够客观。最近，笔者根据蒙城尉迟寺、郾城郝家台等新材料，发现其应主要来源于淮河流域的大汶口文化，主要表现在三个方面：第一，从陶器的装饰作风来看，王湾三期文化早期遗存以篮纹为主的特征，与庙底沟二期文化谷水河类型以绳纹为主的特征和屈家岭文化以方格纹和绳纹为主的特征区别甚大，而与大汶口文化尉迟寺类型一致。第二，从文化因素的分析来看，王湾三期文化早期陶器中有 32 种因素来源比较明确，其中有 18 种来源于尉迟寺类型大汶口文化，约占 56%；7 种来源于谷水河类型庙底沟二期文化，约占 22%；3 种来源于早期山东龙山文化，约占 9%；4 种来源于屈家岭文化和石家河文化，约占 13%。第三，在陶器的数量上，王湾三期文化中数量最多的核心文化因素如高足罐形鼎、小口高领罐、豆以及大量的酒器等都来源于尉迟寺类型大汶口文化。[2]

王湾三期文化主要来源于淮河流域的大汶口文化。淮河流域的大汶口文化，有大汶口文化颍水类型[③]、大汶口文化段寨类型[④]和大汶口文化尉迟寺类型[⑤]等各种称呼，主要分布于今黄河下游和淮河之间，包括豫东、鲁东南和皖西北一带。这一地区的大汶口文化是大汶口文化晚期的一个地方类型，属东夷文化的性质，是鲁中南地区大汶口文化向南发展而形成的。学术界多认为，鲁中南地区的大汶口文化是东夷少昊氏的文化。因此，王湾三期文化应是东夷少昊氏的后裔文化。

历史文献中有皋陶出自少昊的说法。《路史》引《年代历》云："皋陶，少昊四世孙。"《世本校辑》云："皋陶出自少昊，其后为六，偃姓。"此外，文献中也有伯益为皋陶儿子的说法。《史记·秦本纪》："秦之先，帝颛顼之苗裔孙曰女脩。女脩织，玄鸟陨卵，女脩吞之，生子大业。大业取少典之子，曰女华。女华生大费，与禹平水土。已成，帝锡玄圭。禹受曰：'非予能成，亦大费为辅。'……大费拜受，佐舜调驯鸟兽，鸟兽多驯服，是为柏翳。舜赐姓嬴氏。"索隐："秦、赵以母族而祖颛顼，……按：左传郯国，少昊之后，而嬴姓盖其族也，则秦、赵宜祖少昊氏。"正义引《列女传》云："陶子生五岁而佐禹。"曹大家注云："陶子者，皋陶之子伯益也。按此即知大业是皋陶。"关于皋陶和伯益父子之说，《路史·后纪七》说柏翳、仲甄、偃三兄弟均为皋陶子。当然，这也只是皋陶和伯益关系的一种说法，不一定准确。但是，皋陶偃姓，伯益嬴姓，古音相通，两人至少应为同一氏族。同时，秦，嬴姓，为伯益之后。文献中也有秦出自少昊的说法。《史记·封禅书》云："秦襄公既侯，居西垂，自以为主少皞（昊）之神。"《说文·女部》："嬴，帝少昊之姓也。"《日知录》卷二十三："秦、赵、梁、徐、郯、江、黄、葛、麋，嬴姓也，自少皞。"以上文献说明，皋陶和伯益均出自东夷少昊氏，这与王湾三期文化来源于东夷文化相符。

（二）皋陶和伯益的活动范围与王湾三期文化的分布范围基本一致

关于皋陶和伯益及其氏族的活动地域，李修松先生在其《淮夷探论》和《徐夷迁徙考》中认为徐夷、淮夷、群舒、涂山氏和伯益等均为皋陶氏族，是东夷少昊氏的后代，早在夏代之前就从山东曲阜、潍水一带迁居淮水流域。[24][25]

王湾三期文化主要分布于今驻马店、漯河、平顶山、许昌、郑州、洛阳、焦作等地区。这些地区均不同程度地存在关于皋陶和伯益及其后裔的文献记载。

许昌附近的郾城得名于古郾子国，与偃姓伯益有关。《读史方舆纪要》卷四十七："古郾子国，汉置郾县。"郾城北三十里有地名"浩油"，实即春秋时的"皋鼬"。《左传·定公四年》云："诸侯盟于'皋鼬'。"杜注："繁昌县东南皋亭是也。"陶与鼬亦一声之转，古音是相通的。因此，"皋鼬"就是皋陶。"郾城"当得名于皋陶后代伯益的偃姓。

今嵩山以南的颍河上游一带，与伯益有关。《史记·夏本纪》："十年，帝禹东巡狩，至于会稽而崩。以天下授益。三年之丧毕，益让帝禹之子启，而辟居箕山之阳。"《正义》谓箕山应为嵩山，"箕山之阳"应即嵩山之南三十里的阳城。《史记·夏本纪》："禹辞辟舜之子商均于阳城。"集解引刘熙曰："今颍川阳城是也。"《括地志》又说："阳城县在箕山北十三里。"《水经注》卷二十二："颍水又东，五渡水注之，……其水东南迳阳城西，……昔舜禅禹，禹避商均，伯益避启，并于此也。"今河南嵩县西南、伊河北岸的"三涂山"，李修松先生认为应是皋陶氏族伯益所留。

位于洛阳盆地的偃师，与皋陶氏族有关。偃师在周代称为"尸乡"。《左传·昭公二十六年》："刘人败王城之师于尸氏。"杜注："尸在巩县西南偃尸城。"可见"偃师"本当作"偃尸"。从甲骨文"尸"与"夷"同字来看，"偃尸"就是"偃夷"，即皋陶族氏的偃姓夷人。直到汉代，此地还有皋陶祠。洛阳和偃师一带不仅是王湾三期文化的分布区，在偃师滑城、二里头等地也都发现有大汶口文化墓葬，说明这里确实有东夷人居住。

今黄河以北焦作市温县一带也与伯益有关。这一带春秋时属温地，一度被郑国所占。郑国大夫徐吾犯，当属温地徐氏，是皋陶或伯益之后。正因如此，汉代在此设立平皋县。李修松先生认为"温地当是作为伯益之后的徐人北迁、西徙过程中的首迁之地"[25]。甲骨文中有"于棟无灾"的卜辞。吴泽先生认为"温县北数里有徐堡，棟即徐，棟即徐堡"[26]42。与此巧合的是，这个60多年前的研究被近年的考古发现所证实。考古工作者于2006年在温县徐堡发现了一座龙山文化晚期的城址，正属王湾三期文化。[27]这些情况说明，温地很可能在龙山时代就有伯益族人生活。

从上述文献材料所反映的皋陶和伯益及其后裔的活动的范围来看，基本上与王湾三期文化的分布范围一致。

王湾三期文化分布区内虽然也有关于禹和启的传说，但仅限嵩山和禹州地区，而不见于如洛阳、焦作、平顶山、驻马店等其他区域，与王湾三期文化整体族属不相符。王城岗为禹都阳城的观点，主要文献依据是"崇山"是指今"嵩山"。对此，有学者曾进行专门考证，发现"嵩山"在西周时期叫"天室（山）"，东周时期叫"大室（山）"或"泰室（山）"，西汉以降除"太室山"外，又叫"嵩高山"，公元前110年，汉武帝改"嵩高山"为"崇高山"，176年，汉灵帝又改"崇高山"为"嵩高山"，隋唐时，"嵩高山"开始简称为"嵩山"，有时称为"外方山"，但从来未有称为"崇山"的，据此认为"河南嵩山并非古之崇山"^[28]。另外，《左传·昭公四年》中说："四岳、三涂、阳城、大室、荆山、中南，九州之险也。"从此句话分析，四岳、三涂、大室、荆山、中南均为山名，那么阳城也很可能是一座山，而不是大室山下的一座城。因此，王湾三期文化分布范围内关于夏族的文献远远没有关于皋陶和伯益的多。

（三）王湾三期文化与皋陶和伯益生活的年代相当

从以上所引文献可知，皋陶应与禹大致处于同一时代，且比禹死得早些，但伯益显然比禹年轻而跟启的年龄相仿。

在很多遗址中都发现了二里头文化叠压王湾三期文化的地层，说明王湾三期文化的年代要早于二里头文化。新砦文化的年代要早于二里头文化，但其中却包含有乳足鼎、小口高领罐、子母口碗、单耳杯等王湾三期文化晚期的因素，说明其年代与王湾三期文化晚期相当。目前，二里头遗址为太康至桀的都城斟寻以及二里头文化为中晚期夏文化的观点已为学术界所普遍接受，也有较多的学者认为新砦文化当是启时期的夏文化。⑥因此，王湾三期文化晚期应当与伯益的年代相当，王湾三期文化早期与皋陶的年代相当。

（四）新砦文化与王湾三期文化的关系与启和益的关系一致

新砦文化对王湾三期文化的取代，与启杀益的历史背景相符。如前文所引，《竹书纪年》《史记·夏本纪》都记有夏建立前夕的"启、益争位"事件。禹死后，益继承"帝"位，启不服，联合各方诸侯攻益，益避于箕山，但最后还是为启所杀，夏王朝建立。目前的考古材料也基本证明了该事件的真实性。箕山是伏牛山向东延伸的一支余脉，西北起于洛阳盆地南沿，向东南延伸到平顶山，是颍水和汝水的分水岭。箕山位于王湾三期文化的核心区，周围分布有如汝州煤山、登封王城岗、禹州瓦店、平顶山蒲城店、郾城郝家台等王湾三期文化的重要遗址。王湾三期文化为伯益族群的文化，新砦文化为夏启族群的文化，新砦文化侵犯了王湾三期文化的地盘，伯益避启于自己的老家箕山之阳，非常符合新砦文化的形成及其与王湾三期文化的分布态势。新砦文化中含有大量的造律台文化因素，也包含有少量的后岗二期文化因素以及南方的后石家河文化因素的事实，也非常符合启联合各方诸侯攻伐伯益的情形。

结　语

　　研究考古学文化背后的人群是考古学研究的根本任务之一。夏朝是我国第一个王朝，历史地位非常重要。考古学研究不仅要弄清何种文化为夏文化，也要考虑夏王朝形成初期与夏族相关族群的文化。在夏王朝建立之前，与禹关系最密切的人就是皋陶和伯益，所以在夏文化基本确定之后，也要弄清皋陶伯益的文化，甚至在研究夏文化的时候也一定要考虑哪种文化是皋陶伯益族群的文化。目前，在二里头文化和新砦文化为夏文化前提下，从与其关系比较密切的考古学文化中去寻找哪支文化为皋陶和伯益的文化，从逻辑上是可行的。王湾三期文化虽然位居中原腹地，但主要来源于东夷，后又被来自豫东地区的新砦文化取代，正符合夏王朝建立初期"益干启位，启杀之"的族群关系，其年代、性质和分布范围也都与皋陶和伯益相符，很可能是其族群的文化。

注释

①赵春青：《新密新砦古城与夏启之居》，《中原文物》2004年第3期；马世之：《新砦遗址与夏代早期都城》，《中原文物》2004年第4期；顾万发：《"启居黄台之丘"及相关问题考证》，《东南文化》2004年第6期；程平山：《论新砦古城的性质与启时期的夏文化》，《考古与文物》2007年第3期。
②严文明：《龙山文化和龙山时代》，《文物》1981年第6期；韩建业，杨新改：《王湾三期文化研究》，《考古学报》1997年第1期。
③王震中：《略论"中原龙山文化"的统一性与多样性》，文物出版社1989年版，第153-174页；栾丰实：《龙山文化尹家城类型的分期及其源流》，《华夏考古》1992年第2期。
④杜金鹏：《试论大汶口文化颍水类型》，《考古》1992年第2期；杜金鹏：《大汶口文化颍水类型为太皞文化考》，《史学月刊》1993年第2期。
⑤栾丰实：《大汶口文化的分期和类型》，山东大学出版社1997年版，第69-113页；苗霞：《大汶口文化尉迟寺类型及其年代与分期》，《考古与文物》1998年第6期。

⑥丁山：《由三代都邑论其民族文化》，载于《历史语言研究所集刊》（第五本第一分册），商务印书馆 1935 年版，第 90 页；史念海：《中国古都和文化》，中华书局 1998 年版，第 43 页；张国硕：《夏纪年与夏文化遗存刍议》，《中国文物报》2001 年 6 月 20 日。

参考文献

[1] 魏继印. 论新砦文化的源流及性质 [J]. 考古学报，2018（1）：1 - 24.

[2] 魏继印. 试析王湾三期文化的来源 [J]. 考古，2017（8）：80 - 90.

[3] 郑州市文物工作组. 一年来郑州市的文物调查发掘工作 [J]. 文物参考资料，1954（4）：35 - 39.

[4] 北京大学考古实习队. 洛阳王湾遗址发掘简报 [J]. 考古，1961（4）：175 - 178.

[5] 严文明. 龙山文化和龙山时代 [J]. 文物，1981（6）：41 - 48.

[6] 黄石林. 关于探索夏文化问题 [J]. 河南文博通讯，1978（1）：36 - 40.

[7] 安金槐. 豫西夏代文化初探 [J]. 河南文博通讯，1978（2）：38 - 39；安金槐. 近年来河南夏商文化考古的新收获 [J]. 文物，1983（3）：1 - 7.

[8] 方孝廉. 对探索夏文化的一点看法 [J]. 河南文博通讯，1978（2）：40 - 41.

[9] 吴汝祚. 关于夏文化及其来源的初步探索 [J]. 文物，1978（9）：70 - 73.

[10] 许顺湛. 夏代文化的再探索 [J]. 河南文博通讯，1979（3）：13 - 20.

[11] 方酉生. 论汤都西亳：兼论探索夏文化的问题 [J]. 河南文博通讯，1979（1）：6 - 9.

[12] 李仰松. 从河南龙山文化的几个类型谈夏文化的若干问题 [M] // 中国考古学会第一次年会论文集. 北京：文物出版社，1980.

[13] 田昌五. 夏文化探索 [J]. 文物，1981（5）：18 - 26.

[14] 王玉哲. 夏文化研究中的几个问题 [M] // 夏史论丛. 济南：齐鲁书社，1985.

[15] 杨育彬. 从建国后的考古发掘来探讨夏文化的始末 [M] // 夏史论丛. 济南：齐鲁书社，1985.

[16] 赵芝荃. 试论二里头文化的源流 [J]. 考古学报，1986（1）：1 - 19.

[17] 杨宝成. 二里头文化试析 [J]. 中原文物，1986（3）：60 - 63.

[18] 韩建业. 夏文化的起源与发展阶段 [J]. 北京大学学报，1997（4）：121 - 126.

[19] 李伯谦. 二里头类型的文化性质与族属问题 [J]. 文物，1986（6）：41 - 47；李伯谦. 关于早期夏文化 [J]. 中原文物，2000（1）：11 - 14.

[20] 赵春青. 中原龙山文化王湾类型再分析 [M] // 夏文化论集. 北京：文物出版社，2002.

［21］田昌五.先夏文化探索［M］∥文物与考古论集.北京：文物出版社，1986.

［22］邹衡.关于探索夏文化的途径［J］.河南文博通讯，1978（1）：34－35；邹衡.试论夏文化［M］∥夏商周考古学论文集.北京：文物出版社，1980.

［23］魏继印.从夏、夷、商三族关系看夏文化［J］.中原文化研究，2017（3）：36－41.

［24］李修松.淮夷探论［J］.东南文化，1991（2）：14－21.

［25］李修松.徐夷迁徙考［J］.历史研究，1996（4）：5－14.

［26］吴泽.中国历史大系·古代史［M］.上海：棠棣出版社，1953.

［27］毋建庄，邢心田.河南焦作徐堡发现龙山文化城址［N］.中国文物报，2007－02－02.

［28］刘铮."嵩山"非"崇山"辩：夏族起源新探之一［J］.中原文物，2013（2）：28－32.

作者简介：魏继印，男，考古学及博物馆学博士，河南大学考古文博系主任、副教授

原文刊于：《中原文化研究》（郑州），2018.4：47～52

启、益之争与禅让的实质

孙庆伟

摘　要：尧舜禹之间的禅让以及计划中的禹与皋陶、伯益之间的禅让实际上是夷夏轮流执政，其中尧和禹代表华夏，而舜和皋陶、伯益代表东夷。启继禹位的三部曲是：先攻杀乃父选定的接班人益，抢夺王位；再召集天下诸侯于钧台，逼迫众诸侯承认自己的合法地位；最后以武力压服异己势力，巩固自身的王位。启、益之争终结了这种轮流执政方式，但并未改变夷夏融合的历史趋势。战国儒家将启、益之争曲解为"尚贤"，实际上反映了"不在其位"的知识阶层对以"和平演变"方式获取权力的强烈期盼。

关键词：禅让；华夏；东夷

夏代是中国历史上的第一个王朝，夏王朝的建立标志着禅让制的崩溃和世袭制的确立，而启、益之争则是由禅让到世袭的转折点。纵观整个中国历史，禅让制和暴力革命是政权更迭最主要的两种方式，史前禅让制对后世的影响堪称深远。笔者近来梳理夏代史事，对此问题偶有心得，略述如下，以求正于学界。

一　尧舜禹的禅让与夷夏的轮流执政

在禹崩会稽之前，他已经对接班人问题作了周密的安排。《史记·夏本纪》记载：

帝禹立而举皋陶荐之，且授政焉，而皋陶卒。封皋陶之后于英、六，或在许。而后举益，任之政。十年，帝禹东巡狩，至于会稽而崩。以天下授益。

《墨子·尚贤上》更是列举了古代的多位贤臣，伯益赫然在其中。

故古者尧举舜于服泽之阳，授之政，天下平；禹举益于阴方之中，授之政，九州成；汤举伊尹于庖厨之中，授之政，其谋得；文王举闳天、泰颠于置罔之中，授之政，西土服。

尧举舜，舜传禹，而禹欲传位于皋陶和伯益，这就是颇为后世所艳羡的禅让。《史记·五帝本纪》和《史记·夏本纪》等文献所记述的尧、舜、禹的禅让，究竟是历史的真实，还是出于后人的伪托，是学术界长期争讼不已的问题。[1]近代以来，很多学者如夏曾佑、钱穆和范文澜等人都倾向于相信所谓的禅让制应该体现了上古时期君位推选制[2]71-76，也有学者认为是酋邦社会中"和平的权力转交"[3]275。特别是近年来，在出土文献中也屡屡见到与禅让有关的记载，如湖北荆门郭店一号楚墓出土的《唐虞之道》，就是一篇典型的专讲禅让的战国文献，其中说：

唐虞之道，禅而不传。尧舜之王，利天下而弗利也。禅而不传，圣之盛也。利天下而弗利也，仁之至也。

又说：

尧舜之行，爱亲尊贤。爱亲故孝，尊贤故禅。

还说：

禅也者，上德授贤之谓也。上德则天下有君而世明。授贤则民兴而教而化乎道。不禅而能化民者，自生民未之有也。[4]192-194

上博简《容成氏》也详细记载了尧舜禹之间的禅让过程。①第6、7
简载：

> 昔尧处于丹府与藋陵之间，尧贱施而时时，不劝而民力，不刑杀
> 而无盗贼，甚缓而民服。于是乎百里之中率，天下之人就，奉而立
> 之，以为天子。

据此，尧之为天子，本身就是尚贤的结果。第9、10、11和13等数简
又记：

> 尧乃为之教，曰："自纳焉，余穴窥焉，以求贤者而让焉。"尧以
> 天下让于贤者，天下之贤者莫之能受也。于是乎天下之人，以尧为善
> 与贤，而卒立之。

举贤、让贤是尧一贯的主张，而舜的出现，圆了尧的让贤梦。第13、
14简记：

> 昔舜耕于历丘，陶于河滨，渔于雷泽，孝养父母，以善其亲，乃
> 及邦子。尧闻之而美其行。尧于是乎为车十又五乘，以三从舜于畎亩
> 之中，舜于是乎始免笠、肩耰锸，价而坐之。

尧求贤若渴，而最终取得圆满结果。第12简载：

> [尧乃老，视不明，]听不聪。有子九人，不以其子为后，见舜之
> 贤也，而欲以为后。[舜乃让以天下之贤者，不得已，然后敢受之。]

尧有九子而不用，要传位于舜，舜让天下贤者，但最终是"不得已"
而"受之"。据简文，舜受尧禅之后，也重用后稷、皋陶等贤人，"天下大
和均"②。

舜之世，洪水滔天，舜乃命禹为司工，肩负治水大业。禹决九河，通
三江五湖，九州方可居处。于是《容成氏》简17、18记：

> 舜乃老，视不明，听不聪。舜有子七人，不以其子为后，见禹之贤也，而欲以为后。禹乃五让以天下之贤者，不得已，然后敢受之。

禹即位后，类似的故事又重来了一次。据《容成氏》记载，禹在位期间有各种制作、行俭、建鼓以及开言路的举措，天下大治。他并效仿尧、舜的故事，准备禅位给皋陶。第33、34简载：

> 禹有子五人，不以其子为后，见皋陶之贤也，而欲以为后。皋陶乃五让以天下之贤者，遂称疾不出而死。禹于是乎让益，启于是乎攻益自取。

这种现象让我们充分意识到禅让说在战国时期的盛行程度，而如果禅让完全没有历史基础，这种状况恐怕是难以想象的。裘锡圭先生近年从出土文献出发，同时综合前人研究成果，对禅让的问题有一个公允的评价。裘先生认为：

顾氏（引者按，指顾颉刚）指出战国时代盛传的尧舜禅让等传说，把受禅者说成有贤德的平民，这种说法只有在战国时代的社会背景下才能产生，绝不反映历史事实。这是完全正确的。指出这一点，是《禅让考》（引者按，指顾颉刚《禅让传说起于墨家考》一文）的主要贡献。但是顾氏因此认为禅让传说纯系战国人所造，反对"用了社会分析的眼光来研究中国历史的人"用禅让传说讲上古社会，认为有人说"禅让说是原始共产社会里酋长选举制的反映"，是以假造的故事为史料。这却是不完全妥当的。战国时代普遍流传的禅让传说，似乎不可能毫无一点历史的影子。说禅让传说反映了古代王位世袭制建立前以"不授其子而授贤"为特点的君长推举制度，应该是可以的……我们不能因为战国人编造了舜由平民升为天子的情节，就否定古代有类似禅让的制度存在……夏代之前的"禅让"时代，连文字都没有，因此只有传说而没有确凿史料传下来，这是很自然的事。从《容成氏》、《子羔》、《唐虞之道》和《礼运》都认为在传子制建立前普遍实行过禅让制来看，广泛流传的禅让传说很可能的确保留了远古时代曾经实行过的君长推选制的史影。[5]269-270

将禅让理解为远古时期君长推选的一种方式，无疑是正确的。以此为背景再来审视尧舜禹时期的禅让，可以获得一些新认识。按前引《史记·夏本纪》，禹先欲禅位于皋陶，皋陶卒后，又准备"以天下授益"。皋陶之所以被选定为禹的嗣位者，是因为其贤德。《史记·夏本纪·正义》引《帝王纪》曰："皋陶生于曲阜。曲阜偃地，故帝因之而以赐姓曰偃。尧禅舜，命之作士。舜禅禹，禹即帝位，以皋陶最贤，荐之于天，将有禅之意。未及禅，会皋陶卒。"曲阜是少皞之墟，所以皋陶其实是东夷嬴姓和偃姓各族的首领。③禹是华夏族的领袖，却禅位于东夷的部族首领，这一现象自然值得深究。皋陶卒，禹又授天下于益，而皋陶和益的关系又极其密切。《史记·秦本纪》载：

> 秦之先，帝颛顼之苗裔孙曰女修。女修织，玄鸟陨卵，女修吞之，生子大业。大业取少典之子，曰女华。女华生大费，与禹平水土。已成，帝锡玄圭。禹受曰："非予能成，亦大费为辅。"帝舜曰："咨尔费，赞禹功，其赐尔皂游。尔后嗣将大出。"乃妻之姚姓之玉女。大费拜受，佐舜调驯鸟兽，鸟兽多驯服，是为柏翳。舜赐姓嬴氏。

据《史记·秦本纪·正义》引《列女传》云："陶子生五岁而佐禹。"曹大家注云："陶子者，皋陶之子伯益也。"按此即知大业是皋陶。综上，皋陶为少皞之后，偃姓；伯益也是少皞之后，嬴姓。偃、嬴本是一字，因音转而为两字。[6]62因此，即便皋陶和伯益不是父子关系，他们之间也必有极密切的关系，至少可以视为前后相继的少皞族首领。

《史记·夏本纪》记伯益受禅的经过是：

> （禹）封皋陶之后于英、六，或在许。而后举益，任之政。十年，帝禹东巡狩，至于会稽而崩。以天下授益。

如果说禹"荐皋陶于天"是因为皋陶"最贤"，符合禅让制度"尚贤"的原则，那么，在皋陶卒后，禹又"举益，任之政"，则丝毫看不出任何"尚贤"的因素。④合理的解释是，益之所以获得继承人的地位，完全是因为他与皋陶的密切关系，而并不在于他自身是否"贤德"。换言之，禹死后禅位于少暤族首领是早已确定的原则，皋陶和伯益是否贤明，都不会也不能影响这一制度的实施。所以，禹与皋陶、伯益之间的禅让实际上是华夏与东夷集团的轮流执政，这才是禅让制度所反映的历史真实。

如果我们再分析尧、舜和禹之间的禅让，则这种轮流执政制度表现得更加明晰。先看尧的族属，《大戴礼记·帝系》记尧之世系为：

> 黄帝产玄嚣，玄嚣产蟜极，蟜极产高辛，是为帝喾。帝喾产放勋，是为帝尧……帝喾卜其四妃之子，而皆有天下。上妃，有邰氏之女也，曰姜原氏，产后稷；次妃，有娀氏之女也，曰简狄氏，产契；次妃曰陈隆氏，产帝尧；次妃曰陬訾氏，产帝挚。

《史记·五帝本纪》基本袭用《帝系》之说，但略有增改，作："帝喾娶陈锋氏女，生放勋。娶娵訾氏女，生挚。帝喾崩，而挚代立。帝挚立，不善（崩），而弟放勋立，是为帝尧。"以稷、契、尧和挚为兄弟，自然是出于后世的虚构。但从尧之住地，依然可以大致判断其族属来源。《史记·五帝本纪》称：

> 自黄帝至舜、禹，皆同姓而异其国号，以章明德。故黄帝为有熊，帝颛顼为高阳，帝喾为高辛，帝尧为陶唐，帝舜为有虞。

《左传》哀公六年引《夏书》曰："惟彼陶唐，帅彼天常，有此冀方。"据此可知尧之陶唐氏居于冀州。《汉书·地理志》河东郡"平阳"条颜师古注引应劭曰："尧都也，在平河之阳。"平阳在河东，也即今晋南一带。这一区域有著名的山西襄汾陶寺遗址，现在学术界普遍认为这里就是尧都平阳。[7]晋南、豫西是华夏族的核心控制区，所以尧出于华夏集团应该无疑。

舜的问题更为复杂一些。《孟子·离娄下》称："舜生于诸冯，迁于负夏，卒于鸣条，东夷之人也。"赵岐注："生始卒终，记终始也。诸冯、负夏、鸣条，皆地名也。负，海也，在东方夷服之地，故曰东夷之人也。"但《史记·五帝本纪》则云："舜，冀州之人也。舜耕历山，渔雷泽，陶河滨，作什器于寿丘，就时于负夏。"《正义》称："蒲州河东县本属冀州。"《孟子》的"东夷之人"与《史记·五帝本纪》的"冀州之人"无疑是矛盾的。但《史记·陈杞世家》的相关记载有助于判断舜的族属，该篇记陈国之封为：

> 陈胡公满者，虞帝舜之后也。昔舜为庶人时，尧妻之二女，居于妫汭，其后因为氏姓，姓妫氏。舜已崩，传禹天下，而舜子商均为封国。夏后之时，或失或续。至于周武王克殷纣，乃复求舜后，得妫满，封之于陈，以奉帝舜祀，是为胡公。

据前文的考证，夏代有虞氏之封在今河南商丘虞城一带。而陈国的所在，《史记·周本纪·正义》引《括地志》云："陈州宛丘县在陈城中，即古陈国也。帝舜后遏父为周武王陶正，武王赖其器用，封其子妫满于陈，都宛丘之侧。"按此，陈国当在今河南淮阳。既然夏代有虞之封和西周的陈国之封都在今豫东地区，那么《孟子》所说的舜为"东夷之人"应有所本。另外，主张舜为"冀州之人"的文献也颇多，恐怕也不能轻易否定。值得注意的是，从文献记载来看，舜是上古时期以迁徙著称的帝王之一，有"三徙三成"之美誉。[8]81-84 如《吕氏春秋·贵因》称："舜一徙成邑，再徙成都，三徙成国。"《太平御览》卷八十一引《尸子》："舜一徙成邑，再徙成都，三徙成国，其致四方之士。"《史记·五帝本纪》也有类似的记载："舜耕历山，历山之人皆让畔；渔雷泽，雷泽上人皆让居；陶河滨，河滨器皆不苦窳。一年而所居成聚，二年成邑，三年成都。"据此似乎可以折中"冀州"和"东夷"两说，即舜之部族本来活动在东方[5]，最晚在尧时向西徙居到蒲州（今永济）一带，并在尧都平阳接受尧的禅让而即天子位。文献中所谓"舜一徙成邑，再徙成都，三徙成国"，很可能反映了有虞氏在迁徙过程中的发展壮大。

综上，可知尧、舜、禹和皋陶、伯益来自华夏和东夷两大族群，他们之间的禅让其实是这两大族群的轮流执政，其顺序是：

> 华夏（尧）——东夷（舜）——华夏（禹）——东夷（皋陶和伯益）

因此，只有从华夏和东夷的轮流执政制度上考虑，才可以解释为什么禹先要禅位于皋陶，在皋陶早卒后又要授天下于伯益。

二 启、益之争的实质

大禹之世，随着夏族势力的急剧强大，夷夏势力失衡，由此导致禅让这种夷夏轮流执政的君长推选制度最终被破坏，这就是《史记·夏本纪》所说的：

> 十年，帝禹东巡狩，至于会稽而崩。以天下授益。三年之丧毕，益让帝禹之子启，而辟居箕山之阳。禹子启贤，天下属意焉。及禹崩，虽授益，益之佐禹日浅，天下未洽。故诸侯皆去益而朝启，曰："吾君帝禹之子也。"于是启遂即天子之位，是为夏后帝启。

按《史记·夏本纪》的说法，启之所以能即位，依然是"尚贤"的结果。一方面，"启贤，天下属意焉"；另一方面，"益之佐禹日浅，天下未洽"。两相比较，启贤于益，所以"诸侯皆去益而朝启"，"启遂即天子之位"。但最晚在战国时代，对于启继禹位还有另一种说法，其中最典型的就是古本《竹书纪年》所说的"益干启位，启杀之"。但古本《竹书纪年》记事简略，对于个中详情不得而知。不过，从文意上看，既然是"益干启位"，则暗含的意思是帝位本来就属于启，而非益，这与传统的禅让说截然不同。那么，启的"位"究竟从何而来？是因为"贤明"，还是因为他是禹之子？如果是前者，在实质上还属于禅让；如果是后者，则为世袭。

《韩非子·外储说右下》对于启、益之争也有记载，其文曰：

> 古者禹死，将传天下于益，启之人因相攻益而立启。

《韩非子》的这一记载与《容成氏》所谓"启于是乎攻益自取"的说法相契合，它简直就是"启干益位"，与古本《竹书纪年》"益干启位"的记载正相反。但这种说法其实更符合历史真相——按轮流执政制度，禹应禅位于皋陶，但皋陶早卒，遂传位于皋陶之子益；但此时禹之子启觊觎君位，于是"启干益位"，杀益而自取君位。

启、益之争的激烈程度可能超出一般人的想象，《楚辞·天问》也曾诵及此事，曰：

> 启代益作后，卒然离蠥，何启惟忧，而能拘是达？

后世学者一般认为，禹传位于益之后，益曾经"拘"禁了启，但启"反起杀益"而"达"，由此可见启和益反复较量，启才最终胜出。[9]202~203

禅让制的基础是尚贤，而世袭制则重血缘。⑥启继禹位，明明是以世袭制代替了禅让制，但后人却有意将其美化为一种特殊的"尚贤"。如《孟子·万章上》就这样强解启的即位。

> 万章问曰："人有言'至于禹而德衰，不传于贤而传于子'，有诸？"孟子曰："否然也。天与贤则与贤，天与子则与子。昔者舜荐禹于天，十有七年；舜崩，三年之丧毕，禹避舜之子于阳城；天下之民从之，若尧崩之后不从尧之子而从舜也。禹荐益于天，七年，禹崩，三年之丧毕，益避禹子于箕山之阴；朝觐讼狱者，不之益而之启，曰：'吾君之子也。'讴歌者不讴歌益而讴歌启，曰：'吾君之子也。'丹朱之不肖，舜之子亦不肖；舜之相尧、禹之相舜也，历年多，施泽于民久。启贤，能敬承继禹之道；益之相禹也，历年少，施泽于民未久。舜、禹、益相去久远，其子之贤不肖皆天也，非人之所能为也。"

《孟子》所述的核心意思是：启之所以能够即位，并不因为他是禹之子，而是因为"启贤，能敬承继禹之道"；反之，益之所以未能按计划即位，也不在于他的出身，而是因为"益之相禹也，历年少，施泽于民未久"，德政不够的缘故。所以，尽管《孟子》、古本《竹书纪年》和《史记》对于启、益之争的叙述各有不同，但在实质上其实是一致的，他们其实都是主张启得天下是具有合法性的——这个合法性并非缘于启是禹之子，而是因为启比益更"贤"。毫无疑问，《孟子》、古本《竹书纪年》和《史记》的上述解释都是曲说，启、益之争当然无关贤德，而是赤裸裸的权力争夺。《孟子》和古本《竹书纪年》等战国文献如此强调启之"贤"，足见战国时期尚贤思想的极度勃兴，而且这种思潮对当时的社会现实产生了直接影响，并直接催生了燕王哙与燕相子之的禅让闹剧。

《战国策·燕策一》十分详细地记载了此事的来龙去脉，据此略述事件经过如下。

首先是策士苏代劝燕王哙重用子之，为日后的禅位作铺垫。

> 燕哙三年，与楚、三晋攻秦，不胜而还。子之相燕，贵重主断。苏代为齐使于燕，燕王问之曰："齐宣王何如？"对曰："必不霸。"燕王曰："何也？"对曰："不信其臣。"苏代欲以激燕王以厚任子之也。于是燕王大信子之。子之因遗苏代百金，听其所使。

所谓"信其臣"，实际上就是游说君主放权给臣下。在子之取得燕王哙的"大信"之后，策士鹿毛寿又开始推波助澜。

> 鹿毛寿谓燕王曰："不如以国让子之。人谓尧贤者，以其让天下于许由，由必不受，有让天下之名，实不失天下。今王以国让相子之，子之必不敢受，是王与尧同行也。"燕王因举国属子之，子之大重。

这是利用君主沽名钓誉的心理来诱惑燕王哙，既有"让天下"之美名，而又"实不失天下"，这样的好事何乐而不为呢？一心想当尧舜的燕王哙果然中计，真的就"举国属子之"，于是"子之大重"。但策士们并不满足，想方设法说服燕王哙完全将权力交给子之，于是：

> 或曰："禹授益而以启为吏，及老，而以启为不足任天下，传之益也。启与支党攻益而夺之天下，是禹名传天下于益，其实令启自取之。今王言属国子之，而吏无非太子人者，是名属子之，而太子用事。"王因收印自三百石吏而效之子之。子之南面行王事，而哙老不听政，顾为臣，国事皆决子之。

这"或曰"的一段话才道出了禅让的真谛，策士们精于权谋，决不会让启、益的故事重演，落个"名属子之，而太子用事"的结局。子之及其策士们老谋深算，他们不要名义上的"禅让"，而要实实在在地掌控燕国的权柄。可怜燕王哙居然对他们言听计从，"因收印自三百石吏而效之子之"，于是"国事皆决子之"，为子之受禅奠定了实实在在的权力基础。

虽然燕王哙对禅让十分艳羡，子之和策士们的诡计也初步得逞，但这场禅让闹剧的结局却很血腥。据《史记·燕召公世家》，先是"子之三年，燕国大乱，百姓恫怨"；接着是子之与燕太子两党纷争，"国构难数月，死者数万众"；然后是齐宣王乘人之危，"令章子将五都之兵，以因北地之众以伐燕。士卒不战，城门不闭，燕王哙死。齐大胜燕，子之亡"。

燕王哙的这次让国悲剧，在当时即遭到各国诸侯的极大非议。河北中山王墓出土铜器铭文即有针对此事的长篇议论。

> 适遭燕君子哙，不分大义，不告诸侯，而臣主易位，以内绝召公之业，乏其先王之祭祀，外之则将使上觐于天子之庙，而退与诸侯齿长于会同，则上逆于天，下不顺于人施，寡人非之。曰："为人臣而反臣其主，不祥莫大焉；将与吾君并立于世，齿长于会同，则臣不忍见施，愿从士大夫，以靖燕疆。"[10]

像燕王哙如此醉心于禅让者固然是极端的个案，绝大多数战国君王们并不准备授天下于臣下。但很显然，燕国的禅让试验还是极大地刺激了当时的君主们，只有在目睹了燕国的惨剧之后，中山国王才会把禅让看作"上逆于天，下不顺于人施"的荒诞行为，并从此不再做尧舜那样的圣君梦了。

从以上分析来看，战国时代人们都笃信或刻意将禅让美化为圣君的高风亮节，是尧舜禹时期真实施行过的制度。禹欲禅位于益也是历史事实，但由于"操作失误"，"以启为吏"，没有真正放权给益，益的"贤明"没有能够充分展现出来，所以启取得帝位。在前引各种文献中，都以不同的理由来强调启继禹位是"尚贤"的结果，而益失其位则是未能"尽贤"所致。"尚贤"思想，或以为起于墨家⑦，但实际上是战国时代知识阶层的共同心声，是由世袭社会向选举社会转型的必然结果。从根本上讲，以"尚贤"为总基调的"禅让"是"不在其位"的知识阶层企图以"和平演变"

方式获取权力的捷径，但燕国的禅让以血淋淋的事实证明此路不通。

"启干益位"，禅让制度终结而世袭之制开启。这一君位继承方式的改变，导致上古社会由"大同"之世转入"小康"之世。《礼记·礼运》载孔子曰：

> 大道之行也，与三代之英，丘未之逮也，而有志焉。大道之行也，天下为公，选贤与能，讲信修睦，故人不独亲其亲，不独子其子，使老有所终，壮有所用，幼有所长，矜寡孤独废疾者，皆有所养。男有分，女有归。货恶其弃于地也，不必藏于己；力恶其不出于身也，不必为己。是故谋闭而不兴，盗窃乱贼而不作，故外户而不闭，是谓大同。

> 今大道既隐，天下为家，各亲其亲，各子其子，货力为己，大人世及以为礼。城郭沟池以为固，礼义以为纪；以正君臣，以笃父子，以睦兄弟，以和夫妇，以设制度，以立田里，以贤勇知，以功为己。故谋用是作，而兵由此起。禹、汤、文、武、成王、周公，由此其选也。此六君子者，未有不谨于礼者也。以着其义，以考其信，著有过，刑仁讲让，示民有常。如有不由此者，在势者去，众以为殃，是谓小康。

启攻益而自取天下之后，即有"钩台之享"。《左传》昭公四年有椒举列举的几次重大会盟：

> 夏启有钩台之享，商汤有景亳之命，周武有孟津之誓，成有岐阳之搜，康有酆宫之朝，穆有涂山之会，齐桓有召陵之师，晋文有践土之盟。

杜预注："启，禹子也。河南阳翟县南有钧台陂，盖启享诸侯于此。"毫无疑问，启的钧台之享，是要与会的天下诸侯承认他的合法地位，但结果是"有扈氏不服"，于是"启伐之，大战于甘"（《史记·夏本纪》）。《尚书·甘誓》就是启的战前动员令[⑧]，启的誓师之词简明扼要，但掷地有声。他首先申述战争缘由：

> 有扈氏威侮五行，怠弃三正，天用剿绝其命。

启伐有扈的原因，当然是因为有扈氏"不服"启攻益而自立。但《甘誓》中，启却对此不着一词，而是强调有扈"威侮五行，怠弃三正"。启用托词为征伐的借口，正说明有扈氏的"不服"有其正当性，而启杀益谋取君位则是不义之举。也正因为如此，有扈氏虽遭剿灭，但后人却称它是"为义而亡"，并视之为"知义而不知宜也"的典型代表（《淮南子·齐俗训》）。从这层意义上讲，禅让曾是尧舜禹时期得到普遍认同的制度，而启改禅让为世袭则是时之"宜"也，有扈氏不知时变，企图阻挡历史之潮流，自然归于失败。类似的，《礼记·礼运》假借孔子之口褒扬"天下为公"的禅让，贬低"天下为家"的世袭制，其实只不过是当时知识阶层站在自身立场上的一厢情愿而已。

由此可见，启继禹位的三部曲是：先攻杀乃父选定的接班人益，抢夺王位；再召集天下诸侯于钧台，逼迫众诸侯承认自己的合法地位；最后以武力压服异己势力，巩固自身的王位。

"夷夏东西说"自傅斯年先生提出以来，可谓影响深远。[9] 从地理分布而言，姒姓各族确实集中分布在豫西、晋南和关中等西部地区，祝融和有虞之后主要分布在豫东和豫北地区，而东夷各族则遍布于豫东和山东，大体上符合"夷夏东西"的态势。有学者指出，殷墟武丁卜辞和清华简《尹至》篇中的"西邑"、《礼记·缁衣》和清华简《尹诰》篇的"西邑夏"等称呼都是指"夏"[11]；甚至有人主张"夏"的本义就是"西"，大禹之族起源于关中的渭水流域，由此可见"夷夏东西"的观念在上古时期即已有端倪。[12]第三章 另外，夏与东方各部族在空间分布上并非泾渭分明，而是呈犬牙交错之势。特别是夏代早中期，就总体态势而言，夏人是逐步向东方推进，在豫东、豫北和山东地区或设有都邑，或建有封国，夷、夏和祝融之族呈现出"一体化"趋势，以至李学勤先生有"夏朝不是一个夷夏东西的问题，而是夷本身就在夏朝的范围之内"的论断[13]。本文对禅让实质的分析，也从另一个侧面论证了夷夏之间的基本面是交融而非争斗。即便是在夏王朝建立之后，东方各异姓部族或与夏人互通婚姻，或在王朝出任卿士，或直接介入王朝政治斗争，夷夏之间堪称水乳交融。[10] 凡此种种，都必然造成人群的流动与文化的融合，从而形成了黄河中下游地区龙山时代和二里头文化时期文化面貌的多样性和统一性。

注释

①此处关于《容成氏》释文及相关理解，除前引李零先生的释读外，还参考了陈剑先生《上博楚简〈容成氏〉与古史传说》一文，收入《战国竹书论集》，上海古籍出版社2013年版，第57~79页。

②刘知几《史通·疑古》引《汲冢琐语》有"舜放尧于平阳"的说法，说明尧舜禅让的背后或许另有隐情。相关讨论可参看李存山《反思经史关系：从"启攻益"说起》，《中国社会科学》2003年第3期。

③《左传》定公四年载鲁国之分封，"因商奄之民，命以伯禽而封于少皞之虚"。

④徐中舒先生认为："一个人被推举为酋长，或者前一个酋长为后一个酋长代替，都是原始社会的必然规约，谈不上被推举的人是什么圣贤，充其量不过是当时被人认为有主持公共事务能力的一些人而已。"参看《论尧舜禹禅让与父系家庭私有制的发生和发展》，《四川大学学报》（哲学社会科学版）1958年第3、4期合刊。

⑤如有学者指出，与虞舜有关的几个重要地名如鬲丘、寿丘是豫东鲁西对小山和某处高地特有的称谓习惯，也可以证明舜为东夷之人。参看沈长云、张渭莲：《中国古代国家起源与形成研究》，人民出版社2009年版，第173页。

⑥禅让制的"尚贤"，实际上也是以"贤者"所在的部族实力为基础的，"贤者"之"贤"主要表现在统治能力，而未必是个人的私德上。如刘知几《史通·疑古》引《汲冢琐语》称"舜放尧于平阳"，《韩非子·说疑》有"舜逼尧，禹逼舜，汤放桀，武王伐纣，此四王者，人臣弑其君者也"的说法，《孟子·万章上》也有"（舜）居尧之宫，逼尧之子，是篡也，非天与也"的记载。凡此种种，均反映了所谓的禅让也是充斥了暴力和冲突，儒生们所艳羡的礼让天下或许根本不存在。可参看王玉哲：《尧舜禹"禅让"与"篡夺"两种传说并存的新理解》，《古史集林》，中华书局2002年版，第20~25页。

⑦关于尚贤思想与禅让之间的关系，可参看顾颉刚：《禅让传说起于墨家考》，《顾颉刚古史论文集》，中华书局2011年版，卷一，第423~498页。

⑧《书序》："启与有扈战于甘之野，作《甘誓》。"但《墨子·明鬼》引此篇作《禹誓》，认为是禹与有扈氏战于甘地所作的誓师词。此说也见于《庄子·人间世》《吕氏春秋·召类》《说苑·正理》等文献，因此清代学者孙诒让和皮锡瑞等人就调和说禹与启先后与有扈氏大战。刘起釪先生认为，与有扈战于甘的究竟是禹还是启，这实际上是古代史事的传闻异词，现在无法简单论定，在此情况下当以《尚书》及《书序》的说法较妥。参看顾颉刚、刘起釪《尚书校释译论》中对《甘誓》的释读，中华书局2005年版。

⑨傅斯年：《夷夏东西说》，《中央研究院历史语言研究所集刊》外编第一种《庆祝蔡元培先生六十五岁论文集》，1933 年版。

⑩《尚书·甘誓》有所谓"六卿""六事之人""三正"等与职官相关的称谓，而夏王朝的职官颇见异姓族氏的首领，典型者如皋陶作士（《左传》昭公十五年："夏书曰：'昏墨贼杀。皋陶之刑也。'"）、昆吾为夏伯（《国语·郑语》："昆吾为夏伯矣，大彭、豕韦为商伯矣。"）、奚仲为车正（《左传》定公元年："薛之皇祖奚仲居薛，以为夏车正。"）、后羿为射正（《史记·夏本纪》正义引《帝王纪》："帝羿有穷氏，未闻其何姓先。帝喾以上，世掌射正。至喾，赐以彤弓素矢，封之于钮，为帝司射，历虞、夏。"）、商冥为水官（《国语·周语下》："冥勤其官而水死。"）、后稷为农官（《国语·周语下》："稷勤百谷而山死。"）。

参考文献

[1] 许景昭. 禅让·世袭及革命：从春秋战国到西汉中期的君权传承思想研究 [M]. 上海：上海古籍出版社，2014.

[2] 郭永秉. 帝系新研：楚地出土战国文献中的传说时代古帝王系统研究 [M]. 北京：北京大学出版社，2008.

[3] 谢维扬. 中国早期国家 [M]. 杭州：浙江人民出版社，1995.

[4] 陈伟等. 楚地出土战国简册（十四种）[M]. 北京：经济科学出版社，2009.

[5] 裘锡圭. 新出土先秦文献与古史传说 [M] //裘锡圭学术文集：第 5 卷. 上海：复旦大学出版社，2012.

[6] 徐旭生. 中国古史的传说时代 [M]. 桂林：广西师范大学出版社，2003.

[7] 李民. 尧舜时代与陶寺遗址 [J]. 史前研究，1985（4）：34 – 38.

[8] 陈泳超. 尧舜传说研究 [M]. 南京：南京师范大学出版社，2000.

[9] 林庚. 《天问》论笺 [M] //林庚楚辞研究两种. 北京：清华大学出版社，2006.

[10] 李学勤，李零. 中山三器与中山国史的若干问题 [J]. 考古学报，1979（2）：147 – 170.

[11] 蔡哲茂. 夏王朝存在新证：说殷卜辞的"西邑"[J]. 中国文化，2016（44）：47 – 51.

[12] 吴锐. 中国上古的帝系构造 [M]. 北京：中华书局，2017.

[13] 李学勤. 夏商周与山东 [J]. 烟台大学学报（哲学社会科学版），2002（3）：332 – 337.

作者简介：孙庆伟，男，北京大学考古文博学院教授、副院长

原文刊于：《中原文化研究》（郑州），2018.1：65 ~ 72

"夷夏之争"与夏人的东迁及对
淮河流域的影响

金荣权

摘　要： 从夏人的祖先鲧开始，包括整个夏王朝，夏人与东方各部族有着千丝万缕的联系。在传说时代，鲧曾为治水的英雄，后来因为治水失败而东迁到东夷居住区，这是夏人的势力最早东进的一支；夏代初年"后羿代夏"的夷夏之争过程中，夏人或为避难或为联合力量以图东山再起，又一次向东转移；夏王朝中后期，又不断地征伐东夷之族，并向淮河流域拓展。因为夷夏之争和中原文化的东渐，不仅使东夷势力退缩至原来的核心居住区，同时也使夏代和商代早期的东夷文化的代表文化岳石文化发生衰落。夏人势力的东扩、南侵及其与东夷和淮河流域土著的斗争，不仅使夏王朝历史的走向发生重大变化，同时为夷夏融合提供了契机。

关键词： 夷夏之争；岳石文化；淮河流域

一　鲧放羽山与夏族的第一次大规模东迁

关于夏人的族源，史籍多有记载。《史记·周本纪》曰："禹之父曰鲧，鲧之父曰帝颛顼，颛顼之父曰昌意，昌意之父曰黄帝。"[1]33《国语·鲁语上》曰："夏后氏禘黄帝而祖颛顼，郊鲧而宗禹。"[2]56 根据《史记》和《国语》记载，夏人是黄帝、颛顼之裔，是黄帝族迁至中原之后演化出来的一个分支。在尧舜时，鲧为当时的一个能够影响中原各部族的重要人物，被封为"崇伯"，所以后世称为"崇伯鲧"。"崇"即为"嵩"，说明鲧的一支主要活动在今河南洛阳之东、郑州之南、新郑之西的嵩山一带。如果《史记》《国语》等所记不错的话，鲧与祝融氏同出一源，他们同处于中原相邻的地区也是有原因的，这也可进一步解释为何有夏一代，祝融之裔如昆吾、彭伯等结成同盟，并且昆吾族还是夏朝末年抵抗商人的主力军。

鲧后来娶有辛氏之女，而生夏禹。《史记·夏本纪》索隐引《系本》曰："鲧取有辛氏女，谓之女志，是生高密。"[1]33 又引宋衷语云"高密，禹所封国"[1]33。《帝王世纪》也说："颛顼生鲧，鲧娶有莘氏谓之女志，是生高密，是为禹也。"[3]546 有莘氏也是中原上古时期一个重要的部族，活动地在今开封陈留东北。

鲧后来为尧所灭，很多史籍和传说都提到鲧被杀的原因。

《山海经·海内经》载：

　　洪水滔天，鲧窃帝之息壤以堙洪水，不待帝命。帝令祝融杀鲧于羽郊。鲧复生禹。帝乃命禹卒布土以定九州。[4]1387

《史记·五帝本纪》载：

　　三苗在江淮、荆州数为乱。于是舜归而言于帝，请流共工于幽陵，以变北狄；放兜于崇山，以变南蛮；迁三苗于三危，以变西戎；殛鲧于羽山，以变东夷：四罪而天下咸服。[1]20

《尚书·舜典》载：

　　流共工于幽州，放兜于崇山，窜三苗于三危，殛鲧于羽山，四罪而天下咸服。[5]14

《国语·周语下》载：

其在有虞，有崇伯鲧，播其淫心，称遂共工之过，尧用殛之于羽山。其后伯禹念前之非度，厘改度量，象物天地，比类百则，仪之于民，而度之于群生。共之从孙四岳佐之，高高下下，疏川道滞，钟水丰物，封崇九山，决汩九川，陂障九泽，丰殖九薮，汩越九原，宅居九隩……皇天嘉之，胙以天下，赐姓曰"姒"，氏曰"有夏"，谓其能以嘉祉殷富生物也。胙四岳国，命以侯伯，赐姓曰"姜"，氏曰"有吕"，谓其能为禹股肱心膂，以养物丰民人也。此一王四伯，岂繄多宠，皆亡王之后……夫亡者岂繄无宠，皆黄、炎之后也。[2]35

《韩非子·外储说右上》载：

尧欲传天下于舜，鲧谏曰："不祥哉！孰以天下而传之于匹夫乎？"尧不听，举兵而诛杀鲧于羽山之郊。共工又谏曰："孰以天下而传之于匹夫乎？"尧不听，又举兵而流共工于幽州之都。于是天下莫敢言无传天下于舜。[6]325

《淮南子·原道训》载：

昔者夏鲧作三仞之城，诸侯背之，海外有狡心。[7]1206-1207

从诸多史料来看，鲧被诛的罪名有三：其一，治水不力，采用堵截法而不是疏导法；其二，反对尧禅位于舜，自己想称帝；其三，与共工同谋，有反叛之心。然而，有些人则为鲧鸣不平，如屈原《离骚》曰："鲧婞直以亡身兮，终然殀乎羽之野。"[8]19《九章·惜诵》："行婞直而不豫兮，鲧功用而不就。"[8]126实际上，鲧之死与鲧、舜、共工三族的斗争有关。鲧属于中原黄帝族群的代表，舜则为东夷族群的代表，共工为炎帝族群的代表。在这场争夺中原控制权的斗争中，以鲧和共工失败而告终。

失败了的鲧，被舜赶到了东夷族群居住区，这是舜为了限制鲧的势力发展的一个策略。于是，鲧便带着他的部分族人到了东方，这也是见诸文献记载的一次夏人的大规模向东方迁徙。羽山，在东海边，《山海经·南山经》郭璞注曰："今东海祝其县西南有羽山，即鲧所殛处。"[4]1339其位置在今江苏东海县和山东临沭县交界处。尽管鲧被迫迁到东方，但后来还是为舜所灭，然而其族群的其他分支和他的后裔却在这里留了下来。

随鲧东迁的当有鬲族，鬲族人活动于今山东德州附近，后建立鬲国。李白凤《东夷杂考》认为："鬲族也和夏族同一部族，他们过去同自渑池一带迁来，所以仲康失国以后，他的大夫'靡'往依之。《左传·襄公四年》：'靡奔有鬲氏……靡自有鬲氏收二国之烬以灭浞而立少康。'这也证明鬲族和夏族同源。大约就在这个时候，姒姓的诸夏与东夷发生频繁的战争，势力消长不定，从有鬲氏在山东德县一带，形成与其胞族的'过'、'戈'、'斟灌'、'斟寻'的一个从地带上可以联系的关系，也足可以说明他们都是属于诸夏的各族。"[9]24-25我们认为，鬲族也是夏人的一个分支，最早生活在河南一带，后来在鲧迁到淮河下游之后，他们也迁至黄河下游的山东地区。

二 "羿代夏政"与夷夏之争

后羿代夏，是夏王朝历史上重要的事件，这段历史见于《左传·鲁襄公四年》。

> 昔有夏之方衰也，后羿自鉏迁于穷石，因夏民以代夏政。恃其射也，不修民事而淫于原兽。弃武罗、伯困、熊髡、龙圉而用寒浞。寒浞，伯明氏之谗子弟也。伯明后寒弃之，夷羿收之，信而使之，以为己相。浞行媚于内而施赂于外，愚弄其民而虞羿于田，树之诈慝以取其国家，外内咸服。羿犹不悛，将归自田，家众杀而亨之，以食其子。其子不忍食诸，死于穷门。靡奔有鬲氏。浞因羿室，生浇及豷，恃其谗慝诈伪而不德于民。使浇用师，灭斟灌及斟寻氏。处浇于过，处豷于戈。靡自有鬲氏，收二国之烬，以灭浞而立少康。少康灭浇于过，后杼灭豷于戈。有穷由是遂亡，失人故也。[10]817-818

《史记·夏本纪》正义引《帝王纪》云：

> 帝羿有穷氏未闻其先何姓。帝喾以上，世掌射正。至喾，赐以彤

弓素矢，封之于鉏，为帝司射，历虞、夏。羿学射于吉甫，其臂长，故以善射闻。及夏之衰，自鉏迁于穷石，因夏民以代夏政。帝相徙于商丘，依同姓诸侯斟寻。羿恃其善射，不修民事，淫于田兽，弃其良臣武罗、伯姻、熊髡、尨圉而信寒浞。寒浞，伯明氏之谗子，伯明后以谗弃之，而羿以为己相。寒浞杀羿于桃梧，而烹之以食其子。其子不忍食之，死于穷门。浞遂代夏，立为帝。寒浞袭有穷之号，因羿之室，生浇及豷。浇多力，能陆地行舟。使浇帅师灭斟灌、斟寻，杀夏帝相，封浇于过，封豷于戈。恃其诈力，不恤民事……初，夏之遗臣曰靡，事羿，羿死，逃于有鬲氏，收斟寻二国余烬，杀寒浞，立少康，灭浇于过，后杼灭豷于戈，有穷遂亡也。[1]57-58

这段记载讲述了夏朝初年夏王朝的重大变故。夏启建立了中国第一个王朝，夏启死后，其子太康继立，太康荒淫而不顾国事，东夷族人后羿从鉏迁至有穷，驱逐太康，太康崩，太康之弟中康立，中康死后，中康之子帝相立。相迁至商丘，依同姓诸侯斟寻。于是后羿遂代夏后相而自为帝。后羿任用寒浞为相，寒浞杀后羿而占有其国，并霸占了他的妻子，生下浇、豷，并封浇于过地，豷于戈地。浇灭掉夏之同姓之国斟灌、斟寻。此时夏后相之妻有仍氏逃到母族，生下少康。夏之遗臣靡逃到有鬲之国，聚集斟灌、斟寻之遗民，最终灭掉寒浞、浇、豷。有穷国灭亡，也结束了夷人对夏王朝核心地区的统治。

在我国古代神话传说中有一个以射日而著称的羿，《山海经》中多记其事迹，《山海经·海内经》记载："帝俊赐羿彤弓素矰以扶下国，羿是始去恤下地之百艰。"[4]1387，同时《山海经·海外南经》又载："羿与凿齿战于寿华之野，羿射杀之在昆仑虚东。羿持弓矢，凿齿持盾，一曰戈。"[4]1369《山海经》中的羿是一个具有超凡神性的英雄，并且可以登上西王母所在的玉山求得不死之药。神话人物羿在《淮南子·本经训》中变成了尧的大臣："逮至尧之时，十日并出，焦禾稼，杀草木，而民无所食。猰貐、凿齿、九婴、大风、封豨、修蛇，皆为民害。尧乃使羿诛凿齿于畴华之野，杀九婴于凶水之上，缴大风于青丘之泽，上射十日而下杀猰貐，断修蛇于洞庭，禽封豨于桑林。万民皆喜，置尧以为天子。"[7]1239但是，这个羿当不是《左传》中曾经代夏政而专之的后羿。他们之所以被混为一谈，是因为两人都是东夷部族的英雄，而且都善射，夏初的后羿因仰慕自己部族的英雄羿的威名，所以也以羿为名，这样后代史家便将两人混为一人了。

要厘清夏初夷夏之关系，必须弄清《左传》中所说的在夷夏之争中出现的几个地名。

1. 钼

《史记·夏本纪》正义引《括地志》云："故钼城在滑州韦城县东十里。"[1]58唐代的韦城县在今河南滑县东南。

2. 有穷

《史记·夏本纪》正义曰："《晋地志》云：'河南有穷谷。'盖本有穷氏所迁也。"[1]58或以为在今山东德州。从《楚辞·天问》"帝降夷羿，革孽夏民。胡射夫河伯，而妻彼洛嫔"[8]99-100来看，后羿射河伯、妻洛嫔，其地当在今河南洛阳附近，也离当时夏太康的都城不远，只有这样后羿才能赶走太康。

3. 寒

《左传·鲁襄公四年》杜预注曰："寒，国。北海平寿县东有寒亭。"[10]820《史记·夏本纪》正义也曰："寒国在北海平寿县东寒亭也。"[1]57-58平寿县，汉景帝置，其故治在今潍坊市潍城区。

4. 鬲

鬲族是一个古老的部族，是夏族的一个分支，在夏王朝之前已迁居东夷区域。《左传·鲁襄公四年》杜预注曰："有鬲，国名。今平原鬲县。"[10]817-818《史记·夏本纪》正义引《括地志》云："故鬲城在洛州密县界，杜预云国名，今平原鬲县也。"[1]58洛州密县，即今郑州新密市；汉晋平原郡鬲县，旧治在今德州市德城区。从史籍所载来看，鬲族曾经在夏王朝发祥地的中心区域密县一带生活过，后来迁到山东德州一带。

5. 过

《史记·夏本纪》正义引《括地志》云："故过乡亭在莱州掖县西北二十里，本过国也。"[1]58掖县在今烟台莱州市城区。

6. 戈

《左传·鲁襄公四年》杜预注曰："戈在宋、郑之间。"[10]820《史记·

夏本纪》等所言与此同。表明在魏晋以来，人们已无法了解这个短暂出现的戈国的具体位置了，只能言其大概，当处于豫西一带。

7. 斟鄩（寻）

《竹书纪年》云："（太康元年）羿入居斟鄩。"[11]1056《史记·夏本纪》正义引《汲冢古文》："太康居斟寻，羿亦居之，桀又居之。"[1]58关于夏王朝太康所居的都，一直是学术界比较困扰的问题，随着二里头遗址的发现，多数学者认为二里头即为夏都之一的斟鄩，后羿从这里赶走了夏代第二代君主太康，并都于此。由于后羿居于斟鄩，所以二里头文化遗址中留下了许多山东龙山文化的因素。李伯谦通过比较二里头早期文化因素与山东龙山晚期文化，认为二里头文化具有更多山东龙山文化的特点：二里头文化发现的束腰瘦足鬶有山东龙山文化长流鬶的特点；二里头文化的觚、豆、单耳鼓腹杯、三足盘与龙山文化的都极为相同；二里头文化墓葬中的觚、鬶、盉组合及三足盘、平底盘、豆等常见于山东龙山文化墓葬。由此认为，后羿居斟寻而代夏政时，龙山文化族群大量进入中原河洛地区，将其文化与中原文化相融合，造就了二里头文化的特色[12]。

然而，根据诸多典籍记载，山东也有一个地方叫斟寻。《史记·夏本纪》正义引《括地志》云："斟寻故城，今青州北海县是也。臣瓒云斟寻在河南，盖后迁北海也。《汲冢古文》云太康居斟寻，羿亦居之，桀又居之。"[1]58清人顾栋高的《春秋大事表》说："斟鄩，姒（姓），今山东莱州府潍县西南五十里有斟城。"[13]604北海县，山东省潍坊市潍城区潍城西关。《水经注》卷二十六"沭水"条曰："《地理志》：北海有斟县。京相璠曰：故斟寻国，禹后。西北去灌亭九十里。"[14]397北海县，山东省潍坊市潍城区西关一带。

在中原和山东同时出现两个斟鄩，是夏人迁徙的结果。当后羿占领夏都斟鄩之后，太康失国，四处迁徙的夏族人的一支迁至山东地区，形成两个较为集中的居住区，即斟鄩和斟灌。两地成为当时与后羿斗争的重要据点，也是后来灭寒浞、殪的有生力量来源地。

1977—1981年，山东临朐县发现两座西周至春秋早期的墓葬，出土有"寻仲盘""寻仲匜"。其中"寻仲盘"内底中心有铭文20字："寻仲媵仲女子宝盘，其万年无疆，子子孙孙永宝用。""寻仲匜"内底也有铭文20

字："寻仲媵仲女子宝匜，其万年无疆，子子孙孙永宝用。"[15]说明夏代的斟郭国，在周代时还存在着。

8. 斟灌

《左传·鲁襄公四年》杜预注曰："乐安寿光县东南有灌亭。"[10]820《水经注》曰："尧水又东北径东西寿光二城间。"应劭曰："寿光县有灌亭。"杜预曰："在县东南，斟灌国也。"[14]396《史记·夏本纪》正义引《括地志》云："斟灌故城在青州寿光县东五十四里。"[1]58寿光市位于山东省中北部，紧临莱州湾，治所在今寿光市东北的后牟城，其东南部为同时东迁而来的斟寻国。

9. 有仍氏

《史记·吴太伯世家》索隐曰："东平有任县，盖古仍国。"[1]1191其地当在今山东济宁、泰安一带。

后羿以东夷之裔的身份向西取代太康而代夏政，后来又为同是东夷族的寒浞所灭。夏王朝从太康、仲康到夏后相三代君主都是居无定所，过着漂泊流浪的生活。后羿和寒浞的入侵，使原本居于中原的夏族人分迁至东夷地区，并在这里建立国家，如斟郭、斟灌等。其后裔一直延续到周代，如周代的斟郭国和鄣国等。后羿代夏，不仅没有使华夏和东夷族群对立，反而进一步促进了中原族群与东夷族群的融合。

后羿与夏人的权力之争，实际上从一个侧面反映了夏代初年华夏族人与东夷族的斗争。在此之前的传说时代有尧舜之间的权力交接，尧为中原集团，而舜则代表着东夷集团。所以《孟子·离娄下》说："舜生于诸冯，迁于负夏，卒于鸣条，东夷之人也。"[16]415舜的时期，既是一个多族群大发展的时期，也是英雄辈出的时代，中原集团与东夷集团之间的交流更加频繁，联系十分密切，两个族群之间的势力也相对比较均衡。所以在舜的时期，他的手下便汇集中原集团的后稷、禹，以及逐渐融入中原族群的炎帝后裔后土、四岳等。东夷集团有商人始祖契、嬴姓始祖伯益、偃姓始祖皋陶等。尧让位于东夷族群的舜，舜让于中原族群的禹，而禹本想让位于东夷族群的益。由此来看，在那一历史时期，中原族群与东夷族群的权力传递是相互移交的。我们不知道这种权力移交是通过联邦推选的方式，还是出于权力平衡的惯例，但它确实反映出两大集团的平衡关系。然而，这种平衡被大禹的儿子夏启所打破，启杀伯益夺取了本应属于东夷集团的政权，建立了父子相传的家天下，从而引起了东夷集团的强烈不满，导致了东夷人后羿取代太康的行为。从内在的历史逻辑来看，后羿代夏与其说是其个人行为，不如说是东夷族与华夏族的权力之争。少康灭掉东夷势力寒浞及其两个儿子之后，重建夏王朝，这既是夏王朝的历史转折点，也是史前以来东夷族群与中原族群斗争的转折点。从此，华夏族一直以压倒的优势统治着中华大地，而东夷族群则处于屈从地位。夏之后商王朝兴起，尽管商人源于东夷族群，由于其脱离东夷区较早，且在建国之前的大多数时间活动于华夏区内，所以并不以东夷族群自居，而成了华夏集团的一个有机组成部分。

三 夷夏之争与岳石文化的衰落

岳石文化是山东地区继大汶口—龙山文化之后的最重要的史前文化，其延续时代在公元前 1900 至公元前 1450 年前后，根据其文化特征，考古界一般认为它是大汶口—龙山文化的继承者，是夏代和商代前期的东夷文化。在山东龙山文化分布区之内一般都存在着岳石文化的遗址，其分布范围东至胶东半岛，南迄苏北地区，西到聊城菏泽一线，北至河北唐山地区，纵横都超过千里。[17]

与龙山文化相比，岳石文化虽然晚出，但在某些方面特别是陶器的制作工艺方面不如龙山文化。对于岳石文化衰落的原因，学术界有不同的说法。

其一，气候变化导致了岳石文化的衰退。我国在距今 4000 年前后开始进入气候的干冷期，并延续了几百年，气候的变化使以稻作为基础的海岱地区食物供应严重不足，人口大量减少，有些地区遗址的空白显示出该地区可能已无人居住。这种自然因素导致了岳石文化期的东夷族群不得不四处迁徙，且文化发展水平发生倒退。[18]

其二，人们对陶器的大量需要促使其发生变化。当中原地区进入夏商时代，随着城市的兴起、战争的频发，一大批大大小小的城市和城堡需要构筑，同时也需要大量从事城市建设的人力，陶器在当时就成了城市建设的材料之一和建设者本身所需要的日常器物。陶器需求的提升和陶器的急剧增多导致了制陶工业发生了巨大变化。于是,陶器注重实用之外也注重外观的审美转变为以实用为主;为快速生产,由原来的精加工向粗加工方向发展;为提高陶器的寿命,一改过去细薄、轻巧的风格,使陶胎变厚,器型变得稳重、古朴。[19]

其三,冶铜业的出现是导致龙山文化消退的主要原因。在夏商时期,冶铜业出现并得到了快速发展,铜器在日常生活中也开始使用,它大大优越于以往的陶器制品,对铜器的重视和生产的投入,影响了陶器的发展,并导致了龙山文化的消退。[19]

以上这些因素可能是岳石文化衰落的一些原因,但我们认为,夷夏之争与中原文化的东进则是岳石文化或夏商时期东夷文化衰落的根本原因。

在史前时期,生活在山东东夷文化区的人们所创造的以后李文化—大汶口文化和山东龙山文化为代表的史前文化,不仅以它们所展示出来的先进文明而傲立于东方大地,也以它们的强势扩展而影响了广大的地区,其文化的辐射区域东至海滨,南达江南,西至中原,北迄河北和东北地区。在这个具有浓郁文化气息的地区,孕育产生了一个庞大的东夷族群,在传说时代,从炎帝、黄帝到颛顼都与东夷集团有着千丝万缕的联系,至尧、舜、禹的时代,东夷族群和中原地区融合形成的中原族群甚至可以达到分庭抗礼的局面。由于权力的均衡、族群之间的相互包融,尧、舜、禹时期的中原族群与东夷族群之间不仅相安无事,而且文化也出现了交流、融合与大发展。但启建立了夏王朝之后,东夷族群开始向以夏王朝为代表的中原族群发难,从而导致了后羿代夏的结局,夏少康灭掉寒浞和豷之后,东夷族群势力受到了严重的打击,东夷族群或向四周迁徙,或屈从于夏人的势力。随着夏人势力的东进,中原文化也大规模地向东夷地区渗透,在此之前的大汶口文化—龙山文化以向外扩张为主、吸纳外来文化为辅的局面结束,而岳石文化区则随着东夷势力的萎缩而逐渐收缩,并无法阻挡外来文化的影响。

为应付夏人和早期商人的讨伐,东夷无暇制造龙山文化时期那些外形优美、加工精细的陶器,一大批更加实用的陶器应时而生;受中原文化的影响,龙山文化时期所传下来的器物,在器物类别、器物造型等各方面也大大改变。如大敞口、外折腹的折腹盆是中原龙山文化的典型器物,此前的海岱文化区很少见到,却成了岳石文化常见的器型;敞口、短流的斝是中原地区庙底沟文化的典型器物，岳石文化的西部地区也发现这种器物；与中原龙山文化风格比较接近的卷沿绳纹、锥状足的鬲，多发现于鲁西南、鲁北和豫东的岳石文化区；岳石文化区中出现的一些敛口泥质瓮、花边罐也是夏商时期文化东渐的结果。[19]

正是因为夷夏之争和中原文化的东渐，东夷势力才退缩至原来的核心居住区，岳石文化也走向衰落。

四 夏王朝势力向淮河流域的拓展与文化交流

先秦两汉典籍多载大禹治水之事，并且号令天下诸侯。
《国语·鲁语下》载：

> 吴伐越，墮会稽，获骨焉，节专车。吴子使来好聘，且问之仲尼……仲尼曰："丘闻之，昔禹致群神于会稽之山，防风后至，禹杀而戮之，其骨节专车。为此大矣。"[2]72

《孟子·滕文公上》载：

> 当尧之时，天下犹未平。洪水横流，泛滥于天下，草木畅茂，禽兽繁殖，五谷不登，禽兽逼人，兽蹄鸟迹之道交于中国。尧独忧之，举舜而敷治焉。舜使益掌火，益烈山泽而焚之，禽兽逃匿。禹疏九河，瀹济、漯，而注诸海；决汝、汉，排淮、泗，而注之江。然后中国可得而食也。当是时也，禹八年于外，三过其门而不入，虽欲耕，得乎？[16]371-372

《吕氏春秋·慎行论》载：

> 禹东至榑木之地，日出、九津、青羌之野，攒树之所，搖天之山，鸟谷、青丘之乡，黑齿之国；南至交址、孙朴、续樠之国，丹粟、漆树、沸水、漂漂、九阳之山，羽人、裸民之处，不死之乡；西

至三危之国，巫山之下，饮露、吸气之民，积金之山，其肱、一臂、三面之乡；北至人正之国，夏海之穷，衡山之上，犬戎之国，夸父之野，禹强之所，积水、积石之山，不有惭堕，忧其黔首，颜色黎黑，窍藏不通，步不相过，以求贤人，欲尽地利，至劳也。得陶、化益、真窥、横革、之交五人佐禹，故功绩铭乎金石，著于盘盂。[20]713-714

《淮南子·原道训》载：

昔者夏鲧作三仞之城，诸侯背之，海外有狡心。禹知天下之叛也，乃坏城平池，散财物，焚甲兵，施之以德，海外宾服，四夷纳职，合诸侯于涂山，执玉帛者万国。[7]1206-1207

从这些材料来看，当时洪水肆虐，大禹受命开展平治水土的伟大工程，东至大海，西至青藏高原，南达长江甚至到了今广东、广西的南部，北至今内蒙古等地，治黄河、长江、淮河、济河等几大河流，并且在涂山召集各地诸侯与方国，与会者达"万国"，并杀了不听号令的防风氏。

然而，从夏王朝的历史和今天的考古发现来看，古籍中关于夏禹治水的很多材料是不可相信的。在舜和大禹时期最多还处于联邦时代，以一个中原地区尚不强大的部族首领去号令天下方国和不同的族群，这几乎是不可能的事情。即使可以号令一部分部族或方国，但在当时的自然条件、交通情况和生产力条件下，大禹穷一生的精力也不可能到达如此广阔的地区，更不可能去根治黄河、长江和淮河几大主要河流。大禹可能治过水，但它所治当为中原地区的水患。后世关于大禹治水的材料是民间传说的附会和儒者、史官树立人间君王典范的杰作。

夏王朝早期的活动中心主要在今郑州至洛阳一带，禹、启和太康之都城都在这一地区。后羿入居斟寻之后，仲康、相两代居无定所，力量微弱，至少康复国之后，夏王朝方步入正轨，逐渐走向繁荣与强大。少康中兴之后，夏人的势力开始向四周扩张，并开始由淮河上游、中游的主要支流向淮河两岸推进。从二里头文化遗址的分布可以较为真切地看到夏人的南进情况。

（一）夏文化向淮河上游的拓展

淮河的重要支流颍河两岸是夏人早期重要活动区域，也是后来夏人统治的中心地区，二里头早期文化对这一区域产生过重要影响，如登封的程窑遗址有着鲜明的二里头文化因素。但这一地区的夏文化后来并没有从中原南下到达淮河上游干流地区。夏文化南移的主要路线是豫东地区。据史料记载，夏王朝的帝杼曾迁都至老丘（今开封东北），历帝槐、帝芒、帝泄、帝不降、帝扃，凡六代都于此，前后达 221 年之久。至帝胤甲才迁都西河。[21] 所以，开封地区也是夏王朝中期重要的政治、文化和军事中心，同时也是夏人重要的聚居地。所以在开封杞县有段岗、牛角岗、鹿台岗等遗址。从杞县往南至周口市的太康、淮阳、项城——驻马店市——信阳息县和淮滨一线分布着较多的二里头文化遗址，如太康方城、范丹寺遗址，项城高寺、骨头冢遗址，淮阳的双冢、平粮台遗址，商水王田寺遗址，项城骆驼岭遗址，驻马店市杨庄遗址，息县东岳镇遗址，淮滨县沙冢遗址等。

考古工作者 1978 年在河南周口地区进行调查，发现二里头文化遗址 16 处，采集到的甑、平底盆、深腹罐、豆、三足盆等器物与二里头文化遗址一期所出土同类器相同或极为相似，一些器物如三角形鼎足等也发现于临汝煤山二里头一期遗存。[22] 淮滨县沙冢遗址出土的钵形鼎与洛达庙二期文化中同类器物相同。苏秉琦先生在考察息县东岳镇出土的"哈密瓜"式的夹砂陶罐以后，认为它与二里头文化很相似。[23]

从考古材料来看，淮河上游的二里头文化是沿着豫东地区南下而传播的，是聚居于开封老丘周边的夏人南下的结果。从遗址大量分布来看，从夏代中期开始，不仅仅是夏人在文化上与淮河流域有所交流，甚至也发生人员迁徙的现象，表明夏人开始在淮河上游干流两岸经营。

（二）夏文化向淮河中下游的发展

当夏人进入淮河上游之后，又沿淮河向东发展，进入安徽地区，其势力甚至到达了江淮之间的地区。这一带有较多史前文化遗址有着二里头文化因素，如安徽寿县的斗鸡台、青莲寺遗址，肥东县吴大墩遗址，肥西塘岗遗址，含山县大城墩遗址和潜山县薛家岗遗址等。寿县斗鸡台遗址出土的鸡冠耳盆、花边罐、觚形杯、箍状堆纹鼎、宽肩瓮等，其时代大致相当于二里头早期。[24]240-299潜山县薛家岗遗址中出土的凹底爵杯、细腰斝、锥足罐形鼎、高柄浅盘豆等与二里头文化遗址中同类器物相同或相似。含山县大城墩遗址中的一些器物如平底罐形鼎等与二里头文化一、二期同类器物相似。[25]

其实，早在夏王朝建立前，夏人与生活在淮河中游地区的东夷族群就有着密切的联系，据《史记·夏本纪》载，大禹曾封东夷偃姓始祖皋陶于安徽六安，他的后代在这一地区建立了六国、英国等，同时偃姓的其他后裔之国如群舒、桐国也在邻近地区。整个夏代，淮河中游地区的土著人与偃姓族人没有与夏人发生冲突，始终和平相处。夏人南进至淮河中游地区之后，也很快与当地土著居民或其他外地移民融合在一起，这对在各文化遗址中同一文化层发现多种文化并存的现象是有力的证明。

相传夏桀在被商汤打败之后，南逃至巢地而死，其原因可能有二：一是这一带有一支让夏桀十分相信的夏族势力，夏桀至此是为了投靠自己的族人；二是因为夏人与淮河中游的偃姓族群一直有着良好的关系，也让穷途末路的夏桀选择来到此地。

夏文化在淮河下游地区也有所反映，在山东和苏北地区的岳石文化遗址中有诸多二里头文化因素，如鸡冠耳盆、舌状足三足罐、觚形杯等具有明显的二里头文化特征的器物，这些器物的存在一方面反映了夏文化对淮河下游的影响，但同时也透露出夏王朝势力可能已到达这一地区。[26]夏文化向淮河下游的传播可能走的两条路线，一是沿淮河中游东进，二是从鲁北经鲁中南推进。从西周时期，姒姓的鄫人曾在鲁南立国来看，夏族人除在鲁北及鲁中活动之外，其中的一支也很早就南迁至淮河下游地区了。

参考文献

[1] 司马迁. 史记 [M]. 上海：上海古籍出版社，1997.

[2] 国语 [M]. 上海：上海书店影印出版，1987.

[3] 茆泮林. 校辑世本 [M]. 北京：中国书店，1991.

[4] 毕沅. 山海经新校正 [M]. 上海：上海古籍出版社，1986.

[5] 李民，王健. 尚书译注 [M]. 上海：上海古籍出版社，2004.

[6] 王先慎. 韩非子集解 [M]. 北京：中华书局，2003.

[7] 刘安. 淮南子 [M]. 上海：上海古籍出版社，1986.

［8］洪兴祖．楚辞补注［M］．北京：中华书局，1986．

［9］李白凤．东夷杂考［M］．开封：河南大学出版社，2008．

［10］杜预．春秋经传集解［M］．上海：上海古籍出版社，1988．

［11］徐文靖．竹书纪年统笺［M］．上海：上海古籍出版社，1986．

［12］李伯谦．二里头类型的文化性质与族属问题［J］．文物，1986（6）：41 - 46．

［13］顾栋高．春秋大事表［M］．北京：中华书局，1993．

［14］郦道元．水经注［M］．长沙：岳麓书社，1995．

［15］临朐县文化馆，潍坊地区文物管理委员会．山东临朐发现齐、郘、曾诸国铜器
［J］．文物，1983（12）：1 - 6．

［16］朱熹．四书集注·孟子集注［M］．长沙：岳麓书社，1987．

［17］方辉．二里头文化与岳石文化［J］．中原文物，1987（1）：56 - 64．

［18］方辉．岳石文化衰落原因蠡测［J］．文史哲，2003（3）：139 - 143．

［19］田继宝．试论海岱龙山文化消退的原因［J］．史前研究，2000：528 - 534．

［20］吕不韦．吕氏春秋［M］．上海：上海古籍出版社，1986．

［21］李玉洁．夏人"十迁"及夏都老丘考释［J］．中州学刊，2013（2）：112 - 117．

［22］陈朝云．夏商周中原文明对淮河流域古代社会文明化进程的影响［J］．文史哲，
2005（6）：48 - 53．

［23］苏秉琦．七十年代初信阳地区考古勘察回忆录：追记一篇下落不明的考古调查记
［J］．中原文物，1981（4）：3．

［24］北京大学考古学系商周组，安徽省文物工作队．安徽省霍邱、六安、寿县考古调
查试掘报告考古学研究（三）［M］．北京：科学出版社，1997．

［25］张敬国．安徽含山大城墩遗址第四次发掘报告［J］．考古，1989（2）：103 - 117．

［26］陈朝云，周军玲．夏商周与淮河流域［J］．郑州大学学报（哲学社会科学版），
2005（2）：15 - 16．

作者简介：金荣权，男，信阳师范学院教授、硕士生导师

原文刊于：《中原文化研究》（郑州），2019.1：47 ~ 54

太康居斟寻事件与后羿代夏
遗存的确认

张国硕

摘　要：太康居斟寻事件在判定二里头文化、新砦期遗存的属性以及确定后羿代夏遗存等问题中具有至关重要的作用。二里头遗址为夏都斟寻所在地，斟寻曾长期作为夏都存在，其始于太康时期，终于夏桀时期。二里头文化不仅仅是太康失国、后羿代夏以后的夏文化遗存，更非仅仅为少康复国、中兴以后的夏文化遗存，还应包括后羿代夏之前太康时期的夏文化遗存以及后羿代夏期间的文化遗存。二里头文化第二期的形成不应与后羿代夏事件相关联，其成因当与帝宁以后的夏文化大扩展关系密切。从太康居斟寻的角度考虑，新砦期遗存是不可能与后羿代夏遗存直接相关的，仅依据新砦期有大量东方文化因素就判定其与后羿代夏遗存有关，缺乏说服力。应在二里头文化第一期中去寻找后羿代夏遗存，其依据主要有三：一是只有在太康时期的夏都内才有可能形成所谓的后羿代夏遗存；二是后羿代夏遗存理应包含在二里头遗址第一期遗存之内；三是二里头文化第一期中的确有一定的东方文化因素。

关键词：太康；斟寻；后羿代夏；遗存

"太康居斟寻"与"后羿代夏"是夏代历史中两个重要的事件。多年来，学界在探索夏文化的过程中，试图就两大事件在考古研究中所反映出的问题加以探讨，虽然有少部分学者否定或不敢肯定存在后羿代夏遗存[①]，但多数学者认为后羿代夏事件确实发生过，在考古学上应有一定的反映。关于何种考古学文化为后羿代夏遗存的问题，学界多把注意力集中在二里头文化和新砦期上，形成了不同的观点。如有学者认为二里头文化（二里头类型）是太康失国、后羿代夏以后的夏代文化[②]，或认为二里头文化为少康中兴之后的晚期夏文化[③]，二里头文化是少康复国后发展起来的[④]。还有学者认为二里头文化一期是太康时期的夏文化，第二期是后羿代夏影响和造就的夏文化。[⑤]更有学者认为二里头文化二、三期之变是后羿代夏事件的反映，偃师尸乡沟商城是后羿所居斟寻。[⑥]另一些学者认为新砦期或新砦二期遗存有大量的东方文化因素，其应与后羿代夏事件有关。[⑦]具体来说，其认为新砦二期晚段与少康复国事件有关，二期早段与羿浞代夏事件关联。[⑧]或认为新砦期很有可能是羿浞代夏、少康之子季杼灭掉浞子豷时期的文化遗存。[③]或言新砦期遗存是后羿代夏时期形成的夏文化，晚于其的二里头文化确为少康中兴以后的夏文化。[⑨]分析这些观点可以发现，各家论证多是从文化因素、年代、分布地域等方面着手，认为二里头文化早期或新砦期遗存分布于夏王朝腹地，具有诸多东方或西方与夷人有关的外来文化因素，二里头文化早期或新砦期与后羿代夏的年代接近，故而认定其与后羿代夏有关，而对于太康居斟寻事件大多避而不谈，或者说并未充分认识到其在判定后羿代夏遗存中的重要性。笔者分析认为，太康居斟寻事件在后羿代夏遗存的判定上是不可回避的话题，在没有传世和出土文献能够证明哪种考古学文化为后羿代夏遗存的情况下，对该事件进行深入探讨应是判断后羿代夏遗存的主要切入点和关键所在，任何考古学文化为后羿代夏遗存的推断都不能与太康居斟寻这一历史事件相抵牾。

一　二里头遗址为夏都斟寻

多年的夏文化探索和夏商文化论战，尽管认识不一，产生了各种不同的观点和流派，但不可否认，学界最后还是把注意力集中在河南龙山文化晚期、新砦期遗存和二里头文化上。目前来看，二里头文化或二里头文化的主体是夏文化，这基本已成为学界的主流观点。此外，二里头文化不应是全部的夏文化，只能是夏代中晚期的文化遗存，应存在比二里头文化更早的夏文化遗存，即"早期夏文化"[⑩]。研究表明，新砦期文化应属于早期夏文化，具体就是夏启时期的夏文化。①需要说明的是，若认同夏代始于禹而非夏启，则夏代早期包括禹和启时期，早期夏文化涵盖的范围自然要更宽泛一些，包括王湾三期文化偏晚阶段和新砦期遗存。

文献记载夏王朝有多个都城，如阳翟、黄台之丘、斟寻、商丘、斟灌、原、老丘、西河等。成书于战国时期的《竹书纪年》是研究夏商都邑最为重要的史籍，其有关盘庚迁殷的记载已经被考古发现的安阳殷墟遗址所证实，彰显了其较高的史料价值。《竹书纪年》有夏都斟寻的记载："太康居斟寻，羿亦居之，桀又居之。"《竹书纪年》之原本虽然宋代以后亡佚，但相同或近似记载散见于南北朝至宋代的《水经注·巨洋水》、《史记·夏本纪·正义》、《史记·周本纪·正义》，以及《汉书·地理志》北海郡平寿县条下颜师古注和《路史·后纪》等至少5处典籍，说明诸典籍作者大都应该看到了《竹书纪年》的原本，书中原文有关夏都斟寻的内容理应如此记述，即夏代太康、羿、桀皆"居斟寻"。关于"居"字，一般认为通"都"。因此，太康、羿、桀"居"斟寻可以理解为"都"斟寻。

关于夏都斟寻之地望，学界有一些争议，主要有三地：一是《汉书·地理志》北海郡平寿县条下颜师古注引臣瓒语"斟寻在河南"，其地应在今河南洛阳附近；二是《史记·夏本纪·正义》引《帝王纪》云"帝相徙于商丘，依同姓诸侯斟寻"，其地在今豫东北部一带；三是《汉书·地理志》北海郡平寿县条下颜师古注引应劭言在今山东潍坊境内。之所以对斟寻地望存在不同的看法，这可能与斟寻氏族群居地的变迁有直接关系。《史记·夏本纪·正义》引臣瓒解释："斟寻在河南，盖后迁北海也。"斟寻氏原为夏族分支之一。《史记·夏本纪》记载"禹为姒姓，其后分封，用国为姓，故有夏后氏、有扈氏、有男氏、斟寻氏"，说明斟寻氏原为夏代姒姓分支之一。这些夏族分支既有团结合作的一面，也有兵戎相见的时候，如夏后氏与有扈氏发生的甘之战。斟寻氏居地初在伊洛地区，其中心位于今河南巩义市西南地区。《水经注·洛水》列出洛水下游有多个以"寻"命名的地方，《左传·昭公二十三年》杜预注"河南巩县西南有地名寻中"，《史记·张仪列传·正义》引《括地志》曰"故寻城在巩县西南五十八里"，可见斟寻氏故居地并非囿于一个小地点，其范围应包括伊洛盆地洛河下游的广大地区。今考古发现的河南巩义稍柴遗址位于洛河下游地区，其早期遗存可能与斟寻氏族群文化有关。太康时期，属于夏族主体的夏后氏族群由嵩山南麓颍河上游地带迁至伊洛盆地，占据原斟寻氏故地，斟寻氏族群被迫外迁，"其大致路线应是沿大河左岸先到达豫东北，不久又从豫东北继续迁徙而进入山东东部"⑫。因夏后氏在原斟寻氏活动区内建都，故夏都之名称为"斟寻"。

依据历史文献与考古发现综合判断，二里头遗址最有可能是夏都斟寻所在地。主要有三方面的证据：一是文献记载伊洛地区是夏王朝的活动中心，二里头遗址正位于伊洛地区。如《逸周书·度邑解》："自洛汭延于伊汭，居阳无固，其有夏之居。"此外，《国语·周语上》有"伊、洛竭而夏亡"的记载，《史记·孙子吴起列传》称"夏桀之居，左河济，右泰华，伊阙在其南"，皆认为伊洛地区为夏王朝之中心。二是文献记载夏都斟寻在洛阳盆地一带，与二里头遗址的位置相合。《史记·夏本纪·正义》引臣瓒语"斟寻在河南"，指今洛阳一带；又引《逸周书·度邑解》武王问太公"吾将因有夏之居"，推断"斟寻即河南是也"。二里头遗址位于洛阳市偃师区，与文献记载的夏都斟寻地望相一致。三是二里头遗址具备夏代都邑性质，与夏都斟寻的年代和文化形态相符合。二里头遗址的年代相当于夏代中后期，遗址规模大，规格高，遗存丰富，当为夏都遗址。需要指出的是，太康居斟寻与后羿代夏之斟寻以及桀都斟寻应为一地。与商代不同，夏代不存在把早期都邑地名带到晚期都邑命名的现象，应不存在早期斟寻在巩义西南、晚期斟寻西迁至偃师二里头的可能性。

深入分析不难发现，绝非仅有一两位夏王以斟寻为都。从字面上简单来理解，古本《竹书纪年》记载是说夏王太康都斟寻，后羿、桀时期也曾以斟寻为都。但实际上，如此释义是不能准确反映出当时的历史原貌的。有一个现象值得注意，夏都大多为某一个夏王统治时期设立的政治中心，延续一定的年代，其后的夏王迁都之后一般不再迁回先王旧都，如禹都阳城、启都阳翟、帝宁都原和老丘、胤甲都西河等；但斟寻夏都似乎例外，史载斟寻至少在太康、桀时期两次成为夏都，且后羿代夏期间也以斟寻为都，这种现象的背后应该有特殊原因。若按照传统释义，认为斟寻仅仅是两个夏王和后羿代夏时期的都城，那么由此而产生的诸多疑窦很难解释。首先是"少康中兴"，少康消灭了东夷集团势力，恢复了夏王朝的统治，作为复国和以示正统的标志之举，理应重新占据旧都斟寻并以其为都，而不能迁往他地或以其他地方为都，否则，何谈"中兴""复国"。其次，帝宁时期，夏王朝势力逐渐增强，之后至夏桀未再发生敌对势力攻入国家中心地区的事件，夏王朝没有必要在都城上频繁地废旧立新或迁都。最后，夏王朝中后期，其统治的中心区域一直位于具有优越生态环境的伊洛盆地，斟寻正位于这一区域内，夏王朝舍弃中心区域的故都而把都城迁移到周边地区是有悖情理的。研究发现，《竹书纪年》有关夏都斟寻的简略记载，实质上道出了夏王朝长期以斟寻为都的历史事实。"太康居斟寻，羿亦居之，桀又居之"的记载，可以理解为史家是在简略概述斟寻在夏王朝时期作为都邑的起、止年代和经历的变故，也是特指斟寻所经历的三个代表性阶段，即斟寻的始都年代是太康时期，废都年代是夏末桀时期，中间作为夏都连续使用，其中"后羿代夏"期间又短期成为夷人之都。⑬

二里头遗址考古发掘表明，二里头遗址并非如有些学者所说的仅仅作为桀都斟寻或一两个夏王之都⑭，而是曾长期作为夏都存在⑮。其主要证据有三个方面：首先，该遗址一期至四期皆具备夏都性质。第二期以后，二里头遗址进入大发展阶段，文化遗存分布广泛，面积已达 300 万平方米，完全具备都邑性质。在第一期，二里头遗址已是一个规模较大的中心聚落，总面积达 100 万平方米以上，"显现出不同于同时期一般聚落的规模和分布密度"⑯。该遗址还发现有属于第一期的铜炼渣、青铜工具和武器、象牙器、绿松石器等高规格的遗存。⑰宫殿区东北部发现的与建造宫殿区取土有关的巨型坑遗存，坑内存有从二里头文化第一期晚段到第四期晚段的连续堆积⑱，说明宫殿区始建于二里头文化一期以及存在第一期宫殿的可能性是非常大的。其次，二里头文化一期至四期文化因素紧密相连，一脉相承性非常强，中间没有缺环、中断或废弃现象。尽管每一期之间确实出现一些变化，但这些变化基本上是处于渐变状态，体现的是文化发展的阶段性，而其共同性和两者的继承关系始终处于主导地位。最后，从年代上来看，二里头遗址作为夏都，早于学界公认的二里岗早商文化下层，晚于被认为是尧舜禹时代文化遗存的河南龙山文化晚期以及与夏启时期关系密切的新砦期遗存，前后延续至少二三百年⑲，涵盖夏王朝中后期。尽管我们还不知道每位夏王确切的在位时间，但从文献记载夏王朝大约 400 年的积年以及从启至桀共有 16 位夏王的情况判断，一位或两三位夏王的在位时间无论如何也涵盖不了二里头夏都的延续年代。如此，则斟寻并非仅仅是太康、夏桀二王之夏都和后羿代夏之都，少康复国之后也应以斟寻为都，并没有废弃故都斟寻而迁往他地，斟寻亦非在夏王朝中后期两度成为夏都，而是从太康开始至夏桀之时一直延续夏都的地位。

二里头一带的二里头文化不是在当地龙山文化基础上发展形成的，而是外来族群的迁入所形成的。二里头遗址本身没有发现大范围的王湾三期文化遗存，夏代之前这里可能只有零星的居民。在二里头遗址中心区域，二里头一期文化层之下除了外围几个地块叠压着少量仰韶文化层和庙底沟二期文化层，其余部分全是在生土层面上建立起来的[②]，这充分说明在二里头一期文化之前相当长时期内此地根本不是夏族群的聚居地，更不是其都邑所在。这就是说，二里头一带的二里头文化的形成，恰好与文献有关夏王朝早期的活动中心不在伊洛地区，太康时期才入居伊洛地区的"斟寻"之都的记载是一致的。

基于以上二里头遗址为夏都斟寻、斟寻曾长期为夏都的判断，可以认定斟寻为夏都始于夏王太康时期，那么有关后羿代夏遗存的推断则应以太康居斟寻历史事件为基础。

二　从太康居斟寻判断二里头文化遗存的属性

二里头文化是以二里头遗址为代表的考古学文化。二里头文化的分期主要建立在二里头遗址分期的基础上。从某种意义上讲，二里头文化的分期与二里头遗址的分期基本上是等同的。从太康居斟寻历史事件可以看出，二里头文化应开始于太康时期，是太康至夏桀期间的夏文化。基于此，可以推断出二里头文化与后羿代夏遗存的关系。

其一，二里头文化并非仅仅为太康失国、后羿代夏以后的文化遗存，也应包括后羿代夏之前的夏文化遗存。"以后"是指当时或比当时晚的时期，与"之后"表示在某个时间或某处所的后面之含义有所不同。"太康失国、后羿代夏以后"应包括太康失国、后羿代夏时期及其后来的夏代晚期。早在后羿代夏之前，二里头文化已经形成。夏王太康选择二里头一带建立斟寻都城，在这里形成初期的二里头文化。太康为王期间不理朝政，耽于游乐，激起人们的强烈不满。此时，来自东方的后羿—寒浞集团乘机发展军事力量，势力逐渐强大起来，向西发展，最终导致"太康失国"和

"后羿代夏"事件的发生。也就是说，二里头文化的形成不是发生在后羿代夏期间，更不是在后羿代夏之后，而是在后羿代夏之前。

其二，从太康居斟寻判断，二里头文化也非仅仅为少康复国、中兴以后的夏文化遗存，也应包括后羿代夏期间及之前太康时期的文化遗存。一方面，二里头文化理应包含少康中兴以后的夏文化遗存。由于发生后羿代夏事件，夏王被迫流亡在外，经过中（仲）康、相、少康乃至帝宁（后杼）等诸王的努力，终于恢复了夏王朝的统治，并逐渐将夏王朝发展壮大。复国、中兴的夏王朝，理应仍以斟寻为都，并未以他地为都。《左传·哀公元年》记载少康"复禹之绩，祀夏配天，不失旧物"。《史记·吴太伯世家》："（少康）复禹之绩，祀夏配天，不失旧物。"《集解》引贾逵："物，职也。"杜预注："物，事也。"《初学记》卷八引《帝王世纪》："少康中兴，还乎旧都。"《左传·哀公六年》："夏众灭浞，奉少康归于夏邑。""不失旧物""还乎旧都""归于夏邑"，当指少康归于或还于太康斟寻之都。少康之后至夏桀之时，夏王朝仍以斟寻为主要都邑。《吕氏春秋·音初》记载："夏后氏孔甲，田于东阳萯山。"萯山即首阳山，在今河南洛阳市偃师区之北，距斟寻（二里头遗址）不足 10 公里，站在二里头一带往北很容易望见。夏王孔甲在斟寻周围的萯山田猎，说明其都仍有可能设在斟寻。古本《竹书纪年》记载："后荒即位，元年，以玄圭宾于河。"意思是说夏王后荒在即位后的第一年，用黑色的玉圭沉于黄河中进行祭祀。夏王后荒在黄河举行宗教祭祀活动，二里头斟寻之北不远就是黄河，不排除其都就设在斟寻。尽管在帝宁时期设立有原、老丘等政治中心，但斟寻为夏都的地位一直不曾改变，直至夏桀时期仍以斟寻为都。另一方面，我们在肯定二里头文化包括少康以后夏文化遗存的同时，还要考虑到少康之前的夏代历史。早在太康时期，二里头遗址就已被当作夏都，并形成二里头文化。此外，古本《竹书纪年》明确记载后羿代夏事件是在夏都斟寻发生的，后羿也以斟寻为都。如此看来，斟寻不仅仅是少康之都以及少康之后至夏桀期间的夏都，而且是太康期间和后羿代夏期间之都城。如此，以二里头遗址为代表的二里头文化，既包含少康中兴以后的夏文化遗存，也包含太康以后、少康之前的夏文化遗存，当然也应包括后羿代夏期间的文化遗存。

其三，二里头文化第二期的形成不应与后羿代夏事件相关联，其成因当与帝宁以后的夏文化大扩展关系密切。太康居斟寻一段时间后，就被后羿—寒浞集团所取代。二里头文化共经历一至四期，其间当有数百年，每一期的年代虽然不能确切推断出来，但绝非只有一二十年，延续五十年乃至百年是有可能的。二里头文化第一期延续时间应当较长，可能达数十年，之后才形成二里头二期文化。这就是说，后羿代夏事件发生在二里头文化形成之后不久的时间内，距离二里头文化二期的形成还有相当长一段时间，二里头文化第二期形成时后羿代夏事件当早已发生过，后羿代夏事件发生的年代无论如何晚不到二里头文化第二期。在二里头文化第一期，二里头文化在豫西地区的伊洛颍汝河流域即已形成，至第二期开始逐渐向周围扩展，向北发展形成晋南地区的东下冯类型，豫西地区与晋南地区的二里头文化互动频繁，二里头文化的主要因素传至晋南地区，晋南地区的文化因素如鬲、甗等也输入到二里头文化腹地。研究表明，夏族曾多次北上晋南，包括三个阶段：一是夏禹后期夏族北上控制晋南；二是帝宁之后夏族重新北上对晋南地区进行直接统治；三是夏王朝灭亡后部分夏族北上亡徙。[21]后羿代夏发生后，夏王朝处于危亡之中，无暇顾及周边地区，致使周边部族、方国多有叛离。帝宁时，夏王朝军事力量已较强大，开始对周边地区进行征伐，逐渐收复失地，并发展壮大起来。晋南地区为帝宁首选讨伐之地。古本《竹书纪年》云："帝宁居原。""原"在今河南济源市。帝宁居于黄河北岸的济源一带，实际上是在这里建立一个政治、军事中心，这不仅可以控制豫西北地区，而且为夏王朝重新控制晋南地区建立了一个稳固的前线基地。晋南地区的东下冯类型与豫西地区的二里头类型文化面貌总体一致，同属于二里头文化系统。二里头类型可分四期，东下冯类型可分三期，东下冯类型一期要晚于二里头类型一期，前者相当于后者的第二期。[22]东下冯类型主要文化因素来源于二里头类型，其是二里头类型发展到一定阶段向晋南地区传播，并与当地原居文化逐渐融合而形成的。[23]这就是说，东下冯类型总体上应为外来族群文化，此类型文化与豫西地区的二里头文化关系密切，东下冯类型应为夏族文化向北发展的结果。东下冯类型形成的时间约相当于二里头文化第二期，这与帝宁的北上扩张年代基本相当。有关后羿族群分布的方位，有学者把《楚辞·天问》中的"羿夷"之"夷"当作"西夷"解，认为后羿不应当是东方夷人，而当为西方夷人；二里头文化一、二期之变是后羿部落伐夏造成的，二里头文化以西的东下冯类型及龙山文化的强烈影响促使二里头文化第二期发生重大变化。对此，有学者已进行辨析，认为其"西方夷人"证据多依据《山海经》等有关传说，所引论据的可用性并不优于认为其为东夷人的论据；二里头文化第二期中只有极个别的鬲，鬲在二里头文化并没有"流行"起来；"二期始流行绳纹"也不准确，从新砦期到二里头一期、二期，绳纹是逐渐增加的；二里头文化的一些固有风格如花边罐、双鋬甗等并非在第二期才出现，早在新砦期、二里头一期就有发现。[⑧]因此，二里头第二期是在第一期的基础上发展而来，并非由东下冯类型的固有因素改造或融合了二里头一期文化的结果。这就是说，二里头文化第二期的形成并非因后羿代夏所致，当然此期也就不可能是后羿代夏期间的文化遗存。

其四，二里头文化第三期的形成年代与后羿代夏发生的年代有明显差距，不应将其与后羿代夏事件相联系。经过二里头文化一、二期的发展，夏文化已经历一二百年的时间。二里头文化二、三期之交属于夏代后期，距离太康居斟寻事件的发生年代和二里头文化的形成年代已相当久远。太康之末发生的后羿代夏事件的具体年代，尽管学界有不同看法，但无论如何也晚不到二里头文化第三期，故个别学者有关"二里头文化二、三期之变是后羿代夏事件的反映"之观点与考古实际明显脱节，是缺乏说服力的。

三　从太康居斟寻推断新砦期不应为后羿代夏遗存

新砦期是介于王湾三期文化与二里头文化之间的一种文化遗存，是探索早期夏文化时应重点关注的考古学文化。新砦期遗存主要分布于嵩山南麓的颍河、汝河流域的新密、禹州、登封、汝州、平顶山以及郑州、巩义等地。主要遗址有新密新砦和古城寨、汝州煤山、巩义花地嘴、郑州东赵等。需要指出的是，嵩山北麓的伊洛河平原地区少见此类文化遗存。关于新砦期遗存的性质，一部分学者鉴于该遗存具有较多的东方文化因素，推断其与后羿代夏有关。但若充分考虑到太康居斟寻事件的界标作用，就会发现很难再把其与后羿代夏遗存联系在一起。

若认同二里头遗址为夏都斟寻、斟寻始于太康时期、二里头文化为太康之后的考古学文化遗存，那么新砦期与后羿代夏则没有任何直接关系。

学者谈新砦期与后羿代夏遗存有关,大多数人是认同新砦期早于二里头文化、二里头文化是后羿代夏之后或少康中兴以后的文化遗存的。有鉴于此,在新砦期存在期间,太康尚未成为夏王统治夏王朝,二里头文化也尚未出现,后期才发生的后羿代夏事件怎么可能反映在早期已形成的新砦期遗存上呢?

若不认同二里头遗址为夏都斟寻,只强调新砦期的东方文化因素和年代接近,便推断其与后羿代夏有关,那么有几个问题必然要考虑:后羿代夏事件发生之时夏都在哪里?后羿集团在哪里"代"的夏,后羿代夏期间是否以夏都为其政治中心?少康复国之时和复国后的夏都又在哪里?对于这些问题,持"后羿代夏新砦期说"者往往甚少关注或关注不系统。要追寻后羿代夏遗存,必须要先搞清楚太康居斟寻的问题,寻找的重点应集中在都城遗址及其周围比较大的聚落。在新砦期遗存分布的区域内,尽管已发现多处大中型遗址,但只有新砦遗址规模大、规格高,具备夏代都邑性质。虽然新砦遗址具有夏代早期都邑性质,但迄今没有任何证据表明其与夏都斟寻、太康居斟寻有关,也没有新砦一带曾为后羿代夏期间都城的文献线索。有关斟寻氏的分布地域、斟寻之都的地望,尽管学界有多种说法,但没有一种提到斟寻位于嵩山东南麓颍河上游地区的新砦期分布范围之内。若太康之夏都斟寻不在新砦期分布范围之内,那么后羿集团也就不可能在新砦期分布区进行"代夏"工作,谈论新砦期遗存为后羿代夏期间的遗存显然缺失基础。此外,少康复国,通常情况下要光复故都,并在那里持续发展下去。新砦遗址不仅不是太康失国时的夏都斟寻,而且存在时间较短,新砦期之后的二里头一期阶段已沦为普通聚落,与少康中兴之后夏王朝的逐渐繁盛局面完全不相符。研究表明,新砦遗址作为夏都只存在于新砦期,其位于嵩山东南麓新砦期文化分布的中心区域,其性质可能为文献记载的夏启之都——黄台之丘。[21]因此,太康失国时的都城斟寻根本不是新砦遗址,后羿代夏也不可能发生在新砦都邑,少康复国时夏王朝也没有回到新砦都邑,夏王朝后期更没有以新砦遗址为都邑。一言以蔽之,从太康居斟寻角度考虑,新砦期遗存是不可能与后羿代夏遗存直接关联的。

新砦期遗存的确有大量的东方因素,如折壁器盖、子母口瓮、子母口缸、圈足壶、侧三角形足罐形鼎、圆形穿孔足鼎、瓦足皿等。但一种文化遗存不能一有东方因素,在不考虑其他因素的情况下,尤其是在太康居斟寻地望尚未确认的前提下，就将其与后羿代夏挂钩。实际上，至少从大汶口文化中期或仰韶文化晚期开始，东方地区的文化就对中原地区产生了重要影响；至大汶口文化晚期或庙底沟二期文化时期，东方文化对中原地区的文化侵入和影响表现得更为突出；龙山文化时期，东方文化长期影响中原地区；之后的新砦期、二里头文化早期，来自东方地区的文化因素持续不断地产生影响。[25]也就是说，并非仅仅新砦期才有大量的东方文化因素，在长达 2000 余年间，东方文化因素持续不断地传入并影响着中原地区。因此，仅仅依据新砦期有大量东方文化因素就判定其与后羿代夏遗存有关，显然缺乏说服力和可信性。

四　应在二里头文化第一期中寻找
后羿代夏遗存

以上论述否定了二里头文化仅仅是太康失国、后羿代夏以后或少康中兴以后的夏文化，又否定了新砦期与后羿代夏遗存有关，那么，哪些考古学文化、哪些阶段与后羿代夏遗存有关呢？从文献与考古材料综合分析出发，以太康居斟寻为基点，则可以发现，应该到二里头文化第一期中去寻找后羿代夏遗存。

首先，只有太康时期的夏都内才有可能形成所谓的后羿代夏遗存。从上文论述可知，夏王太康都斟寻，二里头遗址为夏都斟寻，以二里头遗址为中心形成了二里头文化，那么后羿集团要"代夏"，推翻夏王朝的统治，必然要到夏都之内，在二里头夏都内活动，才能形成与后羿代夏有关的遗存。早于太康时期、非太康时期后段，是不可能形成后羿代夏遗存的。也就是说，只有在二里头文化第一期形成后的夏都斟寻之内，后羿代夏遗存才有可能集中地体现出来。

其次，后羿代夏遗存应包含在二里头遗址第一期之内。二里头遗址为夏都斟寻，文化面貌可分为一至四期。其中太康是二里头夏都的始建者，是斟寻夏都的第一个使用者，故在斟寻夏都形成的二里头文化第一期肯定包含太康时期的夏文化遗存。太康居斟寻一段时期，大约 19 年或 29 年之后[26]，被后羿一寒浞集团所取代，这期间史载大约 40 年时间[27]，也应包含在二里头文化第一期之内。再后来，后羿一寒浞集团最终又被以少康为代表的夏族群消灭，夏王朝的统治得以恢复，少康复国统治夏王朝期间[22]很可能也包含在第一期之内。这就是说，基于太康居斟寻的史实，第一期的年代应包括太康时期、后羿代夏时期、少康时期。再从考古发现来看，二里头文化第一期的年代也应与太康至少康时期相一致。二里头文化第一期延续时间当较长，可能超过 50 年，甚至接近 100 年[29]，可区分为不同的阶段。《偃师二里头 1959 年 – 1978 年考古发掘报告》认为二里头一期年代有早有晚，较早单位有 Ⅱ · ⅤT104 第 6 层、第 7 层以及一些灰坑，较晚单位有 Ⅱ · ⅤT116 第 5 层、第 6 层及一些墓葬。[17]有学者研究认为，上述报告中有属于第一期的地层叠压关系，如 Ⅱ · ⅤT104 第 5 层→第 6 层→第 7 层、ⅡT210 第 5 层→第 6 层→第 7 层，依据陶器形制的不同，可将第一期陶器分成 3 段，即一段、二段、三段。[30]有学者指出，二里头文化一期包含的东方文化因素，大多都见于二里头文化一期偏晚阶段。[31]这些研究成果为辨别二里头一期后羿代夏遗存提供了有益的信息。

最后，后羿代夏遗存在二里头文化第一期中的确有一定的反映。从情理上讲，我们既不能一看到某考古学文化有东方文化因素，就判定其与后羿代夏遗存有关，也不能在某考古学文化没有任何东方文化因素的情况下将其与后羿代夏遗存相联系。考古发掘研究显示，二里头文化第一期存在诸多来自东方的文化因素，如鬶、鬹（角）、爵（角）、盉、圈足贯耳壶、鼎、豆、三足盘（瓦足皿）等山东龙山文化晚期陶器，有些器物当为礼器。[32]具体分析统计，以贯耳壶、长颈壶、单耳杯、异形鬶、圈足盘、三足盘、厚胎碗、子母口盒等为代表的具有山东龙山文化因素的陶器，在二里头遗址第一期器物中所占比例高达 12.04%；鬶、爵、鬹等含有间接山东龙山文化因素的器物（可溯源于大汶口文化）在二里头遗址第一期器物中所占比例为 9.26%[33]，两者合计东方文化因素占比达 21.3%。结合太康居斟寻、二里头一期的年代等因素综合考虑，推断这些东方文化因素的较多出现与后羿代夏遗存有密切关联是有道理的。

需要指出的是，后羿代夏事件并非导致东方文化完全取代了夏文化。由于后羿代夏是东夷族群利用夏族众对最高统治者的不满情绪和"夏之方衰"的时机，通过"因夏民以代夏政"[34]的方式对夏人进行管理的，很可能不属于文化上对夏族群文化的完全取代或嵌入，"代"的只是夏王朝最高统治者，其统治的基础主要还是夏族群，普通夏族众的生活并没有出现根本性改变，且统治时间相对较短，故二里头文化第一期的文化面貌并未发生根本性的变化，以夹砂中口罐、圆腹罐、刻槽盆等为代表的二里头主体文化因素在二里头第一期中一直占据主导地位。

把后羿代夏事件在考古中反映的遗存限定在二里头遗址二里头文化第一期范围内，太康失国、后羿代夏、少康中兴等事件都可得到合理的解释。太康是在二里头夏都斟寻进行统治的，一段时期内的昏庸腐败生活，最终招致夏民众的怨恨，东夷集团乘机发动灭夏战争，攻入夏都斟寻，推翻夏王朝的统治，但仍以斟寻为政治中心，并"因夏民以代夏政"，历时大约 40 年。之后，少康中兴，攻灭后羿—寒浞集团，返回故都斟寻，恢复夏王朝的统治，并长期以斟寻为主要的都邑延续发展。二里头夏都遗址第一期持续数十年时间，一至四期文化延续发展，且中间未有明显的间断或衰落、废弃，与太康都斟寻、后羿代夏和少康中兴皆发生在斟寻，以及帝宁以后至桀皆以斟寻为主要都城的情形是一致的。

结　语

从上述分析可知，学界有关后羿代夏遗存的认定，存在着"二里头文化说"和"新砦期说"两大体系。其中，"二里头文化说"又可分为"笼统的二里头文化说""二里头二期说""二里头三期说"；"新砦期说"也可分为"笼统的新砦期说"和"新砦二期早段说"等。这些观点皆存在一定的疑问、缺陷或难解之处。以太康都斟寻、二里头遗址是夏都斟寻为基点探讨后羿代夏遗存，可以发现以二里头遗址为代表的二里头文化不仅仅是太康失国、后羿代夏以后的夏代文化，更非仅仅为少康中兴以后的夏文化遗存，还应包括太康时期的夏文化和后羿代夏期间的文化遗存。新砦遗址并不是夏都斟寻，新砦期遗存的年代早于太康时期始形成的二里头文化，故后期的后羿代夏事件不可能发生在早年已形成的新砦期之新砦都邑，新砦期遗存分布区内也不可能形成后羿代夏期间的文化遗存。此外，二里头文化第二期并非因后羿代夏而形成，其动因可能与帝宁时期夏王朝国势强大、夏文化大扩展有密切关系，故该期不应为后羿代夏期间的文化遗存。二里头文化第三期距离太康居斟寻发生的年代久远，后羿代夏不可能发生在第三期之初。综合判断，二里头文化第一期的年代很可能包括太康时期、后羿代夏时期以及少康时期，后羿代夏遗存应包含在二里头遗址第一期之内。虽然后羿代夏遗存在二里头文化第一期中有一定程度的反映，但后羿集团的东方文化并未从根本上取代夏文化。

注释

①见邹衡：《关于夏文化的上限问题——与李伯谦先生商讨》，《考古与文物》1999 年第 5 期；董琦：《关于早期夏文化问题》，《中国文物报》2000 年 9 月 20 日；褚金刚：《新砦期遗存辨析》，吉林大学 2009 年硕士学位论文，第 29 页。

②李伯谦：《二里头类型的文化性质与族属问题》，《文物》1986 年第 6 期。

③赵春青：《关于新砦期与二里头一期的若干问题》，收入《二里头遗址与二里头文化研究》，科学出版社 2006 年版。

④田昌五：《夏文化探索》，《文物》1981 年第 5 期。

⑤郑杰祥：《二里头二期文化与后羿代夏问题》，《中原文物》2001 年第 1 期；王克林：《从后羿代夏论二里头二期文化的变化》，《中原文物》2004 年第 4 期。

⑥庄春波：《羿浞代夏少康中兴轶史与年代学和考古学解释》，《中原文物》1990 年第 2 期。

⑦顾万发：《试论新砦陶器盖上的饕餮纹》，《华夏考古》2000 年第 4 期；栾丰实：《海岱系文化在华夏文明形成过程中的作用——从海岱、中原两大文化区系的相互作用谈起》，收入《华夏文明的形成与发展》，大象出版社 2003 年版；北京大学震旦古代文明研究中心，郑州市文物考古研究院：《新密新砦——1999～2000 年田野考古发掘报告》，文物出版社 2008 年版，第 541 页。

⑧顾问：《"新砦期"研究》，《殷都学刊》2002 年第 4 期；顾万发：《"新砦期"研究》，收入《郑州文物考古研究（一）》，科学出版社 2003 年版。

⑨李伯谦：《新砦遗址发掘与夏文化三个发展阶段的提出》，收入《文明探源与三代考古论集》，文物出版社 2011 年版。

⑩李伯谦：《关于早期夏文化——从夏商周王朝更迭与考古学文化变迁的关系谈起》，《中原文物》2000 年第 1 期。

⑪张国硕：《夏纪年与夏文化遗存刍议》，《中国文物报》2001 年 6 月 20 日；张国硕：《早期夏文化与早期夏都探索》，收入《早期夏文化与先商文化研究论文集》，科学出版社 2012 年版。

⑫李民：《释斟寻》，《中原文物》1986 年第 3 期。

⑬张国硕：《〈竹书纪年〉所载夏都斟寻释论》，《郑州大学学报（哲学社会科学版）》

2009 年第 1 期。

⑭方酉生：《偃师二里头遗址第三期遗存与桀都斟鄩》，《考古》1995 年第 2 期；赵芝荃：《论二里头遗址为夏代晚期都邑》，《华夏考古》1987 年第 2 期。

⑮张国硕：《论二里头遗址的性质》，收入《二里头遗址与二里头文化研究》，科学出版社 2006 年版；张国硕：《论二里头遗址作为都城的延续年代》，收入《夏商都邑与文化（一）》，文物出版社 2014 年版。

⑯许宏、陈国梁、赵海涛：《二里头遗址聚落形态的初步考察》，《考古》2004 年第 11 期。

⑰中国社会科学院考古研究所：《偃师二里头 1959 年~1978 年考古发掘报告》，中国大百科全书出版社 1999 年版，第 40－74 页。

⑱赵海涛、许宏、陈国梁：《二里头遗址宫殿区 2010~2011 年度勘探与发掘新收获》，《中国文物报》2011 年 11 月 4 日。

⑲夏商周断代工程专家组：《夏商周断代工程 1996~2000 年阶段成果报告：简本》，世界图书出版公司北京公司 2000 年版。

⑳中国社会科学院考古研究所：《偃师二里头 1959 年~1978 年考古发掘报告》，中国大百科全书出版社 1999 年版，第 19 页；许宏、陈国梁、赵海涛：《二里头遗址聚落形态的初步考察》，《考古》2004 年第 11 期。

㉑张国硕：《从夏族北上晋南看夏族的起源》，《郑州大学学报（哲学社会科学版）》1998 年第 6 期。

㉒邹衡：《试论夏文化》，收入《夏商周考古学论文集》，文物出版社 1980 年版。

㉓李伯谦：《东下冯类型的初步分析》，《中原文物》1981 年第 1 期。

㉔张国硕：《夏纪年与夏文化遗存刍议》，《中国文物报》2001 年 6 月 20 日；赵春青：《新密新砦城址与夏启之居》，《中原文物》2004 年第 3 期；许顺湛：《寻找夏启之居》，《中原文物》2004 年第 4 期；马世之：《新砦遗址与夏代早期都城》，《中原文物》2004 年第 4 期；张国硕：《夏王朝都城新探》，《东南文化》2007 年第 3 期。

㉕栾丰实：《海岱系文化在华夏文明形成过程中的作用——从海岱、中原两大文化区系的相互作用谈起》，收入《华夏文明的形成与发展》，大象出版社 2003 年版。

㉖太康居斟寻时间，古本《竹书纪年》无载。《路史·后纪》卷十三载太康"在位盖十有九年。失政，又十岁而死"，即太康在位 19 年。《帝王世纪》与《通鉴外纪》都说太康在位 29 年。

㉗后羿代夏约 40 年。《史记·夏本纪·正义》："按：帝相被篡，历羿、浞二世，四十年。"

㉘少康在位年代，古本《竹书纪年》无载。今本《竹书纪年》和《通鉴外纪》皆 21

年，《路史·后纪》为 46 年。

㉙关于二里头文化第一期的年代范围，有学者判定为 60 年，参见仇士华、蔡莲珍：《夏商周断代工程中的碳十四年代框架》，《考古》2001 年第 1 期；或不超过 70 年，参见中国社会科学院考古研究所：《二里头：1999～2006》，文物出版社 2014 年版，第 1664 页；有学者认为是 50 年，见赵春青：《关于新砦期与二里头一期的若干问题》，收入《二里头遗址与二里头文化研究》，科学出版社 2006 年版；还有学者推定约 100 年，见李维明：《二里头文化与夏年估计》，收入《二里头遗址与二里头文化研究》，科学出版社 2006 年版。

㉚赵春青：《关于新砦期与二里头一期的若干问题》，收入《二里头遗址与二里头文化研究》，科学出版社 2006 年版。

㉛靳松安：《河洛与海岱地区考古学文化的交流与融合》，科学出版社 2006 年版，第 213 页。

㉜中国科学院考古研究所洛阳发掘队：《河南偃师二里头遗址发掘简报》，《考古》1965 年第 5 期；邹衡：《试论夏文化》，收入《夏商周考古学论文集》，文物出版社 1980 年版；李伯谦：《二里头类型的文化性质与族属问题》，《文物》1986 年第 6 期；栾丰实：《二里头遗址中的东方文化因素》，《华夏考古》2006 年第 3 期。

㉝王琼：《"后羿代夏"的考古学观察》，郑州大学 2011 年硕士学位论文，第 59 页。

㉞参见《左传·襄公四年》。

作者简介：张国硕，男，郑州大学历史学院教授、博士生导师

原文刊于：《中原文化研究》（郑州），2022.5：12～20

从夏、夷、商三族关系看夏文化

魏继印

摘　要：夏族、商族和东夷族是夏商时期关系最为密切的三大族团。目前，商代后期文化因甲骨文的发现和殷墟的发掘而大白于天下，东夷文化也因特殊的地理位置而被认定，两者成为探索夏文化的两个重要基点。根据商代后期殷墟文化的特征可以认定二里冈文化和下七垣文化是比殷墟文化更早的商系文化。根据特殊的地理位置，也可以确定岳石文化为夏商时期的东夷文化。二里头文化分布于中原地区的南部，它与北部的下七垣文化和东部的岳石文化相互毗邻，呈鼎足之势，存在着密切的文化交流与联系。在夏代，商族有些首领曾在夏朝为官，这种"夏为君、商为臣"的历史与二里头文化的社会地位高于下七垣文化的情况相符；东夷族对夏朝时战时和，与二里头文化和岳石文化你中有我、我中有你的情况也非常符合。夏末，商汤联合东夷伐夏，与下七垣文化和岳石文化融合共生的现象相合。通过战争，商族最终推翻了夏朝的统治而成为统治者，也与二里冈文化取代二里头文化，商系文化的社会地位在二里冈文化时期根本性转变的情况相符。夏、夷、商三族的关系表明二里头文化是夏文化。

关键词：夏族；商族；东夷族；二里头文化；夏文化

夏文化探索是我国历史和考古研究中的一个老课题，从 20 世纪 20 年代初期至今有近百年的历史，曾出现了仰韶文化说、山东龙山文化说、河南龙山文化说、良渚文化说、二里头文化说、齐家文化说等诸多观点。其中，二里头文化一至四期为夏文化的观点由李民、文兵先生正式提出[1]，经邹衡先生系统论证[2]，又经长达 20 多年的论战后，目前已基本成为学界共识。但由于二里头文化没有像殷墟甲骨文一样有自证性文字材料的发现，仍有少数学者表示怀疑。①尤其是当下，由于碳十四年代数据的越测越晚，许宏先生又重提二里头文化为商文化的旧论。[3]在此背景下，笔者也对夏文化问题进行重新思考，并再次全面检索关于"夏"的历史文献，发现"夏"不是孤立存在的，它与当时的东夷族和商族存在着非常密切的联系和交往。因此，在目前商系文化和东夷族系文化均已经得到确认的情况下，夏文化应该也能够确认。

一 晚商文化的发现与商系文化的推定

始于 1928 年的殷墟发掘，不仅发现了数十处宫殿建筑基址、十余座王陵大墓等象征王权的遗迹，也发现了大量的甲骨刻辞、青铜器、玉器、原始瓷器等高规格遗物。尤其是王国维发现了甲骨文中反映的商王世系与《史记·殷本纪》中对商王世系记载基本一致②，从而验证了《史记》记载的可靠性，使商史成为信史。甲骨刻辞和相关历史文献表明，殷墟就是商王盘庚迁殷后商代后期的殷都遗址。在此认识的基础上，殷墟遗址出土的大量物质文化遗存，不仅揭示了商代后期的文化面貌，也为我们认识更早的商文化提供了参照。

关于殷墟文化的前身，要在比其早的考古学文化中去寻找。目前，在我国境内比殷墟文化年代稍早的考古学文化主要有分布在大中原地区的二里冈文化，分布于海岱地区的岳石文化，分布于四川盆地的三星堆文化，分布于燕山南北地区的夏家店下层文化，分布于甘青地区的卡约文化和分布于长江下游地区的马桥文化等。据比较，这些文化中，与殷墟文化的相似度最高的文化当属二里冈文化。从殷墟遗存中可以发现，商代后期的商人习惯使用鬲、甗、簋、豆、大口尊、瓿、爵、斝等陶器组合作为自己的日常生活用具。1953 年，在郑州二里冈发现的二里冈文化[4]，在使用陶器的习惯上跟殷墟文化基本一致。1954 年，在郑州人民公园上层又发现了类似安阳殷墟一期的文化遗存，其下叠压着二里冈文化遗存[5]，从地层关系上确认了二里冈文化早于殷墟文化。由此可以确认二里冈文化是早于殷墟文化的商系文化。

从二里冈文化继续向前追溯，比其稍早的考古学文化主要有分布于中原地区南部和江汉地区北部的二里头文化，分布于中原地区北部的下七垣文化，分布于海岱地区的岳石文化，分布于燕山南北地区的夏家店下层文化，分布于甘青地区的齐家文化，分布于四川盆地的三星堆文化以及分布于长江下游地区的马桥文化等。与二里冈文化进行比较，与其相似度最高的是分布于豫北冀南地区的下七垣文化和分布于河南中西部的二里头文化。

下七垣文化与二里头文化具有一些相似的文化因素，其年代大约相当于二里头文化的二至四期。③下七垣文化和二里头文化虽然存在一些共同因素，但差别是主要的。如二里头文化的陶器陶胎较厚、绳纹较粗，而下七垣文化的陶器则陶胎较薄、绳纹较细。如二里头文化流行鸡冠耳、捏口和附加堆纹作风，而下七垣文化则基本不见。如二里头文化以罐为主要炊器，用甑为主要的蒸器，而下七垣文化则以鬲为主要炊器，用甗为主要的蒸器。酒器组合，二里头文化以觚、爵、盉为主，而下七垣文化则以觚、爵、斝为主。二里头文化的深腹盆多带有双鸡冠耳，而下七垣文化则主要流行无耳深腹盆。二里头文化的深腹罐多为圆底，而下七垣文化则多为平底橄榄形。二里头文化中常见的瓦足盆、大平底盆、刻槽盆、圈足盘等，下七垣文化中不见或少见。

二里冈文化早期的陶器陶胎较薄、绳纹较细，器物组合以鬲、甗、簋、深腹罐、无耳深腹盆、觚、爵、斝、大口尊、豆等为主，陶胎、纹绳和器物形制等方面均与下七垣文化比较接近，它们之间的相似度要远远高于二里头文化。因此，二里冈文化与下七垣文化应为同一系统的文化，应属商系文化。

从目前的考古发现来看，下七垣文化主要分布于今河北省中南部、河南北部、山东和河南交界处以及豫东西部一带。因此，商系文化的确定为探索夏文化提供了一个重要的基点。

二 夏商时期东夷文化的确定

东夷是我国上古时期的重要民族。在五帝至夏商周时期，它与中原华夏族时而冲突时而联合，最后走向融合，是中华民族的两大源头之一。

至于夏商时期东夷族的文化在哪里，根据我国地理位置的特殊性，比较容易确定，只能在临近大海的黄河下游地区去寻找。这一区域在考古学上一般被称为海岱地区。目前，海岱地区的考古学文化序列比较清晰，从早到晚依次是后李文化、北辛文化、大汶口文化、山东龙山文化和岳石文化，应是不同时期的东夷文化。东夷文化起始于后李文化，经北辛文化时期的初步发展，在大汶口文化、龙山文化一直到岳石文化前期达到其最为繁荣的阶段，至岳石文化后期由西向东逐渐为殷商文化所取代。

岳石文化是海岱地区继龙山文化之后的一支考古学文化，得名于山东平度东岳石遗址的发掘[6]，主要分布范围包括山东、河南东部和江苏、安徽北部一带。岳石文化的陶器以夹砂褐陶和泥质灰陶为主，次为泥质黑陶，另有少量红陶和黄陶。陶器的火候较低，颜色斑驳不纯。装饰方法，素面为大宗，占一半以上，纹饰主要有凸棱、附加堆纹、划纹、弦纹、压印纹等。器形多子母口、平底、三足或圈足器，少见圜底器。器类以袋足甗、夹砂中口罐、子母口尊形器、子母口罐等最具特色。相对于中原地区夏商系统文化而言，岳石文化的年代约相当于二里头文化二期至殷墟早期，其绝对年代约在公元前 1800 年至公元前 1450 年。[7]由此看来，岳石文化当是夏商时期的东夷文化无疑。

夏商时期东夷文化的确定是探索夏文化的另一重要基点。

三　二里头文化及其与商、夷文化的关系

在中原商系文化的二里冈文化之前除商系文化的下七垣文化之外，还分布着二里头文化。二里头文化主要分布在山西南部和黄河以南的河南大部分地区，其势力最南可及长江北岸，最西可达关中盆地，最东可至豫东地区。

二里头文化与下七垣文化相互毗邻，下七垣文化在北，二里头文化在南，它们之间存在着密切的联系和交流。一方面，在二里头文化中发现有下七垣文化的因素，如在与下七垣文化距离较近的沁水以西的武陟北平皋、赵庄等二里头文化遗址中就发现有较多的鬲、足带竖沟槽的甗、蛋形瓮、素面有肩盆等典型的下七垣文化因素。[④]在二里头文化核心区的二里头遗址也发现有高锥足细绳纹的甗和鬲、橄榄形罐、素面有肩盆等典型下七

垣文化因素。另一方面，在下七垣文化中也同样发现有二里头文化的因素，如在距离二里头文化较近的沁水东岸地区的一些遗址中就发现较多的大口尊、平口瓮、刻槽盆、捏口罐和爵等典型二里头文化因素④，甚至远在冀南的磁县下七垣遗址第四层中发现有二里头文化非常流行的长颈花边口沿罐、箍状堆纹罐、伞状钮器盖等。[8]

二里头文化与岳石文化也相互毗邻，二里头文化在西，岳石文化在东，它们之间也存在着密切交流。在二里头文化中常见子母口罐、中口罐、大口罐、鼎、斝、甗、小口瓮、卷沿束颈盆、子母口器盖、半月形双孔石刀等典型岳石文化的陶器和石器；相反，在岳石文化中也发现有圆腹罐、深腹罐、折沿盆、箍状堆纹缸、爵、觚形杯、三足盘、大口尊等典型二里头文化因素。[9]194-198

从地理分布上看，二里头文化在西，商系文化的下七垣文化在北，东夷文化的岳石文化在东，三种文化相互毗邻，大致呈鼎立之势，存在着密切的交流和联系。

四　从夏、夷、商三族关系看夏文化

相关历史文献表明，夏族与商族和东夷族共存，并有着密切的交往和联系。因此，在目前商文化和东夷文化都能确定的情况下，二里头文化为夏文化最具合理性。

（一）夏、商关系

在夏代，夏族人"在朝"，而商族"在野"，商族有几位先公曾在夏朝为官。如商的始祖契与夏禹是同时代人，他不但与禹"同朝为官"，而且也曾佐禹治水。如《史记·殷本纪》说："契长而佐禹治水有功。"[10]91夏朝建立后，商族首领相土和冥都曾在夏朝为官。《史记·殷本纪》索隐云："相土佐夏，功著于商。"[10]92集解引宋衷曰："冥为司空，勤其官事，死于水中，殷人郊之。"[10]92《国语·鲁语上》："冥勤其官而水死。"韦昭注："冥，契后六世孙，根圉之子也，为夏朝水官，勤于其职而死于水边。"[11]158到夏代末期，夏王桀曾囚商汤于夏台。《史记·夏本纪》："夏桀不务德而武伤百姓，百姓弗堪，乃召汤而囚之夏台，已而释之。"[10]86从这些文献可知，在夏代，夏人居住区应距商人居住区不远，商人服从夏人的统治。

文献中记载的夏、商关系，在考古学文化上也有反映。二里头文化和商系文化的下七垣文化，年代相当，地域相邻。下七垣文化主要分布在今黄河以北的豫北冀南地区。二里头文化主要分布在黄河以南的豫中南地区和晋南地区。两种文化相互毗邻，并略有交错，但在文化面貌上，二里头文化明显要高于下七垣文化。如在二里头文化范围内发现了偃师二里头城址、郑州大师姑城址、新郑望京楼城址、平顶山蒲城店城址以及郑州东赵城址等至少5座，而下七垣文化城址目前仅有辉县孟庄1座。在规格上，二里头城址面积达300万平方米以上，并发现了面积达10万平方米的宫城和数十座大型宫殿基址，铸铜作坊、绿松石作坊等手工业作坊区，大量青铜礼器、玉器、漆器以及少量原始瓷器等高规格遗存，尤其是还发现了一个绿松石龙形器。这些发现都说明，二里头遗址应是一处都城遗址。另外，这些文化遗存的数量之多、规模之大、规格之高都是下七垣文化所无法比拟的。因此，从文化面貌上看，二里头文化社会地位明显高于同时期的下七垣文化，显然前者为统治阶级的文化，后者为被统治阶级的文化。既然下七垣文化为商族的文化，那么二里头文化为统治者的夏文化，也非常合理。

（二）夏、夷关系

关于夏、夷关系，《竹书纪年》中有很多表述："后相即位，二年，征黄夷。七年于夷来宾。""少康即位，方夷来宾。""后芬即位，三年，九夷来御，曰畎夷、于夷、方夷、黄夷、白夷、赤夷、玄夷、风夷、阳夷。""后荒即位，元年，以玄圭宾于河，合九（夷）东狩于海，获大鸟。""后泄二十一年，命畎夷、折夷、赤夷、玄夷、风夷、阳夷。""后发即位，元年，诸夷宾于王门，诸夷入舞。"[⑤] 从这些记述来看，在夏代，夏人和东方的夷人自始至终都存在非常密切的关系，并且时战时和，说明夏族和东夷族在地域上应该相邻。

在考古学文化上，二里头文化和东夷族的岳石文化相互毗邻。二里头文化的年代约相当于岳石文化的前段。二里头文化中自始至终都存在岳石文化的现象说明，二里头文化与岳石文化存在着密切的联系和交流。[12] 因此，既然岳石文化是夏商时期东夷人的文化，那么与其相邻的二里头文化为夏文化也就非常合理。

（三） 商、夷关系

这里所说的商、夷关系，主要限定于夏代的商、夷关系，也即是先商与东夷的关系。《史记·殷本纪》中记载商先公从契至汤共有14代，这一记载为甲骨文所印证。商的这14代先王，有详细文献记载的不多。如前所引，商最早的几位先公如契、相土、冥等均佐夏，他们与东夷基本没有太多的交往和联系。到王亥、上甲之时，商族主要是与北方的有易氏交恶，也基本没有与东夷发生联系。但到了夏末的商汤时期，文献中关于商、夷关系记述则比较多，主要有汤娶东夷有莘氏，任用夷人伊尹和仲虺为相，在东夷境内举行联夷伐夏会盟等事迹。关于娶有莘氏和任用伊尹为相：《楚辞·天问》云："成汤东巡，有莘爰极……媵有莘之妇。"[13]230-231《史记·殷本纪》云伊尹为"有莘氏媵臣"，集解引《列女传》："汤妃有莘氏之女。"[10]94《墨子·尚贤中》云："伊挚，有莘氏女之私臣，亲为庖人，汤得之举以为己相。"[14]77《孟子·万章上》云："伊尹耕于有莘之野……汤三使往聘之。"[15]653至于有莘氏的地望，应在今山东西南部和豫东一带。[16]关于仲虺，《左传》定公元年云："仲虺居薛，以为汤左相。"[17]1524《史记·殷本纪》引孔安国云："仲虺，汤左相奚仲之后。"[10]97可见仲虺是汤的重要辅佐大臣，也是东夷人，居住在薛地。至于薛的地望，《汉书·地理志》鲁国薛县条云："汤相仲虺居之。"[18]1637有关史书还记有商汤会盟伐夏的景亳之命。《左传》昭公四年："夏启有钧台之享，商汤有景亳之命，周武有孟津之誓。"[17]1250关于景亳的地望，《史记·殷本纪》正义引《括地志》云："宋州北五十里大蒙城为景亳，汤所盟地，因景山为名。"[10]93参加会盟的诸侯，有学者考证主要有施、有仍、有缗、有莘、薛国、卞等，大多为东夷诸族和方国。[19]关于商夷联盟伐夏事件，张国硕先生曾结合文献和考古材料进行过精彩的论证[20]，在考古学上也有较为明显的反映。在今豫东西部地区杞县鹿台岗遗址发现了下七垣文化遗存，经分析是由下七垣文化漳河型发展而来的。有意思的是，在鹿台岗遗址不仅发现了下七垣文化，还发现了属东夷文化性质的岳石文化遗存。这两种不同文化性质的遗存竟然共存共生，也因此被视为先商—岳石或岳石—先商"混合型文化"[21]。在二里头文化的末期，即二里头文化四期晚段时，带有先商—岳石文化的因素在郑州南关外[22]、洛达庙[23]、化工三厂[24]、电力学校[25]、黄委会青年公寓[26]以及偃师二里头等遗址[27]中都有不少发现。这种现象在二里头文化其他阶段都是不曾有的现象，而且在此之后，二里头文化就突然消失了，继之而起的就是商系文化的二里冈文化。因此，总体上看，从商先公最初佐夏，到中期与有易氏交恶，至后期联夷伐夏的对外关系史来看，下七垣文化应是先商文化，因为只有下七垣文化东邻岳石文化，南接二里头文化。漳河型下七垣文化年代最早，分布在豫北冀南一带，约相当于夏代中期，与北方的有易氏文化相互毗邻，与文献记载的王亥、上甲与有易氏发生战争正相符合，随后商人向东、向南发展形成了鹿台岗型文化，与东夷岳石文化交错杂居，这正是商夷联盟形成的反映，最后商夷联盟的文化又折而向西发展占领了郑州地区和偃师二里头。因此，从商、夷关系来看，既然下七垣文化为先商文化，那么二里头文化为夏文化非常合理。

（四）商革夏命

夏末，商族在其首领汤的带领下发动了灭夏战争。《孟子·梁惠王下》引《书》曰："汤一征，自葛始。"[15]152《孟子·滕文公下》："汤始征，自葛载，十一征而无敌于天下。"[15]434《诗经·商颂·长发》："韦、顾既伐，昆吾、夏桀。"[28]627商族在汤时取代了夏族而成为统治者，他们在社会地位上发生了根本的转变，这在考古学上也一定有所表现。与二里头文化时期二里头文化的社会地位明显高于商系文化的下七垣文化不同，到了二里冈文化时期，作为商系文化的二里冈文化发现了如郑州商城、偃师商城、盘龙城商城、垣曲商城、焦作府城、望京楼商城以及郑州东赵城址等许多城址以及大量宫殿基址、青铜器、玉器、原始瓷器等高规格遗存，说明在二里冈文化时期商系文化已从下七垣文化时期相对于二里头文化的被统治地位转变为统治地位，此时的商族人也已经从"在野"走向了"在朝"，成为统治者。相反，曾经繁盛的二里头文化在二里冈文化时期则突然间失去了其民族特性，而为二里冈文化所取代。下七垣文化到二里冈文化，商系文化从社会的底层一跃成为社会最上层，也正符合商汤灭夏后，商族成为统治者，而夏族或四散逃亡或接受商族统治的历史事实。因此，从这层意义上看，不仅二里冈文化为商汤建国后的早商文化，下七垣文化为商汤建国以前的先商文化认识较为合理，而且二里头文化为夏文化的观点也非常合理。

结　语

在目前商文化和东夷文化都已得到确认的情况下，夏、夷、商三族之间的关系表明，夏文化在距中原地区较远的其他地区的可能性已基本被排除，而是更多地集中在中原地区二里头文化之上。二里头文化为夏文化，与下七垣文化为商汤建国前的先商文化、二里冈文化为商汤建国后的早商文化、郑州小双桥和洹北商城为中商文化、殷墟文化为盘庚迁殷以后的晚商文化等观点一起共同构建起一个较为完善的夏商文化体系。其中，二里头文化与作为先商文化的下七垣文化并存，二里头文化发现有多座城址、宫城、宫殿、青铜礼器、绿松石龙形器、原始瓷器等高等级遗存，说明其地位高于下七垣文化，非常符合夏为"君"商为"臣"的历史事实。商系文化在二里冈文化时期，发现多座城址、宫城、宫殿、青铜器、原始瓷器等高等级遗存，说明商系文化在二里冈文化时期社会地位发生了根本改变，已经由"臣"变成了"君"，而此时的二里头文化则不知去向，也符合商汤灭夏的历史事实。二里头文化与商系文化和岳石文化之间的关系，也非常符合夏、夷、商三族在历史上的恩怨纠葛。因此，从夏、夷、商三族之间的关系看，二里头文化应为夏文化。

注释

① 参见王仲孚：《试论夏史研究的考古学基础》，《中国考古学与历史学之整合研究（上）》，台湾"中研院"历史语言研究所出版品编辑委员会（台北）1997 年版；许宏：《略论二里头时代》，《三代考古》，科学出版社 2004 年版；又见《夏商周文明研究（六）——2004 年安阳殷商文明国际学术研讨会论文集》，社会科学文献出版社 2004 年版。

② 参见王国维：《殷卜辞中所见先公先王考》《殷卜辞中所见先公先王续考》，载《观堂集林》，河北教育出版社 2003 年版。

③ 参见李伯谦：《先商文化探索》，载《庆祝苏秉琦考古五十五年论文集》，文物出版社 1989 年版；李维明：《关于先商文化诸类型的年代》，《中州学刊》，1990 年第 2 期；

　　李伯谦：《夏文化与先商文化关系探讨》，《中原文物》，1991 年第 1 期。

④参见刘绪：《论卫怀地区夏商文化》，见《纪念北京大学考古专业三十周年论文集》，文物出版社 1990 年版。

⑤参见方诗铭，王修龄：《古本竹书纪年辑证》，上海古籍出版社 1981 年版。

参考文献

[1] 李民，文兵．从偃师二里头文化遗址看中国古代国家的形成和发展 [J]．郑州大学学报（哲学社会科学版），1975（4）：80～84.

[2] 邹衡．试论夏文化 [M] //夏商周考古学论文集．北京：文物出版社，1980.

[3] 许宏．关于二里头为早商都邑的假说 [J]．南方文物，2015（3）：1～7.

[4] 河南省文化局文物工作队．郑州二里冈 [M]．北京：科学出版社，1959.

[5] 安志敏．郑州市人民公园附近的殷代遗存 [J]．文物参考资料，1954（6）：32～37.

[6] 中国科学院考古研究所山东发掘队．山东平度东岳石村新石器时代遗址与战国墓 [J]．考古，1962（10）：509～518.

[7] 方辉．岳石文化的分期与年代 [J]．考古，1998（4）：55～71.

[8] 孙德海，罗平，张沅．磁县下七垣遗址发掘报告 [J]．考古学报，1979（2）：185～214.

[9] 靳松安．河洛与海岱地区考古学文化的交流与融合研究 [M]．北京：科学出版社，2008.

[10] 司马迁．史记 [M]．北京：中华书局，1959.

[11] 徐元诰．国语集解 [M]．王树民，沈长云，点校．北京：中华书局，2002.

[12] 栾丰实．二里头遗址中的东方文化因素 [J]．华夏考古，2006（3）：46～53.

[13] 蒋天枢．楚辞校释 [M]．上海：上海古籍出版社，1989.

[14] 吴毓江．墨子校注 [M]．孙启治，点校．北京：中华书局，1993.

[15] 焦循．孟子正义 [M]．沈文倬，点校．北京：中华书局，1987.

[16] 张富祥．古莘国推考 [J]．烟台大学学报（哲学社会科学版），2014，27（1）：101～107.

[17] 杨伯峻．春秋左传注 [M]．北京：中华书局，1990.

[18] 班固．汉书 [M]．北京：中华书局，1962.

[19] 田昌五，方辉．"景亳之会"的考古学观察 [J]．殷都学刊，1997（4）．

[20] 张国硕．论夏末早商的商夷联盟 [J]．郑州大学学报（哲学社会科学版），2002（2）：91～97.

［21］郑州大学文博学院等．豫东杞县发掘报告［M］．北京：科学出版社，2000.

［22］赵霞光．郑州南关外商代遗址发掘简报［J］．考古通讯，1958（2）：6～9；河南省博物馆．郑州南关外商代遗址的发掘［J］．考古学报，1973（1）：65～92.

［23］河南省文物研究所．郑州洛达庙遗址发掘报告［J］．华夏考古，1989（4）：48～77.

［24］河南省文物考古研究所郑州工作站．郑州化工三厂考古发掘简报［J］．中原文物，1994（2）：1～7.

［25］河南省文物研究所．郑州电力学校考古发掘报告［M］∥郑州商城考古新发现与研究．郑州：中州古籍出版社，1993.

［26］河南省文物研究所．郑州黄委会青年公寓考古发掘报告［M］∥郑州商城考古新发现与研究．郑州：中州古籍出版社，1993.

［27］中国社会科学院考古研究所．二里头1999－2006［M］．北京：文物出版社，2014.

［28］阮元校刻．十三经注疏·毛诗正义［M］．北京：中华书局，1980.

作者简介：魏继印，男，考古学及博物馆学博士，河南大学考古文博系主任、副教授

原文刊于：《中原文化研究》（郑州），2017.3：36～41

从夏商周都城建制谈集权制的产生

高崇文

摘　要：夏、商、西周都城是以神权为中心的设计理念，始
建国营都首先置宗庙、立社坛，凡国之大事均是在宗庙和社坛中
进行，国家政权完全笼罩在神权的护佑之下，还处于初期国家形
态阶段。而东周时期的都城则是集权制政体下的设计理念，突出
政权所在"大朝"建中立极的绝对权威，"大朝"之外的"左祖
右社"则成了附属建筑。这种宫、庙分离的格局，朝、庙独立的
变化，反映出政治体制发生了重大变化，东周时期各诸侯大国已
步入成熟的国家形态，集权制的政治体制逐渐确立。

关键词：夏商周都城；左祖右社；神权；王权；集权制

城市是人类社会发展到一定阶段的产物，是伴随着人类文明社会的形
成、国家的出现而产生和发展的。因此，城市文明能够比较集中地体现社
会进化的程度及特点。中国古代城市文明有其自身的发展特点，是以一种
礼制性的城市文明不断发展和完善的。这种礼制性的城市文明既是物象的
行政规划形式，又体现了政治的和意识的形式，通过这种形式承载复杂的
国家机器，来处理人与人、人与神、国与国等诸关系，以维护社会秩序。
因此，可以从古代都市布局方面来探讨社会形态的发展变化。

研究中国古代都城规划布局时，往往要引用《考工记·匠人营国》中
的都城规划记载，将考古发现的先秦都市布局与这一文献记载相印证。仅
就某些具体的建制而言，也可以印证《匠人营国》的记载，毕竟这一规划
并不是闭门造车，也是采择三代以来已有之制又加以礼制化、理想化而成

的。但是，如果从整个都城设置理念来看，夏、商、西周都城体现的是以神权为中心的设计理念，而东周时期的都城体现的则是集权制政体下的设计理念，前后都城的设计理念全然不同，这也反映出政治体制发生了重大变化，东周时期各诸侯大国已步入成熟的国家形态，集权制的政治体制逐渐确立。

一　《考工记·匠人营国》所反映的
王权与神权关系

《考工记》载："匠人营国，方九里，旁三门。国中九经九纬，经涂九轨，左祖右社，面朝后市。"此是讲都城的营建，作正方形，每边长九里，各有三门，城中有纵横交错的大道各九条，城内宫城前部左侧建宗庙，右侧建社坛，宫城后边是市场。《考工记》是战国时期的著作，应是记述周代王城的规划礼制，王宫建中立极，表现了周天子至高无上的权力，"朝""祖""社"三位一体，集中反映了当时政权、祖权和神权相结合的意识形态。需要指出的是，这种都城建制，是以王权为中心的都市规划模式，所以王权所在之"朝"处于中心位置，以突出其至高无上的权力，而"祖"和"社"分置左右，处于辅佐王权的位置。这种以"朝"居中心的都城设计，实际上是集权制政体下的理想规划，突出政权所居的"大朝"绝对权威，"大朝"之外的"左祖右社"则成了附属建筑。考察夏、商、西周都城布局，则是以祖庙、社坛为中心的规划模式，以突出神权至高无上的权威，前后都城的设计理念有着质的转变。

二　夏、商、西周都城布局所反映的
王权与神权关系

《左传·庄公二十八年》载："凡邑，有宗庙先君之主曰都，无曰邑。"《礼记·曲礼下》载："君子将营宫室，宗庙为先，厩库为次，居室为后。"这说明，作为国都，宗庙是不可或缺的主要祭祀场所。《墨子·明鬼下》也明确记载，夏、商、西周三代建国营都必须先筑社坛和宗庙："昔者虞夏商周三代之圣王，其始建国营都日，必择国之正坛，置以为宗庙，必择木之修茂者，立以为丛社。"为什么夏、商、西周三代建国营都首先要建宗庙和社坛，是因为三代凡国之大事均是在庙中举行，一切政令都是在庙中贞询于神，听命于神的旨意。

夏代就是以天命行使其权力的。《尚书·甘誓》记禹子启征伐有扈氏："威侮五行，怠弃三正，天用剿绝其命，今予惟恭行天之罚。……用命赏于祖，弗用命戮于社。"《墨子·明鬼下》对此解释得更清楚："是以赏于祖而僇于社。赏于祖者何也？言分命之均也。僇于社者何也？言听狱之事也。故古圣王必以鬼神为赏贤而罚暴，是故赏必于祖，而僇必于社。"据这些史料可证，夏代的国都应当有最为重要的社坛和宗庙等礼制建筑。《甘誓》还表明，夏启伐有扈氏是"天用剿绝其命，今予惟恭行天之罚"，这就是说，夏启是遵照上天之命率军讨伐有扈氏的。完成此天命的，在宗庙中得以封赏；没有完成此天命的，则在社坛中将其处死。因古圣王是依照天神、祖神的旨意来处理国之大事的，所以，国之大事均要在祖庙和社坛中进行。这就很明显地透露出，夏王是靠神权、祖权来进行统治的。这也说明三代的都城为何首先建社坛和宗庙。

商王的施政更是唯神命是从。从殷墟卜辞中可以看到，商王凡事都要贞问天地诸神和祖先神，对天地诸神、祖先神进行祭祀之礼以取得行政之命，充分体现了神权、祖权与政权紧密结合的政体形态。殷墟卜辞的内容主要是商王进行占卜、贞问和祭祀天地诸神与祖先神的原始记录，这既是商王祭祀档案，又是商王施政档案。商王凡事都要贞问天地诸神和祖先神，征得它们的同意才能施行。如建邑造房、出兵征伐、祈求丰年、祈福避灾等，都要占卜贞问天地诸神和祖先神。这些占卜、贞问、祭祀均是在社或庙中进行的。卜辞中常有"贞燎于土"（《合集》14399）[1]，"又岁于亳土"（《合集》28109），此即于"社"中进行占卜、祭祀[2]。卜辞中还记载，商王贞问和祭祀祖先主要是在"宗"中进行，如："己未卜，其□父庚奭，祼于宗。"（《粹》322）[1] "丁亥卜，其祝父己父庚，一牛，丁宗。"（《屯南》2742）[2] 从字形上分析，"宗"上面宝盖是屋宇之形，"示"则是神主的象征。故《说文》云："宗，尊祖庙也。"卜辞中还记有："甲辰卜，□武且乙必丁其牢。"（《合集》36114）"丙午卜，贞，文武丁必丁其牢。"（《合集》36115）于省吾考证卜辞中的"必"为"祀神之室"[3]释必。"宗"和"必"正是商代祭祀祖先的宗庙。除宗、必外，也有学者认为，卜辞中的"□"或"匚"是表示的"庙"，因在这些方框内往往还有"甲""乙""丙""丁"等商王庙号词，此也是商王之庙。[4]可以看出，商王是在"社"或"庙"中对天地诸神、祖先神进行贞问、祭祀以取得行政之命，借神之命来行使其王权，这充分体现了神权、祖权与政权紧密结合的政体形态。

周人对天的信仰比起商人来似乎有些变化，周人对天地诸神、祖先神的祭祀更具实际意义，强调周王受命在天，是上天之子，是直接替天行命，这比商代王权与神权的关系更进了一步。《诗·大雅·皇矣》云"有命自天，命此文王"，《诗·周颂·昊天有成命》云"昊天有成命，二后受之"（二后即文王、武王，言二王受天命而王天下），《尚书·康诰》云"天乃大命文王，殪戎殷，诞受厥命"，大盂鼎铭文"文王受天有大命"（《集成》2837）③，逨盘铭"文王、武王达殷，膺受天鲁命，匍有四方"④，这实际上是周王首创"王权神授"的思想观念，以此来加强周王的统治权力。周王成了上天的儿子，称为"天子"，故称"周天子"。并且只有周天子才有祭天的资格，也就是只有周天子才有替天行命的权力。《礼记·丧服小记》云："礼，不王不禘。"孔颖达疏云："礼，唯天子得郊天，诸侯以下否，故云：'礼，不王不禘。'"因此，祭天成为周天子受天命的特权，以此来加强周王政权的神圣性和绝对的权威。由于西周王朝是凭借上天之命、依靠宗法制度来进行统治的，所以宗庙是其"行政"的重要场所，凡国之大事均要在宗庙中举行。如周天子的"即位礼"，各地诸侯朝见周天子的"觐礼"，周天子对臣下的任命及赏赐的"册命礼"，出兵征伐的"授兵礼"，胜利归来的"告捷礼""献俘礼"等，均要在宗庙中进行；并且要定期在宗庙决定治理国家的一些政务，叫作"告朔""视朔""听朔"。西周铜器铭文中，屡见记录周王在宗庙中举行"册命礼""告捷礼""献俘礼"等内容。可以看出，周王同样是利用天神、地神、祖神来统治天下，并且比商王更加直接地垄断了"受命于天"的权力。[4]

夏、商、西周三代王朝主要靠神权、祖权来进行统治的政体形态，在三代都城中有直接的反映。

河南偃师二里头遗址被确认为夏后期都城遗址[5]，宫城内主要发现东、西两组宫殿遗址（图1）。关于西部1号主体宫殿的性质，学术界有不同的认识，有人认为是进行政治活动的场所，即朝堂或前朝后寝的施政宫殿[6]78，有人认为是宗庙或庙寝合一的建筑[7]27-28，还有人认为是夏社遗址[8]。1号遗址除了设计规整、规模宏大外，在庭院内还发现与该遗址同时的许多墓葬和祭祀坑，这是其最为显著的特征之一。杜金鹏先生认为这些均是祭祀遗迹，1号宫殿应当是一座举行祭祀活动的礼仪建筑，并根据《考工记》中"左祖右社"的记载，推测此坐落于宫城右方的1号建筑是夏社遗址。将此遗址推定为用于祭祀的礼制建筑是正确的，也有可能是夏社遗址，前引文献中就记载夏王朝有"社"的存在。关于东部2号宫殿的性质，学术界也有不同的认识，或认为是宗庙[9]、陵寝[10]173-174、夏社[11]者。从建筑结构和布局看，2号宫殿与1号宫殿最大的不同是，主殿基上筑有三间大房间，庭院内没有那么多的祭祀遗迹，庭院中央只有一个烧土坑，从其所处位置看，此也可能是祭祀遗迹。主殿后面有一座所谓"大墓"，有报道此墓为"迁骨葬"或"衣冠葬"，墓中所葬是当时统治者的始祖或高祖（遗骸或其象征物）。[12]129虽然此遗迹究竟属何性质还难以确定，但属于祭祀性的遗迹则可确定。1号宫殿既然是用于祭祀天地诸神的，2号宫殿则可能是用于祭祀祖神的，因此，学者推定其为宗庙遗址则是可信的。

　　研究者多认为二里头宫城已形成"左祖右社"的布局，并依此推测，在宫城中部还可能有大型宫殿，即"朝"之所在。仅从1号宫殿和2号宫殿在宫城内的位置看，也可以说是"左祖右社"，同时也可印证文献所记"用命赏于祖，弗用命戮于社"的夏王施政制度。前引文献已表明，夏王的行政权力是在宗庙和社坛中通过神权实现的，在宗庙和社坛的庭院里贞询天地诸神或祖先神来处理国之大事，宗庙和社坛的庭院正是"朝"神之处，而真正独立的施政建筑"朝"还没有从宗庙、社坛建筑中独立出来。并且，经多年的考古调查与勘探发现，在中部区域也有一些建筑台基，但没见报道有类似于1号、2号规模的大型基址，而多见路土及广场。[13]此处有可能是类似于原始社会大型聚落中用于公共集会的广场。这说明，二里头宫城作为国家都城的雏形，还处于由大型原始聚落发展到完整礼制都城布局的过渡阶段。

　　对于偃师商城[12]129以及殷墟的布局，有许多学者与《考工记·匠人营国》都城规划对照，认为是朝政之殿居中、左祖右社的布局。是否是此种布局，还要从前述的商代思想观念和政体运转形式来分析。前述，夏、商、西周三代始建国营都，之所以首先建宗庙和社坛，是因为凡国之诸

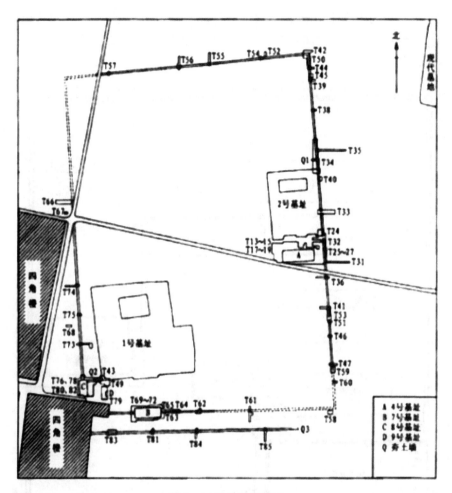

图 1　二里头遗址宫城

事，均要祭告于天地诸神或祖先神，遵照天命、祖命行事，是借用神灵的
权威来治理国家。殷墟卜辞也已如实地记录了商王的这些活动。考察偃师
商城，首先在宫内营建的是北部东、西两个精心设计、规模庞大的祭祀区
及南部对应的东、西两组建筑。并且"宫城最初确立的布局始终也未被突
破，这一定程度上也说明肇始于第一期的城址布局制度和严格的宫室制度
始终得以遵从"[14]。根据商王朝的思想观念及政体运转形式，是否可以推
测，东区的宫殿就有可能是研究者多认可的祖先宗庙，在宗庙中进行占
卜，贞问祖先神，然后到后部对应的祭祀 B 区进行对祖先的祭祀。而西区
的大殿可能是天地诸神庙，在此庙中庭院进行占卜、贞问天地诸神，然后

到后部对应的 C 祭祀区进行对天地诸神的祭祀。并且在 B、C 区经长期使用已经饱和后，又在东部开辟了新的 A 区祭祀场地[15]，由此可见对祭祀的重视程度（图 2）。

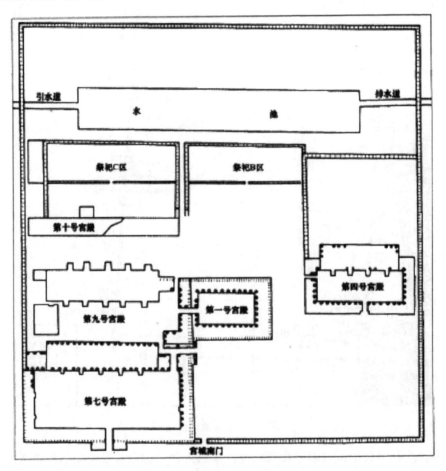

图 2　偃师商城第一期宫城

　　殷墟建筑基址的突出特点是祭祀遗迹众多。乙组建筑规模庞大，在其前面考古发掘了 189 个祭祀坑，分布密集，排列有序，应是多次祭祀时分组埋入的，所用牲除了马、羊、狗外，还有大量的人牲。丙组遗址是由多组祭坛组成，在祭坛周围分布众多祭祀坑，有的埋人，有的埋羊、狗等。石璋如先生推测乙组为宗庙建筑，丙组为祭坛遗址，甲组为宫室遗址[16]，这一推测是可信的。此正突出了社、庙居前，而居室居后的布局（图 3）。

　　殷墟卜辞明确记载，商王多是在宗庙等礼制建筑的庭院中向神进行占

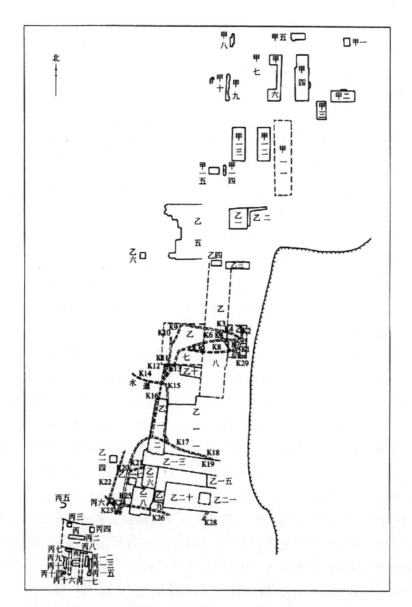

图3　安阳殷墟宗庙宫殿区甲、乙、丙三组基址位置

卜、贞问。如："贞，惠多子飨于庭"（《合集》27647）；"王其飨于庭"（《屯南》2276）；"甲午卜，王其又祖乙，王飨于庭"（《屯南》2470）。于省吾先生指出，"庭"即为宗庙太室之中庭。[3]85-86 实际上，卜辞中的"庭"即"朝"，是指祭祀建筑前的庭院。《说文·廴部》："廷，朝中也。"

《周礼·夏官·太仆》郑玄注："燕朝，朝于路寝之庭。"许慎、郑玄均将宫殿建筑前的"庭"解释为"朝"，当有所据。清戴震对此解释得更清楚："凡朝君，臣咸立于庭，朝有门而不屋，故雨沾衣失容，则辍朝。"⑤焦循《群经宫室图》亦云："凡朝皆廷也，其堂为路寝，其廷为燕朝。"陈梦家认为："古文字'廟'从朝，朝廷之朝当源自大廟朝见群臣。"[17]《说文·广部》："廟，尊先祖貌也。从广，朝声。"殷墟卜辞中有关建筑的名称有"宫""室""庭""寝"等，专门的祭祀建筑名有"宗""必""囗""匚"，是指宗庙建筑，但没有发现名"朝"的建筑名，也没发现有用以表示"朝政"建筑的专用名。"廟"字始出现于西周金文，从字形上分析，"朝"上盖屋为"廟"，也就是说，在庭院盖屋才成为"廟"。这说明即使是在西周时期，依然是"朝有门而不屋"，"朝"即是庭院，凡国之大事，均是在庙中庭院祭告屋中神主，即后来名"朝"之地。以此观之，在商代并没有专门用于"朝"的独立宫殿建筑，也就不存在商代都城中"大朝"之殿居中、"前朝后寝"、"左祖右社"之布局。

《诗·大雅·绵》记载了周先祖古公亶父率族迁居岐邑营建都邑的情况："乃召司空，乃召司徒，俾立室家。其绳则直，缩版以载，作庙翼翼。……乃立冢土，戎丑攸行。"毛传云："君子将营宫室，宗庙为先，厩库为次，居室为后。……冢，大戎大丑众也。冢土，大社也。起大事，动大众，必先有事乎社而后出，为之宜。"郑笺云："大社者，出大众将所告而行也。"孔疏云："戎丑攸行之意，言国家起发军旅之大事，以兴动其大众，必先有祭事于此社而后出行，其祭之名谓之为宜，以行必须宜祭以告社，故言戎丑攸行也。"可以看出，古公亶父在岐营建都邑，首先建宗庙和大社，国之大事必先在社或庙中进行贞询、祭祀后才能进行。在周原凤雏甲组大型建筑遗址南40米处发现三号基址，基址平面呈"回"字形，四面为夯土台基，中间为庭院，庭院内竖立一块大型长方形巨石（图4）。

基址内出土金箔、绿松石、玉器、漆器和原始瓷器等。《简报》推测此为周的社宫遗址是可信的。[18]

对于凤雏甲组大型建筑遗址[19]的性质，学者多认为是宗庙遗址[20]。《尔雅·释宫》云："室有东西厢曰庙，无东西厢有室曰寝。"又此遗址西厢房内2个窖穴中，出土了大量周王室占卜用的甲骨，有字者293片，分属文王、武王、成王和康王时期。[21]此可能就是文献所记设在庙中的"龟

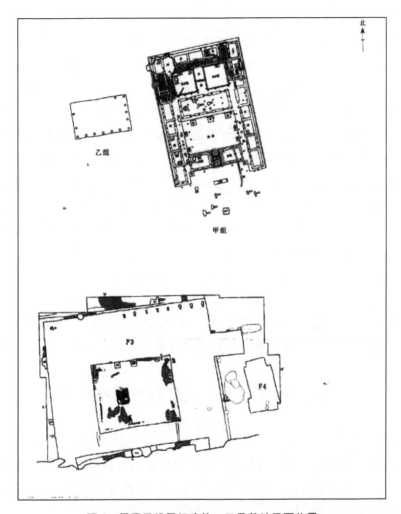

图4　周原凤雏甲组建筑、三号基址平面位置

室"。《周礼·春官·龟人》载："龟人掌六龟之属，……凡取龟用秋时，攻龟用春时，各以其物入于龟室。上春衅龟，祭祀先卜。若有祭事，则奉龟以往。"此是讲，将龟版攻制好后放入宗庙中的龟室，祭祀时从龟室中取出龟版进行占卜。又所出甲骨上刻有"祠，自蒿于周"，学者认为此内容是武王自镐京前往周原祀周宗庙之事。⑥由此证明，这组建筑是西周王室的宗庙。

郑玄注《周礼·隶仆》云："《诗》云寝庙绎绎，相连貌也，前曰庙，后曰寝。"此是说西周时期的"寝"与"庙"是相连的建筑，前面是庙，后面是寝。王国维对西周金文中时常出现的"王在某宫，旦，王格太室"进行研究后指出，"古者寝庙之分盖不甚严"，认为庙堂之后"王亦寝处焉"，铭文"皆云'旦，王格太室'，则上所云'王在某宫'者，必谓未旦以前王所寝处之地也"[22]。这与郑玄对《诗》云"寝庙绎绎"的解释是一致的。小盂鼎铭文（《集成》2839）记载盂伐鬼方凯旋向周天子告捷：盂入南门"即大廷"，入二门"燎周庙"，入三门"即立中廷"向北朝天子以告，周天子应即位于路寝。实际上，"廷"即"朝"，是指礼制建筑前的庭院。依此来分析凤雏甲组建筑的格局，是否门内的庭院曰"大廷"，即"大朝"或曰"前朝"；"大朝"正北的主体建筑曰"周庙"；后部的小院曰"中廷"，即"中朝"；"中朝"面对的后部建筑曰"路寝"。此正是"朝""庙""寝"相连的一体建筑。

可以看出，西周王朝作为行使政权的主要活动是在宗庙中进行，表明政权是在神权的护佑之下进行的，宗庙礼仪即是国家的政治礼仪。从建筑形式上看，是"朝（廷）""庙""寝"一体的建筑格局，真正象征政权所在的建筑"朝"，还没有从体现神权的建筑中独立出来。

三 东周列国都城布局所反映的
王权与神权关系

东周列国都城布局特点与夏、商、西周都城相比较，既有继承沿袭，又有创新。东周都城布局的新特点，可从一个方面反映出当时政权形式及意识形态方面的新变化。

东周列国都城虽各式各样，但均是由宫城和郭城组成，并且明确宫城是为"君"而建。《吴越春秋》曰："筑城以卫君，造郭以守民。"这就非常清楚地说明，宫城的建造首要的是为了守卫国君，这与夏、商、西周三代始建国营都首先置宗庙、立社坛不同，而是将筑宫城守卫国君作为第一要事。

列国宫城内最突出的是高台式宫殿建筑，成为整个都城的最高点，是国君处理政务的"大朝"所在。从建筑形式上显示了国君政权至高威严之地位，反映了国君"政权至上"的思想意识。如山西侯马晋都新田故城、山东临淄齐都故城、河北邯郸赵都故城、河北易县燕下都、秦国都城咸阳宫等，其专为国君而筑的宫城内均有雄伟的高台式宫殿建筑，其即国君的"大朝"政殿所在。

东周时期，凡国之大事，已不像夏、商、西周那样在宗庙或社坛中首先贞问、祭祀祖神、天地诸神，而是在"大朝"政殿中由大臣议政，最后由国君裁决，形成了一种新的集权政体，为维护这种集权政体便制定"大朝"礼仪。如文献记载，秦始皇三十四年，"始皇置酒咸阳宫，博士七十人前为寿"，并议定了"焚书坑儒"之动议。⑦又记，秦始皇恐其行踪及言语泄密，规定"听事，群臣受决事，悉于咸阳宫"。燕国使者荆轲至秦，秦王于咸阳宫接见，"秦王闻之，大喜，乃朝服，设九宾，见燕使者咸阳宫"⑧。赵国也同样有"大朝"礼仪，赵武灵王元年"梁襄王与太子嗣、韩宣王与太子仓来朝信宫"；赵武灵王十九年"春正月，大朝信宫，召肥义与议天下，五日而毕"；赵武灵王二十七年"五月戊申，大朝于东宫，传国，立王子何以为王。王庙见礼毕，出临朝，大夫悉为臣"；赵惠文王四年"朝群臣，安阳君亦来朝，主父令王听朝，而自从旁观窥群臣宗室之礼"。⑨可以看出，东周时期，国之大事多是在"大朝"中议决，各诸侯国的朝觐、聘问、赐命等重要礼仪均是在"大朝"宫殿中进行。清秦蕙田指出："三代盛时无所谓朝贺也，每日则有视朝之仪，月朔则有听朔之礼。听朔者，天子于明堂，诸侯于祖庙行之，故亦谓之朝庙，不于朝也。……古者于庙行告朔之礼，所以尊祖；后世于朝举贺岁之礼，乃以尊君。"⑩对东周时期出现的这种"大朝"之礼，杨宽先生指出："到战国时代，由于社会经济的变革，中央集权的政治体制的确立，朝廷的重要性开始超过宗庙，许多政治上的大典逐渐移到朝廷上举行，开始出现对国君'大朝'的礼制。"[23]181

东周时期各国宫城内的祭祀遗迹已很少见，社祀、宗庙等祭祀性、礼制性建筑仍然存在，但已不在宫城之内，而是移出宫城。《史记·秦始皇本纪》载："诸庙、章台、上林皆在渭南。"秦咸阳宫在渭北，宗庙则离开咸阳宫而迁至渭南。其实，秦国早在都雍时期，雍城内的宗庙与宫寝就已分离，成为东西两处独立的建筑。[24]又如侯马晋都新田故城发现众多祭祀遗址（图5）[25]，但从整体布局看，国君宫城居中，内筑高台建筑宫殿，是"大朝"所在，处于整个都城的最为显著位置。众多的祭祀遗址则比较集中地分布在宫城之南的东、西两侧。有学者根据侯马盟书中所记内容，认为处于东部的盟誓遗址可能即是晋宗庙所在之处[26]；还推测，故城西南部西南张祭祀遗址可能是社祀遗址[25]第四章第二节，其与东部的宗庙遗址正呈"左祖右社"之布局。东周时期的鲁国都城也呈"大朝"居中、"左祖右社"之布局。《左传·闵公二年》记季文子出生时卜人占卜曰："男也，其名曰友，在公之右，间于两社，为公室辅。"杜预注："两社，周社、亳社，两社之间，朝廷执政所在。"孔颖达疏："《穀梁传》曰：'亳社者，亳之社也。亳，亡国也。亡国之社以为庙屏，戒也。'则亳社在宗庙之前也。"又曰："郑玄考校礼文，以为鲁制三门，库、雉、路。天子诸侯皆三朝。宗人之嘉事则有路寝庭朝；日出视朝则在路门之外；其询国危，询国迁，询立君，周礼朝士所掌外朝之位者，乃在雉门之外耳。雉门之外，左有亳社，右有周社，间于两社，是在两社之间。朝廷询谋大事则在此处，是执政之所在也。"根据郑玄、孔颖达的考证，鲁宫城为"三门三朝"之制，路门内路寝庭朝是行嘉事的内朝，也曰燕朝；路门外是日听政事的治朝；雉门外是询谋大事的大朝所在。大朝之左有宗庙，右有周社，如此布局正符合"大朝"居中、"左祖右社"之制。

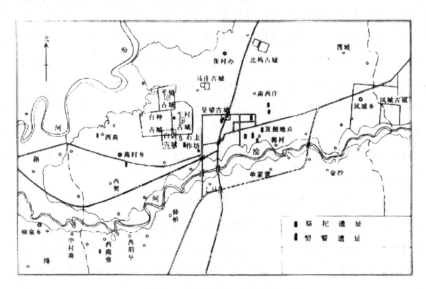

图5　侯马晋都新田故城

由东周时期各国都城新格局也可以看出，《考工记·匠人营国》所记以"朝"居中心，"祖庙""社坛"分置左右的都城设计理念，实际上是集权制政体下的理想设计规划，突出政权所在"大朝"建中立极的绝对权威，"大朝"之外的"左祖右社"则成了附属建筑。这种宫、庙分离的格局，朝、庙独立的变化，正反映了集权制政权权威的上升，神权则处于辅佐的地位。如果说，夏、商、西周时期，神权高于一切，国家政权完全笼罩在神权的护佑之下，处于初期的国家形态阶段；那么至东周时期，各诸侯大国已步入成熟的国家形态，集权制的政治体制逐渐确立。

注释

①郭沫若：《甲骨文合集》，中华书局1978～1982年版。《合集》释文参照胡厚宣主编《甲骨文合集释文》，中国社会科学出版社1999年版。

②《诗·大雅·绵》"乃立冢土"，毛传云："冢土，大社也。起大事，动大众，必先有事乎社而后出谓之宜。"郑笺："大社者，出大众将所告而行也。"载《十三经注疏·毛诗正义》。陈梦家："亳土即亳地之社。"载《殷虚卜辞综述》第十七章，中华书局1988年版。

③中国社会科学院考古研究所编：《殷周金文集成释文》4261号器，香港中文大学中国文化研究所2001年版。凡引此书均简称《集成》。

④钟柏生等：《新收殷周青铜器铭文暨器影汇编》757号器，艺文印书馆2006年版。

⑤戴震：《考工记图》。

⑥徐中舒：《周原甲骨初论》，四川大学学报丛刊十《古文字研究论文集》，1982年。

⑦《史记·秦始皇本纪》。

⑧《史记·刺客列传》。

⑨《史记·赵世家》。

⑩秦蕙田：《五礼通考》卷一三六。

参考文献

[1] 郭沫若.殷契粹编 [M].北京：科学出版社，1965.

[2] 中国社会科学院考古研究所.小屯南地甲骨 [M].北京：中华书局，1980.

[3] 于省吾.甲骨文字释林 [M].北京：中华书局，1979.

[4] 李立新.甲骨文"□"字考释与洹北商城1号宫殿基址的性质探讨 [J].中国历史文物，2004（1）：11－17.

[5] 中国社会科学院考古研究所二里头工作队.河南偃师市二里头遗址宫城及宫殿区

外围道路的勘察与发掘 [J]. 考古，2004（11）：3 – 13.

[6] 杨鸿勋. 初论二里头宫室的复原问题 [M]//杨鸿勋. 建筑考古学论文集. 北京：文物出版社，1987.

[7] 北京大学历史系考古教研室商周组. 商周考古 [M]. 北京：文物出版社，1979.

[8] 杜金鹏. 二里头遗址宫殿建筑基址初步研究 [M]//考古学集刊（第16集）. 北京：科学出版社，2006.

[9] 中国社会科学院考古研究所二里头工作队. 河南偃师二里头二号宫殿遗址 [J]. 考古，1983（3）：206 – 216.

[10] 张国硕. 夏商时代都城制度研究 [M]. 郑州：河南人民出版社，2001.

[11] 赵芝荃. 夏社与桐宫 [J]. 考古与文物，2001（4）：36 – 40.

[12] 中国社会科学院考古研究所. 中国考古学：夏商卷 [M]. 北京：中国社会科学出版社，2003.

[13] 许宏，陈国良，赵海涛. 二里头遗址聚落形态的初步考察 [J]. 考古，2004（11）：23 – 31.

[14] 王学荣. 偃师商城第一期文化研究 [M]//三代考古（二）. 北京：科学出版社，2006.

[15] 中国社会科学院考古研究所. 河南偃师商城商代早期王室祭祀遗址 [J]. 考古，2002（7）：6 – 8.

[16] 石璋如. 小屯：殷墟建筑遗存 [M]. 台北：台湾"中研院"历史语言研究所，1959.

[17] 陈梦家. 西周铜器断代（四）[J]. 考古学报，1956（2）：85 – 94.

[18] 周原考古队. 周原遗址凤雏三号基址2014年发掘简报 [J]. 中国国家博物馆馆刊，2015（7）：6 – 24.

[19] 陕西周原考古队. 陕西岐山凤雏村西周建筑基址发掘简报 [J]. 文物，1979（10）：27 – 37.

[20] 杜金鹏. 周原宫殿建筑类型及相关问题探讨 [J]. 考古学报，2009（4）：435 – 468.

[21] 曹玮. 周原甲骨文 [M]. 北京：世界图书出版公司，2002.

[22] 王国维. 明堂庙寝通考 [M]//观堂集林：卷三. 北京：中华书局，1959.

[23] 杨宽. 中国古代都城制度史 [M]. 上海：上海人民出版社，2006.

[24] 韩伟. 秦公朝寝钻探图考释 [J]. 考古与文物，1985（2）；陕西省雍城考古队. 凤翔马家庄一号建筑群遗址发掘简报 [J]. 文物，1985（2）：1 – 29；韩伟. 马家庄秦宗庙建筑制度研究 [J]. 文物，1985（2）：30 – 38.

［25］山西省考古研究所侯马工作站．晋都新田［M］．太原：山西人民出版社，1996．

［26］山西省考古研究所侯马工作站．侯马呈王路建筑群遗址发掘简报［J］．考古，1987
（12）：1071 - 1085；田建文．新田模式——侯马晋国都城遗址研究［M］∥山西省
考古学会论文集（二）．太原：山西人民出版社，1994．

作者简介：高崇文，男，北京大学考古文博学院教授、博士
生导师

原文刊于：《中原文化研究》（郑州），2018.3：12～19

从青铜器族徽看夏人后裔
与商周族群的融合认同

雒有仓

摘　要： 在夏商之际的族群迁徙与融合过程中，商人不仅沿袭了夏人创造的青铜合范铸造技术，而且继承和发展了青铜礼制以及铸刻族徽的文化习俗。青铜器铭文记载的夏人后裔主要有杞、虎、费、郢、繁、戈、辛、山、苏等国族，其中可以确定的姒姓族徽有、戈、辛、虎、山、⋈六种。夏人后裔与商族的融合主要表现在族徽、日名以及丧葬习俗上的文化认同，而与周族则更多地表现为通过联姻实现了彼此血缘上的融合认同。夏商周三族融为一体的标志是体现单一家族组织的族徽最终消亡，其时代应在春秋早期。

关键词： 夏人后裔；青铜器族徽；族群认同

　　夏是中国历史上的第一个王朝，也是华夏族形成过程中最早出现的族群，但因史料缺乏，人们对其历史所知甚少。20 世纪 50 年代末以来，人们寄希望于地下考古发掘资料揭示夏史原貌，先后在豫西、晋南等地发掘二里头文化遗址百余处[①]，同时以考古资料与文献记载相结合不断探索夏代历史文化[②]，或通过古文字资料辨析论证夏朝存在及夏文化[③]。但是，这些研究都侧重于夏王朝建立统治的时期，较少关注夏灭亡后夏遗民境况及其铜器材料[④]，对于夏人后裔与商、周族群的融合认同研究尚欠深入。本文不揣简陋，拟对这一问题略做讨论，希望有助于全面认识夏文化及其在商周时期的遗存。

一 夏商之际的族群迁徙融合
与青铜文化传承

夏商之际，中原地区的政治格局发生了剧烈变化。商汤灭夏后，由于政权更替，中原地区的族群结构出现了较大变动。在豫西、晋南的夏人聚居区，由于商人征服战争的推进，许多夏王室贵族及其附属的族众纷纷外逃或迁徙，由此引发了令人瞩目的族群大迁徙。按照文献记载，这次族群大迁徙主要分三支：一支向南由夏桀率领"逃南巢氏"[1]19，即迁往今安徽江淮地区的巢湖一带；一支向西北由夏桀之子淳维（獯粥）率领，"避居北野，随畜移徙，中国谓之匈奴"[2]2897~2898；另一支向东迁移至齐鲁地区，"止于不齐"而"复徙于鲁"[3]380。有关考古学研究表明，夏商之际的夏遗民向南、北两个方向的迁徙较为清楚，它与中原二里头文化约在第二期偏晚时突然在南方江淮流域的含山大城墩至肥西大墩孜、北方内蒙古敖汉旗大甸子至河洮地区齐家等地大规模出现相符合，说明文献记载夏遗民奔南巢、北迁匈奴之地是确实可信的。⑤至于向东迁移，虽在山东地区未发现明显的二里头文化因素，但出土文献明确记载夏桀"出奔三鬷"而"逃之鬲山氏……汤或从而攻之，遂逃，去之桑梧之野"⑥。三鬷、鬲山在今山东定陶、德平一带。桑梧即苍梧，指九嶷山，在今湖南宁远南。可见，当时东迁之后的夏遗民应立足未稳，遭受商人多次攻击，最终也辗转迁移至江淮一带。由于他们掌握先进的青铜铸造技术，中原地区的青铜文化也随之传播至东南地区。当然，夏遗民在传播夏文化的同时，也深受土著文化影响，古代学者称之为"居楚而楚，居越而越，居夏而夏"[4]92，客观上无疑促进了夏遗民与当地土著居民的族群融合与文化交流。

但是，从今人研究看，学者们似乎过多地关注夏遗民在中原以外地区的族群迁徙和文化交流，对于中原地区的夏遗民与其他族群的迁移融合重视不够。事实上，在商汤灭夏前后，夏朝统治的中心区域仍有大量的夏人居住，而商人也十分注重经略"有夏之居"，一方面促使冀南、豫北、豫东一带的商人部族进入豫西、晋南夏人的原聚落区域并与之融合，另一方面导致了与商结盟的夷人部族，诸如费昌之类"去夏归商"[2]174，随着灭夏战争的推进而纷纷入居中原，从而形成了规模较大的夷、夏族群迁徙流动。商汤灭夏之后，对于夏族集团"散亡其佐，乃迁姒姓于杞"[5]218，即将夏的同盟势力拆散、瓦解，并强行迁徙姒姓贵族至杞（今河南杞县）居住，以便对夏遗民进行监控和弹压。以上这些方面，都是当时民族融合的重要形式。从考古资料来看，早商一期之时，商人先后在豫西建立了偃师商城和郑州商城，随后在晋南建立了垣曲商城和东下冯商城，并在大量吸收二里头文化基础上融合形成了早商文化的二里岗类型和东下冯类型；到早商二期之时，商族势力大规模扩张，北到冀南的磁县下潘汪，南到黄陂盘龙城，东到豫东的鹿邑栾台等地，都有早商文化分布。[6]188-197这种现象说明，商人对于夏文化当时抱着开放容纳和积极吸收的态度，因而在考古学文化上有融合认同的表现。

根据先秦文献记载，早在夏代中期前后，中原等地广泛分布着夏人国族[7]563-608，如斟鄩，姒姓，仲康之子封国，都鄩城（河南巩义西南），迁于斟城（山东莱州潍县西南）；鄩，姒姓，少康之子封国，都澄水城（河南荥阳）；戈，姒姓，少康之子季杼封国，地在春秋宋、郑之间（河南商丘与新郑之间）；斟灌，姒姓，夏启之子武观的封国，初都观城（山东曹州），后迁斟灌（山东寿光市东北）；扈，姒姓，夏启庶兄封国，都于鄠（陕西省西安市鄠邑区北）；有莘，姒姓，夏启别子封国，都莘邑（陕西合阳县），"厥后迁河南陕县以至伊水、郑、汝南、杞、山东莘、曹诸县"[8]1170-1175；越国，姒姓，少康庶子无余封国，都会稽（浙江绍兴），是夏人东南地区重要封国。此外，夏人族群还有许多异姓盟友，如豕韦，彭姓，少康时居韦城（河南滑县东南）；昆吾，己姓，都昆吾城（河南濮阳），夏末迁于许（河南许昌东）；有虞，姚姓，夏初受封，都虞（山西平陆县东北），少康时居虞城（河南虞城县）；有鬲，偃姓，曾与夏遗臣靡拥立少康复国，受封于鬲城（山东德平县东）；薛，任姓，夏之车正奚仲的封国，都薛（山东藤县南），后迁于邳（江苏邳州市）；有仍，任姓，少康之母缗的母国，封地在汉任城县北（山东济宁）；豢夷，董姓，孔甲时以善于养龙著称，后迁三鬷（山东定陶）。有穷氏，山东地区夷人，曾"因夏民以代夏政"。从以上这些国族的地域和时空分布看，夏人其实很早就与先商部族、夷人以及居住地土著居民等错处杂居，相互之间的族群融合程度和文化交流，应比夏商之际外迁的夏遗民更加长久和深入。

在夏人与其他族群的交流融合过程中，最引人注目的是夏代晚期青铜

文化的创造与传承。众所周知，二里头文化是中国青铜时代的开端，目前
不仅发现有种类丰富的青铜武器、工具、装饰品近百件，更重要的还有可
作为礼器使用的青铜容器如爵、斝、盉、鼎等至少 18 件。[6]109 这些青铜容
器的出现，不仅标志着青铜合范铸造技术的发明创造，代表着当时最重要
的生产部门和生产力发展的最高水平，而且贯穿着当时的礼制和权力观
念——青铜礼器不仅是贵族用以体现身份地位的用器，也是维护等级制度
的工具，甚至成为政治权力的象征。所有这些方面，都是从二里头文化
三、四期首开其端。然而，从同一时期的先商文化来看，下七垣二期岳各
庄类型遗存仅发现铜镞、铜耳环、铜笄各 1 件[9]，漳王坟—宋窑类型遗存
发现有三角形铜刀 1 件[6]161，都属于小件铜器而不能与二里头青铜容器相
提并论，说明先商文化的青铜器种类和铸造技术明显落后于夏代晚期二里
头文化。商王朝建立后，在二里岗和郑州商城一期文化遗存发现的铜器品
种、数量仍然较少，目前可确定的仅有器壁轻薄的青铜爵；第二期青铜器
品种数量增多，有器壁加厚的爵和斝；第三期青铜器品种数量更多，出现
了不见于二里头文化的瓿、罍、甗、盘等。[6]171,173 这种情况说明，商代早
期青铜器明显是在继承夏代青铜铸造工艺基础上，通过借鉴夏遗民青铜铸
造技术而逐步发展起来的。

商人在沿袭二里头青铜铸造技术的同时，又继承了青铜礼器包含的礼
制文化内涵。从商代早期墓葬铜器分为单爵、单斝、爵—斝、爵—斝—
盉、爵—斝—鼎等组合形式来看，当时以铜器品种数量来体现身份地位与
二里头文化一脉相承。有学者认为"龙"是夏族的族徽、图腾，商灭夏后
夏遗民向东、南、西北三个方向迁移并将龙崇拜观念传播于各地，所以在
山东、安徽、浙江、陕西等地出土的商周青铜器上常见龙纹图案，且始终
未脱离它原有的基本结构。[10] 如果这一看法不误，说明商代中期在青铜器
上铸刻族徽的现象，也是承袭夏遗民的文化习俗。

二 商代的夏遗民铜器与周代铜器
铭文中的夏人国族

从夏商之际青铜文化的传承看，现存青铜器中无疑有夏遗民制作的铜
器。然而，由于年代久远以及民族融合发展，今天要从商周铜器中区分夏

遗民铜器已殊非易事，所以人们常把商代制作的铜器一概视为商人之器而不加区分。但是，从青铜文化传承的实际看，这种看法是不对的。参照商周之际的青铜文化传承，我们可以从以下几方面讨论夏遗民铜器及其与相关族群的融合认同：一是从考古类型学角度，结合田野发掘资料去认识商代的夏遗民铜器；二是从族姓角度，根据两周金文记载去认识周代的夏人国族；三是从族徽角度，考察夏人后裔铜器及其有关族群关系。以下，先就前两个问题谈一些浅见，后一问题容下节再讨论。

从考古类型学的角度看，形制较早的商代铜器有《西清古鉴》（见《金文文献集成》第四册，线装书局 2005 年版，第 216 页）卷三十二著录的一件铭"盉"器，口沿有上仰的槽状流，绳索形鋬，三袋足肥大，饰双线人字形纹（图 1）。该器的器形类似于河南偃师二里头遗址出土的封顶铜盉，与山东大汶口、龙山文化出土的陶鬶亦接近，故学者或称为"鬶"，认为是夏代东夷族的遗物[⑦]；或称为"盉"，认为其时代应属夏代晚期或商代早期[11]27。邹衡先生曾经指出，这种引领仁立的铜器其实就是文献所称的"夏后氏以鸡彝"，完全仿自夏文化的封口陶盉，虽然其渊源可追溯至山东大汶口、龙山文化出土的陶鬶，但它是夏代青铜礼器的典型器物。[12]149-157这个看法是正确的。我们认为，从平口槽形流的陶鬶晚于斜口管状流的封顶陶盉的情况看，该器不早于偃师二里头文化四期出土的封顶铜盉，应当视为商代早期的夏遗民遗物。另一件形制较早的商代铜器是加拿大多伦多皇家安大略博物馆收藏的亚\[米\]鬲（图 2），该器侈口，双耳，三个乳状袋足外撇，裆部较高，形制与山西汾阳杏花村、夏县东下冯龙山文化陶鬲以及二里头文化陶鬲十分相似。吴镇烽先生确定该器时代为商代中期。但从形制来看，该器与郑州商城 T166M6、T143M1 出土的早商青铜鬲差异明显，时代较早，应为商代早期，很可能也是夏遗民的遗物。如果上述看法不误，则说明"盉"和"亚\[米\]"很可能是夏遗民使用的族徽。

商代中晚期以来，商文化风格的青铜器已占据主导地位，夏遗民的青铜器已很难区分，但这并不等于夏遗民铜器不能辨识。在青铜器铭文中，多见有关"姒"姓的记载，借此可以了解夏人后裔在商周时期的存在状况。从字形看，商周金文姒字作\[者姒罍\]（者姒罍）、\[乙未鼎\]（乙未鼎）、\[奢簋\]（奢簋）、\[晶姒鬲\]（晶姒鬲）、\[子黄尊\]（子黄尊）、\[颂簋\]（颂簋）、\[繁伯武君鬲\]（繁伯武君鬲）等，可厘定为姻、\[釕\]、\[娿\]、\[銅\]、\[姒\]（姐）、始、厶（吕）。其中，前五种字形多见于商代晚期

图1　奋盉（西清 32.16、铭图 14607）

图2　亚□鬲（铭图续 0233）

和西周早期，后两种字形多见于西周中晚期至春秋时期。兹据青铜器铭文材料，将所见夏人后裔国族整理如下。

1. 杞，姒姓。春秋早期的邾叔豸父簠（集成 4592）铭曰："邾叔豸父作杞孟姒馈簠……"该器铭文"邾叔"为曹姓，受器者"杞孟姒"按周代妇女称名习惯应为邾叔之妻，即"杞"为父氏，"孟"为排行，"姒"为父姓。由此可知，杞为姒姓，其族为夏人后裔。"杞"在甲骨文中见于一、二、五期卜辞，有"杞侯""妇杞"（合集 13890、8995 曰），说明商代中晚期的夏人后裔有自己的封国，曾与商王室通婚。河南开封出土的西周早期亳鼎（集成 2654）有"公侯赐亳杞土"的铭文记载，说明"杞土"距离该器的出土地不远，应在河南杞县。然而，西周中晚期史密簋（新收636）载"杞夷"与南夷联合反叛并与齐师交战，说明这时的杞人已由河南开封东迁山东地区。春秋早期，有杞伯每氏所作铜器数件出土于山东新泰市，可证在春秋之前，杞确已迁居山东地区。

2. 虎，姒姓。西周晚期的虎叔簋（新收 1611）铭曰："虎叔作偁姒媵簋……"这是一件媵器，"偁姒"为虎叔之女，据偁仲鼎（集成 2462）铭文可知"偁"为媿姓，即是其所嫁夫族之称，"姒"为父姓。由此可知，虎为姒姓，其族是夏人后裔。在现存 10 余件虎族铜器中，虎爵（集成 7508）形制为殷墟四期，说明虎族在商代晚期已存在。按甲骨一期卜辞记载，虎当时称"虎方"（合集 6667），商王曾"令虎追方"，"虎入百"（合集 20463 反、9273 反），说明武丁时期的虎方听命于商王。西周早期的中方鼎（集成 2751、2752）出土于湖北省孝感市，铭文记载："唯王令南宫伐反虎方之年，王令中先，省南国贯行……"说明虎方地处南方湖北孝感一带，是夏末南迁的夏遗民后代聚落，曾与周王室敌对。西周晚期的史密簋（新收 636）铭文称"虎"为"南夷"，并说他与卢夷、杞夷、舟夷联合"广伐东国"，该器出土地在陕西省安康县王井沟，可知虎方在西周中晚期已沿汉水北进了。春秋晚期，虎方依附于楚，最终因叛楚而被楚国所灭。

3. 费，姒姓。春秋早期铜器弗奴父鼎（集成 2589）铭曰："弗奴父作孟姒𡩟媵鼎……"该器"弗"即费，铭文是费奴父为嫁女作器所记。"孟姒𡩟"是费奴父之女。"孟"为排行，"姒"为父姓，"𡩟"为名或字。据此可知，费为姒姓，其族为夏人后裔。在甲骨文记载中，费作剕，作人名或族名（合集 22246），可知其族自商代已存在。费族铜器目前所见 4 件，均为西周早期，族名或作"茀"。小盂鼎铭文（集成 2839）有"剕伯"参与册命盂的记载，"剕"释"鄪"即费，说明当时的费已为侯伯之国。从出土地点看，弗奴父鼎出土在山东邹城峄山镇邾国故城，而媵器通常出自女方所嫁的夫家所在地，可知费氏故地距离曹姓邾国不远，应为曲阜东南的费县。

4. 郮，姒姓。春秋早期铜器寻仲匜（集成 10266）铭曰："郮仲媵仲姒子子宝匜，其万年无彊，子子孙孙永宝用。"该器是郮仲为嫁女所作，"郮"即寻，国族名。郮仲之女为"仲姒"，"仲"为排行，"姒"为父姓[8]，"子子"为名[9]。由此可知，郮为姒姓，其族为夏人后裔。寻见于殷墟甲骨文称"寻方"（合集 27804），说明商代晚期寻为方国。但郮氏铜器少见，仅有郮伯匜（集成 10221）、郮公遂戈（铭图续 1214）等 4 件，从铭文"郮伯""郮公"之称可知，西周晚期的郮国仍然存在。春秋初年，齐桓公赐"郮之民人都鄙"作为鲍叔牙采邑（鲥镈，集成 271），说明郮已被齐所灭。

5. 繁，姒姓。春秋早期铜器繁伯武君鬲（新收 1319）铭曰："伯武君媵𡴆姒宝鬲。""𢇍"即繁，国族名。该器是繁伯为嫁女所作媵器。"𡴆姒"为繁伯武君之女。"𡴆"为夫氏，"姒"为父姓。由此可知，繁为姒姓，其族为夏人后裔。在现存5件繁氏铜器中，繁簋（集成4146）形制较早，时代为西周早期，铭文有公命**曩**伯"蔑繁历"，说明其族西周初年已受封。另一件铜簋（集成3770）记载"降人繁作宝簋"，"降人"见于询簋（集成4321），为师询所辖虎臣之附庸，可知西周早期的繁氏为卫国的附庸国，受康叔册封，居于卫地。

6. 戈，姒姓。西周中期铜器繁罍（集成9822）铭曰："蘇作祖己尊彝，其子子孙孙永宝，戈。"这是繁氏为祖己所作祭器。"蘇"同"緐"即繁，"戈"是繁氏的族徽。由繁为姒姓，可推知戈亦姒姓，正与《史记·夏本纪》所载相合，说明其族为夏人后裔无疑。戈族铜器共230余件，多数为商代晚期，少数为西周早期，个别为春秋早期，可知其族自商代一直延续至西周、春秋时期。戈族铜器在河南、陕西、湖北等地都有发现，其中商代器多见于河南安阳地区，西周早期器较集中地出土于陕西泾阳高家堡。这种情况说明，戈族在商代晚期居住在安阳附近，周初聚居在泾阳高家堡。

7. 辛，姒姓。西周晚期铜器叔向父簋（集成3849~3855、近出461）铭曰："叔向父作婷姒尊簋。"该器主"叔向父"名禹，见叔向父禹簋（集成4242）。据禹鼎（2833、2834）铭文"命禹肖朕祖考，政于井邦"，可知禹为一代井叔，姬姓。按周代有同姓不婚之制，受器者"婷姒"为姒姓女子，可知她是叔向父之妻，"婷"同"辛"，即为父氏。由此可知，辛为姒姓，其族为夏人后裔。辛族铜器目前所见共14件，时代多为商代晚期至西周早期，其中一件出土于河南洛阳，说明其族自商至周犹存，居住地可能在洛阳附近。

8. 山，姒姓。西周早期铜器辛史簋（铭图5023）铭曰："六月初吉癸卯，伊𡩁徂于辛史，伊𡩁赏辛史秦金，用作父尊彝，山。"这是辛史在某仪式上因接引伊𡩁而得其赏赐作器。作器者为辛史，"辛"为氏名，"史"为官称⑩，铭末所缀"山"为辛氏族徽。由前述辛为姒姓，可知山亦姒姓。山族铜器所见近40件，多数为商代晚期和西周早期器，个别为西周中期，出土地除商代晚期的山丁爵（考古2009.9）为河南安阳孝民屯外，其余多见于陕西长安张家坡、宝鸡纸坊头、岐山京当贺家村等地。这种情况说明，山族在商代晚期居住于河南安阳殷墟，西周早期迁移至陕西长安县至宝鸡一带居住，其族一直延续至西周中晚期。

9. 眲，姒姓。西周早期铜器季姒簋（集成 3557）铭曰："季姒作用簋，眲。"年姒簋（集成 3579）铭曰："年姒作用簋，眲。"以上两器的铭文格式、年代相同，所署族徽均为"眲"，说明二者是同族。前者"季姒"应为"排行＋姓"，后者"年姒"应为"字＋姓"。由此可知，季姒、年姒所在的眲族为姒姓，应为夏人后裔。眲族铜器目前所见共有 30 余件，时代多为商代晚期和西周早期，个别为西周中晚期。其中，眲爵（铭图 6402）形制最早，时代为商代早期，出土地点在郑州杨庄，说明这里很可能是眲族的最初活动地。另有 3 件出土于浚县辛村（今属鹤壁市淇滨区），时代较晚，说明其族曾迁居河南浚县辛村附近。

10. 鲍，姒姓。春秋晚期铜器鲍子鼎（铭图 2404）铭曰："鼀子作媵仲匋姒鼎。""鼀"即鲍，该器为鲍氏嫁女所作媵器。"仲匋姒"是鲍氏之女。"仲"为"排行"，"匋"为名或字，"姒"为姓。由此可知，鲍为姒姓，其族为夏人后裔。鲍氏铜器所见仅 3 件，其中春秋中期的鲡镈（集成 271）铭文有皇祖"鲍叔有成劳于齐邦，侯氏赐之邑"的记载，说明鲍氏兴起在春秋初期齐国。春秋晚期铜器鲍氏钟（集成 142）铭文载有"齐鲍氏"之孙自作龢钟，可知鲍氏其族延续至春秋晚期。

除上述姒姓的夏人后裔外，两周金文中还有一些族姓不同的族氏，如妊姓之薛、史（集成 10133、2377），改姓之苏、番（集成 2382、9705），都与夏人有历史渊源。薛，原本为夏之车正奚仲的封国（山东滕州南），商代滕州前掌大墓地出土有许多铭"史"铜器，应为古薛国后裔遗物。苏，为祝融八姓之一，传至商代为有苏氏，《国语·晋语》载："殷辛伐有苏，有苏氏以妲己女焉。"西周晚期的苏甫人匜（集成 10205）："苏甫人作侄改襄媵匜。"苏公簋（集成 3739）："苏公作王改羞簋。"可证"苏"为"改"姓。"改"就是文献中的"己"，《国语·郑语》谓"己姓，昆吾、苏、顾、温、董"。刘师培先生考证，己、姒为一姓之分，"己姓通作姒姓，盖古代己、姒二字音形义均相同，故多通用"[⑪]。按照这种说法，己姓之苏应为夏人后裔分支。此外，青铜器铭文中还有一些可以确定族姓的国族如妫姓之陈、姜姓之鄩、妊姓之铸[⑫]，均属夏代存在的古帝王之后。从有关铜器的出土地点看，商周时期的夏人后裔铜器在晋南、豫西出土较少，在河南中东部、山东及南方江淮地区出土较多，关中地区也有发现。这种情况说明，商周时期的夏人后裔分布虽然较分散，但主要见于中原、山东和江淮地区。

三　夏人后裔铜器族徽与所见商周族群的融合认同

从夏人后裔的铜器数量看，姒姓国族铜器现存 350 多件，同为一姓之分的改姓国族铜器现存 40 件，二者合计 390 多件。由此可见，在通常所说"商周铜器"之中，确有夏人后裔制作的铜器。如果我们把这些铜器单独加以观察，就会发现夏人后裔也使用族徽，而族徽的使用大多数是商人族群。这无疑有助于深入认识夏商族群的融合认同。现将夏人后裔的铜器族徽整理如下。

1. 眣，常见作 🖼、🖼、🖼，是较早出现的族徽，多单独铭刻，复合式有"眣邦""眣中""眣洛""眣子弓箙"（集成 4880、6933、8229、5142）。

2. 戈，常见为立戈形，一种内无垂饰作 🖼、🖼，另一种内有垂饰作 🖼、🖼、🖼。二者多见单独铭刻或与父祖日名连缀，含义与"戈作旅彝"或"戈作父丙彝"（集成 3384、5798）相同。戈为商周时期大族，常见与其他族徽组合，如"戈天""戈🖼""宁戈""守戈""戈亳册""北单戈""戈玌甲宁"（集成 8142、797、839、8236、3237、1747、8787）等。

3. 辛，常见作 🖼、🖼、🖼、🖼，多单独铭刻（集成 450、989、6017、7671、7672），含义与"辛作宝彝"（集成 1987、5116、5784）相同，有时作"亚辛"或"戈辛"（集成 7844、6154），说明其族与戈族关系密切。

4. 虎，常见为虎形，一为虎缓步行走貌如 🖼，一为虎屏气奔跑状如 🖼，含义取虎之勇猛、迅疾，来源可能与商代晚期官称"椃柜"（集成 5147）有关[13]，其族在西周时期可能为虎臣，是因官为氏的族称。

5. 山，常见作 🖼、🖼、🖼，多与父祖日名连用或单独出现，含义与"山作父乙尊彝"（集成 10568）相同，或作"犬山""山口"（集成 8866、9232）。

以上五种族徽，已见前文引述。以下两种族徽，尚需证明其为夏人后裔。

6. ⋈，常单独铭刻或见于铭文末尾，如陕西泾阳高家堡西周墓出土的铜卣铭"戈⋈"（集成4854）。西周早期的姒簋（铭图4412）："姒作父乙宝尊彝，⋈。"按女子称姓之制，该器主为姒姓女子，族徽为⋈，可知⋈亦姒姓，为戈的分族。

7. 卒，作🗿，常与"旅"合署为🗿（集成6167），多见于商代晚期和西周早期器，常单独出现或在铭文之尾。1988年陕西延长县安沟乡岔口村西周墓出土的苏匋壶（近出967）："苏匋作壶，匋其万年，子子孙孙永宝用享，卒。"由前述苏为改姓，可知卒亦改姓。按刘师培之说，其族与姒同出一源，为夏人后裔。

以上七种族徽都是族氏名号，分别代表不同族群，有些与前述夏人国族名称一致，有些不一致。相比较而言，费、郭、鲍、番未见作为族徽使用，杞因早期铜器发现较少而不能肯定其是否用为族徽。这种情况说明，在夏人后裔中，并非所有国族都使用族徽。从作器者性别看，使用族徽的既有男性，也有女性。从族姓看，使用族徽的有姒姓之戈、虎、辛、山、⋈，改姓之卒。从时代看，夏人后裔族徽多出现在商代晚期和西周早期，少数出现在西周中晚期，个别见于春秋早期。其中，时代最早的是河南郑州杨庄出土的爵（河铜1.60），鋬两侧腹部铸有双目形，与《说文》从二目之"眲，左右视也"相合，释"眲"。[13]该爵长流、尖尾、平底、三棱形锥足、扁平鋬，形制与二里头文化三期出土的铜爵相似，时代应为二里岗下层。[14]这个事例说明，商代早期在铜器上铸刻族徽，很可能是源于夏人传统而被商人所沿袭。我们知道，族徽是氏族名称，在商代最流行，其见于铜器主要是为了标明器物的所有权和使用权，但同时也是单一族群血缘观念和集体身份的体现。在商周时代，夏人后裔与商人都在铜器上铸刻族徽，这实际上就是夏、商二族在文化上认同的表现。

除族徽外，夏人后裔铜器铭文也常见使用日名，例如："卒父乙""虎父庚""萧祖辛""戈姒辛""山父丁""眲亚祖癸""苏公子癸父甲作尊簋""繁作祖戊宝尊彝""仲辛父作朕皇祖日丁、皇考日癸尊簋"（集成6225、1629、8346、1515、7115、1816、4014、4146、4114）等。这类铭文数量较多，使用范围明显比族徽普遍，所见族氏既有姒姓之虎、费、戈、山、眲、繁、⋈，也有改姓之苏、卒等，时代从商代晚期一直延续至春秋早期，其中以商代晚期和西周早期居多，春秋早期仅见于个别铜器。整体而言，夏人后裔姒姓各族氏使用日名较多，改姓使用日名相对较少。我们知道，使用日名的现象早在夏代就已经出现，见于《史记》记载的有夏帝孔甲、帝履癸以及殷商先公报丁、主壬等。因此，夏人后裔与商人一样普遍使用日名，应当是夏、商族群很早在文化上融合的表现，而日名在西周中晚期渐趋消失，应当是夏、商后裔对周人不用日名的文化认同。除日名外，文化认同还体现在丧葬习俗上，典型如山东滕州前掌大"史"族墓地和陕西泾阳高家堡"戈"墓地的多数墓葬都有腰坑和殉狗，出土铜器的种类多见爵、觚、尊、卣、觯等酒器，而陶器则以高柄豆、侈口折肩罐与殷墟陶器风格最相似。这是夏人后裔与商文化认同在考古材料中的物化表现，表明商末周初的夏商族群已基本上融为一体了。

在夏人后裔铜器铭文中，常见有族氏通婚记载。这种情况已见于前引虎叔簋、弗奴父鼎、寻仲匜、繁伯武君鬲等媵器铭文。此外，在一些常用器如邿叔豸父簠，宗庙祭器如叔向父簋铭文中也有反映。从时代看，最早反映商代夏遗民通婚的材料，目前所知有3件：一是西周中期的班簋（集成4341）铭文"毓文王、王姒圣孙登于大服"，其中"王姒"即文献记载的太姒，她是姒姓莘国之女，嫁于周文王为妻，可知这是商末有莘氏与周王室之间通婚；二是商代晚期的杞妇卣（集成5097），盖、器同铭"亚丑杞妇"四字，其中"杞妇"与甲骨文"某妇"之称相同，属于"夫国或夫氏＋妇"形式，其身份为杞国某贵妇，由于她是从"亚丑"族嫁来的女子，故称"亚丑杞妇"，说明这是商代晚期杞国与亚丑氏通婚[14]；三是新见商代晚期的妇姒啟鼎（铭图续046），内壁铸"妇姒啟"三字，其中"妇姒"与甲骨文"妇杞""妇妊"（合集8995臼、2799）类似，属于"妇＋父氏或父姓"形式，其身份为姒姓某妇，由于她嫁给子姓商族啟氏为妻[15]，故称"妇姒啟"，可知这是商代晚期姒姓夏人后裔与商王室贵族之间通婚。

根据西周早期铭文记载，夏人后裔与周王室通婚较多。在山东济阳刘台子村出土的王姒鼎、河南洛阳马坡村出土的叔龟方彝以及传世的寓鼎（近出308，集成9888、9646）铭文中，都有"王姒"赏赐、作器的记载。"王姒"指姒姓女子嫁于周王为妻者，各器所载赏赐对象、受器者以及出土地点各不相同，说明这是来自不同地区的姒姓女子与周王通婚。与此不同，西周中期未见"王姒"，但有"芮姒""鬶姒"赏赐、作器的记载

（铭图14514，集成2193、3567），说明这一时期的夏人后裔多与周王室以外的贵族通婚。西周晚期，既有"王姒"赐贝、王作"番改"鬲，也有苏公作"王改"簋等记载（集成9646、645、3739），说明这一时期的夏人后裔仍与周王室通婚频繁，其中既有姒姓，也有改姓。西周早期的夌公簋铭文说："夌公作妻姚簋，遘于王命唐伯侯于晋。""夌公"按铭文末尾所署族徽"⋈"应为姒姓，其妻以姚姓为称，应为有虞氏之后，可知这是姒姓夏人后裔与姚姓贵族通婚。河南平顶山应国墓地新出土的柯史簋载"柯史作唐姒媵簋"，"唐姒"是嫁往唐国的姒姓女子，说明柯为姒姓，这是姒姓柯氏与姬姓唐国通婚。⑯西周中期的芮公叔盘（铭图14514）说："芮公赐贝百朋、芮姒赐贝卅朋。""芮公"为姬姓芮国国君，"芮姒"应为姒姓芮公之妻，可知这是姒姓夏人后裔与姬姓诸侯通婚。西周晚期，铭文既有"卫姒""会姒""密姒""瞿姒"作器，也有苏公作"晋改"匜、叔史小子殳作"寒姒"鼎等记载（集成594、536、4522，新收672、1916、2598）。卫、晋都是姬姓，会、寒为妘姓，密为姞姓，说明这一时期的姒姓夏人后裔与异姓贵族通婚较多。春秋时期，能够反映夏人后裔通婚的铭文分两类：一类如"杞伯每氏作邾曹宝簋"（集成3897～3902），属丈夫为妻子作器，说明这是姒姓杞国与曹姓邾国通婚；另一类如"苏公作仲改媵匜"（新收1465），属父亲为女儿作器，铭文省略了出嫁女子的夫家信息，仅知其父国族与姓，但因有"媵"字，仍可知这是改姓夏人后裔与某族氏通婚。

我们知道，不同族氏之间的通婚，可以打破彼此血缘上的封闭空间，促进族与族之间的交流和人口流动，使不同血缘的族氏产生亲情联系，所以它是实现族群融合与认同的重要手段和途径，也是一个民族最终得以形成的基础。在华夏族的形成过程中，商周时期的夏人后裔分别与商族、周族都有通婚关系，从而使夏遗民先后融入了商人和周人族群，实现了对社会构成新秩序的不断调整和充实。从青铜器铭文显示的信息看，夏人后裔与商族的融合主要表现为族徽与日名文化习俗上的相互认同，而与周族的融合更多地表现为以通婚实现了彼此血缘上的融合。夏商周三族最终融为一体是在春秋早期，其明显标志就是体现单一家族组织的族徽在这一时期销声匿迹。显然，这种情况既是夏商周三族后裔相互融合认同的直观反映，也是华夏族形成的一个重要标志。

注释

①徐旭生：《1959 年夏豫西调查 "夏墟" 的初步报告》，《考古》1959 年第 11 期；中国
社会科学院考古研究所：《偃师二里头》，中国大百科全书出版社 1999 年版；中国社
会科学院考古研究所：《二里头（1999～2006）》，文物出版社 2014 年版。

②李民：《夏商史探索》，河南人民出版社 1985 年版；郑杰祥：《夏史初探》，中州古籍
出版社 1988 年版；邹衡：《夏商周考古学论文集·夏商文化研究》，文物出版社 1980
年版，第 93 - 293 页；孙庆伟：《鼏宅禹迹——夏代信史的考古学重建》，生活·读
书·新知三联书店 2018 年版。

③曹定云：《古文 "夏" 字考——夏朝存在的文字证据》，《中原文物》1995 年第 3 期；
葛英会：《夏字形义考》，《中国历史文物》2009 年第 1 期；李维明：《"夏" 字形探
源》，《郑州青铜文化研究》，科学出版社 2013 年版，第 61 - 63 页。

④有关夏遗民研究主要见于李民、张国硕：《夏商周三族源流探索》，河南人民出版社
1998 年版；杜金鹏：《夏商周考古学研究》，科学出版社 2007 年版；李龙海：《汉民
族形成之研究》，科学出版社 2010 年版。

⑤杜金鹏：《试论夏商之际的民族迁徙与融合——关于九州 "禹迹" 的考古学研究》，
《郑州大学学报》1992 年第 2 期；杜金鹏：《夏商文化断代新探》，《中原文物》1993
年第 1 期。

⑥分见王国维：《今本竹书纪年疏证》，上海古籍出版社 1981 年版，第 214 页；马承源
主编《上海博物馆藏战国楚竹书》（二）《容成氏》，上海古籍出版社 2002 年版，第
281 页。

⑦邵望平：《陶鬶的启示》，《文物》1980 年第 2 期；安志敏：《试论中国早期铜器》，
《考古》1993 年第 12 期；李先登：《试论青铜鬶》，《中原文物》2008 年第 4 期。

⑧ "姒" 原篆作女下 C 形，前人多误释 "女" 或 "女丁"，如孙敬明先生认为该字是
"未完成的♀字上半部"，释 "女"（孙敬明、何琳仪、黄锡全：《山东临朐新出铜器
铭文考释及有关问题》，《文物》1983 年第 12 期），中国社会科学院考古研究所学者
则释为 "女丁"（《殷周金文集成释文》10266）。

⑨ "子子"，李学勤先生认为即指次女，见氏著《试论山东新出青铜器的意义》，《文
物》1983 年第 12 期；陈絜先生则将 "姒" 之女下 C 形与 "子子" 合观，释为 "吕
子"，见氏著《鄀氏诸器铭文及其相关历史问题》，《故宫博物院院刊》2009 年第
2 期。

⑩此器《集成》10582 及《释文》误称为 "伊器"，《铭图》释 "史" 为 "吏"。

⑪刘师培：《氏姓学发微》，《刘申叔先生遗书·左盦外集》卷十，1936 年宁武南氏排印

本，第 2 页。

⑫分见陈侯簠、许男鼎、铸公簠盖（集成 4603、2549、4574）。

⑬有学者认为该爵腹部双目形是纹饰而不是文字。其实，该器背面另有兽面形纹饰。一般来说，纹饰与文字的主要区别是：前者连续出现，而后者只见于器物某特定部位。该爵的双目形仅见于爵腹，而爵腹铸铭也较常见，如父乙爵、御正良爵、尸爵（集成8881、9103，铭图 8549）等腹部都铸刻有文字，因而将该爵腹部双目形视为族徽文字，释为"眀"，更为合理。

⑭"亚丑"族墓地在山东青州东北苏埠屯村，距离杞国不远。参见山东省文物考古研究所、青州市博物馆：《青州市苏埠屯商代墓葬发掘报告》，《海岱考古》第一辑，山东大学出版社 1989 年版，第 254～273 页。

⑮"启"即子，见尊（集成 5965）铭文："子光赏子贝，用作文父辛尊彝。棄。"可知其族属为子族，族徽为棄，身份为王室贵族族长。

⑯关于应国墓地"唐"的族姓：一说为山西境内祁姓唐国，见河南省考古研究院、平顶山市文物管理局：《河南平顶山应国墓地 M257 发掘简报》，《华夏考古》2015 年第3 期；一说为山西境内姚姓唐国，见王正、雷建鸽：《柯史簋与柯国、唐国》，《中原文物》2015 年第 5 期；一说为南方江淮流域姬姓唐国，见黄锦前：《应国墓地 M257出土考史簋读释》，《出土文献》第十一辑，2017 年第 2 期；当以后说为是。

参考文献

[1] 方诗铭，王修龄. 古本竹书纪年辑证 [M]. 上海：上海古籍出版社，1981.

[2] 司马迁. 史记·匈奴列传 [M]. 北京：中华书局，1959.

[3] 黄怀信. 逸周书校补注译·殷祝解 [M]. 西安：三秦出版社，2006.

[4] 王先谦. 荀子集解·儒效 [M]. 上海：上海书店出版社，1986.

[5] 王聘珍. 大戴礼记解诂·少间 [M]. 北京：中华书局，1983.

[6] 中国社会科学院考古研究所. 中国考古学·夏商卷 [M]. 北京：中国社会科学出版社，2003.

[7] 顾栋高. 春秋大事表·春秋列国爵姓及存灭表 [M]. 北京：中华书局，1993.

[8] 陈槃. 春秋大事表列国爵姓及存灭表撰异 [M]. 上海：上海古籍出版社，2009.

[9] 拒马河考古队. 河北易县涞水古遗址试掘报告 [J]. 考古学报，1988（4）：421 -454.

[10] 王克林. 从出土文物看夏遗民的迁徙 [J]. 考古与文物，2001（2）：48 - 53.

[11] 吴镇烽. 商周青铜器铭文暨图像集成：第 26 卷 [M]. 上海：上海古籍出版社，2012.

［12］邹衡．试论夏文化［M］∥夏商周考古学论文集．北京：文物出版社，1980.

［13］雒有仓．商周青铜器族徽文字综合研究［D］．陕西师范大学博士论文，2006.

［14］曹淑琴．商代中期有铭铜器初探［J］．考古，1988（3）：246－257.

作者简介：雒有仓，男，历史学博士，淮北师范大学历史文化旅游学院教授

原文刊于：《中原文化研究》（郑州），2020.2：24～33

金文族徽兴起发展与夏商族群融合认同

雒有仓

摘 要：现有资料表明，金文族徽可能兴起于夏代晚期，它是当时社会组织形式由姓族转向氏族的重要标志。商代早期至中期，族氏的政治化发展日益明显，金文族徽数量也随之增多，地域分布有所扩大。商代晚期，金文族徽数量显著增加，以人名、地名、官名为族徽的现象增多，复合族徽所占比重增大。这是商代族群融合认同逐渐脱离血缘而转向地缘政治并不断加强的表现。然而，由于当时的族群融合认同仍以血缘色彩浓厚、独立性较强的族氏为本位，尚未深入到社会个体和家庭层面，因而并未形成一个基于地缘关系的民族共同体。

关键词：金文族徽；族氏；族群；融合认同

金文族徽是铸刻在青铜器上的族氏名号，在夏商周时期长期存在，是研究华夏民族融合发展的重要资料，其使用者既有夏人和商人，也有周人和其他族姓的成员。金文族徽保存至今者数以千计，除见于青铜器外，在夏商周时期的陶器、玉器及甲骨刻辞中也经常出现。但由于材料零散，族氏名号复杂，分期断代困难，在以往的华夏民族史研究中甚少使用。现有成果多侧重于以文献记载探讨夏商周时期的诸族关系[1]，依据考古资料讨论夏商周文化交流互动[2]，或从民族迁徙等角度论述华夏族的融合与形成[3]，少见通过金文族徽的兴起发展探讨夏商时期的族群融合认同。本文不揣简陋，拟对这一问题做初步讨论。

一　金文族徽兴起与夏代族群融合

族徽作为族氏名号，是族氏组织发展到一定阶段的产物。早在史前时期的母系氏族和父系氏族阶段，族徽已经见于新石器时代文化遗址出土的诸多陶器和玉器上[1]542-564，用以表示"同族所有"观念。进入阶级国家社会以后，由于以血缘亲属关系为纽带的族氏不仅没有消失，而且在夏商周三代大量存在并长期发挥着重要作用，因而当青铜礼器出现后，作为族氏名号的族徽又被铸刻在青铜器上，用以表示铜器的所有权或使用权。在现实生活层面，金文族徽代表的是族氏组织，率先使用者都是掌握青铜原料、具有一定经济实力的族氏。因此，金文族徽不同于陶器上刻写的族氏名号，具有表示族群身份地位的含义。从族群关系角度看，金文族徽常与祖先日名庙号结合出现，具有建构祖先谱系、促进族群成员认同的作用。由于夏商时代"氏族是最主要的社会组织形式"[2]95，财产所有制单位是被称为"氏"的族组织而非个体家庭，所以金文族徽往往代表的是家族群体而非个人。

金文族徽的兴起，与夏商铜器铸造工艺发展密切相关。我们知道，在新石器时代晚期遗址出土的陶器和玉器上的族氏名号，大多都是器物制作或使用时直接刻划而成，制作工艺较简单；而金文族徽制作相对较复杂，首先需要在陶范上刻写族氏名号，然后修整、合范，最后再用铜液浇铸而成。因此，一般认为金文族徽兴起于铜器铸造技术较成熟的商代。事实上，在二里头文化遗址中，已经发现有铸刻简单花纹的青铜礼器。从当时陶范制作工艺看，夏代晚期已经具备了铸刻族徽铭文的技术条件。在传世铜器中，也有夏代晚期青铜器铭刻族徽的例证。[3]315这种情况说明，金文族徽很可能早在夏代晚期已经出现。从新石器时代至二里头文化遗址出土陶器上所刻写的族氏名号看，其结构形式分为两类：一类是笔画简单的抽象符号，如仰韶时代半坡遗址出土陶钵铭刻 ↑、乙、〳 等，这些"多种类同的符号，出在同一窖穴或同一地区"，发掘者推测"可能是代表器物所有者或器物制造者的专门记号"[4]198，研究者认为"如画押或者族徽之类"[5]；另一类为笔画较复杂的象形符号，如龙山时代朱家村遗址出土陶尊铭刻、、等，"都随葬在大墓中，且放在显著位置"，发掘者认为"是显示墓主身份、地位的象征物"[6]，研究者认为与铜器族徽类似，"是表示器物主人的族氏"④。与此类似，金文族徽在结构上也分为两个系统："一个是刻划系统（六书中的'指事'），一个是图形系统（六书中的'象形'）。"[5]这种前后对应的关系，说明在青铜器上铸刻金文族徽是从陶器刻写族氏名号的传统习惯发展而来。

从社会组织形式来看，金文族徽兴起与夏商时期族氏兴盛和族氏政治发展关系密切。根据文献记载，夏代族氏众多，《世本·氏姓篇》载"姒姓，夏禹之后，有夏后氏、窦氏、有扈氏、有南氏、斟寻氏、彤氏、褒氏、弗氏、杞氏、鄫氏、莘氏、冥氏、戡灌氏"[7]260-264；《史记·夏本纪》载"禹为姒姓，其后分封，用国为姓，故有夏后氏、有扈氏、有男氏、斟寻氏、彤城氏、褒氏、费氏、杞氏、缯氏、辛氏、冥氏、斟（氏）戈氏"[8]89；《春秋》经传载夏代异姓国族有彭姓豕韦氏、己姓昆吾氏、董姓豢夷氏、姚姓有虞氏等[9]605-608。这些众多以"氏"为称的族氏名称，应当就是考古发掘所见夏代陶器上出现的族徽。例如，在河南洛阳皂角树遗址发现夏代中期陶器刻有象形"车"[10]；偃师二里头遗址出土陶器刻有"矢""井""冉""皿""木""箙"以及一些简单的抽象符号、、等[11]304,203，多见于二里头文化第三、四期，经碳十四测定年代属于夏代纪年范围（公元前1900年至公元前1500年），可知其为夏代晚期形成的族徽。据专家考证，它们实际上是与甲骨金文有密切渊源关系的夏代文字，典型例证如表1所列。[12]

表1　二里头文化部分陶文隶释

陶文	↑	↑	⊓	⊓	山	⋃	⋃	↓	⊿	州	)ᴄ	1	￥
甲金文相对	↑	↑	井	井	/	⋎	⋎	↓	/	州	行	1	朵
隶释	矢	矢	井	井	箙	皿	皿	丰	厇	衍	行	空	來

表1夏代陶文考释或有可商，但多数都能与青铜器族徽文字相对应。如第5字像盛矢之器，应为青铜器上常见的金文族徽"箙"字；第11字作八字形，不是"行"而是与父癸簋、父丁爵（《殷周金文集成》3219、

8443，以下凡引该书只标编号）铭文相同的金文族徽"﹚﹙"字。众所周知，夏代晚期已经出现了青铜容器并在器物表面铸有简单花纹，如二里头文化遗址出土铜爵、铜斝、铜鼎等器上的凸弦纹、联珠纹、网格纹等。从制作工艺观察，当时采用先在陶范上刻划，然后再进行浇铸的工艺。不难看出，这种技术实际上可以看成是由在陶器上直接刻写族氏名号发展而来。因此，从陶范制作技术考察，夏代晚期已经具备铸造金文族徽的技术条件。然而，在科学发掘的夏代铜器上，至今仍未发现与二里头陶器上族氏名号相同的金文族徽。尽管如此，我们仍不能断言夏代尚未出现金文族徽。因为在传世铜器以及相关的铭文材料中，有夏代晚期金文族徽出现的一些证据：（1）《西清古鉴》著录的铜鬶铭文作大人胯下蛙形[13]216，释"奋"，时代为夏代[3]315，器型被认为仿自龙山文化陶鬶，具体年代"可能是公元前两千年，最迟不晚于公元前一千五百年之前"[14]，或说为"夏代晚期或商代早期"[15]27，说明夏代晚期可能已出现金文族徽。（2）《商周青铜器铭文暨图像集成续编》（下文引用该书简称为《铭续》）233 新著录有铭"亚"的铜鬲，器形与汾阳杏花村、夏县东下冯龙山文化及二里头文化陶鬲相似，应为夏人或夏遗民的遗物。[16]（3）《殷周金文集成》4988 著录的商代晚期铜卣盖铭文，有学者指出其"所摹爵之形状为长流上翘，无柱，束腰，平底。这种形制的爵显然应是二里头文化或至迟是早商文化的爵，在商代晚期已不可见。也就是说，这个'爵'字很可能在二里头文化时期就被创造出来了，一直延续到了商代晚期"⑤。（4）在商周铜器铭文中，有一些族徽为夏人后裔的族氏名称，如姒姓的眊、戈、辛、虎、山、⋈等[16]，其中眊、山、⋈均见于二里头文化遗址出土陶器[17]，说明夏人有使用族徽的习惯。此外，有些见于商代的金文族徽如木、禾、矢、菔、﹚﹙等，也见于二里头文化遗址出土陶器，说明金文族徽早在夏代晚期可能已经存在。（5）从金文族徽与文献记载的族氏名称相互对照来看，有些见于商周铜器的族徽如杞（5097）、南（《商周青铜器铭文暨图像集成》15872，该书下文简称为《铭图》）、寻（《新收殷周青铜器铭文暨器影汇编》544，该书下文简称为《新收》）、弗（2589）、曾（《铭图》7991）、辛（989）、戈（《近出殷周金文集录》710，该书下文简称为《近出》）分别与文献记载的杞氏、有南氏、寻氏、弗氏、缯氏、辛氏、戈氏相互对应，说明这类族徽早在夏代已经出现。综上可知，金文族徽很可能出现于夏代晚期，不是有些学者所认为的商代早期或中期。⑥退一步来看，即使金文族徽受铜器铸造技术条件的限制而出现较晚，考古发现二里头文化遗址早已有族徽见于夏代晚期陶器应该不容否认。

如果以上看法不误，通过文献对夏代族氏的有关记载，我们进而可以了解夏代族徽所反映的族群融合情况。我们知道，夏代社会的族组织是由父系家庭发展而来的家族，其规模较大者多称为某氏或某族，他们各有族姓，这就是《尚书·禹贡》所谓"中邦锡土姓"。"中邦"指与"夷狄"相对的中原地区各族氏，即为早期华夏族氏；"锡土姓"是指中原各族氏在所居住的地域内按"姓"分"氏"构建基层组织，也就是"赐土为氏，赐姓为族"，与《左传》所说"因生以赐姓，胙之土而命之氏"[18]202相同。前人研究已指出，夏代的社会结构特点是"既保有氏族传统，又出现了国家的雏形，其设官分职与颇富时代特色的'中邦赐土姓'合为一体"[2]259~260。按《潜夫论·五德志》记载"姒姓分氏，夏后、有扈、有南、斟寻、泊灊、辛、褒、费、戈、冥、缯，皆禹后也"[19]396，可知夏人的族组织分姓族、氏族（或称族氏）以及基层家族三个层次。姓族如姒姓夏人、子姓商人、姬姓周人、秃姓滕夷、偃姓群舒、彭姓豕韦等[19]401,456,414，他们是"同出于一个男性或女性祖先的若干宗族及其若干家族的外婚单系亲族集团"[20]209。氏族为姓族之下的分支，如姒姓的夏后氏、有扈氏等，常见为父系主体家族与若干分支家族组成并占有一定封地的血缘政治集团。为避免与原始社会的氏族相混淆，学者们多称之为"族氏"。而家族则为族氏的基层单位，"是指依靠婚姻与血缘关系而形成的同居或聚居的、有共同经济生活的亲属组织"[21]16,14,9。从以上三个层次的族组织来看，夏代的族徽使用多见于族氏和家族，而夏代的族群融合则多见于姓族与族氏两个层面。具体表现在如下几个方面。

第一，不同姓族之间联合。传说夏禹治理洪水过程中，命偃姓夷族首领皋陶"作士以理民"，命嬴姓夷族首领伯益"予众庶稻，可种卑湿"，命姬姓周族首领后稷"予众庶难得之食，食少，调有余相给，以均诸侯"，同时"命诸侯百姓兴人徒以傅土"[8]77,51，且命子姓商族首领契任司徒"佐禹治水有功"[8]91。这种不同姓族之间的联合行动，实际上是夏朝建立前后黄河中下游地区的各族群因平治水土、改善农业生产条件和种植多种农作物而增强彼此经济文化联系的反映。在此基础上，史载夏禹"乃行相地宜所有以贡"[8]51，"东教乎九夷"[22]266，南征有苗，"合诸侯于涂山"[23]1642，进一步加强了南北地区族群之间的政治融合，从而为夏后氏王权统治的建立奠定了基础。此后，以姒姓为中心的族群融合逐渐形成并呈现出不断扩大的趋势，史称"禹子启贤，天下属意焉。及禹崩……诸侯皆去益而朝启"[8]83。夏王朝建立后，夏人势力向东扩张，与夷族、商族的融合随之不断加深。如古本《竹书纪年》记载夏后相"征淮夷、风夷及黄夷""于夷来宾"，少康时"方夷来宾""柏杼子征于东海"，夏后芬时"九夷来御，曰畎夷、于夷、方夷、黄夷、白夷、赤夷、玄夷、风夷、阳夷"[24]5-9；今本《竹书纪年》也记载帝相时"商侯相土作乘马，遂迁于商丘"，少康"使商侯冥治河"，帝杼时"商侯冥死于河"[24]204,206，后世史书分别称为"相土佐夏，功著于商"[8]92"冥勤其官而水死"[25]158，可知商人的一些先公曾为夏王朝服务，子姓商族与姒姓夏族的融合早在夏代已经开始。

第二，不同姓族之间相互冲突，常以一方战胜另一方的方式实现彼此融合。如东夷族首领伯益与夏启争夺王位，古本《竹书纪年》称为"益干启位，启杀之"，《韩非子·外储说下》则说"启之人因相与攻益而立启"，说明这次冲突的结果是夏后氏夺取了王权，而东夷族受到了削弱成为附庸。直至太康时期，东夷族势力复兴，有穷氏首领后羿、伯明氏首领寒浞曾一度联合推翻夏统治，"因夏民以代夏政"[23]936。大约四十年后，少康联合姒姓的斟寻氏、斟灌氏等攻灭寒浞之子浇、豷的封国过、戈，又恢复了夏朝统治，并使东夷族遭受沉重打击而无力与夏对抗，常以"来宾""来御"方式朝觐，夷夏之间最终实现了政治上的融合。

第三，同一姓族内部族氏之间的冲突与融合。夏启继承王权后，同族"有扈氏不服，启伐之，大战于甘……遂灭有扈氏，天下咸朝"[8]84；夏代中期，东夷族有穷氏后羿代夏，同族伯明氏子弟寒浞乘其耽于田猎，杀而代之，"外内咸服"[23]937。这些同一姓族内部族氏之间的政治冲突，都以武力征服手段实现相互融合。

第四，不同族氏之间联姻及融合。如夏少康逃奔有虞氏为庖正，"虞思于是妻之以二姚，而邑诸纶"[23]1606，夏"后桀伐岷山，岷山女于桀二人，曰琬、曰琰"[24]16。这种族氏之间通婚多见于异姓之间，大多属政治联姻，有助于推进族群融合认同。

从上述几方面来看，夏朝王权的构建明显是以姓族联合为基础，即建立以姒姓为中心的姓族联盟；而王权的凝聚与陵替则以族氏冲突和斗争为特点，主要表现为夏后氏与有扈氏、有穷氏、伯明氏等争夺王权的政治斗争。由此可见，夏代的姓和氏，实际上都是政治单位，并非单纯的血缘组织；而夏代政治的发展，实质上是由姓族政治到氏族政治的演变。在夏代，姓族是血缘色彩较强、涵盖成员较广的组织，而氏族（或称族氏）则是现实政治的主导，诸如夏后氏、有扈氏、有穷氏、伯明氏、斟寻氏、斟灌氏、有莘氏等，不仅是活跃于夏代政治舞台的最重要的政治集团，而且也是延续数百年至商周时代仍然存在的著名族氏。

二　金文族徽发展与商代早中期族群融合

商朝建立后，族氏的政治化发展日益明显，金文族徽数量也随之增多。其原因主要有三方面：（1）商汤灭夏前后，为了构建灭夏联盟和稳固商王室统治，子姓商族与夏人、夷人的部分族氏联合、联盟关系不断发展，从而使族氏成为构建商代国家政权的重要组织。如夏末商汤与姒姓有莘氏伊尹结盟"以示必灭夏"[26]851"伊尹从汤，汤自把钺以伐昆吾，遂伐桀"[8]95；灭夏之后，商汤又与东夷薛国首领仲虺联合，"至于大坰，仲虺作诰"[18]569，稳固了商王朝统治。（2）商代的族氏为社会活动和社会组织的基本单位，通常分为"宗氏"和"分族"二级[23]1536，均有自己的氏名（族徽）和独立的祭祀系统，占据一定的土地，拥有独自经营的农牧业经济和一定数量的族军武装，是较为独立的政治、经济、军事实体，且数量和规模不断壮大。这就是见于文献记载的称为"某氏"的众多国族，诸如"契为子姓，其后分封，以国为姓，有殷氏、来氏、宋氏、空桐氏、稚氏、北殷氏、目夷氏"[8]109，"子姓分氏，殷、时、来、宋、扳、萧、空同、北段"以及"宋孔氏、祝其氏、韩献氏、季老男氏、巨辰经氏、事父氏、皇甫氏、华氏、鱼氏、而董氏、艾岁氏、鸠夷氏、中野氏、越椒氏、完氏、怀氏、不第氏、冀氏、牛氏、司城氏、冈氏、近氏、止氏、朝氏、右归氏、三伉氏、王夫氏、宜氏、征氏、郑氏、目夷氏、鳞氏、臧氏、虺氏、沙氏、黑氏、围龟氏、既氏、据氏、砖氏、己氏、成氏、边氏、戎氏、买氏、尾氏、桓氏、戴氏、向氏、司马氏，皆子姓也"[19]400,431，还有殷民六族"条氏、徐氏、萧氏、索氏、长勺氏、尾勺氏",殷民七族"陶氏、施氏、繁氏、锜氏、樊氏、饥氏、终葵氏",以及"怀姓九宗"等等[23]1536-1537。这些族氏的大量存在,不仅推动着商代族氏政治的发展,而且使商代金文族徽数量空前增多而趋于兴盛。(3)商人灭夏后,通过俘虏夏人工匠和控制伊洛河流域夏文化区,继承和掌握了夏代先进的青铜器铸造技术,同时又"以族军为基础,不断地向外扩展,当占领一地之后,即斩除当地原有的贵族群体……将一个或多个族氏'分封'到这些新的地点,取代原有的他姓贵族群体,以控制留居当地的原住民"[27]85,从而使金文族徽扩散到山西垣曲商城、夏县东下冯、湖北盘龙城、江西清江等地的军事据点或方国,不断地促进青铜文化的地域传播和夏商族群的文化融合。

商代早期,金文族徽数量较少,地域分布主要在夏文化中心区域附近。从商代早期的考古发掘资料看,在豫北、冀南至豫东、鲁西南一带发现的青铜刀、镞、耳环等器,明显不能与豫西、晋南二里头文化遗址出土的爵、斝、盉、鼎等礼器同日而语,说明当时商人族群的铜器制作技术明显落后于二里头夏文化。这一时期发现的金文族徽,主要有1964年河南郑州杨庄出土的铜爵铭"眀"[28]57,11、1978年河南中牟县大庄村出土的铜戈铭"臣"[29]、1971年山西长子县高庙村出土的铜甗铭"◈"⑦、1977年湖北随县淅河出土的铜戈铭"✦"[30]。从以上各器的出土地点结合早期商文化地域分布看,早商一期的商族势力已经从"有夏之居"扩张到晋南地区,至早商二、三期向南深入到湖北黄陂盘龙城一带,说明商代早期的金文族徽已经从夏文化中心区的豫西和晋南,扩大到商人在湖北盘龙城等地建立的军事据点或方国。值得注意的是,杨庄铜爵腹部鋬两侧铸有双目形族徽"眀",与另一侧腹部所铸"臣字眼的饕餮纹"不同⑧,该族徽又见于上海博物馆收藏的商代早期铜爵[31]27,在现存眀族30余件铜器中有3件西周早期铜器铭文记载表明,眀族为姒姓[32]27,说明眀族为夏遗民。中牟大庄铜戈所铭族徽"臣"是最早出现的以官为氏的族称,见于商代中晚期则有"冬臣单"(7203)、"臣辰✦"(《近出》628)等。有学者认为,后者即文献所载殷商子姓"巨辰经氏"[27]18。准此,可知臣族为子姓。上述例证表明,商代早期使用金文族徽的族群,既有夏遗民也有商人族群。这是夏遗民与商人族群开始融合认同的反映,说明以青铜礼器、金文族徽为代表的夏文化，在商代早期已得到了商人族群的继承与认同。

商代中期，金文族徽的数量开始明显增加，地域分布较前有所扩大，新出现的族徽有万、鸟、犬、龟、甘、甲、冬刃等，但数量仍然不多。这是夏遗民与商人族群融合扩大的表现。这一时期，由于中商文化"分布地域曾一度比早商时进一步扩展，东到泰沂山脉一线，西抵关中西部岐山、扶风，北面近抵长城，南逾长江"[33]253，所以 1991 年在山东沂水县信家庄墓葬出土的铜戈铭"鸟"[34]、1972 年陕西岐山县京当村窖藏出土的铜戈铭"臣"[35]、1965 年陕西绥德县墕头村窖藏出土的铜戈铭"冬刃"[36]、1977年北京平谷县刘家河村墓葬出土的铜鼎铭"龟"[37]，都应当视为商人文化区域内的夏遗民与商人族群在北方黄河流域融合认同的反映。

三　金文族徽兴盛与商代晚期族群融合认同

商代晚期，金文族徽数量显著增加，地域分布广泛，发展趋于兴盛。大致分为两个发展阶段。（1）盘庚迁殷至武丁早期。这时商人已迁都于殷，政治逐渐稳定，生产开始发展，青铜器制作工艺明显提高，金文族徽数量相应增加，新出现的金文族徽有天、先、眉、媚、子、武、侯、卫、宁䧹、虖册、亚犬、亚弜等。与商代中期相比，这一时期金文族徽的地域分布格局出现了明显变化。首先，西部的关中地区迄今尚未出土殷墟一期族徽铜器，说明当时商人族群可能已退出了关中平原。但在西北部的黄土高原，发现陕西绥德县墕头村窖藏出土的铜鼎铭族徽"天"[36]、内蒙古昭乌达盟翁牛特旗敖包山出土的铜甗铭族徽"宁䧹"[38]，可知当时中原地区的夏商族群与北方部族的互动交流较多，民族融合主要发生在北方黄河流域的中游地区。其次，在江南和山东地区，迄今未发现殷墟一期族徽铜器，但在安徽明光市泊岗引河工地出土有一件铭族徽"子"的铜斝[39]，说明商人族群在东方、南方的分布范围明显收缩，大致东从今山东中南部退出了山东境内，南从今湖北长江沿线退缩至今安徽中部淮河沿线。最后，在豫北、冀南的商文化核心区出现了较多的金文族徽，如 1976 年河北正定县新城铺遗址出土的铜爵铭族徽"虖册"[40]158、1949 年河南安阳出土的铜甗铭族徽"侯"（《铭图》13951）、1992 年花园庄南 115 号墓出土的铜鼎铭族徽"韦"[41]58、1995 年小屯村殷代大型建筑基址出土的铜鼎铭族徽"武"[42]、1976 年小屯村妇好墓出土的铜鼎铭族徽"亚弜"[43]57，说明以河南安阳王畿之地为中心的金文族徽中心开始形成。更进一步看，内蒙古翁牛特旗出土的宁䚦瓿重达 14 公斤，被认为是商王室遗物。[44]而安阳小屯大型建筑基址出土的铜盉铭文"武父乙"，也被发掘者认为是商王武丁对其父小乙的称谓。[42]对比商代中期的郑州南顺城街、郑州张寨南街杜岭、郑州向阳回族食品厂窖藏所出王室重器均无族徽的情况[45]4~103，可知这时商王室贵族已经开始使用金文族徽。这是夏商王族融合认同的体现。此后，金文族徽作为殷商文化的一个重要标志，在商代晚期的各种遗存中屡见不鲜。（2）武丁晚期至帝辛时期。这时相当于殷墟文化二期至四期，考古发现商代各级贵族及上层平民墓葬都出土族徽铜器，说明族徽的使用已经扩大到商代社会各阶层，金文族徽数量随之猛增。据严志斌对现存商代铜器铭文的分期断代研究，金文族徽在殷墟二期有 423 例单独出现，23 例与日名连缀，67 例附加有亲属称谓，有 149 例见于人名称号，合计 662例；殷墟三期有 358 例单独出现，37 例与日名连缀，47 例附加有亲属称谓，有 21 例见于人名称号，合计 463 例；殷墟四期有 572 例单独出现，66例与日名连缀，486 例附加有亲属称谓，有 73 例见于人名称号，合计 1197例。[46]82~83以上各期共计 2322 例。若将不能分期断代以及近年新发现的材料计算在内，商代晚期的金文族徽数量更多。以上族徽铜器的出土地表明，当时金文族徽的分布遍及整个商文化区，其中以河南安阳最集中，形成了以殷都为中心辐射周边诸侯方国的分布格局。

从商代晚期金文族徽的来源与构成看，其发展主要表现在两个方面：（1）出现了许多地名、国名或以地名、国名附加族名的族徽，而且数量不断增多，如单、西单、南单、北单、西单光、南单菁、北单戈以及龙、虎、木、林、龙舟、虎未、木戈、林亚舻等。这类族徽实际上就是"以地为氏"或"胙土命氏"，体现着族氏血缘与地域的结合，其形成与商代族氏迁移、奠置、分封、建立族邑有关。显然，按照这种族徽的命名方式，居住在同一地域的不同族氏，都会冠以相同地名作为族徽，形成诸如西单光、西单册、西单只、西单䁅、西单凸之类族徽。这是不同族氏聚居一地而互有联系的反映。（2）以官名、职事或官名、职事附加族名的族徽数量增加明显，如尹、亚、册、侯、田、宁、犬、卫、尹舟、亚弜、册告、正侯、告田、宁矢、犬鱼、弓卫等。这类族徽实际上就是"以官为氏"，即为家族组织与政治权力的结合，其形成与家族首领担任某种官职有关，所体现的是家族的政治地位，较为突出地反映了商代家族组织的政治化发展。此外，有些族徽由两个官名构成，如亚宁、亚寝、亚册等；有些族名前后附加有两个官名，如亚册舟、鸟宁册、亚鸟宁、亚㠱侯、卫册□等。这类族徽相当于《左传》所谓“官有世功，则有官族”[23]62，即与族氏首领历任多种官职或一身兼任数职有关。总之，上述情况说明，商代晚期的族氏政治化发展较为明显。换句话说，在政治力量推动下，商代晚期不同族氏之间的融合程度明显加强，金文族徽的政治化明显增强。

从族群融合的角度来看，商代晚期金文族徽的变化主要表现在三个方面：（1）自殷墟一期开始出现“子父辛”（《近出》922）、“武父乙”（《新收》130）之类族徽与父祖、日名、庙号的连缀形式，其后数量不断增多。这是各族氏自群意识逐渐增强的表现，也是各族氏通过对先祖的纪念来加强和延续族群认同、维护本族利益发展的体现。（2）以祖先人名为族徽不断出现，形成了人名与族名相同的许多族徽，如冀、壴、行、何、子何、子启、子渔等。这种情况类似于周代“以字为氏”或“以人名为族名”，所体现的主要是家族血缘关系、先祖声名与威望和族氏成员的自群意识。因此，当这种族徽铜器列于宗庙、用于祭祀或陪葬时，除将同族血缘关系昭告天地和祖先神灵以求庇佑之外，还具有“提醒参与祭祀活动的人群——我们是具有相同血缘关系的共同体。这样一来，不仅使族徽自然成为全体成员共同的血缘标志符号，而且在长期祭祖过程中，它可以使同族成员的血缘关系得到不断认同和加强，从而使世代族人凝聚起来、传承下来，形成同祖同族的认同观念”[47]。（3）出现了许多由两个或两个以上的族氏名构成的复合族徽，如倗舟、吊龟、◇大中、秉盾戊、犬山刀子、糸子[illegible]刀、眀子弓箙等。这类族徽大多是族氏分化过程中旧族名附加新族名所形成的各分支族氏名[48]，有些代表着族氏之间的联合、联盟或者从属关系⑨，有些属于不同族氏共同作器[49]187-191，有些是因婚姻关系而将夫妻、父母双方的族氏名合刻在一起⑩。以上各种复杂的内涵，大致分为因族氏分化形成的新氏名与旧族名的组合、因族氏联合或联盟形成的主祭者氏名与从祭者氏名的组合、因族氏联姻形成的本族氏名与外亲氏名的组合（受祭者父氏 + 母氏、致祭者夫氏 + 妻氏、已嫁女夫氏 + 父氏）三种基本类型。由此可见，复合族徽并不代表一级独立的族组织实体，而是族氏之间各种复杂关系的表示。[50]237-247这种情况说明，复合族徽所体现的因族氏分化而形成的从属关系、因相互存恤吊祭而形成的族氏联合或联盟关系、因相互通婚而形成的族氏联姻关系，都是建立在以族氏为本位的基础上，尚未深入到社会个体和家庭层面，因而当时的族群融合认同还不足以形成民族共同体，更多呈现的是族氏林立的局面。

结　语

纵观金文族徽的兴起发展不难发现，夏商时期的族群融合认同并非一蹴而就，而是经过由姓族到族氏不断融合成长的发展过程。夏代早期，不同姓族之间的联合与冲突较明显，同时众多以氏为称的族氏之间矛盾和斗争不断。这是族氏政治兴起的表现。夏代晚期，金文族徽随着青铜礼器出现，标志着铸铜技术的进步和族氏组织的发展。商代早期至中期，金文族徽在商人族群中不断传播，种类和数量都有所增加。这是夏遗民与商人族群融合认同逐渐加强的表现。

众所周知，商代除商人族群、夏遗民族群外，还有数量众多的其他姓族族群以及散居各地的土著族群。在长期发展过程中，各族群之间的交流融合不断加强，金文族徽的使用也由早期夏遗民族群的族氏，逐渐扩大到商人族群的族氏，乃至其他族姓以及土著族群的族氏。由于子姓商族在族氏的交流融合过程中占据主导地位，最终在商代晚期形成了一个以子姓商族为主体、以姒姓夏族为附从、包括其他异姓族氏和一些土著族氏在内的庞大族群。这个族群以使用金文族徽为标志，是华夏族形成过程中的一个重要发展阶段。在当时的族群内部，商人与夏人已基本融合，他们都秉承青铜礼乐文化，使用相同的语言文字，以金文族徽作为基层族氏的标志，与周边各族构成的"夷"相区别，表面上已经具备了民族共同体的特征。然而，由于当时的族氏多为单一的血缘结构，族组织规模较大，各有自己的族徽和祖先祭祀系统，加之在政治、经济、军事上具有较大的独立性，实际上其民族性并不强。因此，当时众多的族氏林立，矛盾冲突不断。许多族氏虽然通过婚姻、纳贡和接受赏赐的方式，与商王室建立联系，但仍然具有较大的独立性和自主性，经常反叛或与商王室敌对，关系时好时坏，在内部并未形成民族性较强的共同体。可见，华夏族群的融合认同仍停留在强调血统和血缘边界的较低层次，并未形成一个民族文化共同体。

注释

① 田继周：《先秦民族史》，四川民族出版社 1988 年版；江应樑：《中国民族史》，民族出版社 1990 年版，第 57～90 页；王钟翰：《中国民族史》，武汉大学出版社 2012 年版，第 80～84 页。

② 李龙海：《汉民族形成之研究》，科学出版社 2010 年版，第 83～116 页；徐昭峰：《夏夷商三种文化关系研究》，科学出版社 2013 年版；曾文芳：《商周至汉初民族文化区域互动研究》，人民出版社 2016 年版，第 26～196 页。

③ 张国硕：《先秦人口流动民族迁徙与民族认同研究》，大象出版社 2011 年版；李玲玲：《先秦族群迁徙融合与华夏文明进程研究》，《郑州大学学报》（哲学社会科学版）2019 年第 6 期。

④ 裘锡圭：《汉字形成问题的初步探索》，《中国语文》1978 年第 3 期；李学勤：《论新出大汶口文化陶器符号》，《文物》1987 年第 12 期。

⑤ 杜金鹏：《关于二里头文化的刻画符号与文字问题》，《中国书法》2001 年第 2 期；中国社会科学院考古研究所：《中国考古学》（夏商卷），中国社会科学出版社 2003 年版，第 125 页。

⑥ 石蝶：《商代中期有铭青铜器探讨》，《故宫博物院院刊》2006 年第 4 期；朱凤瀚：《中国青铜器综论》，上海古籍出版社 2009 年版，第 622 页。

⑦ 郭勇：《山西长子县北郊发现商代铜器》，《文物资料丛刊》（3），文物出版社 1980 年版，第 198～201 页；王进先：《山西长治市拣选、征集的商代青铜器》，《文物》1982 年第 9 期。

⑧ 有学者将［目］爵铭文"［目］"视为与该器腹部另一侧"臣字眼的饕餮纹"相同的装饰花纹（其说见石蝶：《商代中期有铭青铜器探讨》，《故宫博物院院刊》2006 年第 4 期），其说可商。

⑨ 姚志豪：《商金文族氏徽号研究》，逢甲大学中国文学研究所硕士论文，2002 年；严志斌：《复合氏名层级说之思考》，《中原文物》2002 年第 3 期。

⑩ 何景成：《商周青铜器族氏铭文研究》，吉林大学博士学位论文，2005 年；严志斌：《商代金文的妇名问题》，《古文字研究》第 26 辑，中华书局 2006 年版；张懋镕：《关于探索"复合族徽"内涵的新思路》，《古文字研究》第 27 辑，中华书局 2008 年版。

参考文献

［1］杨晓能．青铜纹饰与图形文字的史前渊源［M］//王宇信，宋镇豪，孟宪武主编．2004 年安阳殷商文明国际学术研讨会论文集．北京：社会科学文献出版社，2004.

［2］晁福林．先秦社会形态研究［M］．北京：北京师范大学出版社，2003.

［3］刘雨，严志斌．近出殷周金文集录二编：第四册［M］．北京：中华书局，2010.

［4］中国科学院考古研究所，陕西省西安半坡博物馆．西安半坡［M］．北京：文物出版社，1963.

［5］郭沫若．古代文字之辩证的发展［J］．考古，1972（3）：2~13.

［6］山东省文物考古研究所，莒县博物馆．莒县大朱家村大汶口文化墓葬［J］．考古学报，1991（2）：167~206.

［7］宋衷注，秦嘉谟，等．世本八种［M］．上海：商务印书馆，1957.

［8］司马迁．史记［M］．北京：中华书局，1959.

［9］顾栋高．春秋大事表［M］．北京：中华书局，1993.

［10］洛阳市文物工作队．洛阳皂角树：1992~1993 年洛阳皂角树二里头文化聚落遗址发掘报告［M］．北京：科学出版社，2002.

［11］中国社会科学院考古研究所．偃师二里头：1959 年~1978 年考古发掘报告［M］．北京：中国大百科全书出版社，1999.

［12］曹定云．夏代文字求证：二里头文化陶文考［J］．考古，2004（12）：76~83.

［13］清高宗．西清古鉴：乾隆二十年内府刻本［M］//金文文献集成：第四册．北京：线装书局，2005.

［14］邵望平．铜鬶的启示［J］．文物，1980（2）：86~89.

［15］吴镇烽．商周青铜器铭文暨图像集成：26［M］．上海：上海古籍出版社，2012.

［16］雒有仓．从青铜器族徽看夏人后裔与商周族群的融合认同［J］．中原文化研究，2020（2）：24~33.

［17］杜金鹏．关于二里头文化的刻画符号与文字问题［J］．中国书法，2001（2）：54~56.

［18］孙星衍．尚书今古文注疏［M］．北京：中华书局，2004.

［19］王符．潜夫论笺校正［M］．北京：中华书局，1985.

［20］杨希枚．先秦文化史论集［M］．北京：中国社会科学出版社，1995.

［21］朱凤瀚．商周家族形态研究：增订本［M］．天津：天津古籍出版社，2004.

［22］吴毓江．墨子校注［M］．北京：中华书局，1993.

［23］杨伯峻．春秋左传注［M］．北京：中华书局，1981.

[24] 方诗铭, 王修龄. 古本竹书纪年辑证 [M]. 上海: 上海古籍出版社, 1981.

[25] 徐元诰. 国语集解 [M]. 北京: 中华书局, 2002.

[26] 陈奇猷. 吕氏春秋新校释 [M]. 上海: 上海古籍出版社, 2002.

[27] 黄铭崇. 晚商王朝的族氏与族氏政治 [M] // 陈光祖, 臧振华. 东亚考古的新发现. 台北: 台湾 "中研院", 2013.

[28] 《河南出土商周青铜器》编辑组. 河南出土商周铜器: 一 [M]. 北京: 文物出版社, 1981.

[29] 赵新来. 中牟县黄店大庄发现商代铜器 [J]. 文物, 1980 (12): 89~90.

[30] 王世振. 湖北随县发现商代青铜器 [J]. 文物, 1981 (8): 46~48+100.

[31] 陈佩芬. 夏商周青铜器研究 [M]. 上海: 上海古籍出版社, 2004.

[32] 张懋镕. 古文字与青铜器论集: 第三辑 [M]. 北京: 科学出版社, 2010.

[33] 中国社会科学院考古研究所. 中国考古学: 夏商卷 [M]. 北京: 中国社会科学出版社, 2003.

[34] 马玺伦. 山东沂水新发现一件带鸟形象形文字的铜戈 [J]. 文物, 1995 (7): 72~73.

[35] 王光永. 陕西省岐山县发现商代铜器 [J]. 文物, 1977 (12): 86~87.

[36] 黑光, 朱捷元. 陕西绥德墕头村发现一批窖藏商代铜器 [J]. 文物, 1975 (2): 82~87.

[37] 北京市文物管理处. 北京市平谷县发现商代墓葬 [J]. 文物, 1977 (11): 1~8+96~99.

[38] 苏赫. 从昭盟发现的大型青铜器试论北方的早期青铜文明 [J]. 内蒙古文物考古, 1982 (2): 108~111+52.

[39] 南京博物院. 南京博物院藏安徽文物选介 [J]. 东南文化, 1991 (2): 268~271+327.

[40] 石家庄地区文化局文物普查组. 河北省石家庄地区的考古新发现 [M] // 文物编辑委员会. 文物资料丛刊: 1. 北京: 文物出版社, 1977.

[41] 中国社会科学院考古研究所, 安阳市文物考古研究所. 殷墟新出土青铜器 [M]. 昆明: 云南人民出版社, 2008.

[42] 中国社会科学院考古研究所安阳工作队. 河南安阳殷墟大型建筑基址的发掘 [J]. 考古, 2001 (5): 18~26+97.

[43] 中国社会科学院考古研究所. 殷墟妇好墓 [M]. 北京: 文物出版社, 1980.

[44] 陆思贤. 翁牛特旗早商铜甗铭文发微 [M] // 魏坚主编, 内蒙古文物考古研究所编. 内蒙古文物考古文集: 第2辑. 北京: 中国大百科全书出版社, 1997.

［45］河南省文物考古研究所，郑州市文物考古研究所．郑州商代铜器窖藏［M］．北京：科学出版社，1999.

［46］严志斌．商代青铜器铭文分期断代研究［M］．北京：社会科学文献出版社，2014.

［47］雒有仓．金文族徽的功能及其时代变化［J］．中原文化研究，2019（5）：102～108.

［48］朱凤瀚．商周青铜器铭文中的复合氏名［J］．南开学报（哲学社会科学版），1983（3）：54～65.

［49］严志斌．商周复合氏名探析［M］∥中国古文字研究会，吉林大学古文字研究室．古文字研究：第27辑．北京：中华书局，2008.

［50］雒有仓．商周青铜器"复合族徽"新探［M］∥中国古文字研究会，复旦大学出土文献与古文字研究中心．古文字研究：第29辑．北京：中华书局，2012.

作者简介：雒有仓，男，淮北师范大学历史文化旅游学院教授

原文刊于：《中原文化研究》（郑州），2022.2：23～31